Soziales Gedächtnis, Erinnern und Vergessen – Memory Studies

Herausgegeben von
Dr. Oliver Dimbath, Universität Augsburg
Prof. Dr. Jörg Michael Kastl, PH Ludwigsburg
Dr. Nina Leonhard, Führungsakademie der Bundeswehr Hamburg
Dr. Marco Schmitt, Georg-August-Universität Göttingen
Dr. Gerd Sebald, Universität Erlangen-Nürnberg
PD Dr. Peter Wehling, Universität Augsburg
Dr. Michael Heinlein, Ludwig-Maximilians-Universität München

René Lehmann · Florian Öchsner
Gerd Sebald (Hrsg.)

Formen und Funktionen sozialen Erinnerns

Sozial- und kulturwissenschaftliche Analysen

Herausgeber
René Lehmann
Florian Öchsner
Dr. Gerd Sebald

Universität Erlangen-Nürnberg
Deutschland

ISBN 978-3-658-00600-6   ISBN 978-3-658-00601-3 (eBook)
DOI 10.1007/978-3-658-00601-3

Die Deutsche Nationalbibliothek verzeichnet diese Publikation in der Deutschen Nationalbibliografie; detaillierte bibliografische Daten sind im Internet über http://dnb.d-nb.de abrufbar.

Springer VS
© Springer Fachmedien Wiesbaden 2013
Das Werk einschließlich aller seiner Teile ist urheberrechtlich geschützt. Jede Verwertung, die nicht ausdrücklich vom Urheberrechtsgesetz zugelassen ist, bedarf der vorherigen Zustimmung des Verlags. Das gilt insbesondere für Vervielfältigungen, Bearbeitungen, Übersetzungen, Mikroverfilmungen und die Einspeicherung und Verarbeitung in elektronischen Systemen.

Die Wiedergabe von Gebrauchsnamen, Handelsnamen, Warenbezeichnungen usw. in diesem Werk berechtigt auch ohne besondere Kennzeichnung nicht zu der Annahme, dass solche Namen im Sinne der Warenzeichen- und Markenschutz-Gesetzgebung als frei zu betrachten wären und daher von jedermann benutzt werden dürften.

Satz: Susanne Ettlinger

Gedruckt auf säurefreiem und chlorfrei gebleichtem Papier

Springer VS ist eine Marke von Springer DE. Springer DE ist Teil der Fachverlagsgruppe Springer Science+Business Media.
www.springer-vs.de

Inhalt

Zur Gedächtnisvergessenheit der Soziologie. Eine Einleitung 7
Gerd Sebald, René Lehmann und Florian Öchsner

I Theoretische Zugänge

Soziologische Rahmenkonzeptionen. Eine Untersuchung der
Rahmenmetapher im Kontext von Erinnern und Vergessen 25
Oliver Dimbath

Kollektives Gedächtnis und historisches Bewusstsein 49
Jiří Šubrt und Štěpánka Pfeiferová

»In ihrer kulturellen Überlieferung wird eine *Gesellschaft* sichtbar«?
– Eine kritische Auseinandersetzung mit dem Assmannschen
Gedächtnisparadigma 65
Cornelia Siebeck

Die Formen des Web-Gedächtnisses. Medien und soziales Gedächtnis 91
Elena Esposito

II Medialität und Materialität

Medialisierte Erinnerung: Der Autor und Filmemacher Thomas Harlan im
biographischen Dokumentarfilm Wandersplitter 105
Carsten Heinze

Bilder der Erinnerung. Vom Gedächtniswissen zur Festschreibung durch
Fotografie 131
Thorsten Benkel

Zukunftserinnerungen. Plastination als Inszenierung von Erinnerung 153
Stefan Nicolae

III Gedächtnispolitik und Identität

Erinnern als europäischer Standard? Deutsche Perspektiven auf den
Genozid an Armeniern 169
Yvonne Robel

Die Widerstandsfähigkeit des Nationalstaates: Kosmopolitismus,
Holocaustgedächtnis und deutsche Identität 187
Stephen Welch und Ruth Wittlinger

Kanonisierung und Gedächtnis: Der Schriftsteller Mori Ôgai im
kulturellen Gedächtnis des modernen Japan 203
Takemitsu Morikawa

IV Gedächtnis und sozialer Wandel

Das Konzept der Generationendifferenz aus Akteursperspektive und seine
Funktionen für das familiale Erinnern 219
René Lehmann

Weibliches Erinnern? Über das Verhältnis von Gesellschaftstransformation
und sozialer Erinnerung am Beispiel erwerbsloser Frauen aus
Ostdeutschland 243
Hanna Haag

Geschichte als Gemeinbesitz. Vom Umgang mit der Historie in
korporativen Milieus 259
Daniel Schläppi

Autorinnen- und Autorenverzeichnis 277

Zur Gedächtnisvergessenheit der Soziologie. Eine Einleitung

Gerd Sebald, René Lehmann und Florian Öchsner

In seinem Nachwort zu Elena Espositos *Soziales Vergessen. Formen und Medien des Gedächtnisses der Gesellschaft* konstatiert Jan Assmann ein neues »Paradigma kulturwissenschaftlicher Forschung« um »die Begriffe Gedächtnis, Vergessen und Erinnern« und stellt fest:

> »Die Sozialwissenschaften dagegen haben sich diesem Trend bislang weitgehend verweigert. Der Präsentismus soziologischer Forschung schien mit der Vergangenheit nichts anfangen zu können. [...] Die bisherige Zurückhaltung der Soziologie gegenüber dem Gedächtnisthema ist umso paradoxer, als der ursprüngliche Anstoß von einem Soziologen ausging.« (Assmann 2002: 400)

Nachdem er Espositos Argumentation skizziert und in Form von Zustimmung und Einspruch im Einzelnen normativ geordnet und mit den eigenen Konzepten verglichen hat[1], greift er diesen Vorwurf noch einmal auf:

> »Ebenso deutlich wird aber auch der Unterschied zwischen dem soziologischen und dem kulturwissenschaftlichen Gedächtnisbegriff. In den Kulturwissenschaften steht die Verbindung von Vergangenheit und Identität im Mittelpunkt der Gedächtnisforschung. Die vielfältigen Formen der Konstruktion von Vergangenheit und des Bezugs auf diese zum Zwecke der Stabilisierung oder Destabilisierung kollektiver Identität[2] sind nach wie vor kein Thema der Sozialwissenschaften. Der kulturwissenschaftliche Gedächtnisbegriff versperrt sich der Einlinigkeit evolutionistischer Logik, weil er gerade die Anachronismen betont, die Ungleichzeitigkeit des Gleichzeitigen, das Gestern im Heute, die vielschichtige Komplexität kultureller Zeit. Insofern ist die Privilegierung des Vergessens in Espositos Gedächtnistheorie symptomatisch für den eingangs erwähnten ›Präsentismus‹ des soziologischen Zugangs.« (Assmann 2002: 414)

---

[1] Dabei wird der Semantikbegriff dem Funktionsgedächtnis gleichgesetzt (413), was angesichts der begriffsgeschichtlichen (Koselleck 1972a; 1989a) und wissenssoziologischen Arbeiten (vgl. etwa Luhmann 1980 oder zum Antisemitismus Holz 1999), insofern erstaunt, als gepflegte Semantiken medial durchaus längerfristig vorgehalten werden.

[2] Vgl. zu spezifischen Identitätsfixierungen im Assmannschen Œuvre auch den Beitrag von Siebeck in diesem Band S. 65–90. Die dort aufgezeigten normativen Tendenzen sagen jedoch nichts über die Brauchbarkeit der theoretischen Konzepte aus.

Auf einer oberflächlichen Ebene ließe sich dagegen 1) eine Reihe von soziologischen Studien zu kollektiven Identitäten (etwa Giesen 1991; Bauman 1992; Holz 1999), 2) die komplexen Rekonstruktionen der historisch orientierten Soziologie, von Webers Religionssoziologie angefangen, über Dux' historisch-genetische Theorie der Kultur, Michael Manns Geschichte der Macht, ebenso anführen, wie 3) Elena Espositos eigener expliziter Hinweis:

> »Unsere nun folgende Aufzählung der verschiedenen Gedächtnisformen darf nicht im Sinne einer geschichtlichen Rekonstruktion eines evolutionären Prozesses verstanden werden, in dessen Verlauf es zu immer komplexeren Formen von Gedächtnis gekommen ist. Es handelt sich vielmehr um einen Bestand an Formen, die auch gleichzeitig existieren können; die historischen Anspielungen [...] dienen deshalb lediglich der Unterscheidung von Möglichkeiten [...] Auch ist die Reihenfolge der Formen [...] eher dadurch bedingt, dass es verschiedene, gesellschaftsstrukturell vorgegebene Grade von Komplexität gibt, als durch eine autonome Dynamik von Gedächtnis.« (Esposito 2002: 41)

Assmanns Behauptung ist ein Vorwurf an die Soziologie insgesamt. Im Sinne einer weitergehenden Widerlegung möchten wir die Gedächtnishorizonte der Gedächtnisforschung selbst etwas erweitern und in einem ersten Schritt argumentieren, dass sowohl Kultur- wie auch Sozialwissenschaften ihre Entstehung der Gedächtniskrise im 19. Jahrhundert verdanken, beide also in ihren Wurzeln den Bezug auf Vergangenes mit sich tragen (I.). In einem zweiten Schritt werden wir dem Gedächtnis*thema* in drei klassischen soziologischen Theoriebildungen nachspüren (II.): der Durkheim-Schule, Parsons' Strukturfunktionalismus und der Wissenssoziologie in der Tradition von Alfred Schütz. Aus diesen kurzen Skizzen werden einige Leitlinien für die sozial- wie kulturwissenschaftliche Analyse sozialer Gedächtnisse entwickelt (III.). Den Schluss dieser Einleitung bildet dann eine Übersicht (IV.) über die mehrheitlich soziologischen Aufsätze dieses Bandes, die nicht zuletzt zeigen, dass in der Soziologie inzwischen auch der Gedächtnis*begriff* angekommen ist. Unsere Einwürfe sind nicht im Sinne einer Konkurrenz zu kulturwissenschaftlichen Konzeptualisierungen zu sehen, sondern als Ergänzung. Denn der Komplexität und der Bedeutung des Gegenstands Gedächtnis ist nur in einer gemeinsamen inter- und transdisziplinären Anstrengung beizukommen, wie sie aktuell die memory studies versuchen und wie sie keinesfalls durch Überlegenheitsbehauptungen und Abqualifizierungen erreicht werden kann. In diesem Sinne sollen die im Folgenden präsentierten Überlegungen ebenso wie die Aufsätze dieses Bandes auch Anstoß zu weiteren Forschungen geben.

I.

In einem ersten Schritt möchten wir die gleichursprüngliche grundsätzliche Vergangenheitsbezogenheit von Sozial- und Kulturwissenschaften herausarbeiten. Helfen kann dabei die Frage nach dem Beginn der intensiven wissenschaftlichen Beschäftigung mit dem Thema Gedächtnis. Die Feststellung des »neuen Paradigmas«, eines »memory booms« in den letzten zwei bis drei Jahrzehnten ist durchaus verbreitet. Jan Assmann (1999: 11) selbst führt drei Gründe für die »Virulenz des Themas Gedächtnis und Erinnerung« seit den 1980er Jahren an: den medialen Umbruch zu den digitalen Medien und die damit gegebenen neuen Speichermöglichkeiten, das kulturelle Bewusstsein, in einer »Nachkultur« zu leben und schließlich den »existentiellen Kern des Diskurses«, die »Epochenschwelle in der kollektiven Erinnerung«, das Verschwinden der »Zeitzeugen der schwersten Verbrechen und Katastrophen in den Annalen der Menschheitsgeschichte« und die damit aufgeworfene Frage, wie diese größte Krise der Moderne erinnert werden soll.

Eine andere und weiter aufgespannte Erzählung der Entwicklung der memory studies entwickeln Olick, Vinitzky-Seroussi und Levy (2011: 8 ff.), in der sie den »memory boom« bestreiten, wie er nicht nur von Jan Assmann angenommen wird. Sie zeichnen eine permanente Beschäftigung mit dem Problem des Gedächtnisses nach, angefangen vom Erinnerungsgebot der hebräischen Tradition, über die antike Philosophie (Platons Wachstafelmetapher, Aristoteles, Augustinus) bis hin zur Aufklärung, in der Erinnerung zu einer Quelle des Selbst wurde (vgl. Taylor 1996: 299 ff.). Eine derart weit gespannte Perspektive verdeckt jedoch den Blick auf den Beginn und die spezifischen Gründe der neuzeitlich-wissenschaftlichen Herstellung von Vergangenheitsbezügen, nach der wir hier fragen.

Die Entstehung der Sozial- und Kulturwissenschaften selbst, so die im weiteren vertretene These, verdankt sich einer Gedächtniskrise (vgl. Terdiman 1993: 3 u. passim), die Ausdruck von gesellschaftlichen Veränderungen auf mehreren Ebenen ist, auf der Ebene der gesellschaftlichen Strukturen und Prozesse und auf der Ebene des sozialen und wissenschaftlichen Wissens.

Mit dem Übergang zur Moderne verschwindet der »Unterschied von Oberschicht und lokalen Einheiten« im Sinne einer »Aufsprengung der lokalen Einheiten« und der »dazu kehrseitige[n] Verflechtung der Menschen in größere Zusammenhänge« (Tenbruck 1989: 72 f.). Diese Prozesse, von Luhmann als Übergang zur funktionalen Differenzierung beschrieben, veränderten die soziale und vor allem die politische Lebenssituation der Menschen radikal. Aus den Untertanen, geordnet in einem hierarchischen Ständesystem, wurden gleiche und freie Staatsbürger. Eine politische Öffentlichkeit beginnt sich herauszubilden und sich auch in die unteren Stände auszudehnen. Das Bürgertum strebt nach Beteiligung an der Herrschaft. Die Sphäre des Politischen entfernt sich immer weiter von der Religion (Weyand 2012: 50 ff.). Die Französische Revolution, die Umbrüche mit und nach den napoleonischen Kriegen, die beginnende Industrialisierung, die Ausbreitung des Nationalismus veränderten innerhalb weniger Jahrzehnte Europa grundlegend. Die Historie kann nicht mehr Lehrmeisterin des Lebens sein, weil die Zukunft offen ist: »In einer mit Vehemenz sich ändernden sozialen Welt verschieben sich die zeitlichen Dimensionen, in denen sich bisher Erfahrung entfaltet und gesammelt hat.« (Koselleck 1989d: 64) Geschichte als eine der Leitwissenschaften des 19. Jahrhunderts tritt an die Stelle der belehrenden Historie, um zumindest das Gegenwärtige zu erklären. Jakob Burckhardt bringt diese Themenstellung der Geschichte auf den Punkt:

> »Da das Geistige wie das Materielle wandelbar ist und der Wechsel der Zeiten die Formen, welche das Gewand des äußeren wie des geistigen Lebens bilden, unaufhörlich mit sich rafft, ist das Thema der Geschichte überhaupt, daß sie die zwei in sich identischen Grundrichtungen zeige und davon ausgehe, wie erstlich alles Geistige, auf welchem Gebiet es auch

wahrgenommen werde, eine geschichtliche Seite habe, an welcher es als Wandlung, als Bedingtes, als vorübergehendes Moment erscheint, das in ein großes, für uns unermeßliches Ganzes aufgenommen ist, und wie zweitens alles Geschehen eine geistige Seite habe, von welcher aus es an der Unvergänglichkeit teilnimmt.« (Burckhardt 1949: 7)

Er stellt einen Zusammenhang her zwischen den erlebten permanenten Veränderungen und dem wissenschaftlichen Interesse an Vergangenem, das sich auf Vorübergehen und »Unvergänglichkeit« – oder, in gegenwärtiger Semantik, auf punktuelle Ereignisse und dauerhafte Struktur richtet. Gerade die skizzierten massiven Krisenerfahrungen, die tief in bis dato als stabil zu bezeichnende Lebenswelten eingriffen[3], machten deutlich, dass diese Lebenswelten Produkte menschlicher Aktivität sind, dass sie selbstgeschaffen sind. Marx kleidet diese Erkenntnis in seine berühmte Formel »Die Menschen machen ihre eigene Geschichte, aber sie machen sie nicht aus freien Stücken, nicht unter selbstgewählten, sondern unter unmittelbar vorgefundenen, gegebenen und überlieferten Umständen« (Marx 1972: 115). Es gibt einerseits kein höheres Wesen, keine ordnende metaphysische Hand mehr, andererseits treten aus der gemachten Geschichte eigenlogisch sich entwickelnde, größere soziale Zusammenhänge an deren Stelle, der Hegelsche Weltgeist, »geschichtliche Mächte« bei Burckhardt, das Kapital bei Marx, denen gegenüber sich »das zeitgenössische Individuum in völliger Ohnmacht« (Burckhardt: 8) fühlt.

In dieser Gemengelage liegen die Wurzeln der Kultur- und Sozialwissenschaften. Denn die veränderten Erfahrungen führen auch zu einer Krise des wissenschaftlichen Wissens. Die mit den neuzeitlichen Naturwissenschaften und der Aufklärung begonnene Revolution des Wissens, die Zurückführung von Naturerscheinungen auf rational begründete Gesetze, führte zur Übertragung dieser Wissensprinzipien auf gesellschaftliche Zusammenhänge. Mit den Krisenerscheinungen und massiven Veränderungen der »Sattelzeit [...], in der sich die Herkunft zu unserer Präsenz wandelt« (Koselleck 1972a: XV, für eine ausführlichere Darlegung der Veränderungen vgl. ebd.: XV–XIX), gerät auch das wissenschaftliche Wissen in die Krise. Die gesellschaftlichen Transformationen und die damit verbundene Einsicht in die neue Bedeutung des Vergangenen als Grundlage und Bedingung für das Handeln in der Gegenwart, nicht mehr für die Zukunft, legen den Grundstein für die eigenständige Entwicklung, für eigene Gegenstandsdefinitionen und Methoden der Kultur- und Sozialwissenschaften. Es wird versucht, gegenwärtige soziale Prozesse aus ihrer geschichtlichen Entwicklung heraus verständlich zu machen. Entsprechend wichtig wird die Analyse von kulturellen Objektivationen als den Resultaten aktueller und vergangener menschlicher Arbeit und Lebensformen: Humboldts Sprachphilosophie, Schleiermachers Hermeneutik, die Entwicklung der Archäologie (Winckelmann, Heyne, Thomsen) und nicht zuletzt die Entwicklung der Geschichtswissenschaft (Gibbon, Ranke, Burckhardt, Michelet), der Aufschwung der Ägyptologie, die Entstehung der histor(ist)ischen Nationalökonomie (List, Roscher, Knies, aber auch Marx' politische Ökonomie), die Demokratietheorie Tocquevilles sind Ausdruck dieser veränderten Perspektive auf das Wissen.

---

[3] Assmanns Hinweis auf Nichtlinearität auch dieser Prozesse ist natürlich wichtig. Verschiedene Bevölkerungsgruppen und -schichten wurden regional unterschiedlich schnell und unterschiedlich heftig von diesen Veränderungen erfasst.

Da in den Krisen der Gegenwart Gedächtnis als Bezug auf Vergangenes thematisch wird und durch die vielen Neuerungen und Veränderungen selbst in eine Krise gerät, ist der Vergangenheitsbezug konstitutiv für alle diese Wissenschaften[4] und wird dann in Diltheys *Einleitung in die Geisteswissenschaften* und im Neukantianismus von Windelband und Rickert als Differenzmerkmal zu den Naturwissenschaften herausgearbeitet. Das gilt auch und gerade für die Kultur- und Sozialwissenschaften, die in der *Definition* ihres Gegenstandes »aus dem Vorgebot einer historischen Welterfahrung sich« entfernen (Koselleck 1972b: 12) bzw. »ihre Unabhängigkeit vom Vergangenen« verkünden (Schorske 1982: XII). Denn diese Loslösung von der histor(ist)ischen Gegenstandsdefinition ist keineswegs mit einer Auflösung von theoretischen, empirischen oder methodischen Vergangenheitsbezügen verbunden.

Gedächtnis im Sinne eines gegenwärtigen Bezugs auf Vergangenes taucht als *Begriff* in diesen frühen Zusammenhängen wenig auf und wenn, dann in metaphorischer Verwendung. Erst gegen Ende des 19. Jahrhunderts wird es virulent, allerdings vorwiegend in der Biologie, Psychologie, Psychoanalyse oder in Bergsons Philosophie. Das *Thema* jedoch ist und bleibt einer der Kettfäden im Gewebe nicht nur der Kultur-, sondern auch der Sozialwissenschaften und nicht zuletzt in der Soziologie. In Auguste Comtes Drei-Stadien-Gesetz, in Herbert Spencers Evolutionismus, in Marx' ursprünglicher Akkumulation, in Tönnies' Typologie von Gemeinschaft und Gesellschaft, in Webers Religions- und Herrschaftssoziologie: Immer wird die Antwort auf die Frage nach der Gegenwart der Gesellschaft (auch) in vergangenen Entwicklungen gesucht. Einer der Gründerväter der Soziologie, Max Weber, hat dieses Grundproblem in Bezug auf die okzidentale Rationalität formuliert:

> »Welche Verkettung von Umständen hat dazu geführt, daß gerade auf dem Boden des Okzidents, und nur hier, Kulturerscheinungen auftraten, welche doch – wie wenigstens wir uns gerne vorstellen – in einer Entwicklungsrichtung von *universeller* Bedeutung und Gültigkeit lagen?« (Weber 1988: 1)

Die kulturspezifischen Erscheinungen der Gegenwart werden als Resultat von vergangenen Prozessen gefasst, denen die neue Wissenschaft in doppelter Weise auf die Spur kommen will, in der synchronen (auch kulturvergleichenden) Analyse der gegenwärtigen Formen ebenso wie im diachronen Blick auf ihre Genese.

Soziologie, auch und gerade wenn sie auf die Gegenwart gerichtet ist, kann und will also sehr viel »mit der Vergangenheit anfangen«, auch wenn sie das eher selten unter dem Begriff des Gedächtnisses tut. Im nächsten Schritt sollen drei klassische Paradigmen des soziologischen Denkens, die Durkheim-Schule, in deren Tradition der von Assmann so solitär herausgehobene Maurice Halbwachs steht, Parsons' Strukturfunktionalismus und schließlich die Wissenssoziologie in der Tradition von Alfred Schütz, in jeweils zwei ihrer systematischen Bezüge auf Vergangenes skizziert werden.

---

[4] Und der Vergangenheitsbezug wird so stark ausgeweitet, dass der Begriff des Historismus mit dem Vorwurf der Handlungsblockade verknüpft wird (Nietzsche).

II.

Mit dem Begriff des Vergangenheitsbezugs fassen wir nicht nur Rekonstruktionen von Vergangenem oder explizite Bezüge auf den Gedächtnisbegriff bzw. das -thema, sondern jede Form, mit und in der Vergangenes in gegenwärtigen Prozessen aufgegriffen wird. Aus den kurz dargestellten soziologischen Vergangenheitsbezügen sollen dann im nächsten Schritt mögliche Grundlegungen für eine sozial- und kulturwissenschaftliche Gedächtnisforschung gewonnen werden.

Wenn eine der Grundfragen der Soziologie lautet: Wie ist soziale Ordnung möglich?, so hat die Schule um Emile Durkheim diese Frage insbesondere unter dem Aspekt der Integrationskraft von sozialen Ordnungen aufgegriffen. Diese Frage wird vor dem Hintergrund einer Entwicklungsannahme gestellt, nämlich der einer fortschreitenden Arbeitsteilung bzw. sozialen Differenzierung. Sein analytisch-methodischer Ausgangspunkt ist die Frage nach der Funktion der Arbeitsteilung. Damit stellt er eine Entwicklung sozialer Zusammenhänge von der über Konformismus integrierten mechanischen Solidarität hin zu einer organischen Solidarität fest, in der eigenständiger werdende Individuen zunehmend aufeinander angewiesen sind. Damit geht er nicht von einem Ziel oder einem Zweck aus, auf die hin die Entwicklung erfolge, sondern von der Rolle in einem Prozess. Durkheims zentrales Konzept ist die conscience collective, das Kollektivbewusstsein, das gegenwärtigen Prozessen gemeinsame Überzeugungen, Normen, Werte und Gefühle in Form einer eigenständigen,»deutlich unterscheidbare[n] Wirklichkeit« (Durkheim 1977: 128) zur Verfügung stellt und damit implizit durchaus eine Gedächtnisfunktion innehat. Die Vergangenheit wird für ihn nicht nur in dieser typologischen Beschreibung des Modernisierungsprozesses relevant, sondern auch aus grundsätzlichen methodischen Überlegungen heraus. Wie er später in seiner Religionssoziologie ausführt, besteht für ihn das Ziel der Soziologie darin,»eine aktuelle, uns nahe Wirklichkeit zu erklären« (Durkheim 1981: 17). Der Weg dahin kann für ihn nur über die Geschichte gehen:

> »Die Geschichte ist in der Tat die einzige Methode einer erklärenden Analyse, die man auf [die Religionen] anwenden kann. Nur sie erlaubt uns, eine Institution in ihre Bauelemente zu zerlegen, weil sie uns diese hintereinander bei der Entstehung in der Zeit zeigt. Wenn man andererseits jedes Einzelelement in die Gesamtheit der Umstände stellt, aus denen es entstanden ist, reicht sie uns das einzige Mittel, das wir haben, um die Gründe aufzuzeigen, die sie hervorgerufen haben.« (Durkheim 1981: 20)

Durkheim schlägt damit ein doppeltes methodisches Vorgehen vor. Einerseits die Untersuchung und Erklärung eines sozialen Phänomens aus seiner Entstehung und andererseits die Analyse der gegenwärtigen Struktur mit der Grundfrage nach der Funktion (vgl. auch Durkheim 1980: 176 ff.). Seine Schüler gehen diesen Weg weiter: Marcel Mauss bindet die Solidarität in traditionellen Gesellschaften an den Gabentausch, den er auch für moderne Gesellschaften als Bindemittel und Grundlage des moralischen Handelns ansieht (Mauss 1997: 128 ff.). Auch bei ihm steht die historische Entwicklung vom Gabentausch hin zum Markttausch und die Frage nach der Funktion im Mittelpunkt der Problemstellung.

Das Gedächtnis spielt keine explizite begriffliche Rolle in den empirischen und theoretischen Arbeiten der Durkheimschule, aber es ist konzeptuell mehrfach und tiefgreifend präsent. Angefangen vom Kollektivbewusstsein, das Normen, Regeln, Überzeugungen und Emotionen erinnert bzw. für eine Gruppe vorhält; die Untersuchungen der Durkheimiens zeigen aber auch die Gedächtniswirkung des Begriffssystems der Sprache (Durkheim 1981: 577 ff.), von Riten (ebd.: 403 f.) und von Praxen wie Magie, Gabentausch oder Körpertechniken (Mauss 1989). Für alle diese Phänomene gilt, dass sie Vergangenes für die Gegenwart verfügbar machen und halten und dass sie aus der historischen und funktionalen Entwicklungslogik des Gesellschaftlichen heraus verstanden werden müssen.

In dieser Tradition hat Maurice Halbwachs seine Konzeption des kollektiven Gedächtnisses entwickelt, die insofern keine singulär-isolierte Leistung, sondern eine konsequente Fortsetzung von Durkheims Konzepten darstellt. Das Kollektivbewusstsein wird transformiert in die cadres social (vgl. dazu speziell den Beitrag von Dimbath in diesem Band S. 25 ff.); die Analysen zu familialen, religiösen und klassenbezogenen Gedächtnisphänomenen schließen an denen Durkheims an. Auch bei ihm steht schließlich die Frage nach der sozialen Integration und der Funktion für die Gruppenidentität im Zentrum aller Überlegungen zum kollektiven Gedächtnis.

Talcott Parsons greift Durkheims Problem der sozialen Integration als Teilproblem einer allgemeinen Theorie der sozialen Ordnung auf, die er in seiner strukturfunktionalistischen Theorie der Handlungssysteme zusammenfasst. Diese komplexe Theorie kann hier nicht im Detail entwickelt werden (vgl. dazu etwa Münch 2004: 41–178 oder Wenzel 1991). Stattdessen möchten wir das Augenmerk auf zwei Momente des Vergangenheitsbezugs dieser Überlegungen lenken: das System der Kultur und den Aspekt der Evolution.

Nach Parsons differenziert sich das allgemeine Handlungssystem funktional in vier Subsysteme aus: Sozialsystem, Persönlichkeitssystem, Kultursystem und, etwas später ergänzt, das Verhaltenssystem. Systeme sind aus Parsons' Sicht kategoriale Konstruktionen, die eine Erfassung des Sozialen in seinen Wiederholungen erlauben. Sie sind sozusagen ein Raster, mit dem soziale Wirklichkeit erfasst wird. Handlung ist aus dieser Sicht »a process in the actor-situation system« (Parsons 1951: 4). Jede soziale Handlung greift zurück und beinhaltet »a system of culturally structured and shared symbols« (ebd.: 5). Relativ stabile, gemeinsame Symbolsysteme – »cultural traditions« (ebd.: 11) – sind damit Bedingung für stabile, nicht (allzu) kontingente Sinnzusammenhänge und für die Möglichkeit von Kommunikation. Diese Stabilität muss eine gewisse zeitliche Dauer haben. Kulturelle Systeme bilden eine »Realität eigener Art« (Parsons 1985: 15):

> »Die wichtigsten Formen kultureller Systeme verändern sich nur über Zeiträume von mehreren Generationen hinweg und sind *stets* relativ großen Gruppen gemeinsam; niemals sind sie das besondere Merkmal eines oder einiger Individuen. Sie werden daher immer vom Individuum gelernt, das nur ganz marginale kreative (oder destruktive) Beiträge zu dieser Veränderung leisten kann. Die allgemeineren kulturellen Formen bilden also strukturell sehr stabil verankerte Systeme des Handelns« (Parsons 1986: 16, Hvhg. i. Orig.).

Kulturelle Systeme spezialisieren sich innerhalb des allgemeinen Handlungssystems »auf die Funktion der Erhaltung von Formen« (Parsons 1986: 17). Das tun sie insbesondere, indem sie als Werte bezeichnete Selektionsmuster erhalten, »element[s] of a shared symbolic system which serves as a criterion or standard for selection among alternatives of orientation which are intrinsically open in a situation« (Parsons 1951: 12). Kultur ist damit aus der strukturfunktionalistischen Sicht eine Art soziales Gedächtnis des Handlungssystems, auch wenn sie nicht so benannt wird. Sie wird fundamental sowohl für soziale Systeme als Normenerhaltungs-Subsystem (Parsons 1985: 20), als auch über den Prozess der Internalisierung für Persönlichkeitssysteme (Parsons 1981). Vergangenes, verfügbar in Form von kulturellen Mustern und Symbolsystemen, ist aus strukturfunktionalistischer Sicht integrales Element von sozialen Handlungen.[5]

Die handlungstheoretische Systemtheorie hat sich auch mit der Evolution insbesondere der modernen Gesellschaft beschäftigt. Parsons orientiert sich in seiner Variante einer soziokulturellen Evolution an Webers religionssoziologischen Untersuchungen. Die Grundlage seiner Evolutionstheorie ist das Vier-Funktionen-Schema (AGIL): Ausbildung eines komplexen Gefüges von funktionalen Handlungseinheiten (Differenzierung) die Mobilisierung von mehr Ressourcen (Standardhebung durch Anpassung), Inklusion neuer Einheiten in gesellschaftliche Gemeinschaft (Integration) und schließlich die Wertverallgemeinerung zur Legitimation und Orientierung der neuen Handlungseinheiten (Parsons 1986: 39 ff.; 1985: 40 ff.). Sein Stufenmodell der gesellschaftlichen Evolution (primitive, intermediäre und moderne Gesellschaften) beschreibt die Übergänge insbesondere durch zwei zentrale Entwicklungen: der Schrift und dem formal-rationalen Rechtssystem. Die Beschreibung der sozialen Auswirkungen der Schriftlichkeit erinnert an das Assmannsche Konzept des kulturellen Gedächtnisses:

> »Die *geschriebene Sprache*, das Kernstück der schicksalhaften Entwicklung aus der Primitivität heraus, steigert die fundamentale Differenzierung zwischen dem sozialen und dem kulturellen System und erweitert erheblich den Bereich und die Macht des letzteren. Durch die Schrift ist es möglich, den wichtigsten symbolischen Inhalten einer Kultur Formen zu verleihen, die unabhängig von den konkreten Kontexten der Interaktion sind. [...] Nur Schriftkulturen können eine Geschichte im Sinne der auf Dokumentation beruhenden Kenntnis früherer Ereignisse haben, die jenseits der Erinnerung der Leben und des vagen Hörensagens der mündlichen Überlieferung liegen. [... Intermediäre] Gesellschaften organisieren für gewöhnlich ihre Kultur aufgrund einer Reihe von besonders wichtigen, normalerweise heiligen Schriften« (Parsons 1986: 46 f.).

Neben der Technologie der Schrift macht Parsons aber weitere Faktoren der Evolution zu den intermediären Gesellschaftsformen aus: die Entwicklung einer sozialen Schichtung und einer ausdifferenzierten politischen Funktion unabhängig von den Verwandtschaftsstrukturen und die kulturelle Legitimierung durch generalisierte Werte und religiöse Institutionen. Die Entwicklung hin zu modernen Gesellschaften macht Parsons an vier Entwicklungen fest: bürokratische Organisationsformen, Geld und Marktsysteme, ein allgemeingültiges Rechtssystem und die demokratische politische Organisation (vgl. Parsons 1969a; 1969b). Damit liefert Parsons' Ansatz

---

[5] Vgl. zur Kritik an Parsons' Kulturbegriff Swidler (1986) und Schmid (1992). Vgl. zu produktiven Weiterentwicklungen des Parsonsschen Kulturbegriffes Münch (1992), der die Rolle von Kultur in der Reproduktion sozialer Ungleichheit herausarbeitet, sowie den Sammelband *Cultural Trauma and collective Identity* (Alexander et al. 2004), der aus neofunktionalistischer Perspektive einen spezifischen Aspekt sozialer Gedächtnisse entwickelt.

nicht nur ein sehr differenziertes Evolutionskonzept, sondern auch ein deutlich höheres begriffliches Auflösungsvermögen als es eine Konzentration auf das kulturelle Gedächtnis allein ermöglicht.

Als drittes Beispiel eines soziologischen Paradigmas sei die Wissenssoziologie genannt, wie sie von Alfred Schütz begründet und Peter Berger und Thomas Luckmann weitergeführt wurde. Wieder möchten wir zwei Formen des Vergangenheitsbezuges herausheben: zum einen die Integration der Zeitlichkeit auf der grundbegrifflichen Ebene des Sinns und zum anderen die Reproduktion der sozialen Ordnung in Institutionen.

Schütz' Ausgangsproblem ist die philosophische Fundierung der verstehenden Soziologie Max Webers. Mit Husserls Phänomenologie kann er einerseits die Fundierung der subjektiven sinngenerativen Prozesse beschreiben und so die methodologischen Grundlagen für ein adäquates Verstehen dieses Sinns legen. Andererseits ermöglichen die phänomenologischen Analysen des Zeitbewusstseins eine genauere Fassung und Temporalisierung des Sinn-, aber auch des Handlungsbegriffes. Damit wird die zeitliche Dimension, und mit ihr der Bezug auf Vergangenes, zum wichtigsten Punkt der Sinnanalyse. In jedem Sinnvollzug ist ein reflexiver Akt insofern enthalten, als dabei immer auf vorhandenes Wissen in Form von Typen und Schemata zurückgriffen wird. Die allgemeinen Merkmale des Erfahrenen werden unter vorhandene Wissenselemente, Schemata, subsumiert und so das Unbekannte auf aus vergangenen Erfahrungen Bekanntes zurückgeführt. Was sich in diesen Akten in Form von Typen und Schemata niederschlägt ist das Gemeinsame, das Allgemeine, das Generelle der sich wiederholenden Erfahrungen. Insofern enthält Wissen als Ergebnis und Basis für die weitere Erfahrung nur die allgemeinen Anteile vieler vergangener Einzelerfahrungen. Der für die Sinngenese benutzte Wissensvorrat ist der Ausgangspunkt für jede Deutung der Gegenwart. Dieser Wissensvorrat mag zwar subjektiv »gelagert« sein, aber

> »[e]s scheint eine Binsenweisheit zu sein, wenn wir behaupten, daß nur ein sehr geringer Teil unseres tatsächlichen und potentiellen Wissens aus unserer eigenen Erfahrung entspringt. Der Großteil unseres Wissens besteht aus Erfahrungen, die nicht wir, sondern unsere Mitmenschen, sowohl Zeitgenossen als auch Vorfahren, gemacht haben, und die sie uns mitgeteilt oder überliefert haben. Wir nennen Wissen dieser Art sozial abgeleitetes Wissen« (Schütz 2011a: 126).

Unter dem Begriff des Wissens werden somit die Resultate aller vergangenen subjektiven und sozialen Erfahrungen gefasst. Neben dem (präsentistischen) Moment der Aktualisierung rücken der Prozess der Überlieferung, die Prozesse der Verfügbarkeit bzw. der Latenz (Schütz und Luckmann gebrauchen die Metapher des »Sediments«) und, übergreifend, das Problem der Selektivität ins Blickfeld.

Schütz stellt sich das Problem der Überlieferung unter dem Stichwort »des Verstehens der Vorwelt« (Schütz 2004b: 376 ff.). Er unterscheidet dabei zwei Weisen der Gegebenheit von Erfahrungen aus der Vorwelt: 1) aus »Kundgabeakten unserer um- und mitweltlichen alter egos« (ebd.: 379), also kommunikativ, und 2) »durch Urkunden oder Denkmäler«, die zeichenhaft Zeugnis von der Vorwelt geben (ebd.: 379), also medial und material-kulturell. Auch diese letzteren Formen der Ablagerung von vergangenem Sinn machen ein weiteres Problem deutlich: Das alltägliche Leben bewegt sich in einem Wissensraum, der jedoch nur ausschnittsweise pragmatisch aktualisiert wird. Der größere Teil dieses Wissens bleibt latent, nur ein kleiner Teil fungiert in aktuellen Sinnprozessen.[6] Gerade für soziale Gedächtnisse ist dieses Hintergrundwissen in seiner Latenz und Potenzialität ein wichtiges Problem (vgl. dazu auch die Ausführungen bei Schmitt 2009: 31 ff.). Das Problem der Überlieferung wie das der Latenz bündeln sich im Problem der Selektivität, d. h. der Frage welche Wissenselemente wie und vor welchem Hintergrund aktualisiert werden. Schütz hat dieses Problem unter dem Titel der Relevanz verhandelt, aber leider nie systematisch in seinen sozialen Wirkungen ausgeführt (vgl. Schütz 2004a). Es bieten sich dafür funktionalistische Lösungen (etwa Legitimierung, vgl. Assmann/Assmann 1994: 124 ff.) oder Selektionseinschränkungen (Macht oder andere symbolisch generalisierte Kommunikationsmedien); aber insbesondere auf höheren gesellschaftlichen Ebenen, etwa Diskursen, bleiben Kontingenzen damit unerklärt. Schütz hat mit dem Problem der Selektivität ein Desiderat für die Forschungen zu sozialen Gedächtnissen hinterlassen.

In der wissenssoziologischen Tradition wurde in Weiterführung des Schützschen Ansatzes durch Peter L. Berger und Thomas Luckmann (1998) unter anderem die Frage der Reproduktion der sozialen Ordnung angegangen, die im Anschluss an das von Schütz wenig thematisierte Problem der Überlieferung des gesellschaftlichen Wissensvorrates weiterentwickelt wird. Dabei wird insbesondere der Prozess der Institutionalisierung zentral:

»Institutionalisierung findet statt, sobald habitualisierte Handlungen durch Typen von Handelnden reziprok typisiert werden. Jede Typisierung, die auf diese Weise vorgenommen wird, ist eine Institution. [...] Institutionen setzen Historizität und Kontrolle voraus. Wechselseitige Typisierungen von Handlungen kommen im Laufe einer gemeinsamen Geschichte zustande.« (Berger/Luckmann 1998: 58)

»Solange entstehende Institutionen lediglich durch Interaktion von A und B aufrechterhalten werden, bleibt ihr Objektivitätszustand spannungsvoll, schwankend, fast spielerisch. [...] Das verändert sich jedoch mit der Weitergabe an eine neue Generation. Die Objektivität der institutionalen Welt ›verdichtet‹ und ›verhärtet‹ sich« (ebd.: 62 f.).

Institutionen sind so die zentralen Konstruktionen der gesellschaftlichen Wirklichkeit, die in ihrer Tradierung die Reproduktion der sozialen Ordnung garantieren. Jede gesellschaftliche Konstruktion der Wirklichkeit ist also auf Vergangenheitsbezüge angewiesen.

Alle drei nur rudimentär entwickelten und auf einzelne Aspekte der klassischen Ansätze konzentrierten Rekonstruktionen sollten deutlich gemacht haben, dass die Soziologie alles andere als gedächtnisvergessen ist und, selbst wenn der analytische Bezugspunkt meist die Gegenwart ist, die Dimension der Vergangenheit sowohl konzeptuell als auch empirisch und methodisch immer eine Rolle spielt, auch wenn der Gegenstand immer die gegenwärtige Gesellschaft ist. Statt die disziplinären Grenzen zu überwinden, was in der Gedächtnisforschung angesichts des komplexen und vielschichtigen Gegenstands durchaus notwendig wäre, werden mit den eingangs

---

[6] Wenn die jeweiligen Begründungszusammenhänge übersehen werden, ließen sich hier schnell Parallelisierungen zu den Assmannschen Begriffpaaren kommunikatives und kulturelles Gedächtnis, sowie Funktions- und Speichergedächtnis ziehen (vgl. Assmann/Assmann 1994).

zitierten ungerechtfertigten Pauschalvorwürfen Abgrenzungen verstärkt. Demgegenüber möchten wir im nächsten Abschnitt die Potenziale einer Integration von soziologischen Überlegungen darstellen.

III.

Wenn wir die in den obigen Skizzen von klassischen soziologischen Ansätzen entwickelten Leitlinien zusammenfassen, so ergeben sich folgende generalisierte Theorieaussagen, die für empirische Forschungen zu sozialen Gedächtnissen fruchtbar gemacht werden könnten:

1. Grundbegrifflich gilt es, die theoretischen Instrumente zur Erfassung sozialer Gedächtnisphänomene zu schärfen. Hier bietet sich ein temporalisierter Sinnbegriff an, weil damit ein theorie- und disziplinintegrativer Zugang zum Gedächtnisproblem gewonnen werden kann. Auch das Problem der Selektivität, von Schütz im Begriff der Relevanz, von Parsons als Motivation gefasst, lässt sich mit einem solchen Sinnbegriff verbinden. Diese spezifischen Selektivitäten, die sich an den Schnittstellen (zwischen Personen, Gruppen, Generationen, Diskursen etc.) ausbilden, konstituieren das je spezifische Verhältnis von Erinnern und Vergessen. In den Blick rückt dann analytisch die Funktionalität sozialer Gedächtnisse für die Prozesse der sozialen und individuellen Sinnbildung.
2. Zentral für das Problem der sozialen Gedächtnisse sind die unterschiedlichen Ebenen des Gedächtnisses (Individuum und Gesellschaft, aber auch Milieu bei Durkheim, Persönlichkeit und Sozialsystem bei Parsons (mit der Interaktionssituation als analytischer Grundeinheit), sowie Subjekt und Intersubjektivität und gesellschaftlicher Wissensvorrat bei Schütz). Eine Theorie sozialer Gedächtnisse muss Individuen, Interaktionszusammenhänge wie Familien oder Milieus, ebenso wie höherstufige Gedächtnisformen (in Diskursen, Organisationen, eigenlogisch operierende Institutionen oder Systeme) in die Analyse integrieren. Dabei ist wichtig, nicht nur isoliert auf individuelle, sich interaktionistisch konstituierende Gruppengedächtnisse oder auf höherstufige Gedächtnisformen zu fokussieren, sondern insbesondere die Übergänge und Wechselwirkungen zwischen den jeweiligen Formen in den Blick zu nehmen.
3. Die Prozesse der Differenzierung und Pluralisierung (mit Arbeitsteilung begründet bei Durkheim, bei Parsons sind es die vier Prozesse der Ressourcenmobilisierung, der funktionalen Differenzierung, der Integration und der Legitimation) in ihren komplexen Überlagerungen und in ihren Auswirkungen auf soziale Gedächtnisse und insbesondere auf die Fragen nach sozialem Wandel und gesellschaftlicher Transformation müssen konzeptuell berücksichtigt werden. Es gilt die gesellschaftliche Dynamik, die soziokulturellen Pluralisierungs- und Differenzierungsprozesse in die Beschreibung und Analyse sozialer Gedächtnisse einzubeziehen.
4. Natürlich bleibt der Assmannsche Hinweis auf die Funktionen des Vergangenheitsbezugs für die Bildung von kollektiven Identitäten wichtig: die je spezifischen und durchaus auch konflikthaften Formen von Gedächtnis- und Identitätspolitik.

5. Ebenso wichtig ist der kulturwissenschaftliche Hinweis auf die Bedeutung von Medialität für soziale Gedächtnisse. Die Erkenntnis, dass Medialität ein zentrales Element sozialer Prozesse ist, ist ja inzwischen ein Allgemeinplatz. Was aber gerade für die Analyse sozialer Gedächtnisse nach wie vor aussteht, ist die genaue begriffliche Einordnung und Beschreibung der Gedächtniswirkung von unterschiedlichen medialen Techniken. Das gilt insbesondere für Bildmedien und die computerbasierten digitalen Medien der Gegenwart.
6. Schließlich ist die Wirkung von Materialitäten, medial-kultureller Objekte und insbesondere, wie die Analysen der Durkheimschule zu Ritualen und Körpertechniken, Parsons' Verweis auf die körperlich-organische Ebene im Verhaltenssystem und der Hinweis von Berger/Luckmann auf die Gewohnheiten zeigen, die Körperlichkeit in ihrer Gedächtniswirkung ein wichtiger Ansatzpunkt.

Insgesamt kann, das ist noch einmal zu betonen, die Komplexität des Forschungsgegenstandes »soziales Erinnern« nicht durch eine einzelne Disziplin gefasst werden. Notwendig ist ein konzertiertes Zusammenwirken, Interdisziplinarität von Philosophie, Kultur- und Sozialwissenschaften im besten Sinne. Wenn in der vorliegenden Einleitung und im Orchester des vorliegenden Sammelbandes die soziologische Instrumentengruppe etwas lauter erklingt, so ist das eher im Sinne einer als notwendig empfundenen Betonung der soziologischen Potenziale zu lesen, nicht im Sinne einer Zurückweisung oder -setzung anderer Disziplinen.

IV.

Ein Sammelband wie der vorliegende kann die theoretisch herausgearbeiteten Problemkomplexe natürlich nicht annähernd adäquat erfassen, möchte aber doch einige Bausteine für ihre zukünftige Lösung liefern. Diese Bausteine werden gewonnen in den Bereichen *Theoretische Zugänge* (vgl. oben 1 und 2), *Medien und Materialitäten* (vgl. 5 und 6), *Gedächtnispolitik und Identitäten* (vgl. 3 und 4), sowie *Gedächtnis und sozialer Wandel* (vgl. 3 und 4).

Die im ersten Teil des Bandes aufgenommenen Beiträge leisten notwendige Begriffsarbeit insbesondere in Hinsicht auf die Erfassung und Verbindung unterschiedlicher Ebenen sozialer Gedächtnisse. **Oliver Dimbath** diskutiert in seinem Beitrag *Soziologische Rahmenkonzeptionen. Eine Untersuchung der Rahmenmetapher im Kontext von Erinnern und Vergessen* ein wichtiges analytisches Instrument der Gedächtnisforschung: den Begriff bzw. die Metapher des Rahmens. Halbwachs verwendet ihn, um den Erhalt sozialer Ordnung in der Zeit zu beschreiben. Goffmans Rahmenbegriff fokussiert neben der Ermöglichung von Ordnungsänderungen (Rahmung) ebenfalls auf Momente der Beständigkeit sozialer Ordnung. In beiden Fällen steht zudem die Orientierung des Einzelnen an und durch Gegebenheiten der Interaktionsebene im Mittelpunkt. In einem letzten Schritt wird dann die Reichweite und theoretische Leistungsfähigkeit der Rahmenmetapher(n) ausgelotet.

Jiří Šubrt und **Štěpánka Pfeiferová** greifen Parsons' strukturfunktionalistische Überlegungen auf und untersuchen begriffliche Zusammenhänge und gesellschaftliche und epistemologische Voraussetzungen von historischem Wissen. Dieses Wissen fassen sie in den systemischen Formen *historisches Bewusstsein* und *kollektives Gedächtnis*, die an der Verbindungsstelle von Sozialsystem und Persönlichkeitssystem zu verorten sind. Mit diesem strukturanalytischen Schnitt nehmen sie auch soziale und kulturelle Institutionalisierungen in den Blick. Der dabei eröffnete analytische Blick auf Phänomene der Polykontextualisierung ermögliche es, auch die politischen Dimensionen sozialer Gedächtnisse zu erfassen. Das historische Bewusstsein begreifen Šubrt/Pfeiferová als Konzept, das im Zusammenspiel der Komponenten *erlebte historische Erfahrung, Ideologie, Erkenntnisse der historischen Wissenschaft* und *kollektives Gedächtnis* gebildet wird.

Dass auch Wissenschaftler/innen an der Praxis des institutionalisierten Erinnerns direkt und indirekt beteiligt sind, zeigt **Cornelia Siebeck** in ihrem Beitrag »*In ihrer kulturellen Überlieferung wird eine Gesellschaft sichtbar*«?, in dem sie sich kritisch mit der Anwendung des Assmannschen Gedächtnisparadigmas auseinandersetzt: Ausgehend von einer Lektüre jüngerer Texte Jan und Aleida Assmanns zu gedächtniskulturellen Implikationen bundesrepublikanischer Nachkriegsarchitektur konstatiert sie gravierende erkenntnistheoretische und politische Probleme des Assmannschen Ansatzes, der von einem eigentümlichen Nebeneinander von explizit sozialkonstruktivistischen und implizit normativ-essenzialistischen Annahmen durchzogen sei. Insbesondere kritisiert sie eine ahistorische und entpolitisierende Perspektive auf de facto konflikthafte soziale Zusammenhänge: Diese würden im Assmannschen Œuvre regelmäßig zu konsensualen »Erinnerungsgemeinschaften« hypostasiert, die kollektiven Mnemo- und Psychodynamiken ausgesetzt seien. Siebeck plädiert daher für eine sozial- und hegemonietheoretisch informierte Reformulierung des akademischen Gedächtnisdiskurses: Zur Erforschung gedächtniskultureller Phänomene benötige man keine sich zunehmend verselbständigende Gedächtnistheorie, sondern einen adäquaten Begriff des Sozialen, Politischen und Historischen.

Das hochaktuelle Problem der auf digitalen Verbreitungsmedien basierenden Formen von Gedächtnissen nimmt **Elena Esposito** aus der Perspektive von Luhmanns Systemtheorie in ihrem Beitrag *Die Formen des Web-Gedächtnisses* in Weiterführung ihrer Überlegungen aus *Soziales Vergessen* (2002) in den Blick. Dass die Unmöglichkeit des Vergessens problematisch für die soziale Erinnerung und für die Zukunftsentwicklung ist, wird besonders mit der Entwicklung computerbasierter Speichermedien mit seinen ins Unendliche wachsenden Kapazitäten deutlich. Mit ihnen wird jedoch auch eine neuartige Form des Vergessens möglich. Entscheidungen darüber, welche Daten für zukünftige Verarbeitungsprozesse erhalten bleiben, werden nicht mehr durch Subjekte vollzogen, sondern durch maschinelle Rechenoperationen. Die bis zur Vollkommenheit gesteigerte maschinelle Erinnerungsfähigkeit (der Maschine) führt Esposito zufolge zum Problem der (potenziellen) Festschreibung der Zukunft durch die perfekte Archivierung der Vergangenheit. Um die Zukunft für Veränderung offenzuhalten, wird es notwendig, sich dem Problem der Implementierung von Modi des Vergessens in die Speicherungsprozesse zu widmen. Der kontrollierte Verzicht darauf, das Vergessen zu kontrollieren, ist ein Kennzeichen des Web-Gedächtnisses, welches sich unweigerlich auch auf andere Formen sozialer Gedächtnisse auswirkt, so die These von Esposito. Das Web-Gedächtnis wäre eine Form eines sozialen Gedächtnisses, welche sich nicht nur völlig losgelöst hat von individuellen Trägern (bzw. psychischen Systemen), sondern vom Bezug auf psychische Prozesse überhaupt. Elena Esposito liefert mit ihren systemtheoretischen Überlegungen auch analytische Werkzeuge für die Untersuchung der Gedächtniswirkung von (digitalen) Medien. Insofern steht ihr Beitrag an der Schnittstelle zum zweiten Teil des Bandes mit dem Titel *Medialität und Materialität*. **Carsten Heinze** setzt sich in seinem Beitrag *Medialisierte Erinnerung: Der Autor und Filmemacher Thomas Harlan im biographischen Dokumentarfilm Wandersplitter* mit einer spezifischen öffentlicher Kommunikationsform auseinander. Für diese bisher wenig beachtete Form der medialen Erinnerungskultur, die sich von der visuellen Datenerhebung der Sozialwissenschaften deutlich unterscheidet, liefert er eine exemplarische Analyse, sowohl inhaltlich-thematisch wie auch filmästhetisch: Filmische Formsprache und dargestellter Inhalt werden aufeinander bezogen, um den Film in seiner visuellen und narrativen Komplexität verstehen zu können. Damit wird zusätzlich zur Analyse der bildhaften Medialität auch die soziologische Biographieforschung erweitert, da die herkömmliche Datenerhebung – narrative Interviews – mit veröffentlichten Biographisierungen im Horizont von Erinnerungskulturen, ihren Medien sowie ihrer Ästhetik kontrastiert wird.

Auch **Thorsten Benkel** beschäftigt sich in seinem Beitrag *Bilder der Erinnerung. Vom Gedächtniswissen zur Festschreibung durch Fotografie* mit bildhaften Medien mit der Beziehung von kollektiven Gedächtnissen zum individuellen Erinnern. Die fasst er als ein komplexes Verhältnis, in dem Medien ebenso zentral sind, wie das Bewahren von Wissens- und Erinnernswertem. Das gilt sowohl auf der Interaktionsebene als auch in den Gedächtnisspeichern und Archiven von größeren gesellschaftlichen Einheiten. Eine besondere Form der Wissensfestschreibung, die als Schnittstelle zwischen diesen drei Ebenen verstanden werden kann, ist die Verwendung von foto- und videografischen Bildern. Die vorrangige Funktion dieser Bilder ist das Festhalten von tatsächlichen »Faktizitäten«, zugleich jedoch werden die Bilder in Prozessen der Bildaneignung rezipiert. Vor diesem Hintergrund sind insbesondere Foto- und Videografien von Verstorbenen interessant: Einerseits werden die Toten darin »lebendig«, andererseits stellt schon die bildhafte Darstellungsform eine Verdinglichung dar, die den Übergang des Menschen (eines Subjekts) zur Leiche (eines Objekts) vorwegnimmt.

An diesem Übergang ist auch **Stefan Nicolaes** Beitrag *Zukunftserinnerungen. Plastination als Inszenierung von Erinnerung* situiert. Er analysiert die Inszenierung von Erinnerung in der Plastination anhand einer doppelten Logik: der Umstrukturierung und der Erweiterung des Erinnerungspotenzials des toten Körpers. Er zielt auf die Einschreibungsmodi der Plastinate in ärztlichen, kunstlerischen oder religiösen Kontexten, die anhand zahlreicher Umdeutungsstrategien in Bezug auf den toten Körper erfolgen. Argumentationsmuster in der Debatte über die Legitimität der Plastinationstechnik werden zunächst mit Blick auf ihre Schwerpunkte rekonstruiert, wobei ein besonderer Akzent auf den heterogenen semantischen Horizont des Begriffs der Würde gesetzt wird. Den Umgang mit dem Erinnerungspotenzial des toten Körpers erörtert er dann im Übergang vom Körperspender zum Spenderkörper. Vor dem Hintergrund der spezifischen Zeitdimension von Zukunftserinnerungen wird anschließend auf die technischen und klassifikatorischen Modi der Inszenierung als eine ergänzende Arbeit am Körper und an Begriffen in der Plastination fokussiert.

Um vergangenheitspolitische Auseinandersetzungen und den politischen Umgang mit dem Erinnern geht es im dritten Gliederungsblock *Gedächtnispolitik und Identität*. Mit Fragen zum Verhältnis von nationalen und inter- bzw. transnationalen diskursiven Deutungsmustern beschäftigt sich **Yvonne Robel** in ihrem Beitrag *Erinnern als europäischer Standard? Deutsche Perspektiven auf den Genozid an Armeniern*: Die Auseinandersetzung mit dem jungtürkischen Genozid an den Armeniern ist spätestens seit der Jahrtausendwende Bestandteil der deutschen Geschichtspolitik. Sie spielt sich unzweifelhaft auch vor dem Kontext entsprechender Diskurse in anderen Ländern und auf europäischer Ebene ab. Der Beitrag fragt, inwieweit und in welcher Weise in der deutschen Beschäftigung mit dem Genozid an den Armeniern Ideen eines transnationalen Standards des Erinnerns zum Einsatz kommen. Der Versuch, diesen Genozid in die nationale Erinnerung zu integrieren, entfaltet dabei auch für den Entwurf einer europäischen Normengemeinschaft sowie hinsichtlich der Einschätzung des deutschen Shoah-Gedenkens seine eigene Wirkung.

Mit ihrer Kritik am Ansatz eines »methodologischen Kosmopolitismus« richten **Stephen Welch** und **Ruth Wittlinger** in ihrem Beitrag *Die Widerstandsfähigkeit des Nationalstaates: Kosmopolitismus, Holocaustgedächtnis und deutsche Identität* den Blick auf Phänomene sozialen Erinnerns, die – so ihre These – trotz der Globalisierungsprozesse auch von Erinnerungen im nationalen Rahmen analysiert werden müssen. Denn neben Prozessen der Kosmopolitisierung sind durchaus Prozesse der Ent-Kosmopolitisierung und der Re-Nationalisierung zu beobachten. Das weisen die Autorin und der Autor am Beispiel des Holocaustgedächtnisses in Deutschland nach, von der Nachkriegserfahrung mit dem Versuch, eine postnationale Identität zu konstruieren bis zu den Veränderungen in der Berliner Republik. Der analytische Referenzrahmen für die Untersuchung von (real vorfindbaren) Kosmopolitisierungsprozessen, so ihr Fazit, sei somit weiterhin ein nationaler und kein kosmopolitischer.

Gedächtnispolitische Implikationen spielen auch bei der Kanonisierung kultureller Texte eine zentrale Rolle, wie **Takemitsu Morikawa** in seiner Analyse zu *Kanonisierung und Gedächtnis: Der Schriftsteller Mori Ôgai im kulturellen Gedächtnis des modernen Japan* feststellt. Am Beispiel des japanischen Schriftstellers Mori Ôgai (1862–1922) zeigt Morikawa, wie angesichts des gesellschaftlichen Umbruchs vom ausgehenden 19. Jahrhundert ins beginnende 20. Jahrhundert – durch die selektive Wiederbelebung der Vergangenheit und durch die Abgrenzung vom Westen – identitätsstiftende Texte für das »moderne Japan« produziert und in Schullehrbüchern kanonisiert worden sind. Mit ihrer Kanonisierung erhalten diese Schriften als kulturelle Texte nicht nur einen festen Platz in der neueren, japanischen Literaturgeschichte und im kulturellen Gedächtnis der Nation, sondern sie leisten immer auch einen unübersehbaren Beitrag zur Reproduktion der nationalen Identität.

Soziale Vergangenheitsbezüge sind im Kern sozialer Prozesse lokalisiert. Das zeigt sich besonders deutlich in den Ungleichzeitigkeiten gesellschaftlicher Transformationsprozesse: Sowohl Brüche und Veränderungen als auch Kontinuitäten und Persistenzen sind nur durch Bezug auf Vergangenes feststellbar. Das gilt für die gesellschaftliche Ebene, etwa in Form von Diskursen, wie für Prozesse auf individueller und intersubjektiver Ebene in Familien oder Sozialmilieus. Denn auch in den familialen, gender- oder milieuspezifischen Gedächtnissen lassen sich in Zeiten gesellschaftlicher Umbrüche neben einer kontinuierlichen Tradierung von Erinnerungen und kollektiven Identitätskonstruktionen Veränderungen und Rekonfigurationen der jeweiligen Deutungen der Vergangenheit finden. **René Lehmann** untersucht in seinem Beitrag die Verwendungsweisen und Funktionen von Konzepten generationeller Differenz für das familiale Erinnern. Vor dem Hintergrund der Erfahrung von gesellschaftlichen Transformationsprozessen in Form von zwei Systemumbrüchen werden vergangenheitsbezogene Deutungsmuster in ostdeutschen Familien untersucht. Speziell das Deutungsmuster der generationellen Differenz hat einen hohen Stellenwert in den familialen Vergangenheitsdeutungen und wird entsprechend seiner Funktion in der Kommunikation typisiert.

Die Verbindung von gesellschaftlichen Umbrüchen und biografischer Diskontinuität liegt der Untersuchung von **Hanna Haag** zu Grunde. Theoretisch stellt sie grundlegende Diskrepanzen fest, zum einen hinsichtlich privatem und öffentlichem Erinnern, welches männlich dominiert ist und zum zweiten zwischen der Rolle von Frauen als Erinnerungsobjekte und als Erinnerungssubjekte. Am Beispiel einer Untersuchung der DDR-Erinnerung von arbeitslosen ostdeutschen Frauen kann Haag in ihrer empirischen Untersuchung diverse Verschränkungen zwischen gesellschaftlichen Ereignissen mit der individuellen Lebensgeschichte und der jeweiligen Bewältigung der Systemtransformation nachweisen. Das Erinnern an die DDR und der Vergleich mit der Gegenwart führen über Individualisierungs-, Kollektivierungs- und Abgrenzungsmechanismen zur Herausbildung neuer Identitätskonstruktionen.

Der Beitrag von **Daniel Schläppi** befasst sich mit dem sozialen Gedächtnis eines spezifischen Sozialmilieus in Bern. Ausgehend von grundsätzlichen Überlegungen zur Begrifflichkeit, wird dieses Milieu als Soziotop, als »sozialer Ort«, als Trägerschaft eines sozialen Gedächtnisses historisch verortet und näher beschrieben. Dabei zeigt sich, dass Geschichte in Belangen sozialer Distinktion und Integration eine wichtige Rolle spielte. Schläppi zeigt, dass soziale Gedächtnisse als kollektive Ressourcen von Gruppen geprägt, gepflegt und bewirtschaftet werden müssen. Zu diesem Zweck sind Selbstregulation und Prozesse des Aushandelns erforderlich. Namentlich für geschichtsbewusste Milieus ist die Deutungshoheit über Vergangenheit von entscheidender Bedeutung für den Wert und Nutzen, den die Gruppe aus der Vergangenheit ziehen kann. Politischen, kulturellen und ökonomischen Eliten dient ein homogenes Gruppengedächtnis dazu, in gesellschaftlichen Diskursen hegemoniale Wirklichkeitsmodelle durchzusetzen.

Die hier versammelten Beiträge gehen zurück auf die Konferenz »Formen und Funktionen sozialer Gedächtnisse«, die vom 8.–10. Dezember an der Universität Erlangen stattfand.[7] Der Dank der Herausgeber gilt allen Mitwirkenden, ganz besonders unseren Mitorganisator/innen Christian Brunnert, Katja Hartosch, Monika Malinowska und Ania Musiol und nicht zuletzt den großzügigen Sponsoren der Konferenz: der Friedrich-Alexander-Universität Erlangen-Nürnberg, der Deutschen Forschungsgemeinschaft, dem Institut für Soziologie und dem Büro der Frauen-

---

[7] Zusätzlich zum vorliegenden ist ein deutlich stärker auf die theoretische Erfassung sozialer Gedächtnisse ausgerichteter Band in englischer Sprache in Vorbereitung und wird 2013 erscheinen.

beauftragten der FAU Erlangen und schließlich der Sektion Wissenssoziologie der Deutschen Gesellschaft für Soziologie.

Literaturverzeichnis

Alexander, Jeffrey C., Eyerman, Ron, Giesen, Bernhard et al. (2004): *Cultural Trauma and Collective Identity*. Berkeley/Los Angeles/London: University of California Press.
Assmann, Aleida und Assmann, Jan (1994): »Das Gestern im Heute. Medien und soziales Gedächtnis«. In: Merten, Klaus, Schmidt, Siegfried J. und Weischenberg, Siegfried, *Die Wirklichkeit der Medien*. Opladen: Westdeutscher Verlag, 114–140.
Assmann, Jan (1999): *Das kulturelle Gedächtnis. Schrift, Erinnerung und politische Identität in frühen Hochkulturen*. München: C. H. Beck.
– (2002): »Nachwort«. In: *Esposito, Elena (2002): Soziales Vergessen*. Frankfurt/M.: Suhrkamp, 400–414.
Bauman, Zygmunt (1992): *Dialektik der Ordnung. Die Moderne und der Holocaust*. Hamburg: Europäische Verlags-Anstalt.
Berger, Peter L. und Luckmann, Thomas (1998): *Die gesellschaftliche Konstruktion der Wirklichkeit. Eine Theorie der Wissenssoziologie*. Frankfurt/M.: Fischer. Amer. Orig. 1966.
Burckhardt, Jacob (1949): *Weltgeschichtliche Betrachtungen*. 7. Aufl. Stuttgart: Kröner. Aus dem Nachlaß 1905 veröffentlicht basierend auf Vorlesungen von 1868 und 1870/71.
Durkheim, Emile (1977): *Über die Teilung der sozialen Arbeit*. Frankfurt/M.: Suhrkamp.
– (1980): *Die Regeln der soziologischen Methode*. Neuwied: Luchterhand.
– (1981): *Die elementaren Formen des religiösen Lebens*. Frankfurt/M.: Suhrkamp. Frz. Orig. 1912.
Esposito, Elena (2002): *Soziales Vergessen. Formen und Medien des Gedächtnisses der Gesellschaft*. Frankfurt/M.: Suhrkamp.
Giesen, Bernhard (1991): *Nationale und kulturelle Identität. Studien zur Entwicklung des kollektiven Bewußtseins in der Neuzeit*. Frankfurt/M.: Suhrkamp.
Holz, Klaus (2001): *Nationaler Antisemitismus. Wissenssoziologie einer Weltanschauung*. Hamburg: Hamburger Edition.
Koselleck, Reinhart (1972a): »Einleitung«. In: Brunner, Otto, Conze, Werner und Koselleck, Reinhart, *Geschichtliche Grundbegriffe. Historisches Lexikon zur politisch-sozialen Sprache in Deutschland*, Bd. 1. Stuttgart: Klett-Cotta, XIII–XXVII.
– (1972b): »Über die Theoriebedürftigkeit der Geschichtswissenschaft«. In: Conze, Werner, *Theorie der Geschichtswissenschaft und Praxis des Geschichtsunterrichts*. Stuttgart: Klett, 10–28.
– (1989a): *Vergangene Zukunft. Zur Semantik geschichtlicher Zeiten*. Frankfurt/M.: Suhrkamp.
– (1989b): »Zur historisch-politischen Semantik asymmetrischer Gegenbegriffe«. In: Koselleck (1989a), 211–259.
– (1989c): »Historia Magistra Vitae. Über die Auflösung des Topos im Horizont neuzeitlich bewegter Geschichte«. In: Koselleck (1989a), 38–66.
Luhmann, Niklas (1980): »Gesellschaftliche Struktur und semantische Tradition«. In: Luhmann (1993), 9–71.
– (1993): *Gesellschaftsstruktur und Semantik. Studien zur Wissenssoziologie der modernen Gesellschaft*, Bd. 1. Frankfurt/M.: Suhrkamp.
Marx, Karl (1972): »*Der achtzehnte Brumaire des Louis Napoleon*«, MEW, Bd. 8. Berlin: Dietz, 111–207. Orig. 1852.
Mauss, Marcel (1989): »Die Techniken des Körpers«. In: *Soziologie und Anthropologie 2*. Frankfurt/M.: Fischer, 197–220. Frz. Orig. 1950 (in der Werkausgabe).
– (1997): »Die Gabe. Form und Funktion des Austauschs in archaischen Gesellschaften«. In: *Soziologie und Anthropologie*, Bd. 2. Frankfurt/M.: Fischer, 9–144. Frz. Orig. 1925.
Münch, Richard (1992): »The Production and Reproduction of Inequality: A Theoretical Cultural Analysis«. In: Münch und Smelser (1992), 243–264.

- (2004): *Soziologische Theorie. Band 3: Gesellschaftstheorie.* Frankfurt/New York: Campus.
Münch, Richard und Smelser, Neil J. (1992): *Theory of Culture.* Berkeley: University of California Press.
Olick, Jeffrey K., Vinitzky-Seroussi, Vered und Levy, Daniel (2011): »Introduction«. In: Olick, Jeffrey K., Vinitzky-Seroussi, Vered und Levy, Daniel, *The collective memory reader.* New York: Oxford University Press, 3–62.
Parsons, Talcott (1951): *The Social System.* London: Free Press.
- (1968): *The Structure of Social Action. A Study in Social Theory with Special Reference to a Group of Recent European Writers.* New York: Free Press. Amer. Orig. 1937.
- (1969a): »Das Problem des Strukturwandels: eine theoretische Skizze«. In: Zapf, Wolfgang, *Theorien des sozialen Wandels.* Köln/Berlin: Kiepenheuer & Witsch, 35–54. Amer. Orig. 1961, Auszug aus »Theories of Society«.
- (1969b): »Evolutionäre Universalien der Gesellschaft«. In: Zapf, Wolfgang, *Theorien des sozialen Wandels.* Köln/Berlin: Kiepenheuer & Witsch, 55–74. Amer. Orig. 1967.
- (1981): »Das Über-Ich und die Theorie der sozialen Systeme«. Frankfurt/M.: Fachbuchhandlung für Psychologie, 25–45.
- (1985): *Das System moderner Gesellschaften.* Weinheim/München: Juventa.
- (1986): *Gesellschaften: evolutionäre und komparative Perspektiven.* Frankfurt/M.: Suhrkamp.
Schmid, Michael (1992): »The Concept of Culture and Its Place within a Theory of Social Action: A Critique of Talcott Parsons's Theory of Culture«. In: Münch und Smelser (1992), 88–120.
Schmitt, Marco (2009): *Trennen und Verbinden. Soziologische Untersuchungen zur Theorie des Gedächtnisses.* Wiesbaden: VS.
Schorske, Carl E. (1982): *Wien. Geist und Gesellschaft im Fin de Siècle.* Frankfurt/M.: Fischer.
Schütz, Alfred (2004a): »Das Problem der Relevanz«. In: Schütz (2004c), 57–249.
- (2004b): *Der sinnhafte Aufbau der sozialen Welt. Eine Einleitung in die verstehende Soziologie, Alfred Schütz Werkausgabe,* Bd. II. Konstanz: UVK.
- (2004c): *Relevanz und Handeln 1. Zur Phänomenologie des Alltagswissens, Alfred Schütz Werkausgabe,* Bd. VI.1. Konstanz: UVK.
- (2011a): »Der gut informierte Bürger. Ein Essay zur sozialen Verteilung des Wissens«. In: Schütz (2011b), 113–132.
- (2011b): *Relevanz und Handeln 2. Gesellschaftliches Wissen und politisches Handeln, Alfred Schütz Werkausgabe,* Bd. VI.2. Konstanz: UVK.
Smelser, Neil J. (1992): »Culture: Coherent or Incoherent«. In: Münch und Smelser (1992), 3–28.
Smith, Anthony D. (1991): *National identity.* London: Penguin Books.
Swidler, Ann (1986): »Culture in Action: Symbols and Strategies«. In: *American Sociological Review,* 51(2), 273–286.
Taylor, Charles (1996): *Quellen des Selbst. Die Entstehung der neuzeitlichen Identität.* Frankfurt/M.: Suhrkamp.
Tenbruck, Friedrich H. (1989): *Die kulturellen Grundlagen der Gesellschaft. Der Fall der Moderne.* Opladen: Westdeutscher Verlag.
Terdiman, Richard (1993): *Present Past. Modernity and the Memory Crisis.* Ithaka: Cornell University Press.
Weber, Max: (1988): »Vorbemerkung«. In: *Gesammelte Aufsätze zur Religionssoziologie I* Tübingen: J. C. B. Mohr, 1–16.
Wenzel, Harald (1990): *Die Ordnung des Handelns. Talcott Parsons' Theorie des allgemeinen Handlungssystems.* Frankfurt/M.: Suhrkamp.
Weyand, Jan (2012): Soziologie des modernen Antisemitismus. Erlangen. Unveröffentlichtes Manuskript.

Soziologische Rahmenkonzeptionen. Eine Untersuchung der Rahmenmetapher im Kontext von Erinnern und Vergessen

Oliver Dimbath

1. Im Rahmen bleiben und aus dem Rahmen fallen

In seinem Spielfilm *Das Lied in mir* erzählt der Regisseur Florian Cossen[1] die Geschichte einer jungen deutschen Frau, die auf einem Zwischenstopp in Argentinien ein Kinderlied hört, das sie mitsingen kann, ohne es je bewusst gehört zu haben. Nach einem Anruf zuhause erfährt sie von ihrem Vater, dass sie adoptiert und ihre leiblichen Eltern zur Zeit der Militärdiktatur verschleppt worden seien. Der Film spielt auf eindrucksvolle Weise mit Fragen des Erinnerns und Vergessens vor dem Hintergrund wechselnder sozialer Kontexte. So wird die Protagonistin mit Erinnerungsspuren konfrontiert, als sie – ohne es zu wissen – in ihre Geburtsstadt zurückkehrt. Das Lied bleibt nur ein Anfang. In der Schaufensterauslage eines Trödlers sieht sie wenig später eine Kunststoffpuppe, die sie kaufen »muss«, ohne sich zunächst darüber im Klaren zu sein, warum. In seiner Theorie des kollektiven Gedächtnisses entfaltet Maurice Halbwachs die These, dass Erinnerung auf soziale Bezugsrahmen angewiesen ist. Menschen können sich demnach nur dann erinnern, wenn diese Erinnerung auf Soziales bezogen wird. Indem das Kleinkind die argentinische Kultur verlassen hat und bei seinen Adoptiveltern in Deutschland aufgewachsen ist, hat es sämtliche frühkindlichen Erinnerungen vergessen. Sobald die junge Frau jedoch diesem verlorenen Rahmen wieder begegnet, kommen auch die Erinnerungen zurück. In der Auseinandersetzung mit dem eilends nachgereisten Vater erfährt die Protagonistin, dass sie über ihre Herkunft bewusst getäuscht worden war. Sie muss erkennen, dass viele Erinnerungen ihrer Kindheit – die Beziehung zu den »Eltern«, die Geschichten der »Großmutter« – nicht der Wahrheit entsprechen.

Neben sozialen Bezugsrahmen, die unverhofft Erinnerungen auslösen, werden im Film jedoch auch noch Rahmen anderer Art adressiert. So findet eine der schwierigen und fruchtlosen Aussprachen mit dem Vater statt, während sich die junge Frau umkleidet. Vor dem Spiegel nimmt sie den auf sie gerichteten Blick ihres Gegenübers

---

[1] *Das Lied in mir*, deutscher Spielfilm (2011), Regie: Florian Cossen, in den Hauptrollen Jessica Schwarz und Michael Gwisdek.

nicht mehr als den Blick des Vaters auf seine Tochter, sondern als den eines begehrenden Mannes auf eine Frau wahr. In ihrer provokanten Reaktion – sie wendet sich um und fragt, ob er »geschaut« habe und entledigt sich ihres BHs – definiert sie die Interaktionssituation neu und konfrontiert ihren »Adoptiv«-Vater mit der zumindest hypothetischen Möglichkeit einer Neudefinition ihrer Beziehung. Der geht indes nicht auf diese Umdeutung ein, gibt sich verständnislos und verärgert. An dieser Stelle wird aus gedächtnistheoretischer Sicht ein anderes soziologisches Rahmenkonzept adressiert: Bei Erving Goffmans auf die Analyse von Interaktionen gerichtetem Rahmenbegriff geht es zwar nicht explizit um Erinnerung. Gleichwohl fungieren aber auch die Rahmen der Interaktionssituation als gedächtnisspezifische Selektionsmechanismen, indem sie Orientierungsmuster für Arrangements der Wechselseitigkeit zwischen Individuen bereitstellen.

Offenkundig verfügt die Soziologie mit dem Halbwachsschen Rahmenkonzept über einen klassischen – aber offenbar über längere Zeit vergessenen – Terminus, mit dem sich der Erhalt sozialer Ordnung in der Zeit beschreiben lässt. In den letzten dreißig Jahren etablierte sich unabhängig davon ein weiteres und angesichts seiner Verbreitung recht populäres Rahmenkonzept im Anschluss an die Arbeiten Goffmans. Auch hier geht es neben der Ermöglichung von Ordnungsänderungen (Rahmung) um Momente der Beständigkeit sozialer Ordnung. In beiden Fällen steht zudem die Orientierung des Einzelnen im Mittelpunkt. Ziel des vorliegenden Beitrags ist es, die beiden Rahmenbegriffe zu vergleichen und hinsichtlich ihres Ertrags für eine Theorie des sozialen Gedächtnisses analysieren.[2] Nach einer Gegenüberstellung der beiden Konzepte wird im Zuge einer Spurensuche ihre Herkunft beleuchtet und geprüft, ob möglicherweise derselbe Vordenker Pate gestanden haben könnte. In einem letzten Schritt erfolgt dann eine auswertende Interpretation der Bedeutungsdimensionen des Rahmenkonzepts im Hinblick auf die Trias soziales Gedächtnis, Erinnern und Vergessen. Vor dem Hintergrund der konzeptionellen Arbeit am terminologischen Instrumentarium einer soziologischen Gedächtnistheorie geht es letztlich darum, die Reichweite und theoretische Leistungsfähigkeit der Rahmenmetapher(n) auszuloten.

2. Die Rahmenkonzeption bei Halbwachs und Goffman

Dass die Rahmenbegriffe bei Halbwachs und Goffman hinsichtlich der Entwicklung einer Theorie des sozialen Gedächtnisses vereinbar sein könnten, ist eine Vermutung, die bezeichnenderweise erst von Vertretern des kulturwissenschaftlichen Gedächtnisdiskurses formuliert wurde (vgl. z. B. Assmann 1992, Welzer 2008, Wetzel 2009). Genauere Analysen zur Goffmanschen Terminologie wurden dort jedoch kaum vorgenommen. Insofern wäre vor der Behauptung einer Verwandtschaft der Ansätze zunächst zu prüfen, ob die älteren, teilweise explizit mit der Gedächtnisthematik verbundenen europäischen Rahmenkonzeptionen überhaupt etwas mit den jüngeren

---

[2] Vorarbeiten zu einer genuin soziologischen Theorieperspektive finden sich bei Michael Heinlein und Oliver Dimbath (2010), Marco Schmitt (2009) sowie neuerdings bei Gerd Sebald und Jan Weyand (2011).

amerikanischen gemein haben. Einem Versuch der Vereinheitlichung des sozialwissenschaftlichen Rahmenbegriffs qua Setzung oder seiner Installation als Grundkonzept einer Theorie sozialer oder kultureller Gedächtnisse sollte daher ein Abgleich der beiden Konzepte vorausgehen.

2.1 Der Begriff der sozialen Bezugsrahmen bei Maurice Halbwachs

Halbwachs führt die Rahmenmetapher in der Erweiterung »Bezugsrahmen des Gedächtnisses« in seinem ersten »großen«, 1925 im französischen Original erschienenen Gedächtnisbuch *Das Gedächtnis und seine sozialen Bedingungen* ein. Das Werk, in dem Rahmen als konstitutiv für individuelle Erinnerung einerseits und das kollektive Gedächtnis andererseits ausgewiesen werden, löste kontroverse Diskussionen – auch über die Tragweite des Rahmenkonzepts im Kontext individueller Erinnerung – aus.[3] Da sich Halbwachs jedoch anderen wissenschaftlichen Themen zuwandte, verebbte die Weiterentwicklung sowohl der Idee des kollektiven Gedächtnisses als auch der damit verbundenen sozialen Bezugsrahmen. Erst spät nahm er die Arbeit an den beiden Begriffen wieder auf; in seiner Studie über *Die Stätten der Verkündigung im Heiligen Land* untersucht er das kollektive Gedächtnis des Christentums und auch in der unvollendet gebliebenen, posthum erschienenen Fragmentesammlung *Das kollektive Gedächtnis*, greift er explizit auf den Rahmenbegriff zurück.

Bei der Analyse der Halbwachsschen Rahmenkonzeption fallen zunächst zwei Dinge auf: Offenbar hängt erstens die geringe Verbreitung des Rahmenbegriffs in der deutschsprachigen Soziologie mit einem Übersetzungsproblem zusammen. Zweitens zeigt sich, dass Halbwachs keinen theoretisch ausgearbeiteten Begriff entfaltet, sich an der alltagssprachlichen Bedeutung des Wortes »Rahmen« zu orientieren scheint und dadurch unterschiedliche Bedeutungsdimensionen impliziert, die allerdings – jede für sich – im Hinblick auf das soziologische Denken seiner Zeit anschlussfähig sind.

Während in der deutschen Übersetzung des ersten Halbwachsschen Gedächtnisbuches der Rahmenbegriff vergleichsweise spät entwickelt wird, erscheint er beim französischen Original *Les cadres sociaux de la mémoire* bereits im Titel. Darüber, warum Lutz Geldsetzer in der von ihm für Luchterhand angefertigten ersten deutschen Übersetzung das Wort »Rahmen« durch »Bedingungen« ersetzt, kann man, auch ohne sich die Mühe übersetzungshistorischer Nachforschungen zu machen, einige Mutmaßungen anstellen. Offenbar erschien ihm der Rahmenbegriff so unspezifisch, dass er ihn lexikalisch halbwegs korrekt,[4] dafür aber wohl im Sinne der

---

[3] So kritisiert der französische Psychologe und Zeitgenosse Halbwachs' Charles Blondel die radikal auf soziale Rahmen gerichtete Erinnerungskonzeption, indem er auf traumatische Erlebnisse hinweist, die in Form von *flashbacks* auftauchen und erst dann in soziale Rahmen – des Raumes oder der Zeit – eingebettet werden. In solchen Fällen würden Erinnerungen psychisch und nicht durch kollektive Bilder und Ideen hervorgerufen (vgl. Mucchielli 2003). Walter Gierl (2005) rekonstruiert u. a. den in den Rezensionen abgefassten Austausch zwischen Halbwachs und dem Historiker Marc Bloch. Seine Untersuchungen geben Aufschluss über die Herkunft und die damalige Reichweite der Konzeption des kollektiven Gedächtnisses.

[4] Dies gilt nicht nur für den im Deutschen geläufigen Begriff der »Rahmenbedingungen«; das Bedeutungslexikon des Duden-Verlags (2002) definiert den Rahmen unter anderem als »etwas, das einer

Durkheimschen Idee des soziologischen Tatbestands (*fait social*), auf diese Weise paraphrasieren zu müssen glaubte. Selbst wenn man davon ausgeht, dass die deutsche Soziologie dieser Zeit über keinen Rahmenbegriff verfügte, ist diese Modifikation des Titels auch insofern bemerkenswert, als einige deutsche Fachvertreter der 1960er Jahre den Parsonsschen Begriff des *action frame of reference* durchaus gekannt haben dürften. Während also sowohl in Frankreich als auch im englischsprachigen Raum seit den 1920er beziehungsweise den 1930er Jahren über Rahmenkonzepte in der Soziologie diskutiert wurde, schien der Terminus in Deutschland erst viel später – eben mit der deutschen Ausgabe der Goffmanschen *Rahmen-Analyse* – Fuß zu fassen.

Da das Wort *cadre* mehr Bedeutungen umfasst, als für den soziologischen Gebrauch auf den ersten Blick sinnvoll erscheint, findet sich bei Halbwachs – wie übrigens einige Jahre später auch bei Talcott Parsons – das Rahmenkonzept als Suffixoid in Verbindung mit »Bezug«. Der *Bezugs*rahmen impliziert über die grenzgebende Bedeutung hinweg, dass auf etwas Bezug genommen wird. Bei Halbwachs, dem es vor allem um die gesellschaftliche Bedingtheit des Individualbewusstseins geht, dient der Bezugsrahmen als Anhaltspunkt für die individuelle Erinnerung und für die daran anschließende Orientierung an soziale(n) Strukturen. Das Basiswort »Bezugs-« wird durch die Verbindung mit dem Suffixoid »-rahmen« mit einem Grenzbegriff versehen.[5] Die Grenzhaftigkeit des Bezugsrahmens zeigt somit, dass die Orientierungsleistung für das Erinnern systematisch eingeschränkt ist. Darüber hinaus impliziert der Rahmenbegriff, dass es, wenn nicht mehrere Rahmen, so doch zumindest ein Außerhalb und ein Innerhalb des Referierens geben muss.

Halbwachs fragt allerdings nicht von vornherein nach sozialen Bezugsrahmen. Seine Analyse beginnt bei der Problematik der Erinnerungsbilder: Wie er am Beispiel des Traumes und der pathologischen Sprechstörung »Aphasie« zeigt, müssen diese ohne eine Interpretation vor dem Hintergrund sozialer Wissensstrukturen sinnlos bleiben. Auch wenn das Gehirn das (träumende) Bewusstsein mit Eindrücken oder Bildern von vergangenen Erlebnissen beliefert, findet Erinnerung erst statt, wenn diese Eindrücke in Bezugsrahmen eingestellt werden. Dem aus dem Traum erwachenden Subjekt bleiben lediglich ein paar Traumbilder, die es (im Geist) notieren sollte, um sie nicht zu vergessen. Aus diesen Notizen kann das wache Subjekt dann einen Sinnzusammenhang bilden, indem die Traumerinnerung in den Kontext des wachen Bewusstseins – zum Beispiel im Sinne eines Vergleichs mit bereits Erfahrenem – eingestellt wird. Erinnerung ist somit konstruiert als Verarbeitungs- oder Sinnsetzungsleistung, die in der Vermittlung von aktuellen Eindrücken und bestehendem Wissen aus kultureller Prägung entsteht, – ein auf irgendeine Vergangenheit bezoge-

---

Sache ein bestimmtes (äußeres) Gepräge gibt bzw. etwas, das einen bestimmten Bereich umfasst und ihn gegen andere abgrenzt«. Möglicherweise war es die größere Präzision des Wortes »Rahmenbedingung«, die Jan Assmann (2005: 73) dazu veranlasste, den Halbwachstitel als »Das Gedächtnis und seine sozialen Rahmenbedingungen« zu zitieren, eine Abweichung von der Verlagsübersetzung, die sich auch bei Hans Leo Krämer (2000) findet. Assmann (2005: 69) gibt auch den Hinweis, dass der Rahmenbegriff in der deutschen Soziologie des Jahres 1966 möglicherweise noch nicht vorhanden war.

[5] Diese Unterscheidung findet sich ebenfalls im Bedeutungswörterbuch des Duden-Verlags (2002), in dem darüber hinaus die Verwendung des Rahmenbegriffs als Präfixoid – zum Beispiel im Sinne der »Rahmenbedingung« – behandelt wird.

nes Bild, das fortbesteht. Das heißt aber auch, dass nicht der Traum selbst Erinnerung ist. »Der Traum beruht nur auf sich selber, während unsere Erinnerungen sich auf die aller anderen und auf die großen Bezugsrahmen des Gesellschaftsgedächtnisses stützen« (Halbwachs 1985a: 72).[6] Die dem Individuum sich erschließende Ordnung der kulturellen Prägung ist somit aus den sozialen Bezugsrahmen abzuleiten. Allerdings adressiert die Entwicklung eines solchen Rahmenbegriffs unterschiedliche Dimensionen beziehungsweise Abstraktionsebenen, die im Folgenden näher betrachtet werden sollen:

Eine erste Dimension von Bezugsrahmen individueller Erinnerung besteht in Sozialbezügen, die jedem Individuum aus seinen spezifischen Gruppenkonstellationen erwachsen. Halbwachs entfaltet hier nur exemplarisch die Rahmen der Familie, der Religion und des gesellschaftlichen Status; tatsächlich geht es ihm um die an oder in Gruppen erfahrbaren Momente sozialer Ordnung im Allgemeinen. Jede Gruppe weist so spezifische wie typische Ordnungsstrukturen für die in ihr statthabenden Beziehungen auf. Stets ist allerdings nicht nur die unmittelbar vom Individuum erfahrbare Gruppe im Blick, sondern vor allem auch die mit dieser Gruppe typisch verbundene Wissensstruktur. So setzt sich der Familienrahmen nicht nur aus den bekannten Personen und den zu ihnen unterhaltenen Beziehungen zusammen, sondern aus den typischen Bedeutungen, die beispielsweise die unterschiedlichen Verwandtschaftsverhältnisse haben.

> »Der Gedächtnisrahmen der Familie besteht mehr aus Vorstellungen denn aus Gesichtern und Bildern; Vorstellungen von Personen und Vorstellungen von Tatsachen, die in diesem Sinne einzigartig und historisch sind, die im übrigen aber alle Kennzeichen eines Denkens besitzen, das einer ganzen Gruppe und selbst mehreren gemeinsam ist« (Halbwachs 1985a: 241).

Und da die Identität des Einzelnen dem Schnittpunkt seiner sozialen Kreise erwächst, stehen der eigensinnigen Konstruktion von Erinnerung stets mannigfache soziale oder aus der Erfahrung des Sozialen gewachsene Bezugsrahmen zur Verfügung.[7]

Die zweite Dimension sozialer Bezugsrahmen liegt auf höherem Abstraktionsniveau – hier geht es um kulturspezifische Artikulationsweisen, also um Sprache sowie um Deutungsvorgaben entlang der in vielen Kulturen grundlegenden Orientierungsmaßstäbe von Zeit und Raum. Die konstituierenden Überlegungen hierzu finden sich bereits im ersten Gedächtnisbuch; dort dienen sie allerdings noch teilweise der Begründung der Kollektivfundierung des individuellen Erinnerns. Mitunter werden sie trotz der Abstraktheit des Arguments sehr alltagsnah und anschaulich ausgeführt.

Der Aphasiker – Halbwachs bezieht sich unter anderem auf traumatisierte Kriegsheimkehrer – könne zwar Objektbilder rekonstruieren, sei aber nicht in der Lage,

---

[6] Das kognitive Ereignis wird also in den Rahmen dessen, was sozial wirklich ist eingestellt und dadurch wirklich. Das Subjekt steht mit seinem rahmengebenden Bezugskollektiv in Wechselwirkung. Damit kann es nicht nur eine kollektive Erinnerung geben, wie dies einmal Alice Kohli-Kunz (1973) festgestellt hat.

[7] Georg Simmels (1999) Bild der sozialen Kreise mag als Illustration dieses Gedankens dienen. Inwiefern es auch für Halbwachs' Überlegungen Pate gestanden hat, kann hier nicht rekonstruiert werden (vgl. aber hierzu Jedlowski 1990). Es gibt bei Halbwachs verstreute Hinweise auf Simmel, der, wie später Halbwachs, einen Lehrstuhl an der Universität Straßburg inne hatte (vgl. Namer 2007).

symbolische Ordnungen wie Wörter, Sätze, Formvorstellungen oder Haltungen sinnvoll zu verwenden. Dieses Unvermögen liege allerdings nicht daran, dass bestimmte Hirnareale verletzt und gelöscht worden wären. Dem Aphasiker fehlen nicht die Erinnerungen; es fehlt ihm die Fähigkeit, kognitive Ereignisse auf einen Rahmen zu beziehen und sie so mit Sinn zu versehen. Diese Beobachtung bringt Halbwachs zu dem Schluss, dass es kein »mögliches Gedächtnis außerhalb derjenigen Bezugsrahmen [gebe; O. D.], deren sich die in der Gesellschaft lebenden Menschen bedienen, um ihre Erinnerungen zu fixieren und wiederzufinden« (Halbwachs 1985a: 121). Wenn der Rahmen der Sprache oder – etwas später im Text – der des Raumes nicht adressiert werden kann, ist keine Erinnerung möglich. Wenn das Haus, in dem man seine Kindheit verbracht hat, abgerissen worden ist, verblassen die Erinnerungen an diesen räumlichen Rahmen. Dabei ist jedoch nicht das Haus selbst der Rahmen, sondern die Wahrnehmung und Kenntnis des Hauses nebst der Bedeutung, die das Haus der Kindheit für einen – für jeden – Menschen haben kann. Der Raum-Rahmen ist also eine bestimmte, stabile und typisierte Form, die mit individueller Erinnerung ausgefüllt werden kann.

Erst in den Texten, die unter dem Titel *Das kollektive Gedächtnis* versammelt wurden, finden sich Überlegungen, die die Reichweite räumlicher und zeitlicher Bezugsrahmen erahnen lassen. So stellt Halbwachs fest, dass den durch jede Gruppe vermittelten Rahmen eine je eigene Zeitstruktur innewohnt. Damit wird erstens festgelegt, wie weit die Erinnerung in einer Gruppe zurückreicht. Zweitens gibt der Rahmen Auskunft darüber, wie sich typische gruppenrelevante Ereignisse in der Zeit verteilen und drittens sind hier Informationen enthalten, wie die gruppenspezifische Zeit zu bewerten ist. So reicht der zeitliche Rahmen des Familiengedächtnisses möglicherweise weiter zurück als der des Organisationsgedächtnisses – zumindest solange man es als kollektives und nicht als historisches Gedächtnis begreift (vgl. zu dieser Unterscheidung Halbwachs 1985b). Im Hinblick auf räumliche Rahmen macht Halbwachs deutlich, dass jede Gruppe ihre Form auf den Erdboden zeichnet – hier spiegeln sich ihre kollektiven Erinnerungen in spezifischer Weise wider: in Regelungen über Grundbesitz, in aktiven oder passiven Zonen, in heiligen oder profanen Orten und so weiter (vgl. Halbwachs 1985b).

	Familie	Religion	Soziale Klasse
Zeit			
Raum			
Sprache			
Erfahrung			

Abb.: Sozialtheoretische und gruppenbezogene Dimensionen nach Halbwachs

Was die gruppenbezogenen und sozialtheoretischen Orientierungsdimensionen des Halbwachsschen Rahmenkonzepts angeht, kann man diese aufeinander beziehen. Da die sozialen Bezugsrahmen der Gruppen, also ihre Beziehungsstrukturen und Wertorientierungen bei Halbwachs nur exemplarisch verhandelt und nach Belieben ergänzt oder differenziert werden können, hat die Darstellung eines solchen Zusammenhangs vorwiegend illustrativen Wert. Immerhin kann man jedoch sehen, dass sich die Ebenen zu einer Systematik im Sinne einer Halbwachsschen Rahmenanalyse arrangieren lassen (Abb.), indem man für jedes Feld empirisch benennbare Erinnerungsstimuli findet.

Am Beispiel der Familie lässt sich nun zeigen, wie die Bezugsrahmen ineinander greifen. Zeit – bei Halbwachs vorrangig als Datierung und gruppenspezifische Periodisierung gefasst – ruft historische Eck- oder Wendepunkte der familialen Identität in Erinnerung. Ein Aspekt der sozialräumlichen Einbettung der Familie mag beispielsweise der Familiensitz oder die Gegend sein, in der die Dichte der »Ableger« besonders hoch ist. Vermittels der Sprache können Verwandtschaftsbeziehungen oder Erbansprüche benannt werden. Dass es dabei nicht nur um die Namen der Angehörigen geht, sondern mit den Namen stets auch das spezifische Verwandtschaftsverhältnis mit einer Menge an Rücksichten und Verpflichtungen verbunden ist, liegt auf der Hand. Die Erfahrung innerhalb einer Familie bestimmt schließlich die auf die jeweilige Familiengruppe bezogene Ereigniserinnerung; zu denken wäre hierbei etwa an Erbstreitigkeiten oder Zerwürfnisse, die über die unmittelbar Beteiligten hinaus eine weite Strahlkraft im Hinblick auf solche mikrokollektiven Erinnerungen haben.

Die von Halbwachs entfaltete Rahmenkonzeption stellt nicht auf einen statischen Strukturbegriff ab. Rahmen sind flexibel und bieten engere oder weitere »Maschen« – je nachdem, ob man sich der Gegenwart nähert oder sich von ihr entfernt (Halbwachs 1985a: 181). Sie bilden das Insgesamt der Vorstellungen, die das erinnerungsfähige Bewusstsein in einem Augenblick wahrnehmen oder sich durch Denken erschließen kann. Die Rahmen, die auf die sozialen Gruppen bezogen sind, befinden sich also »im Kopf« der Subjekte. Damit ist eine Fixierung ausgeschlossen – auch Rahmen werden ständig überarbeitet und angepasst:

> »Jedesmal, wenn wir einen unserer Eindrücke in den Rahmen unserer gegenwärtigen Vorstellungen einordnen, verändert der Rahmen den Eindruck, aber der Eindruck seinerseits modifiziert auch den Rahmen« (Halbwachs 1985a: 189).

Mit jeder erinnernden Reflexion über das aktuell Erlebte können unterschiedliche Bezugsrahmen – wie geistige Landkarten – adressiert werden. Rahmen sind somit die Voraussetzung jedweder Erinnerung: »Man kann sich nur unter der Bedingung erinnern, dass man den Platz der uns interessierenden vergangenen Ereignisse in den Bezugsrahmen des Kollektivgedächtnisses findet« (Halbwachs 1985a: 368). Stets geht es darum, wie Erinnerung überhaupt möglich ist. Darüber, welcher Rahmen in bestimmten Situationen in den Vordergrund rückt und die auf ihn gemünzten Erinnerungen evoziert, wird bei Halbwachs kaum diskutiert, der eine implizite – und wohl auch sozialisatorisch bedingte beziehungsweise durch eine soziale »Denkströmung« (Halbwachs 1985b: 19) vorgegebene – Rangordnungsleistung situativer Eindrücke durch das individuelle Bewusstsein anzunehmen scheint.

2.2 Goffmans Rahmenanalyse – die Rekonstruktion der Interaktionsordnung

In der gegenwärtigen Soziologie wird der Begriff des Rahmens vorrangig mit dem Werk Goffmans in Verbindung gebracht. Dies mag einerseits daran liegen, dass die Arbeiten von Halbwachs in der Nachkriegssoziologie kaum rezipiert wurden; andererseits findet sich der Begriff des Rahmens auch in den Übersetzungen des Goffmanschen Buches *Frame-Analysis*, während insbesondere die Übersetzungen des Halbwachs-Titels im Deutschen wie im Englischen das »Gedächtnis« betonen und die »cadres« ausblenden. Mit der Wiederentdeckung der Theorie des kollektiven Gedächtnisses und des ihr zugrunde liegenden Rahmenkonzepts[8] wird ein Theorieabgleich der beiden soziologischen Rahmenbegriffe nötig. Im Folgenden soll nun die Rahmenkonzeption Goffmans dargestellt werden. Dabei wird sich zeigen, dass Konvergenzen zum Problem des kollektiven Gedächtnisses zunächst überhaupt nicht auf der Hand liegen.

Goffman, dessen Adaption des Rahmenbegriffs sich auf die Arbeiten Gregory Batesons bezieht, bietet folgende Definition an:

> »Ich gehe davon aus, dass wir gemäß gewissen Organisationsprinzipien für Ereignisse (…) und für unsere persönliche Anteilnahme an ihnen Definitionen einer Situation aufstellen; diese Elemente (…) nenne ich Rahmen« (Goffman 1980: 19).

Bei dieser Konzeption geht es um die Organisation der Alltagserfahrung und um die Konsequenzen, die sich daraus ergeben. Mit anderen Worten gibt der Rahmen die Antwort auf die Frage des Individuums: Was geht hier vor? Und man könnte hinzufügen: Was werde ich tun?

Ausgangspunkt der Rahmenanalyse ist das Konzept der primären Rahmen. Primäre Rahmen sind Deutungsmuster, die nicht auf eine vorhergehende Deutung verweisen.[9] Damit kann man sie als grundlegende Orientierungsmomente begreifen, die teils natürlichen, andernteils sozialen Ursprungs sind. Natürliche Primärrahmen ermöglichen die Interpretation von äußerlichen und auf natürliche Ursachen zurückführbaren Ereignissen – zum Beispiel eines Blitzschlags. Soziale Primärrahmen dienen der Deutung von Situationen, die durch menschliche Einwirkung entstanden sind (vgl. Goffman 1980).

Eine Gruppe verfügt jedoch nicht nur über ein Repertoire an primären Rahmen. Rahmen kommen auch in abgewandelter Form vor. Goffman bezeichnet diese Variationen, bei denen Muster entstehen, die den ursprünglichen Zusammenhängen nachgebildet sind, als Modulation. Die ursprüngliche Interaktion des Kampfes wird so durch Modulation zum Wettkampfspiel, bei dem die Interaktionsstruktur gleich bleibt, während die Zielsetzung verändert wird. Im Laufe der Entwicklung des Kollektivs entstehen permanent neue Modulationen von Modulationen. Modulationen sind somit Rahmen, die so lange auf vorangegangene Rahmen zurückgeführt werden können, bis ein nicht mehr weiter auflösbarer primärer Rahmen erkennbar wird. Die Rahmenanalyse hat somit zwei Komponenten. Einerseits kann man – wie Goffman dies vorschlägt – die Organisation der Alltagserfahrung ergründen, indem man die

---

[8] Diese Wiederentdeckung ist in erster Linie Jan Assmann (1988, 2005) zu verdanken.
[9] Auf die Nähe des Konzepts zum Deutungsmusteransatz weist Alexander Degelsegger (2008) hin.

Orientierungsmuster der Interaktionsordnungen freilegt. Andererseits wird auch nahe gelegt, die Genese der Modulationen zu erforschen, was in eine historische Rekonstruktion dieser Ordnungen führt.

Rahmen erscheinen als oder bestehen aus Deutungsregeln, die auch Ziele für mögliche Anschlusshandlungen bereitstellen. Da in jeder Situation mehrere Rahmen relevant sein können, sind Situationen grundsätzlich mehrdeutig. Goffman stellt jedoch fest, dass Fehldeutungen in der Interaktion vergleichsweise selten vorkommen. Die Rahmen einer sozialen Gruppe bilden den Hauptbestandteil ihrer Kultur, die somit nur verstanden werden kann, wenn man sich ein »Bild von dem oder den Rahmen einer Gruppe, ihrem System von Vorstellungen, ihrer Kosmologie« macht (Goffman 1980: 37).

Primäre Rahmen und Modulationen geben zwar Orientierung und leiten damit die Organisation der Alltagserfahrung; sie determinieren diese jedoch nicht. Auch wenn die kulturellen Rahmen in bestimmten Situationen mehr oder weniger bindende Vorgaben machen, kann sie dem Individuum zur Orientierung dienen oder es kann ihre Orientierungsfunktion ausnutzen, um andere zu täuschen. Bei der Täuschung wird von einer handelnden Instanz eine Rahmenregel oder ein Rahmenziel in manipulativer Absicht vorgegeben, was eine andere Instanz dazu bringen soll, gemäß dieser Täuschung erwartungskonform zu reagieren. Die Interaktionsintentionen von Ego und Alter beziehen sich also nicht auf einen identischen Rahmen, da für den Täuscher eine Täuschung stattfindet, während für den Getäuschten das geschieht, was vorgetäuscht wird (vgl. Goffman 1980).

Goffman verwendet den Begriff des Rahmens nicht nur in seiner Arbeit zur Rahmen-Analyse. Er gebraucht er ihn an verschiedenen Stellen und es hat den Anschein, als diene er geradezu im Sinne eines terminologischen Universalinstruments. Dies legt die Rekonstruktion Robert Hettlages (1991: 110) nahe, der von einer »sukzessiven Ausarbeitung des Rahmenkonzepts« bei Goffman spricht. Ob es sich jedoch um eine Ausarbeitung im Sinne einer Verfeinerung oder Präzisierung handelt, kann dahingestellt bleiben, da Goffman den Rahmenbegriff von Anfang an als Grenz- oder Differenzmetapher – innen versus außen sowie normal versus abweichend – beziehungsweise als Orientierungs- oder Deutungsmuster in Bezug auf die Regelhaftigkeit der (sozialen) Umwelt in wechselnden thematischen Zusammenhängen einsetzt. Eine Ausarbeitung des Begriffs findet erst in der Rahmen-Analyse durch die Ergänzung um die Modi der Modulation und Täuschung statt. Vor dem Hintergrund der vorwiegend in der amerikanischen Soziologie geführten Diskussion um die Einordnung des Goffmanschen Werks[10] ist jedoch wichtig zu betonen, dass dem Rahmenkonzept ein konstruktivistisches Motiv zugrundeliegt. Im Gegensatz zu vergleichsweise stabilen sozialen Strukturen wie Institutionen sind Rahmen »weiche« Strukturmomente, die den Individuen als gegeben erscheinen, jedoch auch instrumentell genutzt und verändert werden können. Dies leitet sich aus der dem Konzept inhärenten Möglichkeit

---

[10] Offenbar war es den Vertretern unterschiedlicher soziologischer Schulen ein Anliegen, Goffman entweder für sich zu vereinnahmen oder ihn als Anhänger eines konkurrierenden Paradigmas zu kritisieren beziehungsweise abzulehnen. So wurde er zunächst immer wieder als Interaktionist bezeichnet; später entdeckte man jedoch auch andere Lesarten und Theoriemotive, was manchen dazu veranlasste, ihn als Strukturalisten enttarnen zu wollen (vgl. zusammenfassend Lenz 1991b).

zum aktiven Umgang des Individuums mit Rahmen im Sinne von Rahmung ab. Wechselseitige Rahmung begleitet den Interaktionsprozess, indem jeder Interaktionspartner im Zuge seiner Kommunikationsakte bewusst wie unbewusst stets auch kulturell interpretierbare Hinweise als Verständigungsergänzung transportiert. Rahmung umschließt also nicht nur die perzeptive Gerahmtheit einer Situation für den Akt ihrer Definition durch das Individuum, sondern auch die distributive Setzung von Interpretationsmöglichkeiten für sein Gegenüber.

2.3 Passen die Rahmenkonzepte von Halbwachs und Goffman zusammen?

Legt man die Rahmenkonzeptionen von Halbwachs und Goffman nebeneinander, so zeigen sich auf den ersten Blick Konvergenzen und Divergenzen. Übereinstimmungen bestehen – neben der Verwendung derselben Metapher – in der Annahme, dass sich Individuen an etwas orientieren, das zunächst außerhalb ihrer selbst liegt. In beiden Fällen wird die durch den Rahmen repräsentierte Orientierung vom Individualbewusstsein eigensinnig verarbeitet. Gleichwohl liefert er jedoch ein Bezugssystem, dessen Bedeutung weitgehend typisiert ist, so dass die Wahrscheinlichkeit einer intersubjektiv übereinstimmenden Deutung gegenüber anderen, nicht »gerahmten« Situationen deutlich erhöht wird. Bei Halbwachs stehen dabei die Erinnerungen im Vordergrund. Soziale Bezugsrahmen erscheinen als typisierte Anhaltspunkte und Auslöser der Erinnerung des Individuums. Durch diese Selektivität kann man die Summe der Rahmen in einer Kultur als deren kollektives Gedächtnis bezeichnen. Goffman sieht das Orientierungspotenzial seiner Rahmenkonzeption demgegenüber zuallererst in der Organisation der Alltagserfahrung. Der Rahmen hilft dem Individuum dabei, soziale Situationen so zu verstehen, dass die in ihnen erzeugten Erfahrungen – und nicht zuletzt auch die sich daraus ableitenden Handlungskonsequenzen – sozial beziehungsweise kulturell anschlussfähig sind. Rahmen im Goffmanschen Sinn sind Hinweise auf eine überindividuelle, sozial typisierte Interaktionsordnung. Obgleich die beiden Rahmenkonzeptionen als Orientierungs- oder Deutungsmuster eine sehr ähnliche »Architektur« aufweisen, sind sie funktional unterschiedlich. Einmal besteht die Funktion in der Ermöglichung von Erinnerung vor dem Hintergrund eines aus Rahmen konstituierten kollektiven Gedächtnisses. Das Hauptaugenmerk liegt dabei auf dem perzeptiven Moment von Rahmung im Angesicht vorgefundener, kulturell gebräuchlicher oder individuell assoziierter Muster der Sinnzumessung. Im anderen Fall ist die Funktion die Organisation von Alltagserfahrung in Bezug auf eine durch situationsspezifische Rahmen konstituierte Interaktionsordnung. Zudem wird die perzeptive Sicht um einen distributiven Aspekt von Rahmung erweitert. Insofern erfährt hier das in der Reziprozität gegründete konstruktivistische Motiv eine stärkere Akzentuierung.

Für die Arbeit an einer Theorie des sozialen Gedächtnisses scheint sich zunächst nur der Halbwachssche Rahmen zu eignen, da er explizit auf Erinnerung bezogen ist. Die kulturspezifische Orientierung von Erfahrungen bei Goffman wäre dagegen bestenfalls eine *Voraussetzung* subjektiven Erinnerns. Lässt man jedoch die beiden funktionalen Ausrichtungen – Erinnerung versus Erfahrung[11] – beiseite und betrachtet die weitgehend konvergente »Architektur« des Rahmenbegriffs, zeigt sich, dass man es hier wie dort mit einem sozialen Strukturmoment zu tun hat, das die Wissensgenese des Individuums durch die Wechselwirkung mit einer beständigeren Instanz zu formen vermag. Dabei geht es allerdings nicht um externalisiertes Wissen, das die Wahrnehmung des Einzelnen determinieren würde, sondern eher um die bekannte innere Dialektik unmittelbaren Erlebens und sozialisierungsvermittelter Erfahrung. In bewusster Absehung von den theoriesystematischen Unterschieden der beiden Rahmenkonzeptionen soll nun mithilfe einer begriffsgeschichtlichen Spurensuche nach Bezugspunkten und »kleinsten gemeinsamen Nennern« gesucht werden.

3. Spurensuche – Untersuchung zur Herkunft der Rahmenmetapher

In den sozialwissenschaftlichen Diskussionen deutscher Sprache erlangte die Rahmenmetapher offenbar erst mit dem Erscheinen des Goffmanschen Werkes *Rahmen-Analyse* in den 1970er Jahren eine gewisse Bekanntheit. Von dort aus sickerte sie – häufig auch unter Verwendung der mit ihm assoziierten Anglizismen »frame« und »framing« – in so unterschiedliche Spezialgebiete wie die Rational-Choice-Theorie oder die Erforschung sozialer Bewegungen (vgl. Degelsegger 2008). Erst mit der wachsenden Prominenz der kulturwissenschaftlich-interdisziplinären Gedächtnisforschung kommen auch die älteren Verwendungsweisen des Rahmenbegriffs wieder ans Licht. Wenn im ersten Schritt dieser Untersuchung Kon- und Divergenzen des Halbwachsschen und des Goffmanschen Rahmenkonzepts herausgearbeitet wurden, geht es nun um den Versuch der begriffsgeschichtlichen Rekonstruktion. Wie und durch wen wurde die Rahmenmetapher für das sozialwissenschaftliche Denken erschlossen?

3.1 Herkunft der Rahmenmetapher I: Halbwachs, Bergson und Durkheim

Die Verwendung der Rahmenmetapher durch Halbwachs geht auf Anregungen zurück, die er in den Arbeiten seiner Lehrer Bergson und Durkheim gefunden hat. Bemerkenswerterweise verwenden sowohl der Lebensphilosoph und Nobelpreisträger als auch der Soziologie-Klassiker das Wort »cadre« in theoretisch-systematischer Absicht, wobei die deutschen Übersetzungen der Mehrdeutigkeit des Begriffs Rechnung tragen und nicht immer zum Wort »Rahmen« greifen. Bezeichnend ist auch, dass Bergson, von dem sich Halbwachs distanzieren wird, »Rahmen« mit Gedächtnis und Erinnerung assoziiert, während der Halbwachs später prägende Durkheim »Rahmen« in den Kontext der Organisation sozialer Ordnung stellt. Im Folgenden wird zunächst der Rahmenbegriff nach Bergson rekonstruiert und dann auf die Verwendung des Wortes bei Durkheim eingegangen.

---

[11] Auf diesen grundlegenden Unterschied weist auch Jan Assmann (1992) hin.

Bergson nutzt den Rahmenbegriff, um die Möglichkeit des Erinnerns zu fassen. So stellt er fest, dass das Wiedererkennen einer Person nur möglich ist, wenn sich der Eindruck der ersten Begegnung so im Gedächtnis fixiert hat, dass er beim erneuten Zusammentreffen als Rahmen des gegenwärtigen Eindrucks dienen kann (Bergson 1982: 80). Umgekehrt findet sich bei Bergson allerdings auch die Überlegung, dass Erinnerungen, wenn sie »die Form einer vollständigen, konkreten und bewußten Vorstellung annehmen«, dazu neigen, mit der Wahrnehmung zu verschmelzen, indem sie deren Rahmen annehmen (Bergson 1982: 119 f.). Aus diesem Argument leitet sich für Bergson der Schluss ab, dass es keinen Ort im Gehirn gebe, an dem geronnene Erinnerung angehäuft würde. »Die angebliche Zerstörung der Erinnerungen durch Hirnverletzungen ist nur eine Unterbrechung des kontinuierlichen Vorganges, durch den die Erinnerung aktualisiert wird« (Bergson 1982: 120). Damit kann Erinnerung nicht als rein zerebraler Zustand und das Gedächtnis nicht als Ausfluss an einmal wahrgenommener Materie verstanden werden.

> »Was man für gewöhnlich eine Tatsache nennt, ist nicht die Wirklichkeit wie sie einer unmittelbaren Anschauung erscheint, sondern eine Anpassung des Wirklichen an die Interessen der Praxis und die Erfordernisse des sozialen Lebens« (Bergson 1982: 179).

Mithilfe des reflektierenden, erinnernden Denkens wird die zunächst unverstellte Wahrnehmung – Bergson spricht von äußerer oder innerer Anschauung – in einzelne nebeneinander arrangierbare Elemente im Sinne von Worten oder Gegenständen zerlegt. Die auf diese Weise zerbrochene Einheit soll allerdings dann wieder hergestellt werden, indem das Bewusstsein die symbolischen Elemente künstlich erneut verbindet:

> »An die Stelle der lebendigen Einheit, welche aus der inneren Kontinuität hervorging, setzen wir die künstliche Einheit des leeren Rahmens, der so leblos ist wie die Glieder, die er zusammenhält« (Bergson 1982: 179).

Bereits bei Bergson ist also das Motiv der konstruktiven Kontextualisierung der Erinnerung angelegt. Wahrnehmungen werden mithilfe von durch praktische Interessen und damit letztlich kulturell geformten Rahmen interpretiert.

Durkheim verwendet den Begriff des »cadre« in theoretisch-analytischer Absicht im Kontext seiner Untersuchung über die *Elementaren Formen des religiösen Lebens*. Die durch Ludwig Schmidts für Suhrkamp angefertigte Übersetzung greift jedoch nur vergleichsweise selten auf das Wort »Rahmen« zurück. Gleichwohl findet sich hier im Kontext der Überlegungen zur Analogie von Wissens- und Gesellschaftsstrukturen, genauer: bei der Explizierung des Gattungsbegriffs eine Definition von »Rahmen«:

> »Die Gattung ist die äußere Form, dessen [sic] Inhalt zum Teil die als ähnlich erkannten Objekte bilden. Nun kann der Inhalt aber selbst nicht seinen eigenen Rahmen bilden. Der Inhalt besteht aus *vagen und fließenden* Bildern, die der Aberglaube hervorgerufen hat und die teilweise Vereinigung einer *bestimmten Anzahl von individuellen Bildern*, die gemeinsame Elemente haben. Der Rahmen dagegen ist eine bestimmte Form mit deutlichen Umrissen, die fähig ist, auf eine *bestimmte Anzahl von Dingen* angewendet zu werden (seien sie nun wahrgenommen oder nicht, wirklich oder möglich)« (Durkheim 1984: 204, Hervorh. i. Orig.).

Von einem »abstrakten und unpersönlichen Rahmen« spricht Durkheim im Zusammenhang mit der Kategorie Zeit. Vor dem Hintergrund dieser Definition lassen sich auch vom Wort »Rahmen« abweichende Formulierungen der deutschen Übersetzung verstehen. So ist statt von »Rahmen« häufig auch von »Form« die Rede – zum Beispiel von »Formen der sozialen Organisation« (Durkheim 1984: 137 f.).[12]

Halbwachs (1985a: 143) erkennt im Bergsonschen Rahmenbegriff das Problem, dass sich der Rahmen und die ablaufenden Ereignisse zwar berührten, dass sie aber nicht von »der gleichen Seinsweise« seien. Diese Feststellung illustriert er mithilfe des Bilderrahmens im Kontrast zur Leinwand, die in ihm aufgespannt ist. Sinnvoller erscheint es ihm, bei Erinnerungsereignissen und Rahmen grundsätzlich Gleichartigkeit zu unterstellen. Bemerkenswerterweise stützt er seine Begründung allerdings nicht auf das Rahmenverständnis Bergsons, sondern auf dessen Unterscheidung eines Tatsachengedächtnisses und eines habitualisierten Routinegedächtnisses. So müsse, wenn es eine Tatsachenerinnerung an besonders eindrückliche Ereignisse gebe, etwas wie eine reine Erinnerung denkbar sein, an der das verarbeitende Bewusstsein keinen Anteil hat. Während Bergson die Erinnerung an das wiederholte Lesen eines Textes als eine Reihe ähnlicher, aber doch unterscheidbarer Einzelereignisse begreift, die gerade dadurch unterscheidbar werden, dass sie durch verschiedene Kontexte gerahmt sind, konstruiert Halbwachs den Rahmen als Resultat des Erinnerns an die Lesesituationen. Worin bestünde, so Halbwachs, die Möglichkeit, die einzelnen Leseereignisse aufeinander zu beziehen, wenn jedem Ereignis eine einzigartige Kontexterinnerung anhängen würde? Nur der gemeinsame, alle ähnlichen Ereignisse umfassende Rahmen könne eine solche Rekonstruktion gewährleisten. In jedem Bild gebe es einen allgemeinen Aspekt, durch den es mit einem stets gegenwärtigen Vorstellungsganzen verbunden ist.

> »So stößt man wieder auf die Kontinuität zwischen dem Bild und dem Rahmen und setzt sie wieder ein, und es erklärt sich, da letzterer ja gänzlich aus psychischen Zuständen besteht, daß sich zwischen dem Rahmen und dem Bild ein Substanzwechsel herausstellen kann und daß der Rahmen sogar genügt, um das Bild wieder aufzubauen« (Halbwachs 1985a: 149).

Diese Kritik bringt erkennbar den Durkheimschen Rahmenbegriff gegen Bergson in Stellung.

3.2 Herkunft der Rahmenmetapher II: Goffman und Bateson

Vieles spricht dafür, dass Bateson, dessen Rahmenbegriff von Goffman selbst als Grundlage seiner Überlegungen ausgewiesen wird, das Rahmenkonzept der gestaltpsychologischen Tradition entlehnt. Diese geht davon aus, dass sich »Wahrnehmungseindrücke und Urteile nicht als isolierte Phänomene, sondern aufgrund von dauerhaften Sedimenten ergeben, die sich aus der Häufung von Einzelspuren im Gedächtnis«

---

[12] Die Suche nach Verwendungen des Wortes »cadre« in Durkheims *Les formes élémentaires de la vie religieuse* erbringt 23 Fundstellen, deren detaillierter Auswertung hier nicht weiter nachgegangen werden kann. Gleichwohl reichen die genannten Stellen aus, um den starken Einfluss auf die Verwendung des Rahmenbegriffs bei Halbwachs zu dokumentieren.

konstituierten (Hettlage 1991: 104). Entlang dieser Sedimente, die das Bewusstsein nach bestimmten Regeln organisiert, bildet sich ein Bezugssystem heraus, mit dessen Hilfe sich das Subjekt in Situationen orientieren kann, indem bestimmte Wahrnehmungsinhalte in den Vordergrund gerückt und damit in einen Rahmen von Hintergrundinformationen eingestellt, sowie zu diesen in Relation gesetzt werden. Hettlage (1991) weist darauf hin, dass diese Konzeption auch Ausgangspunkt der Handlungsbezugsrahmen von Parsons ist.

Im Zuge seiner Überlegungen zur Metakommunikation entwickelt Bateson einen Kontext- oder Rahmenbegriff, der sich auf zwei Konzeptionen oder Lesarten bezieht. Einerseits umschließt der *Rahmen in der mathematischen Mengenlehre* eine Gruppe von Merkmalen. Diese Merkmale können allerdings nicht die beispielsweise in der Als-Ob-Situation des Spieles explizit ausgetauschten Mitteilungen sein. Denkbar ist auch, dass der Rahmen des Spiels Momente enthält, die implizit bleiben und den Spielenden gar nicht bewusst sind. Der Rahmen wäre somit eine Verstehensregel für den Beobachter. Andererseits definiert ein *Bilderrahmen* eine klare Grenze. Psychologisch sind Rahmen exklusiv, indem sie bestimmte Mitteilungen zulassen und andere ausgrenzen. Zugleich sind sie aber auch inklusiv, da sie, indem sie die einen Mitteilungen ausschließen, die anderen aufnehmen. Bateson macht dies an der Analogie zum Bilderrahmen deutlich, der als Mitteilung dazu diene, die Wahrnehmung des Betrachters zu organisieren. Mithilfe des Rahmens wird die Konzentration auf den Inhalt verstärkt und von der Umgebung abgezogen. Der Rahmen ist metakommunikativ, da jede Mitteilung, die explizit oder implizit einen Rahmen definiert, ihrem Empfänger Verständnishilfen oder Anweisungen gibt.[13]

Auch Batesons Rahmenbegriff kann analog zum Deutungsmuster verstanden werden, das dem deutenden Individuum als gegeben erscheint. Allerdings ist er hier eher Bestandteil einer Kommunikation unter Anwesenden, also auf den Austausch von Mitteilungen festgelegt, während bei Halbwachs auch die sozialen Bedeutungen von Gegenständen Erinnerungen hervorzurufen vermögen. Steht dem Vergleich von Halbwachs und Goffman die divergierende Terminologie von Erinnerung oder Erfahrung im Weg, so verschärft sich dies durch Batesons Akzent auf Metakommunikation in Richtung eines Wahrnehmungsproblems.

Da Goffman die Inspiration zu seinem Rahmenbegriff eindeutig den Arbeiten Batesons zuschreibt, kann die große Nähe zu den Überlegungen Durkheims hier nur Randbemerkung bleiben. Während seines Studiums ist Goffman immer wieder mit den Arbeiten Durkheims in Berührung gekommen und es gibt einige Hinweise darauf, dass sie ihn stark beeinflusst haben (vgl. Lenz 1991a). Allein der Umstand, dass in der deutschen Ausgabe der *Elementaren Formen des Religiösen Lebens* das Wort »cadre« sowohl mit »Rahmen« als auch mit »Formen der sozialen Organisation« übersetzt werden (Durkheim 1984: 137), zeigt die große Nähe zur Idee der Rahmenanalyse als eines Versuchs über die Organisation der Alltagserfahrung.

---

[13] Bateson entwickelt seine Rahmenkonzeption für Anwendungen in der Psychotherapie. Das Potenzial eines Denkens in Rahmen liegt in diesem Bereich zum Beispiel darin, die metakommunikativen Rahmen schizophrener Patienten zu verändern und auf diese Weise Therapieerfolge zu erzielen.

3.3 Herkunft der Rahmenmetapher III: Simmels Bildrahmen

In seiner Untersuchung des Rahmenbegriffs bei Goffman weist Herbert Willems (1997) auf eine Verwendung der Rahmenmetapher hin, die viel früher als der Aufsatz Batesons datiert: Bereits Georg Simmel hat, immer wieder in Anlehnung an den »Bildrahmen«, den Rahmenbegriff für soziologische Analysen erschlossen. Ausführlich geschieht dies in seinen Überlegungen zum Raum, in denen das Problem der Begrenzung in den Blick genommen wird; allerdings finden sich auch Hinweise im Zusammenhang mit Differenzierung. Ob oder inwieweit die jüngeren Rahmenkonzeptionen von den Überlegungen Simmels beeinflusst sind, lässt sich heute kaum mehr rekonstruieren. Zwar gab es einen intensiven Austausch zwischen Bergson und Simmel – der hierfür aufschlussreiche Briefwechsel wurde jedoch vernichtet oder ging verloren (vgl. Fitzi 2002). Es kann also nicht mehr ermittelt werden, ob Bergson den Rahmenbegriff von Simmel übernimmt, ob dies umgekehrt der Fall ist oder ob beide den Rahmen je für sich entdeckt haben. Halbwachs kannte offenbar die Schriften Simmels, nimmt jedoch eindeutig auf Bergson Bezug und inwieweit Goffman[14] oder vor allem Bateson sich gerade in diesem Punkt bei Simmel inspiriert haben könnten, ist ebenfalls kaum rekonstruierbar. Gleichwohl ist jedoch die Simmelsche Rahmenkonzeption vielschichtig und im Hinblick auf die Argumentationsstruktur erhellend, so dass die wichtigsten Motive hier beleuchtet werden sollen.

Bereits im Jahr 1902 veröffentlicht Simmel eine kurze Abhandlung über den *Bildrahmen*, in der er die Funktion des Rahmens für ein Kunstwerk diskutiert (vgl. Simmel 1995). Während die Grenze im Allgemeinen der Ort andauernden Austausches mit allem Jenseitigen sei – Simmel verwendet hier die Metapher der Exosmose und Endosmose, bei der die Grenze als durchlässige Scheidewand begriffen wird –, habe der Rahmen als Grenze des Kunstwerks eine Doppelfunktion: So bewirke der Rahmen zugleich die Abgrenzung nach außen und den vereinheitlichenden Zusammenschluss nach innen. Die innere Einheit des Bildes wird versinnlicht – das Bild ist nicht mehr bloßes Interieur, sondern eine Einheit oder eine Welt für sich.

In ähnlicher Weise entwickelt Simmel in seiner erstmals 1903 publizierten *Soziologie des Raumes*[15] den Rahmen als Grenzbegriff, indem er feststellt, dass der Raum in Einheiten unterteilt beziehungsweise diese von Grenzen eingerahmt seien. Der Rahmen schließt ein Gebilde – gleichviel ob Kunstwerk oder soziale Gruppe – gegen die Umgebung ab und es selbst in sich zusammen.

> »Mögen nun die Konfigurationen der Erdoberfläche uns den Rahmen vorzuzeichnen scheinen, den wir in die Grenzlosigkeit des Raumes einschreiben, oder mögen rein ideelle Linien gleichgeartete Stücke des Bodens trennen wie eine Wasserscheide, diesseits und jenseits deren jedes Teilchen einem andren Zentrum zu gravitieren: immer fassen wir den Raum, den eine gesellschaftliche Gruppe in irgend einem Sinne erfüllt, als eine Einheit auf, die die Einheit jener Gruppe ebenso ausdrückt und trägt, wie sie von ihr getragen wird« (Simmel 1999: 694).

---

[14] Auf den starken Einfluss der Schriften Simmels auf das Schaffen Goffmans weist auch Karl Lenz (1991a) hin.

[15] Simmels *Soziologie des Raumes* von 1903 wurde 1908 in die große Abhandlung *Soziologie. Untersuchungen über die Formen der Vergesellschaftung* aufgenommen, aus deren Neuauflage aus dem Jahr 1999 die weiteren Zitate stammen.

Während der Raum zentrifugal wirke, gehe vom Rahmen eine zusammenhaltende (zentripetale) Energie aus. Mit anderen Worten entspricht der Extensität des Raumes die Intensität der sozialen Beziehungen. Gerade weil die Kontinuität des Raumes grenzenlos sei, werde es erforderlich, subjektive Grenzen zu definieren. Simmel leitet damit aus dem Verhältnis der Gruppe zum von ihr wahrgenommenen Raum die Setzung von Grenzen ab, die in jedem Fall willkürlich sei (vgl. Simmel 1999).

Abgeleitet aus seinen Überlegungen zur Rahmung des sozialen Raumes einer Gruppe erweitert Simmel die Konzeption – nun allerdings unter der bei ihm mit dem Begriff des Rahmens eng verwandten Metapher der Grenze. So ist es jeder Persönlichkeit eigen, ihre Sphäre – nach Macht oder Intelligenz – als begrenzt zu erleben. Soziologisch relevant wird diese Grenze erst, wenn die Sphären zweier Individuen aufeinander treffen, indem sie sich gegenseitig Grenzen setzen.

»Von der Sphäre zweier Persönlichkeiten oder Persönlichkeitskomplexe gewinnt jede eine innere Geschlossenheit für sich, ein Aufeinanderhinweisen ihrer Elemente, eine dynamische Beziehung zu ihrem Zentrum; und eben dadurch stellt sich zwischen beiden das her, was sich in der Raumgrenze symbolisiert, die Ergänzung des positiven Macht- und Rechtmaßes der eigenen Sphäre durch das Bewußtsein, daß sich Macht und Recht eben in die andere Sphäre nicht hinein erstrecken. Die Grenze ist nicht eine räumliche Tatsache mit soziologischen Wirkungen, sondern eine soziologische Tatsache, die sich räumlich formt« (Simmel 1999: 697).

Mit den bei Simmel räumlich hergeleiteten nicht mehr räumlichen Grenzen verfügt man über eine Erklärung der Genese sozialer Rahmen, denn immer wenn Individuen wechselseitig ihre Grenzen definieren, entstehen bleibende Orientierungen für weitere Interaktionen.

3.4 Bilanz: Dimensionen der Rahmenmetapher

Auch wenn sich keine Bezugnahme Halbwachs' ebenso wie Batesons auf Simmels Überlegungen zum Rahmen nachweisen lässt, so ergänzt dessen Entwicklung der Begriffe Rahmen und Grenze die jüngeren Rahmenkonzepte durch eine plausible These im Hinblick auf ihre Entstehung. Während allerdings Halbwachs den räumlichen Rahmen entwickelt, um das Individuum und sein Erinnerungsvermögen in seiner spezifischen sozialen Umwelt zu verorten, akzentuiert Simmel mit der Betonung des Grenzhaften die Differenz zwischen dem, was dazu gehört und was nicht. Entsprechend konstituieren Simmels Rahmen eine in sich geschlossene Identität, während Goffmans Rahmen Welten in bestimmten Verhältnissen zu ihren Umwelten konstituieren und strukturieren (vgl. Willems 1997: 31).

Rahmen erscheinen in allen Konzepten als Orientierungsmuster, die allerdings auf andere Orientierungsnotwendigkeiten rekurrieren. Bei Simmel zeigt der Rahmen die Konturen der Identität an – hier ist die zweite Dimension des Rahmens als Differenz- oder Grenzkonzept am stärksten entwickelt. Bei Halbwachs löst er Erinnerungen aus und schafft dadurch Orientierung in spezifischen Situationen. Eine solche Orientierung erfolgt noch expliziter bei Bateson und Goffman, bei denen Rahmen als Organisationsprinzipien der Erfahrung beziehungsweise der Wahrnehmung gefasst sind und die beide zusätzlich die Möglichkeit implizieren, dass das Individuum Rahmen im Hinblick auf Interaktionssituationen mit anderen Individuen verändert (vgl. hierzu auch Schmitt 2009: 25 f.).[16] In allen Konzepten erscheinen indes Rahmen als für das Individuum wahrnehmbare Muster sozialer Ordnung.

4. Rahmen in der soziologischen Gedächtnistheorie

Dem aktuellen soziologischen Rahmenverständnis im Sinne der Goffmanschen Rahmenanalyse hat sich durch die Wiederentdeckung des Halbwachsschen Rahmenbegriffs im Zuge des interdisziplinären Gedächtnisdiskurses eine zweite Lesart zugesellt. Es ist nun zu prüfen, ob – und falls ja, inwiefern – sich die Konzepte im Kontext einer Theorie des sozialen Gedächtnisses integrieren lassen. Dazu sollen nun die hier ausgeführten Rahmenkonzeptionen im Hinblick auf die Begriffstrias »Gedächtnis-Erinnern-Vergessen« unter dem Blickwinkel des soziologischen Erkenntnisinteresses diskutiert werden. Unter anderem wird es auch darum gehen, die letztlich synthetisierende Vermutung Assmanns (1992: 36) zu prüfen, der zufolge Halbwachs eine »›Rahmenanalyse‹ des Erinnerns« im Sinne von Goffmans Rahmenanalyse der Erfahrung vornimmt. Dies kann jedoch nur infolge der für eine soziologische Theoriebildung notwendigen Klärung des Unterschieds von Erinnerung und Erfahrung durchgeführt werden.

4.1 Rahmen als soziales Gedächtnis?

Will man einen Begriff des sozialen Gedächtnisses von dem des kulturellen Gedächtnisses unterscheiden, kann man das Struktur- oder Ordnungsmoment eines soziologischen Zugangs akzentuieren. Motive des sozialen Gedächtnisses sind alle Sinnstrukturen, die von und zwischen Individuen über die Zeit erhalten werden. Von einer Konzeption des kollektiven Gedächtnisses lässt sich der Begriff insoweit abgrenzen, als es nicht nur um Kollektive, also um Gruppen und ihre Kultur geht, sondern um die Möglichkeit der Sinnstiftung und der Fortschreibung von Sinn im Allgemeinen. Die im kulturellen Gedächtnis erfassten Artefakte sind, begriffen als Bedeutungsträger und damit Strukturmomente, ebenso Teile des sozialen Gedächtnisses wie die sozialen Strukturen jedweder Gruppe.

Bereits Halbwachs greift mit seiner Rahmenkonzeption über die Grenzen der sozialen Gruppe hinaus, wobei er auch bei den abstrakteren Dimensionen Zeit, Raum,

---

[16] Marco Schmitt (2009: 27) arbeitet die zentralen Konvergenzen des Halbwachsschen und des Goffmanschen Rahmenbegriffs heraus, betont jedoch, dass auch bei Halbwachs ein »Wechselverhältnis zwischen Rahmungsarbeit und Erinnerung« bestehe. Möglicherweise führt jedoch der Begriff »Rahmungsarbeit« in die falsche Richtung, da er eine Intention impliziert, die, wenn überhaupt, bei Goffman, nicht jedoch bei Halbwachs vorliegt. Halbwachs kennt nur die auf Perzeption bezogene Lesart von Rahmung; wenn es eine Veränderung von Rahmen gibt, erfolgt sie – in ähnlicher Weise wie Prozesse der Schematisierung oder Institutionalisierung – en passant im Zuge des Erinnerungsgeschehens.

Sprache oder Erfahrung deren Strukturierungswirkungen im Kontext der Gruppe betont. Rahmen als soziale Strukturmomente, die das Individuum durch seine Gruppenzugehörigkeiten vorfindet, dienen allerdings nicht allein der Situationsdefinition und Handlungswahl. Sie veranlassen und konstituieren darüber hinaus die Erinnerung des Individuums, als Sinnquelle der Situationsdefinition und Handlungsdisposition und werden ihrerseits im Zuge des permanenten Gebrauchs durch die Individuen perpetuiert und modifiziert.

Während der Rahmenbegriff bei Halbwachs durch die Auslösung und Lenkung der Erinnerung charakterisiert ist, bezieht Goffman den von ihm verwendeten Rahmenbegriff unmittelbar auf die Situationsdefinition und Handlungsdisposition. Beide Rahmenkonzeptionen zeigen dem Individuum etwas an, das außerhalb seiner selbst steht und die Ordnung des Sozialen repräsentiert. Darüber hinaus sind sie als Strukturmuster wandlungsfähig. Bei Halbwachs konstituieren sie sich ebenfalls aus objektivierten Erinnerungen und können – ähnlich wie die Institutionen bei Berger und Luckmann – im Zuge ihrer ständigen Aktualisierung und Neuinterpretation im begrenzten Umfang modifiziert werden. Goffman gesteht dem Individuum demgegenüber mehr Einfluss auf die Nutzung und Ausgestaltung der Rahmen zu und diskutiert Möglichkeiten der Veränderung von Rahmen durch den Akteur in der Interaktionssituation ausführlich. Mit Blick auf das soziale Gedächtnis repräsentiert die Rahmenmetapher Strukturmomente des Sozialen, wobei es bei Halbwachs mehr um Ordnungen von Kollektiven geht und bei Goffman eher um Interaktionsordnungen. Auch wenn nur der Halbwachssche Rahmen explizit auf die Konstruktion von Erinnerung bezogen ist, muss Goffmans Rahmen als Moment des sozialen Gedächtnisses verstanden werden. Mit anderen Worten ist es unter gedächtnistheoretischen Gesichtspunkten gleichgültig, ob es nun um Erfahrung oder um Erinnerung geht. Der Unterschied zwischen den beiden Konzeptionen scheint eher im jeweils betrachteten Aggregationsniveau zu liegen: Goffman analysiert die Interaktionen auf der sozialen Mikro-Ebene. Halbwachs setzt bei den Bezugsgruppen an und behandelt vor allem die Meso- und mitunter auch die Makro-Ebene.

Eignet sich, so sollte man nun fragen, die Rahmenmetapher besonders zur Analyse und Charakterisierung des sozialen Gedächtnisses? Festzustellen ist zunächst, dass das soziale Gedächtnis als soziologische Kategorie letztlich alle Momente überindividuell vermittelter Sinnstiftungen umfasst. Damit steht es neben Begriffen wie Institution, sozialer Tatbestand, Kollektivbewusstsein, Sozialsystem oder gesellschaftlicher Wissensvorrat. Ob es diesen Konzepten gegenüber einen Mehrwert beanspruchen kann, ist fraglich. Rechtfertigen lässt sich seine Verwendung eher durch den jetzt klar definierten sozialwissenschaftlichen Analysefokus. Die Rede vom sozialen Gedächtnis impliziert, dass es um Strukturmomente der Selektion von Sinnerzeugung und Sinnzumessungen im Rückgriff auf Erfahrung sowie um die soziale Konstruktion dieser Erfahrung geht. Die Rahmenmetapher eignet sich in diesem Zusammenhang besser als andere Konzepte dazu, die räumlichen, zeitlichen, semantischen und sozialen Grenzen zu benennen, innerhalb derer die Operationen – verstanden als Selektionsund nicht als Akkumulationsleistung – des Gedächtnisses stattfinden. Der Gewinn durch den Rahmenbegriff besteht etwa im Vergleich zu anderen Strukturbegriffen in seiner perzeptions- wie distributionsbezogenen und mit einer graduellen Kontingenz versehenen Orientierungsfunktion.

4.2 Rahmen als Erinnerungsstimulus

Neben der gedächtniskonstitutiven Dimension des Halbwachsschen Rahmenbegriffs steht auch die erinnerungsevozierende im Blickpunkt. Rahmen – und nur Rahmen als soziale Orientierungsmomente – lösen beim Individuum Erinnerungen aus. Mit anderen Worten, gibt es ohne Rahmen keine Erinnerung. Bei Goffmans Rahmenkonzept geht es nicht um Erinnerung, sondern um eine mit dem Erfahrungsbegriff verbundene Orientierung in Handlungssituationen. Das der Interaktionssituation zugrundeliegende Wissen entstammt in jedem Fall dem subjektiven Erfahrungszusammenhang und bisweilen – wenn es um Kommunikationsakte geht – der auf ihn gestützten Erinnerung. Rahmen als Interaktionsordnungen sind kulturell konstituiert und stellen dem Einzelnen ein Repertoire an Deutungs-, Handlungs- und Verhaltensalternativen zur Verfügung. Der Vorgang des Erinnerns – an gelernte und eingeübte Interpretationsweisen – wird bei Goffman allerdings nicht eigens thematisiert. Bei ihm geht es nicht nur um die Möglichkeit der Bezugnahme auf eine bereits gegebene Menge unterschiedlicher Rahmen, sondern auch um die Chance des Individuums, diese Rahmen eigensinnig zu deuten und zu modifizieren. Sowohl bei Halbwachs als auch bei Goffman liegt es letztlich beim Individuum, welchen Rahmen es für seine Erinnerung oder Situationsdefinition adressiert. Bei Halbwachs scheint diese Bezugnahme allerdings in deutlich geringerem Maße entscheidbar als bei Goffman, der von einer hohen Wahrscheinlichkeit des Bezugs auf passende Rahmen in Interaktionssituationen ausgeht und es dem kulturell bedingten Fingerspitzengefühl des Einzelnen anheimstellt, in welcher Weise der antizipierte Rahmen dann kommunikativ handlungswirksam wird. Im Unterschied zu Halbwachs betrachtet Goffman die Kommunikation über die Rahmenwahl. Damit kann man unterscheiden zwischen der Orientierungswirkung des Rahmens und der Kommunikation über Rahmen. Während bei Halbwachs der Einzelne durch die von ihm wahrgenommenen Rahmen mit Erinnerungen konfrontiert wird, interpretiert er bei Goffman diese Erinnerungen strategisch beispielsweise im Sinne einer günstigen Selbstdarstellung – er nimmt Rahmen wahr, deutet auf ihrer Grundlage die Situation und legt diese Wahrnehmung seiner Kommunikation über Rahmen als Rahmung zugrunde. In der Interaktion wird es somit dem Akteur möglich, den Rahmen für die Erinnerungen der Anderen mitzugestalten.[17] Man kann sich also gegenseitig die Möglichkeiten der Erfahrung organisieren. Dies erfolgt einerseits, indem Interaktionspartner sich gegenseitig erleben und sich Erlebnisse verschaffen. Andererseits organisieren sie füreinander die Rahmenbedingungen des wechselseitigen Verstehens, und diese Rahmenbedingungen bestehen in Hinweisen auf spezifische intersubjektiv erwartbare

---

[17] Dies mag, wie Iwona Irwin-Zarecka (2009) in ihrer Verknüpfung Goffmanscher Rahmung mit dem Begriff des kollektiven Gedächtnisses feststellt, mit Blick auf die Analyse sozialer Gedächtnisse dazu führen, dass von einer unüberschaubaren Vielfalt möglicher Rahmungen auszugehen ist, wobei die Bezugnahme durch das Individuum stets nur im Einzelfall untersucht werden kann.

Erinnerungen. Erinnerung muss also vor diesem Hintergrund als der Bestandteil subjektiver Erfahrung betrachtet werden, der eine Reflexion auf den subjektiven Erfahrungszusammenhang impliziert. Und das wären immerhin alle Bezüge auf subjektiv gemeinten Sinn. Die Differenz der beiden Begriffe besteht darin, dass der Erfahrungsbegriff stärker Praktiken und Routinen adressiert, die dem reflektierenden Zugriff des Einzelnen nicht (mehr) zugänglich sind. Erinnerung bleibt demgegenüber auf Semantik verwiesen. Mit anderen Worten verweist das Konzept der Erinnerung bei Halbwachs auf eine Soziologie des Denkens oder der Kognitionen, während Bateson und Goffman mit dem Erfahrungsbegriff eine Soziologie des Wissens adressieren, die auch Wissensbestände wie Gewohnheitswissen oder habituelles Wissen, die nicht der Reflexion des Subjekts zugänglich sind, einschließt.

4.3 Vergessen im Rahmen

Vergessen findet nach Halbwachs dann statt, wenn bestimmte soziale Bezugsrahmen nicht mehr abrufbar sind. Dies ist der Fall, wenn das Haus der Kindheit abgerissen worden ist oder wenn eine Gruppe verlassen wird. Dietmar J. Wetzel (2011: 43) stellt in seiner Untersuchung des Vergessens bei Halbwachs fest, dass dieses in die sozialen Rahmen eingebunden sei. Hier besteht allerdings die Gefahr eines Missverständnisses. Rahmen sind »geronnene« intersubjektiv relevante Erinnerungen. Vergessen ereignet sich in der permanenten Aktualisierung und – in der Regel für das Subjekt unsichtbaren – Veränderung des Rahmens. Es ist notwendige Begleiterscheinung, die sich daraus ergibt, dass ein Rahmen als Sinnstruktur nur durch aktuelles Erinnern wachsen und sich differenzieren kann. Sobald nicht erinnert wird, zerfällt auch der Rahmen. Im Zusammenhang mit dem Familienrahmen weist Halbwachs darauf hin, dass die Namen der Verstorbenen nicht vergessen werden, weil die zeitliche Distanz zu ihnen unaufhaltsam wächst. Das Vergessen sei vielmehr mit dem Wegsterben der Gruppe, in der sie gelebt haben, verbunden (vgl. Halbwachs 1985a).[18] Der Vorgang des Vergessens erwächst der Verunmöglichung des Erinnerns. Man vergisst, wenn man keinen Anlass bekommt, sich zu erinnern – von nichts kommt nichts.[19] Dem entspricht auch die Rahmenkonzeption Goffmans. Allerdings wird mit Goffman insbesondere im Kontext des Rahmungsaspekts der Täuschung eine besondere Form

---

[18] Die von Halbwachs (1985a) formulierte Ausnahmeregel, der zufolge sich diejenigen Vorfahren in der Erinnerung halten, deren Andenken durch einen Kult lebendig bleibt, wird einige Jahrzehnte später von Mary Douglas (1991) bestätigt. Dass durch Ritualisierung in erster Linie Verdinglichung (vgl. hierzu Hofer 2011) stattfindet, bei der die Mannigfaltigkeit des Erinnerungsgegenstands auf Symbole reduziert und alles Weitere vergessen wird, steht außer Frage.

[19] Als familiensoziologische Rahmenanalyse im Halbwachsschen Sinn kann man sich vor dem Hintergrund der Pluralisierung der Familienformen in der westlichen Spätmoderne fragen, wie sich der Zusammenhang des familialen Rahmens und der hier verwendeten Sprache verändert (vgl. Abb.). In der Zeit der Klein- und Patchworkfamilien scheinen differenzierte Verwandtschaftsverhältnisse keine große Bedeutung mehr zu haben. Das Aussterben von entsprechend differenzierten Begriffen wie Oheim (Mutterbruder) oder Muhme (Mutterschwester) mag auf solche Modernisierungseffekte zurückzuführen sein.

des Vergessens rekonstruierbar: das Vergessenmachen durch Dritte.[20] Der Täuscher kennt den relevanten Rahmen, modifiziert, verändert oder vertauscht ihn jedoch in der Interaktion, so dass der Getäuschte bewusst andere Impulse für seine – auf Erinnerung beruhende – Situationsdefinition erhält. Was bei Goffman auch dem Ermessen eines Akteurs anheimgestellt werden kann, entzieht sich bei Halbwachs weitgehend der Einflussnahme durch den Einzelnen. Gleichwohl ändern sich auch bei ihm die Rahmen im Zeitverlauf, was den unwiderruflichen Wegfall von Erinnerungsstimuli zur Folge hat. Mit anderen Worten geht jeder soziale Wandel grundsätzlich mit Vergessen einher. Besonders eindrücklich zeigt sich dies im Kontext sozialer Mobilität – im weitesten Sinn. So ist naheliegend, dass sich durch Irritationen von kollektiven oder individuellen Gedächtnissen in mehreren Rahmen, Erinnern maßgeblich verändert und vieles vergessen wird. Mit jeder Migration verändert sich im Zuge eines umfassenden Rahmenwandels[21] – sowohl auf der Ebene der sozialen Struktur als auch auf der von Interaktionsordnungen – das Spektrum möglichen Erinnerns ebenso wie möglicher Situationsdeutungen. Vergessen wird dabei alles, was sich nicht in die neuen Rahmen fügt.[22] Und dies ist auch dann der Fall, wenn im Zuge umfassender Veränderungen bestimmte Elemente des Alten verkultet und in Form von Ritualen[23] zu eigenständigen Rahmen gemacht werden. Was »bleibt«, ist dann doch etwas Neues, dessen ursprünglicher Anlass mit allen Emotionen seiner Hersteller unwiederbringlich versinkt.

5. Fusion der Rahmenkonzepte?

Bereits anhand des einleitenden Beispiels konnte gezeigt werden, dass die Rahmenbegriffe der Soziologie nicht nur für die Interpretation sozialer Situationen »mit« und vor dem Hintergrund von Vergangenheit geeignet sind, sondern auch, dass sie es nahelegen, das Gewordensein sowie die Gemachtheit spezifischer Interaktionsordnungen im Sinne ihrer mitunter intentionsveranlassten Konstitution mit zu berücksichtigen. Zu klären war zunächst lediglich, ob die theoretische Architektur der unterschiedlichen Rahmenkonzeptionen erstens solche Verwendungen gestattet und zweitens, inwieweit die Rahmenbegriffe nach Halbwachs und Goffman Konvergenzen aufweisen. Ergänzt wurde der Vergleich durch eine Rekonstruktion möglicher Vorläufer und Bezugspunkte bei Bergson, Simmel und Bateson. Als zentraler Befund

---

[20] Eine ähnliche Figur – möglicherweise eher auf Modulationen gegründet – lässt sich im Bereich wissenschaftlichen Vergessens diagnostizieren (vgl. Dimbath 2010, 2011).

[21] Wetzel (2011: 43), der im Anschluss an Assmann (1991) auf diese Vergessensform hinweist, vermengt hier unter dem Begriff »Rahmenwechsel« die vergessensauslösenden Momente des – kollektiven oder individuellen – Übergangs von tradierten in andere oder neue Rahmen (Völkerwanderung, Migration, Exilierung) und des permanent erfolgenden Rahmenwandels im Ablauf der Dauer.

[22] Es lohnt sich, vor diesem Hintergrund die beiden Texte *Der Fremde* und *Der Heimkehrer* von Alfred Schütz (2011a; 2011b) zu lesen.

[23] Hierbei geht es allerdings nicht um Interaktionsrituale (Goffman 1971), sondern um explizite Erinnerungsrituale etwa im Sinne von Douglas (1974).

ergab sich, dass der Rahmenbegriff im sozialwissenschaftlichen Kontext stets ein vom Individuum adressierbares Orientierungsmuster darstellt, das mithin dazu geeignet ist, Situationen durch Grenzziehungen auf unterschiedlichen Ebenen zu definieren. Schließlich wurde das nun systematisch synchronisierte Rahmenkonzept hinsichtlich seiner Verwendbarkeit im Zusammenhang mit einer Theorie des sozialen Gedächtnisses – auch mit Blick auf Erinnern und Vergessen – untersucht. Dabei zeigte sich, dass der auf Interaktionsordnungen gerichtete Goffmansche Rahmenbegriff nahezu ebenso leistungsfähig ist, wie der explizit im gedächtnistheoretischen Kontext verortete soziale Bezugsrahmen nach Halbwachs. Nur als Gedankenspiel könnte man nun umgekehrt versuchen, die Leistungsfähigkeit des Halbwachsschen Konzepts auf den von Goffman adressierten Bereich der Organisation der Alltagserfahrung zu übertragen. In dieser Argumentationsrichtung würde sich jedoch lediglich die gemeinsame Wurzel im Denken Émile Durkheims zeigen, dessen Konzepte des sozialen Tatbestands und des Kollektivbewusstseins ebenfalls als Orientierungsmuster der Erfahrung des Einzelnen zu verstehen sind. Allerdings bliebe Halbwachs' Konzeption dann mit Blick auf die Differenziertheit in der Ausgestaltung von Interaktionssituationen weit hinter den von Goffman entwickelten Analysemöglichkeiten zurück.

Damit kann die Frage nach der Verwendbarkeit des Rahmenkonzepts klar beantwortet werden: Während man vor dem Hintergrund Goffmanscher Rahmenanalyse den Begriff bei Halbwachs wohl als terminologischen Neandertaler bezeichnen kann – das ältere Konzept ist mit Blick auf die vielfältigen Verwendungen und Interpretationen[24] des jüngeren weitaus weniger leistungsfähig –, kann man im Kontext der sozialwissenschaftlichen Gedächtnisforschung und der *Memory Studies* für ein integriertes Konzept, einen allgemeinen Rahmenbegriff plädieren, dessen Gewinn darin besteht, dass man nun über einen erinnerungsbasierten Begriff für die Orientierung des Einzelnen in seinen situativen Bezügen verfügt, der en passant ein differenziertes Werkzeug für die Analyse kulturell-soziohistorisch situierter sozialer Handlungen darstellt.

Literaturverzeichnis

Assmann, Jan (1988): »Kollektives Gedächtnis und kulturelle Identität«. In: Assmann, Jan und Hölscher, Tonio, *Kultur und Gedächtnis*. Frankfurt/Main: Suhrkamp, 9–19.
– (1991): »Die Katastrophe des Vergessens. Das Deuteronomium als Paradigma kultureller Mnemotechnik«. In: Assmann, Aleida und Harth, Dietrich, *Mnemosyne. Formen und Funktionen der kulturellen Erinnerung*. Frankfurt/Main: Fischer, 337–355.
– (1992): *Das kulturelle Gedächtnis. Schrift, Erinnerung und politische Identität in frühen Hochkulturen.* München: C. H. Beck.
– (2005): »Das kollektive Gedächtnis zwischen Körper und Schrift. Zur Gedächtnistheorie von Maurice Halbwachs«. In: Krapoth, Hermann und Laborde, Denis, *Erinnerung und Gesellschaft. Mémoire et Société. Hommage à Maurice Halbwachs (1877–1945)*. Jahrbuch für Soziologiegeschichte, Wiesbaden: VS-Verlag, 65–83.
Berger, Peter L. und Luckmann, Thomas (1989): *Die gesellschaftliche Konstruktion der Wirklichkeit*. Frankfurt/Main: Fischer.

---

[24] Vgl. zum Beispiel die kurze Bestandsaufnahme von Alexander Degelsegger (2008).

Bergson, Henri (1982): *Materie und Gedächtnis. Eine Abhandlung über die Beziehung zwischen Körper und Geist.* Frankfurt/Main, Berlin, Wien: Ullstein.
Degelsegger, Alexander (2008): ›Frames‹ in sozialwissenschaftlichen Theorieansätzen. Ein Vergleich aus der Perspektive der Technikforschung.
Dimbath, Oliver (2010): »Oblivionismus. Das Problem des Vergessens in der Wissenschaft«. In: Soeffner, Hans-Georg, *Unsichere Zeiten. Herausforderungen gesellschaftlicher Transformation.* Wiesbaden: VS-Verlag, CD–ROM.
– (2011): »Wissenschaftlicher Oblivionismus. Vom unbewussten zum strategischen Vergessen«. In: Dimbath, Oliver und Wehling, Peter, *Soziologie des Vergessens. Theoretische Zugänge und empirische Forschungsfelder.* Konstanz: UVK, 297–316.
Douglas, Mary (1974): *Ritual, Tabu und Körpersymbolik. Sozialanthropologische Studien in Industriegesellschaft und Stammeskultur.* Frankfurt/Main: Fischer.
– (1991): *Wie Institutionen denken.* Frankfurt/Main: Suhrkamp.
Duden (2002): *Duden – Das Bedeutungswörterbuch.* Mannheim/Leipzig/Wien/Zürich: Dudenverlag.
Durkheim, Émile (1968): *Les formes élémentaires de la vie religieuse. Le système totémique en Australie.* Paris: Les Presses universitaires de France.
– (1970): *Die Regeln der soziologischen Methode.* Neuwied/Berlin: Luchterhand.
– (1984): *Die elementaren Formen des religiösen Lebens.* Frankfurt/Main: Suhrkamp.
Fitzi, Gregor (2002): *Soziale Erfahrung und Lebensphilosophie. Georg Simmels Beziehung zu Henri Bergson.* Konstanz: UVK.
Gierl, Walter (2005): »Zwischen Traum und Legende. Wie Maurice Halbwachs unsere Erinnerungsformen einkreist«. In: Krapoth, Hermann und Laborde, Denis, *Erinnerung und Gesellschaft. Mémoire et Société. Hommage à Maurice Halbwachs (1877–1945).* Wiesbaden: VS-Verlag, 153–218.
Goffman, Erving (1971): *Interaktionsrituale. Über Verhalten in direkter Kommunikation.* Frankfurt/Main: Suhrkamp.
– (1980): *Rahmen-Analyse. Ein Versuch über die Organisation von Alltagserfahrungen.* Frankfurt/Main: Suhrkamp.
Halbwachs, Maurice (1952): *Les cadres sociaux de la mémoire.* Paris: Les Presses universitaires de France. Nouvelle édition.
– (1985a): *Das Gedächtnis und seine sozialen Bedingungen.* Frankfurt/Main: Suhrkamp.
– (1985b): *Das kollektive Gedächtnis.* Frankfurt/Main: Fischer.
– (2003): *Stätten der Verkündigung im Heiligen Land. Eine Studie zum kollektiven Gedächtnis.* Konstanz: UVK.
Heinlein, Michael und Dimbath, Oliver (2010): »Soziologie«. In: Gudehus, Christian, Eichenberg, Ariane und Welzer, Harald, *Gedächtnis und Erinnerung. Ein interdisziplinäres Handbuch.* Stuttgart: J. B. Metzler, 276–287.
Hettlage, Robert (1991): »Rahmenanalyse – oder die innere Organisation unseres Wissens um die Ordnung der Wirklichkeit«. In: Hettlage, Karl, Robert/Lenz, *Erving Goffman – ein soziologischer Klassiker der zweiten Generation.* Bern/Stuttgart: Haupt, 95–154.
Hofer, Harald (2011): »Verdinglichung als Vergessenheit. Entwicklung und Dimensionen eines vergessenstheoretischen Motivs«. In: Dimbath, Oliver und Wehling, Peter, *Soziologie des Vergessens. Theoretische Zugänge und empirische Forschungsfelder.* Konstanz: UVK, 95–111.
Irwin-Zarecka, Iwona (2009): *Frames of Remembrance. The Dynamics of Collective Memory.* New Brunswick/London: Transaction Publishers.
Jedlowski, Paolo (1990): »Simmel on Memory. Some observations on memory and social experience«. In: Kaern, Michael, Phillips, Bernard S. und Cohen, Robert S., *Simmel and Contemporary Sociology.* Dordrecht: Kluwer, 131–154.
Kohli-Kunz, Alice (1973): *Erinnern und Vergessen. Das Gegenwärtigsein des Vergangenen als Grundproblem historischer Wissenschaft.* Berlin: Duncker und Humblot.
Krämer, Hans Leo (2000): »Maurice Halbwachs«. In: Käsler, Dirk und Vogt, Ludgera, *Hauptwerke der Soziologie.* Stuttgart: Kröner, 193–197.

Lenz, Karl (1991a): »Erving Goffman – Werk und Rezpetion«. In: Hettlage, Robert und Lenz, Karl, *Erving Goffman – ein soziologischer Klassiker der zweiten Generation*. Bern/Stuttgart: Haupt, 25–93.

– (1991b): »Goffman – ein Strukturalist?« In: Hettlage, Robert und Lenz, Karl, *Erving Goffman – ein soziologischer Klassiker der zweiten Generation*. Bern/Stuttgart: Haupt, 243–297.

Mucchielli, Laurent (2003): »Für eine kollektive Psychologie: Das durkheimsche Erbe bei Maurice Halbwachs und seine Auseinandersetzung mit Charles Blondel«. In: Egger, Stephan, *Maurice Halbwachs – Aspekte des Werks*. Konstanz: UVK, 69–113.

Namer, Gérard (2007): »Le contre-temps démocratique chez Halbwachs«. In: *Les Cahiers de Psychologie politique [En ligne]*, 11. http://lodel.irevues.inist.fr/cahierspsychologiepolitique/index.php?id=563, Zugriff am: 22.03.2011.

Schmitt, Marco (2009): *Trennen und Verbinden. Soziologische Untersuchungen zur Theorie des Gedächtnisses*. Wiesbaden: VS-Verlag.

Schütz, Alfred (2011a): »Der Fremde. Ein sozialpsychologischer Versuch«. In: Göttlich, Andreas, Sebald, Gerd und Weyand, Jan, *Relevanz und Handeln 2. Gesellschaftliches Wissen und politisches Handeln, Alfred Schütz-Werkausgabe*, Bd. VI.2. Konstanz: UVK, 55–89.

– (2011b): »Der Heimkehrer«. In: Göttlich, Andreas, Sebald, Gerd und Weyand, Jan, *Relevanz und Handeln 2. Gesellschaftliches Wissen und politisches Handeln, Alfred Schütz-Werkausgabe*, Bd. VI.2. Konstanz: UVK, 91–111.

Sebald, Gerd und Weyand, Jan (2011): »Zur Formierung sozialer Gedächtnisse«. In: *Zeitschrift für Soziologie*, 40(3), 174–189.

Simmel, Georg (1995): »Der Bildrahmen. Ein ästhetischer Versuch«. In: Kramme, Rüdiger, Rammstedt, Angela und Rammstedt, Otthein, *Georg Simmel, Aufsätze und Abhandlungen 1901–1908, Band 1, Georg Simmel Gesamtausgabe*, Bd. 7. Frankfurt/Main: Suhrkamp, 101–108.

– (1999): *Soziologie. Untersuchungen über die Formen der Vergesellschaftung, Georg Simmel Gesamtausgabe*, Bd. 7. Frankfurt/Main: Suhrkamp.

Welzer, Harald (2008): *Das kommunikative Gedächtnis. Eine Theorie der Erinnerung*. München: Beck.

Wetzel, Dietmar J. (2009): *Maurice Halbwachs*. Konstanz: UVK.

– (2011): »Maurice Halbwachs – Vergessen und kollektives Gedächtnis«. In: Dimbath, Oliver und Wehling, Peter, *Soziologie des Vergessens. Theoretische Zugänge und empirische Forschungsfelder*. Konstanz: UVK, 37–55.

Willems, Herbert (1997): *Rahmen und Habitus. Zum theoretischen und methodischen Ansatz Erving Goffmans: Vergleiche, Anschlüsse und Anwendungen*. Frankfurt/Main: Suhrkamp.

Kollektives Gedächtnis und historisches Bewusstsein

Jiří Šubrt und Štěpánka Pfeiferová

Historia magistra vitae est – Die Geschichte ist die Lehrmeisterin des Lebens. Auch wenn dieser Ausspruch nach wie vor gelegentlich wiederholt wird, stellt sich die Frage, inwieweit er heute noch seine Gültigkeit hat. Meistens glauben wir daran, dass aus der Vergangenheit Lehren für die Gegenwart gezogen werden können, vor allem in dem Sinne, dass man Fehler vermeidet, die sich in der Vergangenheit als fatal erwiesen. Auf der anderen Seite scheint es aber, dass wir nicht in der Lage sind zu lernen, und so müssen wir anscheinend einige Fehler immer wieder wiederholen. Das Problem ist jedoch komplizierter und nicht nur von unserer Bereitschaft und Fähigkeit abhängig, uns von historischen Erfahrungen beeinflussen zu lassen. Die gegenwärtige Gesellschaft verändert sich dynamisch und schnell, sie entfernt sich von ihrer Vergangenheit und unterscheidet sich immer mehr von ihr. In solch einer Situation wird die Gültigkeit der Vorstellung eines Lernens aus dem Vergangenen problematisch.

Darüber hinaus kann, wie Miroslav Hroch bemerkt, die Vergangenheit nur dann eine Quelle von Lehren sein, wenn wir glauben, dass die historischen Änderungen ihren begründeten Zusammenhang haben, den wir erkennen und erklärend analysieren können. Die Beziehung zu Vergangenem ändert sich auch mit der gesamtgesellschaftlichen Entwicklung. Im 19. Jahrhundert dominierte der »Historismus« und mit ihm die Vorstellung, dass Geschichte also irgendeine gesetzmäßige Bewegung und Richtung hat; heute dagegen fehlt ein solches Vertrauen in den Sinn der Geschichte. Die Geschichte des 19.Jahrhunderts war Quelle eines rechtlichen und politischen Anspruchs und gleichzeitig auch Quelle der Selbstfindung und von Lehren für Gegenwart und Zukunft. Im Unterschied zum 19. Jahrhundert machen wir uns heute keine Illusion mehr über die »Objektivität« einer solchen Lehre (Hroch 2010: 38). Die Geschichte wird vielfach als »Dienerin der Politik« zweckdienlich benutzt, denn zu einem irgendwie gearteten Konsens der Geschichtsauslegung werden wir offensichtlich nicht mehr gelangen.

Aufgabe einer soziologischen Analyse des gegenwärtigen historischen Bewusstseins ist es nicht, diese Probleme zu lösen, denn in ihrem Rahmen sind sie im Grundsatz nicht lösbar. Was die Soziologie jedoch leisten kann, ist die Analyse von begrifflichen Zusammenhängen und der gesellschaftlichen und epistemologischen Voraussetzungen von historischem Bewusstsein. Einen Vorschlag dazu möchten wir in diesem Beitrag mittels der Übertragung von Parsons' AGIL-Schema erarbeiten. In einem ersten Schritt werden wir dazu den Begriff des historischen Bewusstseins in seinen unterschiedlichen Verwendungsweisen untersuchen und eine erste Differenzierung seiner Komponenten vorschlagen. Diese Komponenten historische Erfahrung, Ideologie, geschichtswissenschaftliches Wissen und kollektives Gedächtnis werden dann genauer analysiert. Im Anschluss daran übertragen wir Parsons' Schematisierung des sozialen Systems auf die Phänomene historisches Bewusstsein und kollektives Gedächtnis und erläutern ihr systemisches Funktionieren. Zum Abschluss zeigen wir noch weitere mögliche strukturelle Schnitte zur Erfassung dieser Phänomene auf.

Der Begriff des historischen Bewusstseins

Ein Blick in die Literatur zeigt, dass der Begriff des historischen Bewusstseins bisher schon in unterschiedlichen fachlichen Kontexten bearbeitet wurde. Im 19. Jahrhundert ist es die Lebensphilosophie Wilhelm Diltheys (1910/1981). Geschichtsbewusstsein begreift sich in diesem Kontext als Voraussetzung für die Interpretation und das Verstehen vergangener Geschichte. Es ist das Bewusstsein, welches fähig ist, die Vergangenheit aus sich selbst heraus, nicht nach den Maßstäben und Vorurteilen der Gegenwart zu beurteilen.

Seit den 70er Jahren des 20. Jahrhunderts begannen einige deutsche Spezialisten zur Problematik des Geschichtsunterrichtes mit dem Begriff Geschichtsbewusstsein zu arbeiten (Bodo von Borries 1988; 1990; 1995; Karl-Ernst Jeismann 1988; Hans Jürgen Pandel 1987; Jörn Rüsen 1994; 2001 u. a.). In ihrem Zugang ist der Begriff vor allem mit der Frage pädagogischen Wirkens und einer Verknüpfung der Vorstellungen von der Vergangenheit mit der Orientierung auf Gegenwart und Zukunft.

Weitere Arbeiten erscheinen dann in den 80er Jahren des 20. Jahrhunderts, und zwar auf dem Gebiet der narrativen Psychologie, welche sich vor allem in den USA zu entwickeln begann (Bruner 1990; Sarbin 1986), jedoch auch ein Echo in Deutschland fand (Jürgen Straub 1998; 2005). Diese psychologische Richtung, die mit dem Begriff *historical consciousness* (*historisches Bewusstsein*) arbeitet,[1] legt Wert darauf, dass die Menschen ihr Leben als ein Ereignis begreifen, dessen Version sie den anderen unterbreiten.

Als vorläufige Annäherung an das Problem des historischen Bewusstseins kann die Charakterisierung des historischen Bewusstseins als eine historisch-narrative Konstruktion und als eine Repräsentation historischer Bedeutungen im menschlichen Denken (Jürgen Straub 2005: 48 f.) gefasst werden. Peter Seixas (2004: 10) begrenzt das historische Bewusstsein auf individuelles und gleichzeitig kollektives Verstehen der Vergangenheit, welches durch kognitive und kulturelle Faktoren beeinflusst ist und damit auch das historische Verständnis von Gegenwart und Zukunft darstellt. Jörn

---

[1] Der Begriff *historisches Bewusstsein setzt sich allmählich neben dem Begriff* Geschichtsbewusstsein auch im deutschen Milieu durch. Siehe z. B. Straub 1998; Georgi - Ohliger 2009.

Rüsen (2004: 66) konzeptualisiert es als spezifischen Orientierungsmodus, welcher der Lösung aktueller Lebenssituationen in der Gegenwart dient.

Ein spezifisches Problem des historischen Bewusstseins entsteht dann, wenn wir die historisch komparative Perspektive einnehmen. Im Laufe des 19. und zu Beginn des 20. Jahrhunderts war noch ein lebendiger Glaube an einen Plan der Geschichte vorhanden, an große emanzipatorische »Geschichtsverläufe«, welche den Beginn eines glücklichen Morgens verhießen (»Historismus«). In der heutigen Zeit, nach den Ereignissen und Katastrophen des 20. Jahrhunderts, fehlt ein solches Vertrauen in den Sinn der Geschichte und der »großen Erzählungen« – wie etwa Lyotard (1993) feststellt. Im Bewusstsein der späten Moderne ist der Akzent auf die Gegenwart bedeutsam – der *Präsentismus*, das historische Bewusstsein »verflacht«.

Die Frage lautet nun, was die Geschichte heute dem Menschen bieten könnte. Der Historiker Miroslav Hroch legt in diesem Falle neun mögliche Gründe für Geschichtsinteresse vor (2010: 37):

1. Die Vergangenheit ist ein Reservoir von Ereignissen, welche uns unterhalten und die wir, wie wir meinen, verstehen.
2. Die Entschleierung historischer Ereignisse ist für uns eine intellektuelle Herausforderung.
3. Vergangene Ereignisse sind oder sollen für uns eine Quelle der Belehrung sein.
4. Die Vergangenheit gewährt uns in Gestalt von historischen Personen Muster zur Nachahmung, aber auch warnende Beispiele.
5. Die Vergangenheit ist eine Sequenz von Ereignissen, die wir begreifen wollen, dabei geht es uns gleichzeitig um ein Verständnis der gegenwärtigen Welt.
6. In dieser Bemühung kann es uns auch um das Verstehen grundlegender historischer Strömungen und ihrer Zusammenhänge oder Gesetzmäßigkeiten gehen.
7. Vergangene Ereignisse können als Quelle und Legitimierung gegenwärtiger (familiärer, gruppenbezogener oder nationaler) Ansprüche fungieren.
8. Die Vergangenheit ist eine Quelle von Werten, welche das Wesen und den Sinn unserer Existenz (auf individueller und Gruppenebene) zu begreifen vermögen.
9. Die Vergangenheit gewährt Argumente und Anstöße für Gruppenselbstidentifizierung und Bindekraft.

Die Vergangenheit ist, so können wir diese Überlegungen zusammenfassen, vor allem unter dem Gesichtspunkt der (kollektiven) Identität von Bedeutung. Hier sind zwei Fragen grundlegend: 1. Wer sind wir? 2. Woher kommen wir und wohin wollen wir? Der Blick auf Vergangenheit wird benutzt, um Gegenwart zu bewerten und zu rechtfertigen. Dieser Blick bildet die Voraussetzung für die Vorstellung und Suche einer gemeinsamen Zukunft.

Als erste Schlussfolgerung betrachten wir das historische Bewusstsein nicht nur als eine Zusammenfassung von Kenntnissen, Eindrücken und Vorstellungen von der Vergangenheit, sondern als das Bewusstsein bestimmter Zusammenhänge (bzw. Kontinuität, Diskontinuität und Änderungen) zwischen Vergangenheit (im kollektiven Gedächtnis verhaftet), Gegenwart und Zukunft: als Bewusstsein also, welches die Perspektiven der Menschen auf Gegenwart und Zukunft zusammenführt. Weiterhin gehen wir von der Voraussetzung aus, dass es notwendig ist, seine Strukturen theoretisch zu identifizieren, um zur Analyse seines Funktionierens beizutragen. Uns interessiert dabei das Wissen bzw. historische Bewusstsein, womit die »einfachen Leute« als Akteure des alltäglichen sozialen Lebens disponieren.

Das historische Bewusstsein ist ein Phänomen, welches sich im Kontext oder in Nachbarschaft zu einer ganzen Reihe weiterer Phänomene zeigt: Es handelt sich dabei vor allem um Religion, Weltdeutungen, Moral, Wertesysteme oder kollektive Mentalitäten. Auch wenn die Grenzen zwischen diesen Phänomenen unscharf sind und sie sich überlagern, vom Gesichtspunkt der soziologischen Erkenntnis ist es vorteilhaft, diese Erscheinungen analytisch zu unterscheiden und sie als relativ selbständige Forschungsgebiete zu untersuchen. Eine der Komponenten des historischen Bewusstseins ist die erlebte historische Erfahrung (persönlich erlebt, eventuell tradiert im interpersonalen Kontakt). Eine weitere ist die Ideologie, vor allem die staatliche Ideologie, weil Staaten und ihre Regime eine ideologische Interpretation der Geschichte und eine historische Argumentation für ihre Legitimation nutzen, ebenso die Ideologien politischer Parteien. Eine dritte Komponente ist das durch Geschichtsschreibung und historische Wissenschaft erzeugte Wissen. Die vierte ist das, was in der soziologischen Forschung die Bezeichnung »kollektives Gedächtnis« erhielt.

Komponenten, die das historische Bewusstsein bilden

Die vier angeführten grundlegenden Komponenten (die erlebte historische Erfahrung (a), die ideologische Interpretation der Geschichte (b), Erkenntnisse der Geschichtsschreibung sowie der historischen Wissenschaft (c), und das kollektive Gedächtnis (d)) stellen keine disjunkten Mengen dar. Die Grenzen zwischen ihnen sind nicht deutlich gezogen, einzelne Bereiche überdecken sich. Aus analytischen Gründen ist es dennoch nützlich, sie voneinander zu unterscheiden.

a) Die Erfahrung hat den Charakter von Wissen, welches sich von den Kenntnissen unterscheidet, die durch Bildung, Lektüre oder Studium erworben werden und kann ihnen gegenüber in markantem Widerspruch stehen. Die historische Erfahrung stellt im Unterschied zu anderen Typen von Erfahrung eine verhältnismäßig reichhaltige Kategorie dar, die nahe an das herankommt, was als Lebenserfahrung bezeichnet wird. Verschiedene individuelle Erfahrungen sind häufig schwer übertragbar und vermittelbar. Die historische Erfahrung hingegen ist auf kollektive Inhalte (Gruppen-, Generations-, Gesellschafts- oder nationale Inhalte) zu beziehen und das in zweifacher Hinsicht: einmal daher, dass dem Erlebnis bestimmter historische Ereignisse große Gruppen von Menschen ausgesetzt waren. Zum anderen aus dem Grunde, dass sich diese erlebten Ereignisse zum Gegenstand kollektiver Reflexionen und zwischenmenschlicher Kommunikation entwickelten, in denen Erlebnisse und die Lehren daraus anderen mitgeteilt wurden, einschließlich Angehörigen späterer Generationen.

b) Die Ideologie stellt ein relativ abgeschlossenes System von Meinungen, Ideen und Werten zur Formulierung der Interessen einer bestimmten Gruppe, Klasse oder menschlichen Gesellschaft dar. Ideologien finden sich vor allem auf dem Gebiet des politischen Handelns, dringen aber auch in weitere Sphären des Lebens der Gesellschaft ein. In den Sozialwissenschaften werden sie widersprüchlich reflektiert: In der positiven Definition treten sie als gesellschaftlicher Kitt auf, der ein Kollektiv integriert. Im negativen Sinne werden sie Gegenstand der Kritik als »falsches Bewusstsein« (Marx), da sie Herrschaft und Zwang legitimieren. Ideologisches Denken ist im Vergleich zur Philosophie oder Wissenschaft von einfacherer und verständlicherer Art, denn es soll auf die breiten Massen wirken. Gleichzeitig gilt aber auch, dass Elemente ideologischen Denkens in Moral und Recht und auch in Wissenschaft und Philosophie eindringen. Ideologien werden gewöhnlich vier Grundfunktionen zugeordnet:

- sie erklären gesellschaftliche Ereignisse (einschl. Krisen, Konflikte und Kriege);
- sie legen Kriterien zur Bewertung dieser Ereignisse fest (im Sinne von »gut« und »böse«);
- sie ermöglichen ihren Anhängern, sich mit einer bestimmten Gruppe zu identifizieren, denn sie stiften das Bewusstsein von Zusammengehörigkeit mit einem bestimmten kollektiven Subjekt;
- sie formen grundlegende Standpunkte und Prinzipien zur Formulierung eines bestimmten politischen Programms.

Wenn wir uns mit dem historischen Bewusstsein beschäftigen, müssen wir unsere Aufmerksamkeit vor allem der Staatsideologie widmen. Eine Reihe inspirativer Gedanken zu diesem Thema formuliert Pierre Bourdieu, der von einer »symbolischen Ordnung« und »symbolischer Gewalt« spricht, deren Instrument das Schulsystem und staatliche Pflichtunterweisungen sind. Der Staat bringt seinen Bürgern auf diesem Wege gemeinsame Formen und Kategorien der Wahrnehmung und des Denkens, soziale Rahmen des Begreifens, Erkenntnisstrukturen und »staatliche Formen der Klassifizierung« bei, womit er Bedingungen für die Übereinstimmung ihres Habitus (mentaler Strukturen) schafft, was Voraussetzung für die Durchsetzung eines spezifischen Typs gesellschaftlichen Konsenses ist (Bourdieu 1998: 88 f.). Auf diese Weise trägt der Staat zur Formierung dessen bei, was man Identität und Nationalcharakter nennt.

c) Geschichtsschreibung (Historiographie) als eine systematische Zusammenfassung von Ereignissen und Taten, die in der Vergangenheit geschahen, ist die Vorgängerin der heutigen historischen Wissenschaft, die sich bemüht, fachspezifische Methodologien zu entwickeln, kritisch zu analysieren, zu systematisieren und Erkenntnisse, die sich auf die Geschichte beziehen, transparent zu machen.

d) Das kollektive Gedächtnis ist konstituiert durch mythische Vorstellungen, Gerüchte, Erinnerungen an historische Ereignisse und Personen, Traditionen sowie durch Gewohnheiten. Die Konzeption des kollektiven Gedächtnisses, dessen Begriff auf den französischen Soziologen Maurice Halbwachs (1925/1994; 1942/1971; 1950) zurückgeht,[2] setzt voraus, dass das kollektive Leben selbst eine Quelle von

---

[2] Den Grundton in der Erforschung des kollektiven Gedächtnisses gaben in den letzten Jahrzehnten vor allem die französischen Forscher an. Ins Gebiet der soziologischen Forschung reichten einige

Erinnerungen ist – und auch von Begriffen, in denen sich diese Erinnerungen einschreiben. Unterschiedliche Gruppen bilden als Subjekte kollektiver Gedächtnisse soziale Rahmen, in denen die einzelnen Inhalte dieses Gedächtnisses lokalisiert sind. Das individuelle Gedächtnis ist der Ort einer spezifischen Verbindung kollektiver Gedächtnisse verschiedener sozialer Gruppen. Vom Gesichtspunkt der Gruppe aus zeigt sich dagegen die ganze Sache als eine Frage der Verteilung von Wissen unter ihren einzelnen Mitgliedern. Diejenigen, die am kollektiven Gedächtnis teilhaben, begründen damit ihre Gruppenzugehörigkeit. Für eine genauere Explikation der Verwendung des Begriffs des kollektiven Gedächtnisses bedarf es noch einiger Ausführungen, bevor wir uns anschließend dem historischen Bewusstsein als sozialem System zuwenden.

Der Begriff des kollektiven Gedächtnisses

In den gegenwärtigen Geistes- und Sozialwissenschaften wird vor allem der Beziehung von historischer Wissenschaft und kollektivem Gedächtnis große Aufmerksamkeit gewidmet. Nach Halbwachs hebt das kollektive Gedächtnis die Ähnlichkeit und Kontinuität im Bestehen einer Gruppe hervor, während die Geschichte die Diskontinuität und Differenzierung wahrnimmt. Ein weiterer Unterschied liegt darin, dass das Gruppengedächtnis eine Tendenz aufweist, die eigene Unterschiedlichkeit zur Umgebung hervorzuheben. Die Geschichte dagegen nivelliert Differenzen und reorganisiert ihre Fakten in einem homogenen historischen Bereich (Halbwachs 1950: 74 f.).

Pierre Nora spricht davon, dass das kollektive Gedächtnis und die Geschichte geschieden wurden, als das nationale Gedächtnis durch eine bewusste und taktische Konstruktion zur Nationalgeschichte wurde. Als Folge dieser Trennung stehen ihm zufolge heute Gedächtnis und Geschichte im Widerspruch (Nora 1984: XIX). Das kollektive Gedächtnis ist für Nora ein lebendiges Band, das eine bestimmte Gesellschaft mit ihrer Vergangenheit verbindet. Die Geschichte hingegen stellt eine intellektuelle Rekonstruktion der Vergangenheit mit Neigung zum Universalismus dar. Die Gedächtnisgemeinschaften, welche Erhaltung und Weitergabe von Werten sicherten,

---

Forschungsaktivitäten, die der Historiker Pierre Nora entwickelte, der dank des Projektes *lieux de mémoire* (1984–1992) bekannt ist. Mit der Methode oral history arbeitet im französischen Milieu Tzvetan Todorov (1998), welcher für seine auf das Verhalten der Menschen in Grenzfällen, extremen Situationen des zweiten Weltkrieges gerichtete Forschung bekannt ist. Auf dem Feld der Soziologie hat sich der französische Soziologe Gérard Namer (1987, 2000) besonders um die Wiederentdeckung und Aktualisierung des Werkes von Maurice Halbwachs verdient gemacht, der die Pluralität der kollektiven Gruppengedächtnisse hervorhebt und zeigt, dass dieses Konzept Gegenstand der soziologischen Forschung werden kann. Danièle Hervieu-Léger, Autorin des Buches *La religion pour mémoire* (1993), geht von der Prämisse aus, dass jede Religion in sich eine spezifische Mobilisierung des kollektiven Gedächtnisses enthält. Der Philosoph Paul Ricœur untersucht im seinem Buch *La mémoire, l'histoire, l'oubli* (2000) aus historisch-philosophischer Sicht die Beziehung von Erfahrungen und historischem Gedächtnis, Verantwortung für die Vergangenheit, Fragen von Schuld und Möglichkeiten der Vergebung. In den deutschsprachigen Ländern machten durch ihre Arbeiten zum Thema soziales und kulturelles Gedächtnis vor allem Jan (2001; 2007) und Aleida Assmann (2006; 2009) auf sich aufmerksam.

sind in Noras' Version in den Prozessen der Globalisierung, Demokratisierung und des wachsenden Einflusses der Medien auf die Menschenmassen ausgeklammert. Das Gedächtnis tritt gegenüber der Aktualität und der historischen Weise der Wahrnehmung von Vergangenheit zurück. Nora spricht davon, dass das gegenwärtige Gedächtnis von der Geschichte ergriffen wurde.[3]

Paul Ricœur (2000) urteilt, dass es bisher der Geschichte vor allem darum geht, die Wahrheit zu überprüfen und zu finden. Hauptanspruch des Gedächtnisses, das sich an der Konstruktion der Identität des Individuums und der menschlichen Gruppen beteiligt, ist es, die Glaubhaftigkeit der Quellen zu erhalten. In den Augen von Ricœur sind diese Ziele beide legitim, es sei jedoch notwendig, zwischen ihnen ein Gleichgewicht zu finden, das weder das Gedächtnis noch die Geschichte unterdrücke. Gedächtnis und Geschichte existieren unverbrüchlich in gegenseitiger Verbindung, was unter anderem daraus hervorgeht, dass die Geschichte sich als eine Dimension des Gedächtnisses versteht, welches die materiellen Spuren der Vergangenheit sind. Das, was der historische Diskurs aus dem Gedächtnis ausgrenzt, ist jedoch die Tatsache, dass er sich auf geschriebene Dokumente stützt. Aufgabe dieser Dokumente ist es, die Elemente der Vergangenheit zu erhalten und sie dadurch vor dem Vergessen zu bewahren. Ihr Nachteil ist jedoch, dass sie manchmal zu einem Gedächtnisersatz werden, denn sie werden als unzweifelhafte Zeugnisse der Vergangenheit angesehen, so, wie es »wirklich« geschah. Auf der anderen Seite ermöglicht die Geschichte, welche auf die Vergangenheit mit Distanz, ohne persönliche Vereinnahmung, Bezug nimmt

---

[3] Ergebnis dessen ist nach Nora, dass an Stelle des kollektiven und spontanen »wirklichen Gedächtnisses« allmählich das individuelle, subjektive Gedächtnis tritt (es kommt zu seiner Psychologisierung und Atomisierung). Das durch die Geschichte ergriffene Gedächtnis unterscheidet sich vom natürlichen Gedächtnis durch seine archivierende Weise. (Aus Unsicherheit darüber, was man sich notwendigerweise in der Zukunft merken soll, stammt die Besessenheit alles Gegenwärtige und Zukünftige zu bewahren. Ein so entstandenes Archiv entbehrt jedoch dessen, womit ein natürliches Gedächtnis disponiert, nämlich des Mechanismus der Selektion.) Das Gedächtnis der Geschichte schaut nicht mehr auf die Vergangenheit als eine Verlängerung der Gegenwart, als eine Rückkehr zu den Quellen, wie diese bei einem längst vergangenen Gedächtnis war. Das durch die Geschichte ergriffene Gedächtnis nimmt die Vergangenheit als einen Bruch wahr, als eine radikal andere Welt, von der wir heute definitiv abgeschnitten sind (Nora 1984: XXXI f.). Der Historiker wird so zum Vermittler jenes Blickes auf die Vergangenheit und hilft damit eigentlich die Elemente der Vergangenheit gegen das Vergessen zu schützen (ebd.: XXXIV). Nora ist heute vor allem als ein auf die Problematik des »Ortes des Gedächtnisses« orientierter Forscher bekannt. Er geht dabei von der Voraussetzung aus, dass aus dem Untergang des nationalen Gedächtnisses und mit dem Verlust der Kohärenz der nationalen Vergangenheit der Bedarf entsteht, ein Inventar der Orte zusammenzustellen (konkreter und abstrakter), in denen sich dieses Gedächtnis verkörperte und welche heute dessen bedeutendsten Symbole darstellt: Feiertage, Staatssymbole, Denkmäler, Feiern und Rituale, Friedhöfe, Wörterbücher, Museen oder Archive. Gerade diese Orte können als Orte des Gedächtnisses bezeichnet werden, also als die, in denen das Gedächtnis verarbeitet ist, in denen sie kristallisiert und die eine Versachlichung ihrer eigentlich inhaltlosen Inhalte sind. Die Gedächtnisorte als solche sind nicht das, an das wir uns erinnern, sie sind vielmehr ein Raum, wo das Gedächtnis zu arbeiten und die Bilder der Vergangenheit in ein Ereignis zu speichern beginnt. Gerade in sie zieht das Gedächtnis dann um, wenn ihr natürliches Umfeld verfallen ist (ebd.: XVII). Die Gedächtnisorte entstehen in dem Moment, wenn das Gedächtnis aufhört, durchlebt zu werden und durch Verfall bedroht ist. An ihrer Entstehung ist aber auch die Geschichte beteiligt, die einige Erinnerungen umformt und verfestigt. Die Gedächtnisorte entstehen so in Bewegung zwischen Gedächtnis und Geschichte, in ihrem gegenseitigen Spiel und Interaktion (ebd.: XXIV f.).

und welche sich um einen objektiven Blick auf vergangene Ereignisse bemüht, dem Gedächtnis einzelner Gruppen ihre Exklusivität zu nehmen, womit sie den Weg zum gegenseitigen Dialog eröffnet.

In einem nächsten Schritt werden nun das historische Bewusstsein und das kollektive Gedächtnis gemäß Parsons' AGIL-Schema kategorisiert.

Historisches Bewusstsein als soziales System

Wie wir gesehen haben, stellen die erlebte historische Erfahrung, die (staatliche) Ideologie, die Erkenntnisse der Historiker und das kollektive Gedächtnis sich gegenseitig beeinflussende Komponenten des historischen Bewusstseins dar. Für unsere weiteren Erwägungen lassen wir uns von dem Zugang inspirieren, den man bei dem amerikanischen Soziologen Talcott Parsons finden kann, konkret in seinem AGIL-Schema, welches er als ein heuristisches Modell benutzt. Die Grundlage für die Übertragung von Parsons' Zugang beruht auf der Vorstellung, dass man auf das historische Bewusstsein wie auf ein Sozialsystem schauen kann. Die Sozialsysteme sind durch Handlungen und durch Kommunikationen gebildet, in denen über Medien bestimmte Bedeutungen mitgeteilt werden. Ein allgemeines Leitmedium der Kommunikation ist in den sozialen Systemen nach der Systemtheorie das, was als Sinn bezeichnet werden kann. In unserem Fall handelt es sich um solche Kommunikationen, in denen spezifische Bedeutungen entsprechend ihres historischen Sinns kommuniziert werden.

Jedes Sozialsystem kann sich nur dann reproduzieren, wenn es die Realisierung von vier grundlegenden Funktionen gewährleistet, welche sind: Adaption (A), Zielerreichung (G), Integration (I), und Aufrechterhaltung latenter kultureller Muster (L) (Parsons 1971: 55).[4] In Parsons Systemmodellen ist jede dieser vier Grundfunktionen mit einem bestimmten funktional spezialisierten Teilsystem (Subsystem) verbunden. In unserem Fall lässt sich Funktion (A) mit erlebter historischer Erfahrung verbinden, (G) mit ideologischer Interpretation der Geschichte, (I) mit historisch wissenschaftlicher Erkenntnis, (L) mit dem kollektiven Gedächtnis. Adaption (A) können wir als »(Re)definition« der aktuellen Situation begreifen, die in Folge bestimmter historischer Ereignisse entstanden ist.[5] Ziel (G) lässt sich mit einer Auswahl (Selektion)

---

[4] Manchmal spricht man auch vom AGIL-Paradigma, teilweise wird auch die Abkürzung LIGA benutzt (A: *Adaptation,* G: *Goal attainment,* I: *Integration,* L: *Latent pattern maintenance*).

[5] Einen inspirierenden Beitrag zu dieser Frage können wir bei Georg Herbert Mead (1936; 1959) finden, der die Existenz der Realität ausschließlich mit der Gegenwart verbindet. Vergangenheit und Zukunft können wir nur denken, wir können unsere Gedanken nur in der Gegenwart verwirklichen. Und im Hinblick darauf, dass neue Ereignisse das, was sich in der Vergangenheit abspielte, in ein neues Licht rücken, ändern sich Vorstellungen und Bedeutungen, die mit der Vergangenheit und der Zukunft verbunden sind ununterbrochen. Die Vergangenheit ist vorformuliert nach gegenwärtigen Gesichtspunkten. Denselben Gedanken könnten wir bei Peter L. Berger (1991) finden, auch für ihn entscheiden jetzige Ansichten darüber, was von der Vergangenheit besser zu vergessen ist, und was im Gegenteil hervorgehoben werden soll, und so sind die Inhalte des Gedächtnisses unbeständig und wandeln sich im Laufe der Zeit.

historischer Themen verbinden, die im Rahmen von Legitimierungsmechanismen als Stütze dienen soll. Integration (I) bringen die einzelnen Konzepte der historischen Wissenschaften, welche eine Deutung bieten, die den Charakter eines kohärenten, innerlich integrierten und logisch geordneten Ganzen haben. Die Aufrechterhaltung latenter kultureller Muster (L) ist Angelegenheit des kollektiven Gedächtnisses, dessen Aufgabe es ist, die wichtigsten Inhalte aus der Vergangenheit in die Gegenwart zu übertragen.

Wichtig ist, dass Parsons Erwägungen nicht bei einer einfachen Unterscheidung der vier Grundfunktionen und Subsysteme enden, denn der Autor weist noch auf zwei weitere wichtige Systemaspekte hin. Zum ersten, dass die Systemdifferenzierung auch innerhalb der einzelnen Subsysteme verläuft und wiederum die Gestalt des AGIL-Schemas hat.[6] Zum zweiten handelt es sich darum, dass zwischen diesen funktional differenzierten Subsystemen eine gemeinsame Kommunikation und Interpretation verläuft. Diese Gedanken lassen uns Überlegungen darüber führen, a) wie die Beziehung zwischen historischem Bewusstsein und kollektivem Gedächtnis zu denken ist, b) auf welche Weise das kollektive Gedächtnis weiterhin in sich systematisch differenziert ist, sowie c) auf welche Weise sie kommunizieren und sich ihre Teilsysteme gegenseitig auf dem Niveau des historischen Bewusstseins und auf dem Niveau des kollektiven Gedächtnisses beeinflussen. Das Modell des historischen Bewusstseins und des kollektiven Gedächtnisses, begründet auf dem AGIL-Schema, stellt natürlich eine theoretische Vereinfachung dar. Diese Vereinfachung ist aber insofern notwendig, als es sich um komplexe Erscheinungen handelt, die so in einem ersten Schritt konzeptualisiert werden können. Im Übrigen muss jede Theorie, und da ist unser Fall keine Ausnahme, ihre durch die Realität erzwungene Komplexität

---

[6] Unser Problem führt uns dazu, dass wir unsere Aufmerksamkeit auf die Anwendung des AGIL-Schemas in der Beziehung zum historischen Bewusstsein und kollektiven Gedächtnis konzentrieren. An dieser Stelle ist es uns wichtig anzumerken, dass die erwähnte Schematisierung auch auf andere Subsysteme angewandt werden kann. Die Möglichkeit, durch den Blickwinkel des AGIL-Schemas auf die historische Erfahrung zu schauen, erlauben wir uns auf hypothetische Weise zu skizzieren, frei gehen wir dabei von der Inspiration der interpretativen Soziologie aus: (A) Bearbeitung neuer Erfahrungen; (G) Zuschreibung der Bedeutung dieser Erfahrung in Hinblick auf die Wahl einer optimalen Handlungsstrategie; (I) Einsatz der Erfahrung in den Rahmen der »Vorräte an Wissen«; (L) Weitergabe von Erfahrungen an zweite, vor allem im Rahmen der Übertragung und Erziehung zwischen den Generationen. AGIL des ideologischen Systems lässt sich auf die Weise entwerfen, dass wir von der allgemein geteilten Voraussetzung von vier Funktionen ausgehen, die die Ideologie erfüllt: (A) ideologische Erklärung der gesellschaftlichen Ereignisse, (G) Festlegung von Kriterien für die Bewertung vergangener und zukünftiger Ereignisse (in Sinne von »gut« und »schlecht«, »notwendig« und »nicht notwendig«); (I) Bewusstsein der Zusammengehörigkeit, die die Vertreter der Ideologie mit einem bestimmten kollektiven Subjekt und seinem Programm verbinden, (L) Erhaltung, Verteidigung und Reproduktion grundlegender ideologischer Prinzipien im Rahmen des Wirkens in Medien und Erziehungswesen und ideologischer Polemiken. Wie AGIL auf das System der historischen Wissenschaft anzuwenden ist, geben wir wieder nur hypothetisch an: (A) Explanieren der historischen Ereignisse, eventuelle Annahme einer neuer Konzeption oder Paradigmenwechsel; (G) Konzipierung von Forschungsprogrammen, Anwendung wissenschaftlicher Zugänge zur Gewinnung von Erkenntnissen und Archivquellen; (I) theoretische und methodologische Verankerung historischer Forschung im Rahmen eines allgemein geteilten Paradigma; (L) Veröffentlichung der erreichten Facherkenntnisse auf fachlichem, popularisierendem und Weiterbildungswege.

auf eine Weise auf die Aspekte reduzieren, die für ihre Erklärung am wichtigsten sind (und von den weniger wichtigen absehen und abstrahieren).

Wie schon im ersten Abschnitt erwähnt wurde, ist für uns, im Unterschied zur gängigen Theorie, das historische Bewusstsein nicht allein mit der Dimension der Vergangenheit verbunden, vielmehr begreifen wir es als Bewusstsein, das die Vergangenheit mit der Gegenwart und der Zukunft zu verbinden sucht. Die Operationen, die sich im System des historischen Bewusstseins abspielen, sind gerade in dieser Richtung orientiert, d. h. in der Verbindung dieser drei Grunddimensionen der Zeit.

Die Art, wie diese Zeitdimensionen im Bewusstsein der Menschen verbunden sind, ändert sich historisch, und gemeinsam damit ändert sich auch der Charakter des historischen Bewusstseins.

Historisches Bewusstsein und kollektives Gedächtnis

Das historische Bewusstsein und das kollektive Gedächtnis begreifen wir als Systeme, in denen bestimmte Operationen gemäß der Funktionslogik ablaufen, welche diese Systeme, respektive ihre einzelnen Teile (Subsysteme) erfüllen und sichern. Die Beziehung zwischen historischem Bewusstsein und kollektivem Gedächtnis können wir uns in bestimmtem Maße mit Hilfe einer Analogie zur Computerwelt vorstellen. Historisches Bewusstsein und kollektives Gedächtnis stehen in gegenseitiger Beziehung, welche man als Interdependenz bezeichnen kann. Diese Interdependenz hat ähnlichen Charakter wie die Beziehung zwischen einem Computerprogramm auf der einen, Computerspeicher und Datenbasen auf der anderen Seite. Die Computerprogramme sind abhängig vom Computerspeicher, welcher die Basis bildet, in der sie abgelegt sind. Auch können diese Programme ohne Daten existieren. Wenn sie aber irgendeinen Sinn haben sollen, sind für sie die Daten, die in der Datenbasis abgelegt sind, unersetzlich. Und umgekehrt: Die in der Datenbasis des Computerspeichers abgelegten Daten können auch für sich alleine existieren, aber arbeiten kann man mit ihnen nur mit Hilfe eines bestimmten Programms.

Wir können auch im Falle des kollektiven Gedächtnisses vier Arten von Operationen identifizieren, die den grundlegenden Systemfunktionen, wie sie im Schema AGIL festgelegt sind, entsprechen. Auf die Adaption des Systems des kollektiven Gedächtnisses (A) schaut man wie auf die Rekonstruktion und Aktualisierung des Gedächtnisses, also auf ihre Fähigkeit der ständigen Überarbeitung der Repräsentation der Erinnerungen auf Grundlage der Gegenwartsanforderungen. Das Abbild der Vergangenheit ändert sich ständig entsprechend der Ereignisse, Prioritäten und Interessen der gegenwärtigen Gesellschaft. Zur Erreichung des Zieles (G) dient die Festlegung der Dominanz des Gedächtnisses. Das kollektive Gedächtnis funktioniert selektiv. Im gegebenen Augenblick stützt es sich nur auf die Erinnerungen, die der legitimierten Interpretation der Vergangenheit dienen und so zur Festigung der kollektiven Identität beitragen. Der funktionalen Integration (I) entspricht die Konstruktion dessen, was Maurice Halbwachs als »soziale Rahmen des Gedächtnisses« bezeichnet. Diese Rahmen stellen eine Organisation der Erinnerungen oder eine Art

Struktur der Repräsentation dar, die den Individuen Orientierungspunkte in Raum und Zeit bieten, was ihnen ermöglicht, sich zu erinnern und aufgerufene Erinnerungen zu lokalisieren. Die Erhaltung latenter kultureller Muster (L) ist durch die Übertragung von Tradition, Regeln und Gebräuchen gegeben, die sozusagen von Alters her gelten und durch ihre Vermittlung von Generation zu Generation.[7]

Historisches Bewusstsein

A · G

Erlebte historische Erfahrung	Ideologische Interpretation der Historie
Kollektives Gedächtnis, Überlieferung	Geschichtsschreibung, historisch wissenschaftliche Erkenntnisse

L · I

↓

Kollektives Gedächtnis

A · G

Aktualisierung und Rekonstruktion	Festlegung von Gedächtnisdominanten
Übertragung der Tradition	Konstruktion der Gedächtnisrahmen

L · I

Zur Frage der Adaption des kollektiven Gedächtnisses an die gegenwärtige Form der Aktualisierung äußert sich Maurice Halbwachs, der dem kollektiven Gedächtnis die Fähigkeit ununterbrochener Rekonstruktion zuspricht, also eine kontinuierliche Reaktualisierung der Referenzrahmen entsprechend der aktuellen Situation (Halbwachs 1994: 279). Im Gedächtnis ist nämlich die Vergangenheit nicht als solche festgehalten, sondern in der Gestalt, in welcher sie durch die Gesellschaft in einer konkreten Zeit und in einem konkreten sozialen Rahmen erfasst wurde. Damit das Gedächtnis lebendig bleibt, muss es den aktuellen Bedürfnissen der vorgegebenen

---

[7] Die vier Gedächtnisarten, welche Jan Assmann (2001) unterscheidet – mimisches, kommunikatives, kulturelles Gedächtnis und Sachgedächtnis – entsprechen den vier verschiedenen Arten der Übertragung des kollektiven Gedächtnisses. Sie übertragen sich in diesem Falle mittels Nachahmung, Sprachkommunikation, institutioneller Rahmen und Gegenstände.

Gesellschaft entsprechen. Daher muss ein Abbild der Vergangenheit immer von neuem in Übereinstimmung mit den Prioritäten, Interessen und Anforderungen der Gegenwart konstruiert werden (Marcel/Martin/Mucchielli 1999: 59). Neue Ereignisse oder Änderungen bringen einen neuen Blickwinkel auf die Vergangenheit und bewirken somit auch ihre Restrukturierung. Das bedeutet allerdings auch, dass die Erinnerungen immer nur ein Teil der durchlebten Wirklichkeit sind und niemals eine treue Reproduktion der Vergangenheit, sondern eine bloße Rekonstruktion auf Grundlage erfasster Fragmente (Baron et al. 2006: 48).

Gerade in den Bedingungen einer tiefen und plötzlichen Veränderung der Gesellschaft, welche in Europa in konzentrierter Gestalt nach dem Fall der kommunistischen Regime stattfand, rücken Probleme konfliktreicher Interpretationen der Vergangenheit, der Art der Abrechnung mit der Vergangenheit in den Vordergrund, auf denen neue Regime ihre Legitimation, Aufdeckung der verborgenen Vergangenheit und ihre Inkorporation bei Interpretation der Gegenwart aufbauen können (Maurel 2008: 11).

Die Festlegung von Gedächtnisdominanten hängt mit dem Problem zusammen, auf das früher schon Henri Bergson ([1896] 2003) hingewiesen hat. Das menschliche Leben ist nach Aussagen dieses Autors mit ungebrochener Bildung von Erinnerungen verbunden. In unserem Denken treten diese Erinnerungen aber nicht alle auf einmal, sondern selektiv auf. Der französische Philosoph begründet diese Selektivität mit praktischen Aspekten und Nützlichkeit: Die Erinnerung wird dann aktualisiert, wenn sie in die gegebene Situation passt. Erwägungen über dominante Erinnerungen finden wir auch bei Halbwachs (1994: 290), nach dessen Auffassung sich das kollektive Gedächtnis aus der Vergangenheit die Elemente auswählt, um die sich eine Identität der gegebenen Gruppe einerseits dadurch bildet, dass sie die Einzigartigkeit der Gruppe hervorheben, andererseits dadurch, dass sie das Gefühl des Bestandes in der Zeit herbeiführen. Das Motiv der Selektivität ist gleichzeitig eines der zentralen Probleme des Konzeptes der »Gedächtnisarbeit« von Paul Ricœur. Auch für ihn ist das Gedächtnis eine Art Selektion dessen, was nicht vergessen werden soll und damit eine Konstruktion der Vergangenheit.[8]

Nach Halbwachs funktioniert, konstituiert, und reproduziert sich das Gedächtnis in bestimmten sozialen Rahmen. In ihnen werden unsere Erinnerungen fixiert und erweckt, durch sie ist die Bedeutung dessen bestimmt, an das wir uns erinnern. Diese Rahmen, die eine zeitliche, räumliche und sprachliche Gestalt haben,

---

[8] Zu den charakteristischen Zügen des Gedächtnisses gehört die Selektivität. Für das Gedächtnis ist typisch, unangenehme Ereignisse und Erlebnisse auszuklammern; zu den typischen Erscheinungen gehört die Eliminierung bestimmter Themen, aber auch z. B. die Umschreibung individueller Biographien, Bildung neuer Mythen oder auch Belebung alter Wunden und Ressentiments. Damit hängt auch die Frage der Pathologie des Gedächtnisses zusammen, welche in Anknüpfung an Freud Paul Ricœur (2000) einführt. Nach diesem Autor kann das Gehirn in der Bemühung, Leiden oder dem Gefühl von Schuld auszuweichen, unterdrückt sein, auf der anderen Seite kann es überfordert sein und Gegenstand von Manipulationen werden. Einer derjenigen, die auf die Wichtigkeit der Verbindung von Gedächtnis und Macht aufmerksam machen, ist Tzvetan Todorov. Die Tyranneien des 20. Jahrhunderts begriffen nach Todorov, dass die Eroberung von Ländern und menschlicher Wesen durch die Eroberung von Information und Kommunikation vonstattengeht. Daher bemühten sie sich um die systematische Beherrschung des Gedächtnisses in dem Maße, dass in ihre Macht auch die geheimsten Schlupflöcher gerieten. (Todorov 1998: 91). Eine wichtige Strategie wurde dabei vor allem die »Auslöschung« des Gedächtnisses.

sind nichts rigides, sondern dynamische Strukturen, die durch Elemente erzeugt werden, welche unsere Erinnerungen darstellen und organisieren. Es handelt sich um Orientierungspunkte in Raum und Zeit, historische, geografische, biografische und politische Begriffe, um gängige Erfahrung und bekannte Anschauungsweisen (Kvasničková 2005: 35).

Jan Assmann (2001: 37) weist darauf hin, dass die Halbwachssche Theorie der Gedächtnisrahmen analog zur Analyse der Erfahrungsrahmen angelegt ist, die in späterer Zeit Erving Goffman ausarbeitete, und benutzt eine ähnliche Terminologie. Goffman (1974), der den Begriff »Rahmen« (*the framework*) von Gregor Bateson übernahm, versteht darunter die Einheit der Organisation von Erfahrungen. Mit ihrer Hilfe untersucht er die Struktur von Erfahrungen, über die die Einzelnen disponieren und die sie in den einzelnen Augenblicken ihres Lebens anwenden, bzw. in allen Situationen, in denen sie auf die Frage »Was passiert jetzt hier?« antworten müssen. Die Rahmen ermöglichen den Akteuren zu lokalisieren, wahrzunehmen, zu identifizieren und die anscheinend unendlichen Mengen konkreter Ereignisse einzuordnen. Gleichzeitig organisieren sie aber auch ihre Verbindung zu bestimmten Aktivitäten. Goffman urteilt, dass die Grundrahmen, angenommen durch die Angehörigen einer bestimmten Gesellschaft, wesentliche Elemente ihrer Kultur darstellen.

Nach Halbwachs ist der wichtigste Gedächtnisrahmen die Sprache. Er führt an, dass jedes Wort, dessen Bedeutung wir verstehen, an eine Erinnerung gebunden ist, und es gibt keine Erinnerungen, denen keine Worte entsprechen (Halbwachs 1994: 279). Daher ermöglicht gerade die Sprachkommunikation Austausch und Zirkulation von Erinnerungen in einer Gruppe, und daher eine Lokalisierung dieser Erinnerungen im kollektiven Gedächtnis. Ein typisches Beispiel eines Gedächtnisrahmens ist der Kalender und ein darin organisiertes System von Feiertagen, die an bedeutende Ereignisse und Persönlichkeiten erinnern.

Unter Tradition versteht man gewöhnlich das kulturelle Erbe, das von Generation zu Generation weitergegeben wird. Der Inhalt dieses Erbes ist verschiedenartig und wird gebildet durch kulturelle Muster, religiösen Glauben, Mythen, Sagen, Legenden, Regeln, Gebrauchsanweisungen, Rezepte, Gewohnheiten, Gesichter, Sitten und Rituale. Soziale Gruppen, die sich auf der Basis einer bestimmten gemeinsamen Erinnerung konstituieren, schützen und bewahren ihre Tradition. Wichtig ist in dieser Richtung einmal das Bewusstsein der Einzigartigkeit, das aus der Differenzierung in Hinblick auf die umgebende Welt hervortritt, zum anderen das Bewusstsein von Identität, dem Bestand in der Zeit, welches durch die Sorge um im Gedächtnis erhaltene Fakten und ihre Auswahl gesichert ist. Anthony Giddens (2000: 52) macht darauf aufmerksam, dass vieles von dem, was wir als traditionell und untergegangen in den Nebeln der Zeit betrachten, eigentlich im besten Falle Frucht der letzten Jahrhunderte ist und oft zeitlich noch jünger. Einige Traditionen waren, wie der Autor konstatiert, »ausgedacht« oder »künstlich erzeugt«.[9]

---

[9] Siehe auch (Hobsbawm – Ranger 1983). Wir wollen noch anmerken, dass schon seit ältesten Zeiten die Tendenz besteht, die Vergangenheit nachträglich zu korrigieren und zu ergänzen, wovon u. a. eine Reihe von Fälschungen zeugt.

Ausblick: Weitere mögliche Strukturanalysen

Das AGIL-Schema ermöglicht theoretisch zu beschreiben, wie historisches Bewusstsein und kollektives Gedächtnis als Systeme funktionieren, welche einen bestimmten Typ menschlichen Wissens bearbeiten. Diese Schematisierung stellt freilich nicht die einzige Struktur dar, welche notwendigerweise betrachtet werden muss. Durch das historische Bewusstsein und das kollektive Gedächtnis lassen sich auch andere strukturelle Schnitte führen. Eine der wesentlichen Charakteristiken beider Entitäten ist, dass sie ihre Träger haben, und das sind die Individuen, Gruppen, Klassen, Schichten, Generationen und schlussendlich die Gesellschaft als Ganze. Beide Systeme bilden bestimmte institutionelle Unterstützungsformen und Informationsmittel heraus. Eine wesentliche Charakteristik ist auch, dass sie bestimmte Informationen verarbeiten und das im Hinblick auf ihre Anordnung im Zeithorizont und ihren sachlichen Inhalt. Daraus geht hervor, dass im historischen Bewusstsein und im kollektiven Gedächtnis minimal sechs Strukturen identifiziert werden können, die sich gegenseitig überdecken und beeinflussen:

- Systemstruktur (beschrieben mit Hilfe des AGIL-Schemas);
- Institutionelle Struktur (Erziehungssystem, Archive, Wissenschaftliche Ausschüsse, Museen, Denkmäler, Feiertage, Erinnerungszeremonien);
- Struktur der Informationsmittel (Literatur, Lehre, Medien);
- Stratifizierende und Gruppen-Struktur (Differenzierung durch Klassen, Schichten und soziale Gruppen);[10]
- Generationenstruktur;
- Inhaltsstruktur (differenzierende Information im Hinblick auf Zeit, Raum und Tatsachen).[11]

Die angeführten Strukturtypen können sowohl Gegenstand theoretischer Erwägungen, als auch Gegenstand empirischer soziologischer Forschung sein. Einzelne Systeme bearbeiten die Vergangenheit jedes auf seine Weise, womit eine bestimmte Polykontextualisierung entsteht: Ein historisches Ereignis (z. B. die Befreiung im Jahre 1945) ist in verschiedenen Kontexten betrachtet worden, und sieht so auf der Ebene

---

[10] Die stratifizierende und Gruppenperspektive ist die Perspektive, mit der die Soziologie das Wissen hervorhebt. Die stratifizierende und Gruppenperspektive entsteht dank dessen, dass das historische Bewusstsein organisch mit seinem Träger – dem Akteur – verbunden ist, dass es in ihren Köpfen (individuelles Bewusstsein) und in ihren Produkten (Texte, Artefakte) abgelegt ist. Die soziale Position (stratifizierende, Klassen-, Gruppenposition) der Träger beeinflusst den Charakter dieses Bewusstseins und lässt Unterschiede entstehen.

[11] Die inhaltliche Strukturierung ist durch den Charakter oder die Gestalt der Ereignisse selber gegeben, welche im System verarbeitet sind. Diese Ereignisse spielten sich in bestimmter Zeit an bestimmten Orten ab und hatten einen sachlichen Inhalt (sie betrafen Politik, Kriege, Religion, Ökonomie, Kultur usw.), daher strukturiert sich das Bewusstsein inhaltlich nach zeitlichen, räumlichen und sachlichen Gesichtspunkten. Die strukturierten Rahmen des sachlichen Inhaltes können von verschiedenen Leitprinzipien ausgehen, zu denen die Vorstellung über treibende Kräfte der Geschichte gehören (Einzelpersonen, Massen, Ideen, Erzeugungsweise usw.), über den Verlauf der historischen Änderungen (Evolution, Konflikte, Revolution, Zyklen), und auch der axiologische Gesichtspunkt (positiv, negativ, Progress, Regress).

der erlebten Erfahrung, auf der Ebene der ideologischen Deutung, auf der Ebene der historischen Wissenschaft, auf der Ebene des kollektiven Gedächtnisses jeweils anders aus. Darüber hinaus kann der Zugang zu ihm vom Gesichtspunkt sozialer Schichten, Gruppen und Generationen differenziert sein und kann in verschiedene Inhaltsrahmen (zeitlich, räumlich und sachlich) eingeordnet werden. In Folge dessen kann es zu verschiedenen Dissonanzen und Auseinandersetzungen kommen oder auch zu Bemühungen, eine dominante Stellung in Beziehung zu anderen Systemen und Diskursen zu gewinnen, was z. B. Ziel einer Ideologie oder der historischen Wissenschaft sein kann. Die Diskurse, die sich auf diesem Felde in der Vergangenheit abspielten und auch heute noch stattfinden, zeigen, dass die Frage des historischen Bewusstseins und des kollektiven Gedächtnisses nicht nur ein akademisches Problem ist, sondern immer auch ein Politikum.

Literaturverzeichnis

Assmann, Aleida (2006): *Der lange Schatten der Vergangenheit: Erinnerungskultur und Geschichtspolitik.* München: Beck.
– (2009): *Erinnerungsräume: Formen und Wandlungen des kulturellen Gedächtnisses.* München: Beck.
Assmann, Jan (2001): *Kultura a pamět': Písmo, vzpomínky a politická identita v rozvinutých kulturách starověku.* Praha: Prostor.
– (2007): *Religion und kulturelles Gedächtnis.* München: Beck.
Baron, Stéphane et al. (2006): Les petites patries. Histoire et mémoire dans les journaux de ville: fabrique de l'identité collective.
Berger, Peter L. (1991): *Pozvání do sociologie.* Praha: FMO.
Berger, Peter L. und Luckmann, Thomas (1999): *Sociální konstrukce reality: Pojednání o sociologii vědění.* Brno: Centrum pro studium demokracie a kultury.
Bergson, Henri (2003): *Hmota a pamět'.* Praha: OIKOYMENH.
Borries, Bodo von (1988): *Geschichtslernen und Geschichtsbewußtsein.* Stuttgart: Klett 1988.
– (1990): *Geschichtsbewußtsein als Identitätsgewinn? Fachdidaktische Programmatik und Tatsachenforschung.* Hagen: Margit Rottmann.
– (1995): *Das Geschichtsbewußtsein Jugendlicher. Erste repräsentative Untersuchung über Vergangenheitsbedeutung, Gegenwartswahrnehmungen und Zukunftserwartungen von Schülerinnen und Schülern in Ost- und Westdeutschland.* Weinheim: Juventa.
Bourdieu, Pierre (1998): *Teorie jednání.* Praha: Karolinum.
Bruner, Jerome S. (1990): *Acts of Meaning.* Cambridge/Mass.: Harvard University Press.
Dilthey, Wilhelm (1910/1981): *Der Aufbau der geschichtlichen Welt in den Geisteswissenschaften.* Frankfurt am Main: Suhrkamp.
Gadamer, Hans-Georg (1979): »The Problem of Historical Consciousness«. In: Rabinow, Paul und Sullivan, William M., *Interpretive Social Science: A Reader.* Berkeley: University of Califorina, 103–160.
Georgi, Viola B. und Ohliger, Rainer (2009): *Crossover Geschichte: Historisches Bewusstsein Jugendlicher in der Einwanderungsgesellschaft.* Hamburg: Körber-Stiftung.
Giddens, Anthony (2000): *Unikající svět: Jak globalizace mění náš život.* Praha: Sociologické nakladatelství.
Goffman, Erving (1974): *Frame Analysis: An Essay on the Organization of Experience.* New York: Harper & Row.
Halbwachs, Maurice (1950): *La mémoire collective.* Paris: PUF.
– (1971): *La topographie légendaire des évangiles en terre sainte. Etude de mémoire collective.* Paris: PUF.

– (1994): *Les cadres sociaux de la mémoire*. Paris: Albin Michel.
Hervieu-Léger, Danièle (1993): *La Religion pour Mémoire*. Paris: Le Cerf.
Hobsbawm, Eric und Ranger, Terence (1983): *The Invention of Tradition*. Cambridge: Cambridge Univ. Pr.
Hroch, Miroslav (2010): »Historické vědomí a potíže s jeho výzkumem dříve i nyní«. In: Šubrt, Jiří (Ed.), *Historické vědomí jako předmět badatelského zájmu: Teorie a výzkum*. Kolín: Historická sociologie – knižní řada, 31–46.
Jeismann, Karl-Ernst (1988): »Geschichtsbewußtsein als zentrale Kategorie der Geschichtsdidaktik«. In.: Schneider, Gerhard (Hrsg.): *Geschichtsbewußtsein und historisch-politisches Lernen*. Pfaffenweiler: Centaurus.
Kvasničková, Adela (2005): *Náboženstvo ako kolektívna pamäť: prípad Slovenska a Čiech*. Bratislava: Univerzita Komenského.
Lyotard, Jean-François (1993): *O postmodernismu*. Praha: Filosofia.
Marcel, Jean-Christophe, Martin, Olivier und Mucchielli, Laurent (1999): »Maurice Halbwachs (1877-1945). Mémoire collective et classes sociales«. In: *Sciences humaines*, 100, 58–60.
Maurel, Marie-Claude (2008): »Le passé en héritage«. In: Maurel, Marie-Claude und Mayer, Françoise, *L'Europe et ses représentations du passé. Les tourments de la mémoire*. Paris: L'Harmattan, 11–18.
Mead, George Herbert (1936): *Movements of Thought in the Nineteenth Century*. Chicago: The University of Chicago Press.
– (1959): *The Philosphy of the Present*. La Salle/Ill.: Open Court.
Namer, Gérard (1987): *Mémoire et société*. Paris: Méridiens Klincksieck.
– (2000): *Halbwachs et la mémoire sociale*. Paris: L'Harmattan.
Nora, Pierre (1984): *Les lieux de mémoire. I – La République*. Paris: Gallimard.
Pandel, Hans Jürgen (1987): »Dimensionen des Geschichtsbewußtsein«. In: *Geschichtsdidaktik*, 12(2), 130–142.
Parsons, Talcott (1971): *Společnosti: Vývojové a srovnávací hodnocení*. Praha: Svoboda.
Ricœur, Paul (2000): *La mémoire, l'histoire, l'oubli*. Paris: Seuil.
Rüsen, Jörn (1994): *Historische Orientierung: Über die Arbeit des Geschichtsbewußtsein, sich in der Zeit zurechtzufinden*. Köln: Böhlau.
– (2001): *Geschichtsbewußtsein: psychologische Grundlagen, Entwicklungskonzepte, empirische Befunde*. Köln: Böhlau.
– (2004): »Historical Consciousness: Narrative Structure, Moral Funciton, and Ontogenetic Development«. In: Seixas, Peter, *Theorizing Historical Consciousness*. Toronto: University of Toronto Press, 63–85.
Sarbin, Theodore R. (1986): *Narrative Psychology: The Storied Nature of Human Conduct*. New York: Praeger.
Seixas, Peter (2004): *Theorizing Historical Consciousness*. Toronto: University of Toronto Press.
Straub, Jürgen (1998): *Erzählung, Identität und historisches Bewusstsein. Die psychologische Konstruktion von Zeit und Geschichte*. Frankfurt am Main: Suhrkamp.
– (2005): »Telling Stories, Making History: Toward a Narative Psychology of the Historical Construction of Meaning«. In: Straub, Jürgen, *Narration, Identity, and Historical Consciousness*. New York/Oxford: Berghahn Books, 44–98.
Todorov, Tzvetan (1998): »Zneužívání paměti«. In: *Antologie francouzských společenských věd: Politika paměti. Cahiers du Cefres*, 13, 91–117.

»In ihrer kulturellen Überlieferung wird eine *Gesellschaft* sichtbar«? – Eine kritische Auseinandersetzung mit dem Assmannschen Gedächtnisparadigma

Cornelia Siebeck

> »We could say that theories are memory machines because they determine what, in the flux of experience, we apprehend and cognize. Theories organize what we notice, and thereby what we recall.«
> Richard Terdiman 1993: 15

Ausgestattet mit dem kulturellen Kapital etablierter Wissenschaftler/innen intervenieren Jan und Aleida Assmann regelmäßig in gesellschaftliche Selbstverständigungsdiskurse im deutschsprachigen Raum. Als prominente und viel zitierte Expert/innen für gedächtniskulturelle Fragestellungen reicht ihr diskursiver Einfluss weit über den akademischen Kontext hinaus.[1] An dieser Schnittstelle zwischen Wissenschaft und (bildungsbürgerlicher) Öffentlichkeit haben sie sich jüngst mehrfach zu gedächtniskulturellen Implikationen bundesrepublikanischer Nachkriegsarchitektur geäußert (A. Assmann 2007b: 100 ff.; J. Assmann 2009; A. & J. Assmann 2009). Nicht zuletzt aufgrund ihres populärwissenschaftlichen Duktus[2] kommen in diesen Texten die erkenntnistheoretischen Probleme besonders deutlich zum Ausdruck, die für die Assmannsche Theoriebildung[3] charakteristisch sind. Eine symptomatische Lektüre soll daher im Folgenden als Ausgangspunkt für eine kritische Auseinandersetzung mit einem zwar spezifischen, aber seit den späten 1980er Jahren in den deutschsprachigen Kulturwissenschaften äußerst wirkmächtigen Theorem zum Verhältnis

---

[1] Sowohl Jan als auch Aleida Assmann gehören mit eigenen Beiträgen, zahlreichen Interviews und Rezensionen ihrer Werke zu den in deutschsprachigen Medien überdurchschnittlich präsenten Wissenschaftler/innen. Aleida Assmann ist zudem eine gefragte Autorin der Bundeszentrale für politische Bildung und anderer kulturpolitischer Einrichtungen. Als »Erinnerungsexpertin« attribuiert, figuriert sie etwa unter dem Motto »Meet the Germans« im online-Angebot des Goethe-Instituts prominent als eine von sieben zeitgenössischen deutschen Denker/innen (vgl. Encke 2007).

[2] Es handelt sich erstens um einen essayistisch gehaltenen Band, in dem Aleida Assmann eine Vorlesungsreihe verschriftlicht hat (2007b); zweitens um einen gemeinsamen Vortrag anlässlich der Verleihung des Deutschen Städtebaupreises 2008 (A. & J. Assmann 2009) und drittens um einen »wissenschaftlichen Gastbeitrag« Jan Assmanns in einer Theaterzeitschrift (J. Assmann 2009).

[3] Im Folgenden ist von »den« Assmanns die Rede, wo gemeinsame Positionierungen, wechselseitige Referenzen bzw. eindeutige epistemologische Überschneidungen festgestellt werden können; die zweifellos bestehenden unterschiedlichen Akzentsetzungen in der Ausarbeitung werden als solche benannt und zugeschrieben.

von »Gedächtnis« und »Gesellschaft« dienen. Der Fokus wird dabei darauf liegen, was dem Assmannschen Blick notorisch entgeht – und welche erkenntnispolitischen Konsequenzen sich daraus ergeben.

»Unverkennbare Identitätsverweigerung«? – Assmannsche Perspektiven auf bundesrepublikanische Nachkriegsarchitektur

»[D]ie Stadt« im Sinne einer einheitlich gedachten soziokulturellen Objektivation gilt Jan und Aleida Assmann *per definitionem* als »Brennpunkt kollektiver Identität«. Als »Stadt der Städte« im Sinne eines »Horizont[s] sinnstiftender Beheimatung und kosmischer Verankerung« und eines »Urmodell[s] menschlicher Vergesellschaftung« erscheint dabei »Jerusalem« (A. & J. Assmann 2009: 19 f.; vgl. J. Assmann 2009: 28). Von Beginn an wird »Stadt« hier also nicht als polyvalenter und multifunktionaler Raum mit einer jeweils spezifischen Geschichte sozialer und kultureller Aushandlungsprozesse begriffen, sondern als immer schon kollektiv identitärer und seinem Wesen nach transhistorischer, wenn nicht metaphysischer (»kosmischer«) Raum definiert. »Architektur« als planvolle Gestaltung dieses Raums wird dann analog zum »Gesicht der Geschichte« vereindeutigt: In ihr gewinne, »was man den *Zeitgeist* nennt, seinen physiognomischen Ausdruck« (J. Assmann 2009: 26; vgl. A. & J. Assmann 2009: 13, Herv. C. S.). Dieser könne daher in einem – offenbar ganz unvermittelten – Rezeptionsprozess von den Betrachter/innen wieder »abgelesen« werden.[4]

Der architektonischen Nachkriegsmoderne in der Bundesrepublik attestieren Jan und Aleida Assmann basierend auf dieser nicht nur assoziativ[5], sondern auch normativ bereits massiv aufgeladenen Relationierung von Stadt – Architektur – Identität – Gedächtnis eine aktive »Ausdrucksverweigerung«, die einer »Geschichtsverweigerung« gleichkomme (A. & J. Assmann 2009: 13, 16). Gemäß der erkenntnistheoretischen Annahme, dass von Architektur und Stadtplanung Rückschlüsse auf »den Zeitgeist«[6] gezogen werden könnten, werden von dieser Diagnose aus Thesen zur damaligen psychischen Konstitution »der Deutschen« aufgestellt: Die frühe Nachkriegsarchitektur reflektiere ein »Lebensgefühl der ›Stunde Null‹«, sie sei »Zeugnis und Ausdruck nicht der Erinnerung, sondern des Vergessens.« (A. & J. Assmann 2009: 17). In architektonischen »Masken des Schweigens und der Gesichtslosigkeit« komme die zeitgenössische »Scham« angesichts der NS-Vergangenheit zum Ausdruck, weswe-

---

[4] Vgl. Fragestellungen wie die folgende: »Wo gehört nun [...] die Architektur der fünfziger Jahre hin und was verrät sie uns über den Geist dieser Zeit, wenn wir sie einmal im physiognomischen Sinne als Ausdruck des Zeitgeist lesen?« (J. & A. Assmann 2009: 14, J. Assmann 2009: 28).

[5] »Jerusalem« ist zweifellos ein Topos, der bei bildungsbürgerlichen Leser/innen Assoziationen von metaphysischer »Ewigkeit« hervorruft; mit dem hier skizzierten Modell »menschlicher Vergesellschaftung« wiederum wird in Verbindung mit spezifischen normativen Gehalten (»sinnstiftende Beheimatung«) etwas umschrieben, das man eher als »Gemeinschaft« denn als »Gesellschaft« bezeichnen würde.

[6] Zur Problematik retrospektiv homogenisierender »Zeitgeist«-Konstruktionen vgl. sowohl allgemein als auch speziell in Bezug auf die 1950er Jahre Schildt (1995, S. 302 ff.).

gen man von einer »Architektur der Verdrängung« sprechen könne. Diese wird als symptomatisch für eine kollektive »Abkehr von der Geschichte« gelesen, die zugleich als »unverkennbare [sic!] Identitätsverweigerung« interpretiert wird (J. Assmann 2009: 28; vgl. A. & J. Assmann 2009: 17 ff.). Diese vermeintliche »Verweigerungshaltung« bezieht sich dabei auf eine von Jan und Aleida Assmann präskriptiv gesetzte nationale Identität: »Die Deutschen der Nachkriegszeit wollten keine Deutschen mehr sein« (A. & J. Assmann 2009: 17).

Aleida Assmann spricht in diesem Zusammenhang auch von einem »Verlust der Mitte«, den »die Deutschen [...] durch die Zerstörung ihrer historischen Stadtkerne« und die deutsche Teilung erlitten hätten und der sich in einer fünfzig Jahre währenden »Phase der Abstinenz von Tradition, Pathos, Würde [sic!] und Geschichte« manifestiert habe (A. Assmann 2007b: 132). »Nicht von ungefähr«, so deuten die Assmanns jedoch vage an, sei »mit der architektonischen Postmoderne auch die Lähmung gegenüber der deutschen Vergangenheit« gewichen. Gleichzeitig habe »die deutsche Gesellschaft« in ihrer Auseinandersetzung mit »der Vergangenheit« – gemeint ist die NS-Vergangenheit – »ein Gesicht wieder gewonnen, das sich auch im Gesicht der Städte auszuprägen« beginne: Es gebe heute wieder »Repräsentationsbauten. Die Städte haben begonnen, sich als Kommunikations- und Gedächtnisraum zu redefinieren« (A. & J. Assmann 2009: 21; vgl. J. Assmann 2009: 29). Aleida Assmann beschreibt diesen Prozess analog auch als »Wiedererfindung der [deutschen] Nation« nach einer Phase der »Geschichts- und Nationsverweigerung«. Infolgedessen ergäben sich neue politische und gestalterische Notwendigkeiten: »Nationale Identität [...] will nicht nur imaginiert, sie will auch sinnlich repräsentiert sein«. Die Zeit einer aus »psychosozialen« Gründen abzulehnenden »Identitätsaskese« neige sich ihrem Ende zu (A. Assmann 2007b: 180 ff.).

Der Assmannschen Diagnose einer »unverkennbaren Identitätsverweigerung« in der alten Bundesrepublik liegt zweifellos eine Hypostasierung nationaler Identität zugrunde, die über einen fixen normativen Gehalt zu verfügen scheint (indem sie etwa kein »Verfassungspatriotismus« ist[7]). Diese Identität kann von Subjekten angenommen oder »verweigert« werden, scheint aber als solche auch ohne deren Zutun zu existieren und kann sogar etwas »wollen«.

»Suggestive Selbsttäuschung am Objekt« – Der Assmannsche Blick auf kulturelle Objektivationen

Offensichtlich liegt den Assmannschen Betrachtungen zur deutschen Nachkriegsarchitektur ein erkenntnistheoretischer Zirkelschluss zugrunde, der für solcherart suggestive Kulturdiagnostik allerdings charakteristisch ist. Das, was die Autor/innen

---

[7] Nach Aleida Assmann geht der Habermassche Verfassungspatriotismus an »psychosozialen Identifikationsmechanismen völlig vorbei«, da er »eine rein kognitive Anforderung unter Absehung von emotionaler Bindung« vorsehe: »Für eine Verfassung, die man nicht errungen hat, sondern die einem unter beschämenden Umständen geschenkt wurde, kann man grenzenlose Dankbarkeit, aber keine patriotischen Gefühle hegen« (2007b: 183 f.).

ohnehin schon meinen – in diesem Fall über »die Deutschen« und ihre (fehlende) »nationale Identität« in der Nachkriegszeit – wird in entsprechend ausgewählte kulturelle Objektivationen hineingelegt, um es dann wieder aus ihnen herauszulesen. Die Ergebnisse einer solchen Lesart soziokultureller Phänomene werden auf diese Weise ontologisiert. Der Geograph Gerhard Hard spricht diesbezüglich von einer »suggestive[n] Selbsttäuschung am Objekt« (Hard 2008: 283).

Basierend auf einem Konzept von Landschaft als »objektivierte[m] Geist« (ebd.: 281)[8] können jedoch soziale, ökonomische und politisch-ideologische Zusammenhänge gerade *nicht* »gelesen« werden, da die Landschaft davon nicht oder nur teilweise »spricht«:

> »Ohne andere Quellen, Archive und Beobachtungsfelder ist der Landschaftsleser [...] ganz auf das angewiesen, was er schon zu wissen glaubt, d. h. was er von seinem Vorwissen, seinen Vorurteilen, seiner Vorbildung irgendwie auf die zufälligen Sichtbarkeiten des betreffenden Raumes projizieren bzw. *herunterbrechen* kann, und dabei werden noch seine fragwürdigsten Projektionen für ihn selbst umso überzeugender sein, je stabiler seine Vorurteile und je weniger entwickelt seine Selbstkritik und sein Methodenbewusstsein sind« (ebd.: 282 f., Herv. i. O.).

Zugunsten einer linearen Erzählung von der »Geschichtsverweigerung« bis zur »Wiedererfindung der Nation« werden in der Assmannschen Interpretation bundesrepublikanischer Nachkriegsarchitektur historische Realitäten unzulässig vereindeutigt. So werden etwa pragmatische Gründe für einen schnellen und funktionalen Wiederaufbau kriegszerstörter deutscher Städte durchaus genannt. Ebenso wird darauf verwiesen, dass auch in anderen Ländern nach dem Zweiten Weltkrieg vornehmlich modern gebaut wurde (vgl. J. Assmann 2009: 28; A. & J. Assmann 2009: 14; A. Assmann 2007b: 101 ff.). Diese historischen Tatsachen, die zumindest daran zweifeln lassen, dass es sich bei der architektonischen Nachkriegsmoderne um ein genuin deutsches Projekt der »Geschichtsverweigerung« handelt, scheinen jedoch das Assmannsche Urteil keineswegs anzufechten, dass man es in der Bundesrepublik mit einer spezifischen »Identitätsaskese« zu tun habe.

Wenn auch die Nachkriegsmoderne und ein pragmatischer, funktionaler Stil den Wiederaufbau vieler Städte in den späten 1940er und 1950er Jahren dominierten, so dürften sie doch kaum den Geschmack vieler Zeitgenossen und deren Bedürfnis nach »Gemütlichkeit« getroffen haben.[9] Zudem kann überhaupt keine Rede davon sein, dass kriegszerstörte historische Stadtkerne nach 1945 *durchgängig* weiter zerstört und

---

[8] Hard weist auf die »üppige Metaphorik« hin, die in diesem Zusammenhang entstanden ist und die sich auch in den Assmannschen Texten reichlich wieder findet: Landschaft als »Spiegel«, »Ausdruck«, »Palimpsest« etc. (vgl. ders. 2008: 282).

[9] Laut repräsentativen Umfragen Mitte der 1950er Jahre bevorzugte ein Großteil der bundesrepublikanischen Bevölkerung dort, wo er selbst gestaltend tätig werden konnte, nämlich bei der Einrichtung des eigenen Wohnzimmers, einen traditionellen Stil. Den Befragten wurden Bilder von Wohnzimmereinrichtungen zur Auswahl vorgelegt: »Das Ergebnis war eindeutig: Mehr als die Hälfte bevorzugte dasjenige mit einem wuchtigen Wohnzimmerschrank, dem Esstisch in der Mitte, den Stühlen mit geschwungener Lehne und einem klobigen Polstersessel [...]. Nur eine kleine Minderheit schätzte [...] das Wohnzimmer mit den im Rückblick typischen Insignien der 50er Jahre wie Nierentisch, Schalensessel und flexibler Stehlampe« (Schildt 1995: 96).

»In ihrer kulturellen Überlieferung wird eine *Gesellschaft* sichtbar«?

dann in dezidiert moderner Gestalt wieder errichtet wurden. Es gibt ganz im Gegenteil zahlreiche – und in der Assmannschen Beweisführung konsequent ausgeblendete – Beispiele für den Wiederaufbau von Gebäuden und städtebaulichen Ensembles nach historischem Vorbild.[10] Tatsächlich wurde über normativ-ästhetische Fragen des Wiederaufbaus nach dem Zweiten Weltkrieg in den westlichen Besatzungszonen und der frühen Bundesrepublik[11] kontrovers diskutiert. In seiner Auswertung einschlägiger Debatten der Nachkriegsjahre kommt der Architektur- und Kunsthistoriker Michael S. Falser daher zu einem Ergebnis, das dem Assmannschen Diktum fundamental widerspricht: Es sei »erstaunlich, wie gesamtheitlich darin Aspekte zwischen nationaler Identität und dem Umgang mit kulturellem Erbe (Städtebau, Wiederaufbau und Denkmalpflege) mit Themen wie Schuld, Gewissen und Verantwortung, Tradition und Zukunft der abendländischen Kultur und Staatsform bis zur Hauptstadtfrage gekoppelt und behandelt wurden« (2008: 71).

Die in den entsprechenden Debatten vorgebrachten Argumente gegen eine historisierende Wiederherstellung alter Stadtbilder oder einzelner Gebäude kündeten dabei keineswegs von »Geschichtslosigkeit«, sondern vielmehr von jeweils *spezifischen* Formen des Geschichtsbewusstseins. So wandte sich etwa der linkskatholische Publizist Walter Dirks im Juli 1947 in den *Frankfurter Heften* mit folgender Argumentation gegen den Wiederaufbau des Frankfurter Goethehauses:

> »[E]s hatte seine bittere Logik, dass das Goethehaus in Trümmer sank. Es war kein Versehen, das man zu berichten hätte, keine Panne, die der Geschichte unterlaufen wäre: es hat seine Richtigkeit mit diesem Untergang. *Deshalb soll man ihn anerkennen.* [...] Nur eines ist hier angemessen und groß: den Spruch der Geschichte anzunehmen, er ist endgültig.« (Zit. nach Durth/Sigel 2009: 412, Herv. i. O.)[12]

Selbst wenn dies die *einzige* zeitgenössische Aussage in der Bundesrepublik gewesen wäre, die auf »Geschichte« Bezug nähme, so wäre es schon nicht mehr legitim, dem

---

[10] So wurden etwa in Rothenburg ob der Tauber (1945 ff.) und Freudenstadt (1949 ff.) historische Stadtgrundrisse erhalten und an der historischen Gestalt orientierte Neubauten errichtet (vgl. Berger/Lauterbach 2010; Durth/Gütschow 1993: 354, Durth/Sigel 2009: 459 ff.). In Frankfurt am Main wurden das Goethehaus rekonstruiert (1947 ff.) und ein Teil der Bebauung auf dem Römerberg (1950 ff.) historisierend wieder aufgebaut (vgl. Falser 2008: 82 ff.; Rodenstein 2010a; dies. 2010b), in Münster wurden Prinzipalmarkt (1948 ff.) und Rathaus (1950 ff.) dem historischen Vorbild nachempfunden (Durth/Gutschow 1993: 352 f.; Gutschow 2010).

[11] In der DDR war die Situation ohnehin eine andere, weswegen Aleida Assmann ihre Rezeption westdeutscher Nachkriegsarchitektur falsch verallgemeinerte, wenn sie bezüglich des Wiederaufbaus von Städten und Gebäuden schreibt: »In der Nachkriegszeit blickte man nicht zurück, weder im Zorn noch in Trauer. [...] Die Zeichen waren in Ost und West ganz auf Zukunft gestellt.« (2007b: 101: vgl. A. Assmann & J. Assmann 2009: 14). Der Architekturdiskurs in der frühen DDR war dezidiert antimodern und auf »nationale Baukunst« orientiert. Auf Geheiß der Sowjetunion sollte (neu) gebaute Umwelt dort wie in anderen Ostblockländern »sozialistisch im Inhalt, national in der Form« sein: Neben äußerlich kaum als modern zu bezeichnenden Neubauten im Stil des »sozialistischen Realismus« hatte das in vielen Städten der DDR den Wiederaufbau historischer Gebäude zur Folge, unter anderem eines Teils des repräsentativen Zentrums des »königlichen Berlin« oder etwa des Dresdener Zwingers (vgl. Tschener 1990: v. a. 231 ff.; Durth/Sigel 2009: 429 ff.). Erst nach Stalins Tod und neuen Devisen aus Moskau schwenkte man auf standardisierte Typenbauweise um, um die drängende Wohnungsnot zu beheben (vgl. Durth/Sigel 2009: 500 ff.).

[12] Zur zeitgenössischen Debatte um das Frankfurter Goethehaus vgl. u. a. Falser 2008: 82 ff.

gesamten bundesrepublikanischen Diskurs der Nachkriegszeit »Geschichtslosigkeit« und »Identitätsaskese« zu attestieren. Tatsächlich ist dieses Zitat jedoch symptomatisch für die vielfältigen Debatten, in denen die bundesrepublikanische Kulturelite der frühen Nachkriegszeit (nicht nur) im Zusammenhang mit dem materiellen »Wiederaufbau« öffentlich über die jüngste Vergangenheit und ihre Implikationen für das deutsche Nationalbewusstsein debattierte. Dabei muss davon ausgegangen werden, dass zumindest Aleida Assmann durchaus um diese Debatten weiß, knüpft sie doch mit ihrem bereits zitierten Topos vom »Verlust der Mitte« explizit (2007b: 174) an eine zivilisationskritische Abhandlung des radikalkonservativen österreichischen Kunsthistorikers Hans Sedlmayr[13] an. 1948 publiziert, erreichte Sedlmayrs *Verlust der Mitte. Die bildende Kunst des 19. und 20. Jahrhunderts als Symptom und Symbol der Zeit* hohe Auflagen. Seine Metapher wurde dabei zwar schnell zu einem viel zitierten Bonmot[14], die unter dieser Überschrift zusammengefassten antimodernen und entschieden gegenaufklärerischen Thesen zu (Bau-)Kunst und Gesellschaft allerdings wurden jahrelang erbittert diskutiert und von intellektuellen Gegner/innen in die Nähe nationalsozialistischer Kulturpolitik gerückt (vgl. u. a. Falser 2008: 72; Durth/Sigel 2009: 474).[15]

Der Historiker Martin Sabrow hat in einer Entgegnung auf einen kurz zuvor erschienenen Aufsatz Aleida Assmanns (2007c) darauf hingewiesen, dass »die 1950er-Jahre keineswegs allein eine Zeit der Stille darstellten, sondern zugleich durch eine permanente Aufrufung der Vergangenheit gekennzeichnet waren – nur geschah dies eben nicht auf Grundlage derselben Orientierungsmuster, die unseren heutigen Erinnerungsdiskurs leiten« (Sabrow 2007: 4). So betrieb schon die erste Bundesregierung eine aktive Gedächtnispolitik: Sie beteiligte sich an der Finanzierung (und Beaufsichtigung) des 1949 gegründeten »Deutschen Instituts für Geschichte der nationalsozialistischen Zeit« (seit 1952: »Institut für Zeitgeschichte«), dessen politische Funktion nach Einschätzung des Historikers Sebastian Conrad vorrangig darin bestand, »die Erforschung des Nationalsozialismus nicht dem Ausland zu überlassen« und in diesem Sinne als »Korrektiv zu den ausländischen ›Fehlinterpretationen‹ deutscher Geschichte« (1999: 238; vgl. Berg 2004: 270 ff.) zu wirken. Ferner beauftragte die Bundesregierung 1951 eine Historikerkommission mit der Erarbeitung einer Dokumentation zur »Vertreibung der Deutschen aus Ost-Mitteleuropa« (vgl. Beer 1998). Bereits zu seinem Amtsantritt im September 1949 hatte Bundeskanzler Adenauer

---

[13] Der Kunsthistoriker Hans H. Aurenhammer (2003) beschreibt Sedlmayr als Radikalkonservativen mit klarer Affinität zum Nationalsozialismus (NSDAP-Mitglied in Österreich (!) seit 1930). Dabei kann er eine »grundlegende Kontinuität« (Ebd.: 165) in Sedlmayrs kulturtheoretischem Diskurs auch über 1945 hinweg rekonstruieren. Es liegt mir fern, Aleida Assmann mit diesem Hinweis eine geistige Nähe zu Sedlmayr zu unterstellen. Jedoch halte ich es für geboten, sich als Wissenschaftler/in mit den ideologischen Implikationen der eigenen Referenzen auseinanderzusetzen.

[14] Vgl. Schildt 1995: 332.

[15] Im Rahmen des damals viel beachteten ersten *Darmstädter Gesprächs* von 1950, auf denen prominente zeitgenössische Intellektuelle wie Sedlmayr, Adorno und Mitscherlich unter der Überschrift *Das Menschenbild unserer Zeit* öffentlich über die Zukunft der bildenden Kunst diskutierten, provozierte Sedlmayrs Vortrag *Über die Gefahren der modernen Kunst* »tumultartige Szenen« (Durth/Sigel 2009: 474; vgl. Schildt 1995: 332).

(CDU) angekündigt, eine solche den Alliierten als »Denkschrift« an deutsches Leid und deutsche Gebietsverluste zu überreichen.

Flucht und Vertreibung, aber auch die Bombardierung deutscher Städte, die »Kriegsheimkehrer« und die noch in der Sowjetunion internierten deutschen Kriegsgefangenen wurden in der frühen Nachkriegszeit vielfach öffentlich thematisiert, ebenso wie über die Frage der »Kollektivschuld«, Amnestiegesetzgebungen oder die Bewertung des Umsturzversuches vom 20. Juli 1944 gestritten wurde. Radikal nationalistische oder neonazistische Tendenzen dominierten zwar nicht die öffentliche Agenda, ihre Existenz sollte jedoch auch nicht ausgeblendet werden.[16] Charakteristisch für diese Phase war jedenfalls keineswegs das, was Jan und Aleida Assmann mit dem Begriff der »Identitäts-«- oder »Geschichtsverweigerung« umschreiben, also eine Tabuisierung des nationalen Themas als solchem oder deutscher Vergangenheit an sich. Tabuisiert – wenn auch keineswegs vollständig – war vielmehr das Sprechen über die NS-Verbrechen und die ideelle oder faktische Verstrickung weiter Teile der zeitgenössischen deutschen Gesellschaft in das untergegangene Regime: »There did indeed exist a collective memory, but one that focused largely on German victimhood« (Wittlinger 2006: 64; vgl. Echternkamp 2002: 305, 316).

Das von Jan und Aleida Assmann einmal mehr bemühte Klischee eines allgemeinen »Schweigens« über »die« Vergangenheit in der frühen Nachkriegszeit und dessen Interpretation als Zeichen einer kollektiven »Scham« (die im Übrigen so etwas wie Schuldbewusstsein zur Voraussetzung hätte) hält einer empirischen Überprüfung jedenfalls nicht stand. Zu einer solchen Diagnose kann es eigentlich nur kommen, wenn man den historischen Gedächtnisdiskurs an gegenwärtigen gedächtniskulturellen Normen misst,[17] in diesem Fall an einem seit den 1990er Jahren auch staatlich gepflegten öffentlichen Gedächtnis an die NS-Verbrechen (nicht nur) in der Bundesrepublik.[18] Zu Recht konstatiert daher Martin Sabrow, dass im Assmannschen Diskurs regelmäßig »die geschichtskulturellen Wertvorstellungen der eigenen Gegenwart zum Maßstab der historischen Urteilsbildung« (2007: 4) gemacht werden.

---

[16] Für einen breiten Überblick zum öffentlichen Gedächtnisdiskurs und zur Thematisierung des Nationalen bis Ende der 1950er Jahre vgl. die ersten beiden Kapitel in Fischer/Lorenz (2007). Für eine Analyse zentraler Themen des Gedächtnisdiskurses der Nachkriegszeit vgl. Moeller (2001); Echternkamp (2002); für das Phänomen kommunalen Gedenkens an den Luftkrieg vgl. allgemein Thießen (2008: 226) sowie die Beispiele in Arnold et al. (2009: 131 ff.); eine aufschlussreiche Rekonstruktion lokaler Aneignungsstrategien des ehemaligen KZ-Geländes durch das Dorf Flossenbürg in den 1940er und 50er Jahren nimmt Jörg Skriebeleit (2009: 161 ff.) vor. Auch bei Niven (2006) finden sich diverse Beiträge, die sich mit frühen Gedächtnispraxen und Selbstviktimisierungsstrategien in der Bundesrepublik befassen.

[17] Ähnlich, wenn etwa Aleida Assmann bezüglich des 1958 eingeweihten Buchenwaldmahnmals schreibt: »Man entschied sich dafür, *was für uns [sic!] heute nicht mehr nachvollziehbar ist*, diesen Gedenkort [...] ca. fünf Kilometer jenseits des authentischen Ortes zu errichten.« (2007a: 220, Herv. C. S.) Abgesehen davon, dass sich am Ort des Mahnmals mehrere Massengräber befinden, so dass eine Denkmalsetzung dort keineswegs ungewöhnlich ist, hat Volkhard Knigge (1997) besagten Entscheidungsprozess *en detail* nachvollziehen können, was Aleida Assmann bekannt sein müsste, da sie die entsprechende Monographie selbst zitiert.

[18] Für eine kurze Zusammenfassung der Institutionalisierung und Verstaatlichung einer »Gedenkstättenlandschaft« (nicht nur) an die NS-Verbrechen und deren repräsentativer Funktion seit 1990 vgl. Siebeck (2011: 75 ff.).

Dieser ahistorische Blick tritt jedoch nicht nur in Form einer fehlenden Auseinandersetzung mit kultur- und gedächtnispolitischen Debatten der frühen Nachkriegszeit zutage, sondern auch in Jan und Aleida Assmanns ästhetischer Rezeption architektonischer Ausdrucksformen und deren gedächtniskultureller Interpretation: Was (nicht) als historisches »Gesicht« und identitärer »Ausdruck« gelten kann, scheint hier von vornherein festzustehen. Dabei werden letztlich klassisch antimoderne Architekturdiskurse reproduziert, die – wenn auch meist postmodern verbrämt – auch im Architektur- und Stadtplanungsdiskurs nach der deutsch-deutschen Vereinigung hegemonial wurden.[19] Diese bedürften im Grunde selbst einer kulturtheoretisch-historisierenden Analyse und können daher höchstens vermittelt zu einem Verständnis von architekturpolitischen Debatten der 1950er Jahre beitragen.

Die Assmannschen Reflexionen zur bundesrepublikanischen Nachkriegsarchitektur müssen daher sowohl in erkenntnistheoretischer als auch in methodologischer Hinsicht als problematisch erkannt und ins Umfeld einer konservativ gestimmten Kulturdiagnostik verwiesen werden. Wie ich gezeigt habe, bedienen Jan und Aleida Assmann sich einer *selektiven Wahrnehmung* historischer Realitäten, die sie zudem aus einer *normativen* und zutiefst *ahistorischen* Perspektive betrachten. Ob intentional oder nicht – faktisch *positionieren* sich Jan und Aleida Assmann in ebenjenem Diskurs, den sie zu analysieren behaupten.[20] Zugunsten des eigenen *master narratives* wird dabei der historische Eigen-Sinn gedächtniskultureller Phänomene weitgehend außer Acht gelassen. Vor allem aber wird das Konflikthafte, Widersprüchliche und Dissonante, das jede soziale Realität kennzeichnet, kaum zur Kenntnis genommen. Dass die Assmannsche Genealogie deutscher Nachkriegsarchitektur und -identität auf viele Rezipient/innen dennoch plausibel wirken dürfte, sollte nicht überraschen. Der Geograph Gerhard Hard weist darauf hin, dass solcherart »Landschaftshermeneutik« (2008: 287) ein Publikum dann überzeugen kann, wenn dieses über ähnliche Vorurteilsstrukturen verfügt wie die Autor/innen (vgl. ebd.: 283).

---

[19] So wurden etwa die umstrittenen Planungen für die Umgestaltung des Ostberliner Zentrums nach 1990 unter das paradoxe Motto eines »Wiederanknüpfen[s] an historische Kontinuität« gestellt: »Gedächtnis« und »Identität« der Stadt sollten »wieder gewonnen« werden. Deren Gehalt jedoch wurde von Planer/innen auf Grundlage eines antimodernen Narrativs definiert: Die durch Krieg und modernistische Nachkriegsplanungen »zerstörte« Stadt müsse historisierend »repariert« werden. Vgl. Siebeck 2002: 53 ff.; Falser 2008: 165 ff.

[20] Auf diese politisch-normative Verstrickung hat der Historiker Lutz Niethammer schon früh verwiesen (2000: 364). An konkreten gedächtnispolitischen Forderungen mangelt es im Assmannschen Werk jedenfalls nicht. So plädiert beispielsweise Jan Assman am Ende eines akademischen Aufsatzes zum »kollektiven und kulturellen Gedächtnis« unter Rückgriff auf psychoanalytische Paradigmen für die Errichtung eines Holocaust-Mahnmals, welches das »Gedenken aus der Polarisierung von Opfern und Tätern« herausführen solle (1999: 32); und Aleida Assmann stellt aktuell immer wieder »allgemein anzuerkennende Grundsätze« für eine europäische »Erinnerungsgemeinschaft« auf (vgl. u. a. A. Assmann 2007a: 266 ff.).

»Das Geheimnis der Erlösung heißt Erinnerung« – Von psychohistorischen Meistererzählungen

Die von der bundesrepublikanischen Nachkriegsarchitektur »abgelesene« Assmannsche Psychohistorie »der Deutschen« deckt sich nicht nur mit einem derzeit vermutlich weit verbreiteten Architekturgefühl, sondern auch mit einer im Zuge des *nation building* nach 1990 hegemonial gewordenen Narration von der (bundes-)deutschen »Rückkehr in die Geschichte« (vgl. Siebeck 2002: 48). Die Dramaturgie ihrer Architekturgeschichte folgt eindeutig dem teleologischen *master narrative* der »Berliner Republik«, wie es der ehemalige Bundespräsident Richard von Weizsäcker bereits 1985 anlässlich des 40. Jahrestag des Kriegsendes antizipierte: »Das Geheimnis der Erlösung heißt Erinnerung«[21]. Gezeichnet wird dabei stets ein kollektiver Weg vom schamvollen »Verdrängen« und Beschweigen hin zu einer selbst- und verantwortungsbewussten »Aufarbeitung« der NS-Vergangenheit; vom geschichts- und gedächtnislosen »Provisorium« der Bundesrepublik, das sich nach 1990 in einen nicht zuletzt *qua* ostentativer Gedenklandschaft symbolisch geläuterten »normalen« Nationalstaat mit »normaler« Geschichte und Identität verwandelt hat.[22]

Wir haben es also mit einer klassisch-linearen Läuterungserzählung zu tun. *De facto* ist bei einer eingehenden Untersuchung bundesrepublikanischer Diskurse über die NS-Vergangenheit jedoch zu konstatieren, dass sich um die Themen »nationale Identität« und »Lehren für die gesellschaftliche Gegenwart« seit 1945 einige wenige narrative Positionen und diskursive Strategien herausgebildet haben, die bis in die Gegenwart hinein auf immer neuen thematischen Schauplätzen regelmäßig in Konflikt geraten.[23] Daher ist den Kulturwissenschaftlern Torben Fischer und Mathias N. Lorenz uneingeschränkt zuzustimmen, wenn sie feststellen, dass die »Geschichte der Aufarbeitung des Nationalsozialismus in der Bundesrepublik [...] keineswegs linear« verlaufen ist:

---

[21] Weizsäcker 1985; zu Inhalt und Rezeption der Rede vgl. Beljahn/Lorenz 2007.

[22] Paradigmatisch kam dies in der Regierungserklärung von Bundeskanzlers Gerhard Schröder (SPD) 1998 zum Ausdruck. Schröder propagierte darin einen »Generationswechsel im Leben unserer Nation« und forderte für die Bundesrepublik das »Selbstbewusstsein einer *erwachsenen Nation, die sich niemandem über-, aber auch niemandem unterlegen fühlen muss, die sich der Geschichte und ihrer Verantwortung stellt, aber bei aller Bereitschaft, sich damit auseinander zu setzen, doch nach vorne blickt*« (zit. nach Siebeck 2002: 50, Herv. C. S.). Vorangegangen war diesen mit Bedacht gewählten Worten ein erbitterter Kulturkampf um den Charakter der »Berliner Republik«. Dieser Aushandlungsprozess verlief mehr oder weniger entlang der Frontlinien des »Historikerstreits«, allerdings konnte die politische (Neue) Rechte nun einige ihrer zentralen Paradigmen (etwa »Normalisierung«, »gesundes Selbstbewusstsein«, »Rückkehr in die Geschichte«) erfolgreich etablieren (vgl. ebd.: 49 f.).

[23] *Idealtypisch* wären hier folgende antagonistische und dabei entsprechend stark aufeinander bezogene Topoi zu nennen: »Schlussstrich« versus »Aufarbeitung«; »Nationalismus« versus »Inter-« oder »Postnationalismus«; »Antitotalitarismus« versus »Antifaschismus«; »Opfer« versus »Täter« usw. Alle diese Signifikanten beziehen sich normativ auf die Tatsache der deutschen NS-Vergangenheit, ihre Bedeutung bleibt dabei allerdings nicht stabil, sondern ist historischen und situativen Anpassungen unterworfen.

> »[Z]u wenig stellte sie sich als kontinuierlicher Lernprozess dar, zu disparat waren die jeweiligen Anlässe für die mehr oder minder öffentlichen Debatten, zu heterogen auch die Felder, in die sie hineinwirkte beziehungsweise aus denen sie sich speiste.« (Fischer/Lorenz 2007: 13)

Auch das von Aleida Assmann als »Verlust der Mitte« beschriebene Leiden an der deutschen Teilung, das ein kontinuierliches nationales Zusammengehörigkeitsgefühl über die innerdeutsche Grenze hinweg voraussetzt, war im bundesrepublikanischen Alltagsdiskurs keineswegs jederzeit »selbstverständlich«. In Reiseführern und Handreichungen für Studienfahrten wurde das damalige Nachbarland in den 1980er Jahren vielmehr als fremd und exotisch beschrieben: »Wie nähert man sich nun dem Land, das da nur wenige Kilometer östlich liegt und doch zu einer ganz fernen Welt zu gehören scheint?« (Ketman/Wissmach 1986: 14; vgl. Rau 1985: 85; Geisler 1985). Und zweifellos erwartete oder befürwortete damals nicht jede/r Bundesdeutsche eine »Wiedervereinigung«, wie einer lakonischen Feststellung in einem zeitgenössischen Alternativreiseführer zu entnehmen ist:

> »In den Köpfen mancher unserer Väter und Mütter spukt ja immer noch der Wunsch herum, die DDR eines Tages durch Einverleibung von der Landkarte verschwinden zu lassen.« (Ketman/Wissmach 1986: 12)

Dabei ist auch die hier beispielhaft zitierte Akzeptanz des damaligen Status Quo mitnichten als »Geschichtsverweigerung« zu interpretieren, sondern muss schlicht als zeitgenössisch weit verbreitete *andere Lesart* deutscher Geschichte begriffen werden, in der die deutsche Teilung (zutreffend) als Konsequenz aus dem Zweiten Weltkrieg erklärt (vgl. ebd.: 12; Rau 1985: 85) und gelegentlich auch gerechtfertigt wurde. Geht man mit dem Sozialpsychologen Jürgen Straub davon aus, dass Identität als Aspiration zu verstehen ist, und dass es in diesem Bestreben darum geht, narrative Kontinuität, Konsistenz und Kohärenz herzustellen (vgl. Straub 2004), so besteht keinerlei Anlass, den für Teile der bundesrepublikanischen Gesellschaft vor 1990 charakteristischen und dabei explizit historisch argumentierenden Postnationalismus als »Identitätsverweigerung« zu deuten, da auch er sich auf ein sinnhaftes Narrativ gründete. Vor allem aber sollte nicht vergessen werden, dass in der »alten« Bundesrepublik immer *auch* ein national-restaurativer Gedächtnis- und Identitätsdiskurs existierte, der beispielsweise in der auch gedächtnispolitischen »Wende« unter Bundeskanzler Helmut Kohl (CDU) oder im »Historikerstreit« um deutsches Selbstverständnis und den Ort der NS-Vergangenheit in der deutschen Geschichte seinen Ausdruck fand (vgl. Fischer/Lorenz 2007: 226 ff., 262 f.). Diese national-restaurative Tradition wurde nach der deutsch-deutschen Vereinigung hegemonial – wenn auch in entschärfter und teilweise popkulturell banalisierter Form (vgl. Caborn 2010; Siebeck 2002: 49 f.).

Anstatt dieses komplexe diskursive Feld widerstreitender Narrative einer Analyse zu unterziehen, beziehen Jan und Aleida Assmann darin Position. Dabei stellt Aleida Assmann zudem kollektivpsychologische Überlegungen an, deren politisch-normative Implikationen eindeutig sind: Nach einem »Geschichtstrauma« der Nachkriegszeit und einer damit einhergehenden »Geschichts- und Identitätsverweigerung« gelte es nach »Mauersturz und Wiedervereinigung« nun die »Tradition des linken Postnationalismus« zu überwinden, ohne jedoch »in die Falle des rechten Nationalismus zu tappen« (A. Assmann 2007b: 182, 187 f.). Anzustreben sei ein »reflexives Verhältnis zur ›langen‹ deutschen Geschichte«, wobei der »Fels [Auschwitz] ins Profil der deutschen Geschichtslandschaft zu integrieren« sei (ebd.: 193).[24]

In Aleida Assmanns Plädoyer für einen reflexiven Patriotismus und ihrer Alternativlosigkeit suggerierenden These, dass »die Deutschen« sich »wieder als eine Nation erfinden *müssen*« (ebd.: 184, Herv. i. O.), tritt einmal mehr der normative Duktus und ahistorische Analysemodus zutage, der für den Assmannschen Diskurs charakteristisch ist. Was (nicht) als »Gedächtnis« oder »Identität« gelten kann, sollen offensichtlich Forscher/innen definieren und nicht diejenigen, die als sozial strukturierte und strukturierende Subjekte (vgl. Bauer 2004: 72 ff.) unter jeweiligen historischen und ideologischen Bedingungen und zumeist *konflikthaft* über das »richtige« Verständnis von Gedächtnis und Identität eines jeweiligen sozialen Zusammenhangs verhandeln (vgl. Kölbl/Straub 2003: 78 ff.). Eine kulturwissenschaftliche Gedächtnisforschung, die sich für ihren Gegenstand interessiert, müsste jedoch gerade die vielgestaltigen diskursiven *Antagonismen* zwischen historischen Akteur/innen oder Akteurskonstellationen sowie die auf diese Weise entstehenden Dynamiken in den Blick nehmen (oder sich ihrer zumindest stets bewusst bleiben), anstatt eigene normative Prämissen zum Maßstab der untersuchten gesellschaftlichen Diskurse zu machen.

Noch mögliche Leerstellen in öffentlichen Gedächtnisdiskursen wären dann nicht als »Geschichtslosigkeit« zu werten, sondern als potenziell bedeutsame Phänomene zu verstehen. Denn »Stille herrscht dort, wo die ›Stilllegung‹ des gegnerischen Diskurses gelungen ist und die dominanten Sedimente nicht mehr befragt werden« (Marchart 2005: 28). Solche »Stilllegungen« jedoch müssen einer Landschaftshermeneutik entgehen, die nur das sieht, was auch tatsächlich zu sehen ist (und selbst das in aller Regel noch selektiv); nicht aber das, was beispielsweise erst gar nicht entstanden ist, im Sinne einer möglichen Alternative jedoch ebenfalls als Teil einer jeweiligen historischen Realität anzusehen wäre.

Diskursive Stilllegungen – »Kollektives Gedächtnis« statt Ideologiekritik?

Ansätze einer diskursiven »Stilllegung« sind unterdessen auch im Assmannschen Metadiskurs zu erkennen. Denn mit dem Soziologen Rogers Brubaker und dem Historiker Frederick Cooper gesprochen werden Konzepte wie »nationales Gedächtnis« oder »nationale Identität« bei Jan und Aleida Assmann nicht als offene Analysekategorie gebraucht, etwa um entsprechende Diskurse überhaupt erst einmal begrifflich zu erfassen. Vielmehr werden sie immer schon als normative Praxiskategorien verwendet, die ein *bestimmtes* Verständnis dieser Konzepte von vornherein absolut setzen (vgl. Brubaker/Cooper 2000: 4 ff.). Unter *Praxis*kategorien sind nach Brubaker und

---

[24] Eine ähnliche Metaphorik gebrauchte der konservative Historiker und Publizist Arnulf Baring (1999). Zunächst umschrieb er die NS-Vergangenheit als monolithischen »*Eisblock*« im bisherigen deutschen Selbstverständnis, um dann ein positiveres Nationalbewusstsein anzumahnen: »Die Bejahung unseres Volkes durch die Deutschen wird befreiend wirken. Sie wird keineswegs heißen [...], wir würden dann den großen, schweigenden *Berg* vergessen« (ebd.: 11/13, Herv. C. S.).

Cooper Kategorien zu verstehen, die im Alltagsdiskurs einer Gesellschaft zum Zwecke der Verabsolutierung spezifischer Realitätsdeutungen strategisch eingesetzt werden. Wissenschaftliche *Analyse*kategorien jedoch sollten dazu dienen, eben solche alltagsweltlichen Diskursstrategien zu *analysieren*, anstatt sie zu (re-)produzieren. Zu Recht warnen sie vor einer unreflektierten Vermischung von Praxis- und Analysekategorien:

> »Reification is a social process [...]. As such, it is central to the politics of ›ethnicity‹, ›race‹, ›nation‹, and other putative ›identities‹. Analysts of this kind of politics should seek to *account* for this process of reifications. We should seek to explain the mechanisms through which what has been called the ›political fiction‹ of the ›nation‹ – or of the ›ethnic group‹, ›race‹, or other putative ›identity‹ – can crystallize, at certain moments, as a powerful, compelling reality. But we should avoid unintentionally *reproducing* or *reinforcing* such reification by uncritically adopting categories of practice as categories of analysis.« (Ebd.: 5, Herv. i. O.)

Ansonsten drohen Wissenschaftler/innen zu Akteur/innen in eben jenen Diskursen zu werden, die sie zu untersuchen behaupten, wobei sie ihr eigenes normatives Verständnis als »selbstverständlich« voraussetzen und reifizieren. Wenn es aber bei Aleida Assmann heißt:

> »Die negative Erinnerung ist in das Fundament des deutschen Staats eingebrannt. Dieses Stigma ist jedoch in positive und zukunftsweisende Werte konvertierbar: in die Affirmation von Menschenrechten, die in die Präambel des Grundgesetzes eingegangen ist [...] Es sind diese Grundwerte [...] mit denen sich unser Land wieder in die Gemeinschaft der zivilen Nationen eingereiht hat« (A. Assmann 2007a: 279),

dann wird man unabhängig davon, wie man zum normativen Gehalt dieser Aussage steht, feststellen müssen, dass solche und ähnliche Textpassagen keinerlei analytischen Gehalt besitzen. Im vorliegenden Zitat wird vielmehr ein hegemonialer, aber keineswegs unumstrittener Diskurs über moralische Grundlagen deutscher Staatlichkeit nach 1945 und in diesem Sinne zu ziehende »Lehren aus der Vergangenheit« reproduziert und affirmiert, der als gedächtnispolitische Argumentationsfigur selbst der Analyse bedürfte.

Eine diskursive »Stilllegung« nimmt zumindest Aleida Assmann auch in erkenntnispolitischer Hinsicht vor, wenn sie (noch dazu falsch verstandene) Ideologiekritik als Anachronismus verabschiedet. Mit Verweis auf eine zwischenzeitlich »neue Einsicht« in eine angeblich »irreduzible Angewiesenheit des Menschen auf Bilder und kollektive Symbole [...], wenn es darum geht, dass ein Gemeinwesen sich ein Bild von sich selbst schafft« proklamiert sie einen vollzogenen »Paradigmawechsel [sic!]«:

> »Was in den politisierten 1960er und 1970er Jahren unter den Begriffen ›Mythen‹ und ›Ideologien‹ verhandelt wurde, wird seit den 1990er Jahren unter dem Begriff des ›kollektiven Gedächtnisses‹ thematisiert« (A. Assmann 2007a: 30).[25]

Nicht nur trägt die Behauptung anthropologischer Konstanten (»irreduzible Angewiesenheit«) meist wenig zum Erkenntnisgewinn bei, sondern ihre Existenz oder Nichtexistenz ist im vorliegenden Zusammenhang auch völlig irrelevant. Denn ideologiekritische Ansätze beschäftigen sich ebenfalls und *per definitionem* mit symbolischen Repräsentationssystemen – ob Menschen darauf nun überlebensnotwendig

---

[25] Übrigens spricht auch Jan Assmann (1992) bezüglich gemeinschafsstiftenden Erzählungen von »Mythen«.

angewiesen sein sollten oder nicht. Nur würde eben nicht davon ausgegangen, dass es sich dabei um »kollektive« Repräsentationen handelt, die »ein Gemeinwesen sich von sich selbst« geschaffen hat. Vielmehr würde analytisch danach gefragt, *welche* Bilder und Symbolsysteme unter bestimmten historischen und sozialen Bedingungen in einem gesellschaftlichen Zusammenhang miteinander konkurrieren, welche dabei hegemonial werden und welche Alternativen im Zuge dessen marginalisiert oder »vergessen« werden.

Aleida Assmanns Ideologiebegriff kann vor diesem Hintergrund nur als vulgärmarxistisch bezeichnet werden:

> »Das Wort ›Ideologie‹ impliziert, dass mit wirkmächtigen Bildern zugleich gefährliche und falsche Denk- und Wertsysteme transportiert werden, die es unbedingt zu kritisieren und aufzulösen gilt.« (A. Assmann 2007a: 30)

Abgesehen davon, dass es faktisch Aleida Assmann ist, die sich explizit die Aufgabe stellt, »gefährliche Dynamiken kollektiver Erinnerungskonstruktionen bloßzulegen« (ebd.: 277), hat der von ihr porträtierte Ideologiebegriff so gut wie nichts mit dem äußerst heterogenen theoretischen Diskurs zum Thema zu tun, sei er nun marxistisch oder eher wissenssoziologisch orientiert.[26] Selbst das wegen seiner impliziten Wahrheitsbehauptung zu Recht umstrittene Konzept des »falschen Bewusstseins«, auf das sie hier offensichtlich anspielt, wurde durchaus unterschiedlich gefüllt und theoretisch ausgearbeitet. Kleinster gemeinsamer Nenner ist dabei, den Umstand beschreiben zu wollen, dass Subjekte dazu tendieren, genuin historische und soziale Verhältnisse als »natürlich« oder »selbstverständlich« zu internalisieren und daher nicht (mehr) zu hinterfragen, was insofern »falsch« ist, als dass diese Verhältnisse eben historisch und sozial konstituiert sind und nicht irgendwelchen Naturgesetzen, »Sachzwängen« oder anthropologischen Wesenhaftigkeiten folgen.[27]

Im Sinne einer solchen »Illusion der Schließung« (vgl. Laclau 2002: 198 ff.) können selbst Poststrukturalisten wie der Hegemonietheoretiker Ernesto Laclau die Vorstellung von einem »falschen Bewusstsein« noch teilen. Der Begriff der »Illusion« verweist darauf, dass eine solche »Schließung« letztlich nicht oder nicht dauerhaft möglich ist, da es immer nur *partikulare* Akteur/innen sind, die in einem bestimmten sozialen Zusammenhang versuchen, ihre Deutung sozialer Realität (»Ideologie«) zu *universalisieren*, wobei sie immer auch auf Widerstand stoßen. »[T]he terrain in which [hegemony] expands is that of the generalization of the relations of representation as condition of the constitution of a social order« (Laclau 2000: 57). Gedächtnis- und Identitätsdiskurse sind zweifellos im Sinne solcher Repräsentationsbeziehungen zu verstehen (vgl. auch Marchart 2005). Wie erfolgreich sie dabei in ihrem Hegemoniestreben sind, hängt davon ab, wie gut sie sich diskursiv mit anderen zeitgenössischen (Macht-)Strukturen des Sozialen artikulieren lassen. Kurz: Ein ideologiekritischer,

---

[26] Für einen ersten Überblick aus kritisch-marxistischer Perspektive vgl. Rehmann (2004), Projekt Ideologietheorie (1979) und etwas hemdsärmelig Eagleton (2007); aus der wissenssoziologischen Tradition heraus vgl. Freeden (2003); abwägend MacKenzie (2003).

[27] Vgl. hierzu den sehr differenzierten Aufsatz von Hall 2004 [1983], ferner die diesbezüglichen Erörterungen Terry Eagletons (2007), der dem Problem des »falschen Bewusstseins« einen Großteil seines ersten Kapitels widmet.

hegemonietheoretisch informierter Ansatz begreift »Kultur« nicht als objektivierte Repräsentation *des* Sozialen, sondern als umkämpftes Terrain *innerhalb* des Sozialen. Die erfolgreiche Erzeugung »objektiver« Realitäten wird demzufolge als ein Ergebnis von *Machtkämpfen* betrachtet. Untersucht werden soll also das, was der marxistische Geograph Don Mitchell als *culture wars* bezeichnet:

> »Culture wars are about defining what is legitimate in a society, who is an ›insider‹ and who is an ›outsider‹. They are about determining the social boundaries that govern our lives.« (Mitchell 2000: 5)

Entgegen Aleida Assmanns Eindruck geht es in ideologiekritischen Ansätzen also nicht primär darum, irgendetwas zu »kritisieren« oder gar »aufzulösen« (was auch immer das heißen mag), sondern um eine analytische Rekonstruktion von *(Deutungs-)-Machtverhältnissen*, die auf diese Weise *transparent* gemacht werden sollen.[28] In der Tat werden diese dadurch auch kritisierbar, was aber im Rahmen eines aufgeklärten Wissenschaftsverständnisses durchaus zu begrüßen wäre. Der von Aleida Assmann nicht nur konstatierte, sondern von ihr und Jan Assmann maßgeblich vorangetriebene (vgl. Erll 2005: 27) Paradigmenwechsel hingegen erscheint in diesem Zusammenhang insofern als problematisch, als dass er die Gefahr einer Entpolitisierung und Enthistorisierung des akademischen Blicks auf gedächtniskultureller Phänomene birgt, zumal Aleida Assmann historisch-politische zunehmend durch »anthropologische bzw. therapeutische« (Sabrow 2007: 4) Perspektiven ersetzt.

Dabei geht sie nicht nur davon aus, dass eine »psychoanalytische Betrachtung von historischen Ereignissen und Kollektiven« (A. Assmann 2007a: 68) heuristisch sinnvoll sei, sondern stellt dem »kulturwissenschaftlichen Gedächtnisdiskurs« zudem die »Aufgabe der reflektierenden Beobachtung und therapeutischen Begleitung sozialer und politischer Prozesse« (A. Assmann 2002: 45). An anderer Stelle setzt sie das (vermeintliche) »Anliegen der Psychotherapie [...], die die Entwicklung des Individuums hemmenden Erinnerungen zu neutralisieren [sic!]« analog zu einem »Anliegen kulturwissenschaftlicher Forschung [...], die gefährliche Dynamik kollektiver Erinnerungskonstruktionen bloßzulegen und Kriterien zu entwickeln, an denen sich die negativen Kräfte objektivierend messen lassen« (A. Assmann: 2007a: 277).

Hat man sich als Kulturwissenschaftler/in erst einmal in dieser Weise selbst ermächtigt, so lassen sich etwa mit Blick auf eine »europäische Erinnerungsgemeinschaft« problemlos »Vorschläge« für »allgemein anzuerkennende Grundsätze« aufstellen, »die sich zwischen strategischen und therapeutischen Überlegungen bewegen.« Darunter fallen dann etwa ein »Verbot der Schuldaufrechnung« oder ein »Verbot der Opferkonkurrenz« (ebd.: 264 ff.). Unter der Überschrift »Von der trennenden zur gemeinsamen Erinnerung« schließlich plädiert Aleida Assmann für eine »einfühlende Übernahme« so genannter »fremde[r] Opfererinnerung«: »Es war die Einfühlungsverweigerung, die den Krieg und den Holocaust möglich gemacht hat [sic!], und es

---

[28] Dabei kann gar keine Rede davon sein, dass von einer solchen Analyse, wie Aleida Assmann meint, das »eigene« Denken »stets ausgeschlossen ist« (2007a: 31). Ein ideologiekritischer bzw. hegemonietheoretischer Rahmen bietet ganz im Gegenteil analytische Mittel, mit denen Forscher/innen sich auch selbst als gesellschaftliche und historische Subjekte lokalisieren, reflektieren und gegenüber Leser/innen zu erkennen geben können.

ist die Erinnerung, die diese Lähmung ein Stück weit auflösen kann« (ebd.: 269). Abgesehen davon, dass Opferdiskurse üblicherweise eher nach Anerkennung verlangen als danach, dass »Andere« oder gar die »Täter« ihre Perspektive »übernehmen«, muss diese historische Deutung ernsthaft verwundern: Den zweiten Weltkrieg und den Holocaust als Resultate einer »Einfühlungsverweigerung« darzustellen zeugt – gelinde gesagt – von erschreckender Naivität und führt meines Erachtens deutlich vor Augen, auf welche Abwege die Spekulationen einer »therapeutischen Kulturwissenschaft« schlussendlich führen können.

Ähnlich unbedarft und dabei recht inflationär geht Aleida Assmann mit der Vorstellung kollektiver »Traumata« um. So etwa, wenn sie behauptet, die so genannte »Stunde Null« sei für »die Bevölkerung [...] traumatisch« (2007b: 103) gewesen; oder wenn sie die Orte ehemaliger Konzentrationslager als »traumatische Orte« bezeichnet, die (unter anderem) deswegen traumatisch seien, weil sie ein »negatives Gedächtnis« stützten, das auf »*begangene* und zu *verantwortende* Gewaltakte« verweise und sich nicht in »kollektive Identitätsbildung umsetzen« lasse (2007a: 219 f., Herv. i. O.). Jenseits der Tatsache, dass die bundesrepublikanische Gedächtnispolitik aus einer an diesen Orten angesiedelten »Gedenkstättenlandschaft« sehr wohl positives symbolisches Kapital bezieht,[29] muss irritieren, dass die Orte ehemaliger Konzentrationslager ausgerechnet für »die Deutschen« traumatisch sein sollten.

Ein kollektivierter Traumabegriff ist jedoch an sich schon problematisch (vgl. Kansteiner 2004). Denn im Zuge dessen wird – einmal mehr – wie selbstverständlich von präexistenten »Gruppen«, »Gemeinschaften« oder Gesellschaften ausgegangen, die irgendwelchen kollektiven Mnemo- und Psychodynamiken ausgeliefert sind. Genau in diesem völlig unreflektiert alltagsweltlichen Verständnis von »kollektiver Identität«[30] scheint mir das Kernproblem (nicht nur) der Asschmannschen Theoriebildung zum »kollektiven Gedächtnis« zu liegen.

---

[29] So heißt es etwa im Kapitel *Gesamtdeutsche Formen der Erinnerung an die beiden deutschen Diktaturen und ihre Opfer* im Schlussbericht der Enquetekommission zur »Überwindung der Folgen der SED-Diktatur im Prozess der deutschen Einheit«: »Die Erinnerung an die beiden Diktaturen, die die Feindschaft gegen Demokratie und Rechtsstaat verbunden hat, schärft das Bewusstsein für den Wert von Freiheit, Recht und Demokratie« (Deutscher Bundestag 1998: 227). Es handelt sich hier um ein Narrativ, das die bundesrepublikanische Gegenwart in Kontrast zu einer negativen Vergangenheit als »positiv« beschreibt und das bis in die Gegenwart den verschiedenen »Gedenkstättenkonzeptionen des Bundes« zugrunde liegt.

[30] Vgl. zur Problematik von »›kollektiver Identität‹ als sozialwissenschaftlicher Begrifflichkeit« Brubaker/Cooper (2000) und ähnlich Sökefeld (2007). Straub (2004) will den Begriff als heuristische Kategorie beibehalten, so lange es sich nicht um eine »*normierende Vorschrift*, sondern um eine *rekonstruierende Nachschrift* in erfahrungswissenschaftlicher Absicht handelt« (ebd.: 299, Herv. i. O.).

»In ihrer kulturellen Überlieferung wird eine Gesellschaft sichtbar« – »Erinnerungsgemeinschaften« oder Macht/Wissen-Komplexe?

Viel ist im Assmannschen Œuvre von »Wir-Gruppen« als Trägerinnen kollektiver Gedächtnisse und Identitäten die Rede, aber kaum einmal wird empirisch rekonstruiert, um wen es sich dabei eigentlich *konkret* handelt. Lutz Niethammers kritischer Einwand, dass die »Nation [...] keine Erfahrungskohorte, sondern ein pluraler Handlungsraum« (2000: 365) sei, trifft auch auf vergleichbare Kollektivsingulare zu. Wieder einmal droht hier eine Transformation vermeintlich »selbstverständlicher« Praxiskategorien in wissenschaftliche Analysekategorien, die in der Behauptung empirisch nicht rekonstruierbarer Kollektivsubjekte[31] resultieren muss. Der Soziologe Rogers Brubaker spricht hier von *common sense groupism*:

> »I mean by ›groupism‹ the tendency to treat ethnic groups, nations and races as substantial entities to which interests and agency can be attributed. I mean the tendency to reify these groups, [...] as if they were internally homogeneous, externally bounded groups, even unitary actors with common purposes. I mean the tendency to represent the social and cultural world as a multichrome mosaic of monochrome ethnic, racial or cultural blocs.« (Brubaker 2002: 164)

Derartige Tendenzen sind in der Assmannschen Theoriebildung zum »kulturellen« oder »kollektiven Gedächtnis«[32] unverkennbar, auch wenn sie andererseits – das soll hier nicht unterschlagen werden – durchaus als Problem erkannt werden. So betont Jan Assmann in *Das kulturelle Gedächtnis*:

> »Unter einer *kollektiven* oder *Wir-Identität* verstehen wir das Bild, das eine Gruppe von sich aufbaut und mit dem sich deren Mitglieder identifizieren. Kollektive Identität ist eine Frage der *Identifikation* seitens der beteiligten Individuen. Es gibt sie nicht ›an sich‹, sondern nur in dem Maße, wie sich bestimmte Individuen zu ihr bekennen.« (1992: 132, Herv. i. O.)

An anderer Stelle warnt er ausdrücklich davor, »einen zu engen Parallelismus zwischen Individuum und Gesellschaft zu postulieren und – zumindest tendenziell – eine Kollektiv-Psyche zu hypostasieren.« (Ders. 1999: 16). Aleida Assmann wiederum stellt etwa mit Blick auf »[d]ie Deutschen« fest, dass diese »längst eine heterogene

---

[31] Eine solche Rekonstruierbarkeit ist jedoch für Jürgen Straub die zentrale Voraussetzung für eine empirisch begründete Rede von »kollektiver Identität«. Straub irrt allerdings, wenn er die Arbeit Jan Assmanns als vorbildliches Beispiel für einen solchen Ansatz zitiert (vgl. 2004: 299).

[32] Nicht nur diese Begrifflichkeiten werden dabei im Assmannschen Werk keineswegs in kohärenter Weise verwendet. Bei Jan Assmann (1992: 50 ff.) stellt das »kollektive Gedächtnis« einen Oberbegriff dar, unter dem dann ein alltagsweltliches »kommunikatives« und ein gemeinschaftsstiftendes »kulturelles« Gedächtnis unterschieden werden; 1999 wiederum schreibt er, es handle sich bei »kollektivem« und »kulturellen Gedächtnis« um »zwei entgegen gesetzte Pole [...] dessen, was man als ›soziales Gedächtnis‹ zusammenfassen kann« (1999: 13). Aleida Assmann (2007a: 7 ff.) schließlich nennt das, was bei Jan Assmann »kommunikatives Gedächtnis« heißt, »soziales Gedächtnis«. Sie fächert den Gedächtnisbegriff überdies immer weiter auf (individuell, sozial, kollektiv, neuronal, kulturell, politisch...), ohne dabei allerdings zu einer nachvollziehbaren heuristischen Systematik zu gelangen. Worin z. B. besteht der Unterschied zwischen »politischem« und »kulturellem« Gedächtnis? Was haben »Erinnerungskultur und Geschichtspolitik« (so der Untertitel ihres Buches) mit individueller Erinnerung und Neuronen zu tun, die sie unter dieser Überschrift diskutiert?

Gruppe geworden« (2007b: 193) seien. Zwar bleibt hier immer noch unklar, wer mit »den Deutschen« eigentlich gemeint ist, wie sich deren gegenwärtige Heterogenität oder vorherige Homogenität bemessen ließe und ob der Begriff der »Gruppe« in diesem Zusammenhang überhaupt adäquat ist. Grundsätzlich wird aber deutlich, dass die Problematik hypostasierter Kollektivsubjekte Jan und Aleida Assmann bewusst ist.

Umso erstaunlicher ist es, dass dieses Problembewusstsein Jan und Aleida Assmann offensichtlich keineswegs davon abhält, derartige Hypostasierungen kontinuierlich vorzunehmen. Insgesamt ist zu konstatieren, dass sich die Assmannsche Theoriebildung durch ein eigentümliches Nebeneinander *explizit* »sozial-konstruktivistischer« (J. Assmann 1992: 47) und *implizit* normativ-essenzialistischer Annahmen auszeichnet. Das »kulturelle« oder »kollektive Gedächtnis« wird dabei zunächst konsequent konstruktivistisch gedacht. Fasst man die diesbezüglichen Aussagen Jan und Aleida Assmanns zusammen, so wird ein gemeinschaftsstiftendes Gedächtnis zum Zweck der sozialen Reproduktion in einer jeweiligen Gegenwart konstruiert, um normative Aussagen über Vergangenheit, Gegenwart und Zukunft einer Gemeinschaft/Gesellschaft zu treffen. In Anlehnung an Jürgen Straub kann man dies als Versuch beschreiben, soziale »Kontinuität, Konsistenz und Kohärenz« herzustellen: Mit narrativen Mitteln wird Kontingenz reduziert und ein überindividueller Erfahrungs- und Erwartungshorizont *behauptet*, um »kollektive Identität« zu *(re-)produzieren* (vgl. 2004: 283 f., 299).

Diese soziale Konstruktionsleistung wäre allerdings gar nicht nötig, wenn die Adressaten derartiger Gedächtnis- und Identitätsnarrationen als Kollektive in der *gemeinten* Form bereits existieren würden. Und genau an diesem Punkt bricht der Assmannsche Diskurs mit dem Konstruktivismus: Von gedächtniskulturellen Objektivierungen, die *behaupten*, ein bestimmtes Kollektiv zu repräsentieren, oder von denen (wie im Falle der bundesrepublikanischen Nachkriegsarchitektur) *angenommen* wird, dass sie ein bestimmtes Kollektiv repräsentieren, wird regelmäßig die *tatsächliche* Existenz solcher Kollektive im Sinne von »Erinnerungsgemeinschaften« abgeleitet, die dann eben doch im Singular gedacht und zum Kollektivsubjekt essenzialisiert werden:

> »In ihrer kulturellen Überlieferung wird eine Gesellschaft sichtbar: für sich und für andere. Welche Vergangenheit sie darin sichtbar werden und in der Wertperspektive ihrer identifikatorischen Aneignung hervortreten *lässt*, sagt etwas aus über das, was sie ist [sic!] und worauf sie hinaus will.« (J. Assmann 1988: 16, Herv. i. O.)[33]

---

[33] Bereits in den frühen Aufsätzen Jan und Aleida Assmanns werden Begriffe wie »Gruppe«, »Gemeinschaft« und »Gesellschaft« synonym verwendet verwandt. Ich halte es auch nicht für einen Zufall, dass sie sich anfangs wiederholt auf den umstrittenen Verhaltensforscher Irenäus Eibl-Eibesfeld beziehen (vgl. besonders ausführlich A. & J. Assmann 1984: S. 28; ferner J. Assmann 1988: 9; 1992: 139, 152). Eibl-Eibesfeld war ein Schüler von Konrad Lorenz, sein Werk ist von biologistischen, tribalen und dementsprechend kulturessenzialistischen Perspektiven geprägt. In den 1990er Jahren fiel er mit verhaltensbiologischen Erklärungen so genannter »Fremdenscheu« in der zeitgenössischen deutschen Gesellschaft auf (vgl. Eibl-Eibesfeld 1991; Spiegel-Streitgespräch 1998). Letzterem würden sich Jan und Aleida Assmann vermutlich nicht anschließen, ein latent tribales und essenzialistisches Verständnis des Sozialen allerdings scheinen sie durchaus mit Eibl-Eibesfeld zu teilen.

So gesehen würde etwa das Berliner »Mahnmal für die ermordeten Juden Europas« mitten in der deutschen Hauptstadt (»Brennpunkt kollektiver Identität«) bezüglich der normativen Bedeutung des Holocausts für das nationale Selbstverständnis einen gesellschaftlichen *Konsens* repräsentieren, was aber zweifellos nicht der Fall ist.

Diesem homogenisierend-konsensualen Konzept von Gesellschaft widerspricht Jan Assmann an anderer Stelle selbst, wenn er eine disparate »Partizipationsstruktur« am »kulturellen Gedächtnis« betont und von »Wissensbevollmächtigten« spricht, die dessen Entstehung und Verbreitung kontrollierten (J. Assmann 1992: 53 f.). Ferner konstatiert er eine »Allianz zwischen Herrschaft und Gedächtnis« (ebd.: 70). Unter Umständen könnten jedoch die »Beherrschten, Unterdrückten und Unterprivilegierten« (ebd.: 72) widerständige Gegengedächtnisse ausbilden (vgl. J. Assmann 1992: 70/78 ff.). Wenn auch in einer etwas reduktionistischen Terminologie, so ist hier offenbar die Rede von etwas, das man mit Michel Foucault als Macht/Wissen-Komplex denken könnte.[34] Aus dieser Perspektive müsste das »Denkmal für die ermordeten Juden Europas« als Repräsentation eines *spezifischen* Macht/Wissen-Komplexes gelten, der jedoch nicht als identisch mit *der* deutschen Gesellschaft im Sinne einer »Erinnerungsgemeinschaft« gedacht werden könnte. Man müsste dann in einem hegemonietheoretischen Sinne von *partikularen* Akteur/innen sprechen, die in einem bestimmten historischen Moment über die Macht verfügen, eine gedächtnispolitische Objektivation zu schaffen, die eine *universale* Aussage über einen bestimmten sozialen Zusammenhang (»die Deutschen«) machen will. Ob die auf diese Weise »angerufenen« Subjekte sich besagte Aussage tatsächlich identifikatorisch *aneignen*, ob also durch einen derartigen »Ideologischen Staatsapparat« (Louis Althusser)[35] wirklich so etwas wie eine »Erinnerungsgemeinschaft« entsteht, ist eine andere Frage.

Trotz gelegentlicher Differenzierung tendieren Jan und Aleida Assmann also insgesamt zur Annahme präexistierender »Erinnerungsgemeinschaften«, die sich über kulturelle Objektivationen ein jeweiliges Selbstbild schaffen, das dann aus diesen Objektivationen mithilfe eines »heuristische[n] Modell[s] von ›Kultur als Text‹«

---

[34] Vgl. hierzu die klassische Überlegung Foucaults, »dass die Macht Wissen hervorbringt [...]; dass Macht und Wissen einander unmittelbar einschließen; dass es keine Machtbeziehung gibt, ohne dass sich ein entsprechendes Wissensfeld konstituiert, und kein Wissen, das nicht gleichzeitig Machtbeziehungen voraussetzt und konstituiert« ([1975] 1994: 39). Zur Foucaultschen Diskussion von Macht/Wissen vgl. auch Brieder (1998: 449 ff.): »Macht-Wissen kennzeichnet einen sozialen Mechanismus, in dem sich Wissensproduktion und Verhaltensregulierung wechselseitig verschränken.« (458)

[35] Auch wenn ich Louis Althussers *Ideologie und ideologische Staatsapparate* (2010 [1969/70]) für gewinnbringend halte, um über die subjektivierende *Absicht* gedächtnispolitischer Repräsentationen nachzudenken, so teile ich weder sein ahistorisches Verständnis von Herrschaft und Gesellschaft noch die Vorstellung, dass Subjekte sich »Anrufungen« immerzu unterwerfen. Wenn man das Soziale mit Ernesto Laclau als in sich vielfach antagonistisch und immer nur partiell strukturiert denkt, so steht das Subjekt nicht nur in *einem*, sondern in ganz verschiedenen Zusammenhängen, in denen es entsprechend unterschiedlich (und widersprüchlich) »angerufen« wird. Es macht also zwangsläufig eine Kontingenzerfahrung: »I am *condemned* to be free, not because I have no structural identity [...], but because I have a *failed* structural identity. This means that the subject is partially self-determined. However, as this self-determination is not the expression of what the subject *already* is but the result of its lack of being instead, self-determination can only proceed through processes of *identification*.« (1990: 44, Herv. i. O.)

(A. Assmann 2002: 30) wieder »abgelesen« werden kann. Ähnlich zirkelschlüssig gestalten sich die wirkmächtigen[36] Überlegungen des Historikers Pierre Nora zu französischen »Gedächtnisorten«,[37] in denen sich seiner Ansicht nach »das Gedächtnis der Nation [...] kondensiert, verkörpert oder kristallisiert« ([1984] 1998: 7) habe. Auch in diesem Forschungszusammenhang werden von Forscher/innen »Orte« ausgewählt, von denen sie *vermuten*, dass sie »nationale Identität« repräsentieren, um von diesen »Orten« dann wieder auf eben jene »nationale Identität« zu schließen. Einer solchen kulturwissenschaftlichen Gedächtnisforschung erscheint die Welt als »Palimpsest« symbolischer Repräsentationen, aus denen man kollektive Gedächtnisse »lesen« kann. Über den Begriff der *Repräsentation* wird dabei die soziale Vermitteltheit einer vergegenwärtigten Vergangenheit explizit benannt.

Während also *diachrone* Vermitteltheit stets mitgedacht wird,[38] mangelt es an einem Begriff *synchroner* Vermitteltheit im Sinne von sozialen Kämpfen um (Deutungs-)Macht. Kurz: Wenn implizit oder explizit immer wieder von Kollektivsingularen und »Erinnerungsgemeinschaften« ausgegangen wird, die sich konsensual ein Bild von »sich« machen,[39] dann fehlt ein adäquater Begriff des Sozialen.

»This is not the vocabulary of a secular, critical discourse« – Plädoyer für einen historisch-sozialtheoretisch fundierten Blick auf Gedächtniskultur

Das am Assmannschen Beispiel beschriebene Nebeneinander von (De-)Konstruktivismus und Essenzialismus in Teilen des akademischen Gedächtnisdiskurses hat auch der US-amerikanische Historiker Kerwin Lee Klein problematisiert:

> »The reification of bourgeois subjectivity in the name of postmodernism; the revival of primoridalism in the name of postcolonialism; the psychoanalytic slide from the hermeneutics of suspicion to therapeutic discourse; the celebration of a new ritualism under the cover of historical scepticism [...];*certainly, one of the reasons for memory's sudden rise is that it*

---

[36] Vgl. resümierend François (2009), der auch auf die zahlreichen Nachfolgeprojekte in anderen Ländern eingeht und auf einige kritische Stimmen zum Noraschen Ansatz verweist; für eine grundsätzlich kritische Diskussion des Noraschen Konzepts vgl. Kroh/Lang (2010).

[37] Nora verwendet den Begriff »Ort« nicht nur für geographische Orte, sondern auch metaphorisch im Sinne von »Topoi«. So können etwa auch bestimmte Ideen als »Orte« gelten.

[38] In den Worten Aleida Assmanns: »Mit dem Interesse an den Formen und der Dynamik von Erinnerung ist das Bewusstsein dafür gewachsen, dass Vergangenheit nicht unvermittelt zugänglich ist, sondern von Akten des Bewusstseins, von imaginativen Rekonstruktionen und von medialen Repräsentationen abhängig ist.« (2002: 28)

[39] Hier kommt die klassische Dichotomie von »Gemeinschaft« und »Gesellschaft« (Ferdinand Tönnies) in den Sinn. Für deren Historisierung vgl. Terdiman (1993: 38 ff.), der sie als zeitgenössischen Versuch begreift, »to find a theoretical figure for profound and disquieting *sense of loss*« (S. 42, Herv. i. O.). Auch »vormoderne« Gesellschaften sollten daher nicht als »Gemeinschaften« im Tönniesschen Sinne begriffen werden.

promises to have us let our essentialism and deconstruct it, too. [...] *This is not the vocabulary of a secular, critical practice.*« (2000: 144 f., Herv. C. S.)⁴⁰

In einem programmatischen Aufsatz mit dem Titel »Gedächtnis als Leitbegriff der Kulturwissenschaften« reagiert Aleida Assmann auf Kleins Kritik mit den Worten, dass diese »leicht argumentativ zu entkräften« (2002: 44) sei. Sie unterstellt ihm ein »zentrales Missverständnis des Forschungsparadigmas [›Gedächtnis‹]« (ebd.: 40),⁴¹ spricht allerdings auch selbst in diesem Text wieder vom »Gedächtnis einer Nation« (ebd.: 31), das analog zum individuellen Gedächtnis zu denken sei; oder zitiert als Beispiel für eine angeblich für kollektive »Traumata« charakteristische »Zeitpathologie[n]« ohne jede Kontextinformation (und als ob es sich dabei um eine allgemein gültige Wahrheit handele) das prominente Bonmot des konservativen Historikers Ernst Nolte von der (NS-)»Vergangenheit, die nicht vergeht«⁴² (ebd.: 36). Das ist tatsächlich nicht das Vokabular einer säkularen, kritischen Wissenschaftspraxis.

In Anlehnung an Jürgen Habermas betont Assmann im gleichen Zuge einen »›postsäkulare[n]‹ Charakter des Gedächtnisbegriffs« (ebd.: 27).⁴³ Dem muss entschieden entgegen gehalten werden, dass selbst wenn man gedächtniskulturelle Phänomene als »postsäkular« bezeichnen möchte, ein *akademischer* Diskurs *über* diese Phänomene zumindest im Rahmen eines herkömmlichen Wissenschaftsverständnisses immer noch nach säkular-aufgeklärten Kriterien geführt werden muss. Einmal mehr zeigt sich an dieser Stelle die für das Assmannsche Denken charakteristische Auflösung der Grenzen zwischen dem zu Beobachtenden und der Aufgabe der Beobachter/innen. Anders ausgedrückt: Auch in einer »postsäkularen« Gesellschaft ist es *nicht* Aufgabe einer kultur- und sozialwissenschaftlichen Gedächtnisforschung, selbst Identitäts- und Gedächtnispolitik zu betreiben oder »therapeutisch« in vermeintlich kollektivpsychologische Dynamiken zu intervenieren, das betrachtete Phänomen also gleichsam zu *imitieren*. Vielmehr *bleibt* es die Aufgabe von Wissenschaftler/innen, in analytischer

---

⁴⁰ Für eine weniger politisch besorgte und auch weniger pointierte Kritik akademischer Forschungen zum »kollektiven Gedächtnis«, die aber ganz ähnliche Probleme benennt vgl. Kansteiner (2002). Vor jedweder Reifizierung warnt auch Jeffrey K. Olick, der für eine stärker soziologische Perspektive und eine zunehmende Fokussierung auf gedächtniskulturelle *Praktiken* plädiert, um die Dynamiken und Widersprüche gesellschaftlicher Gedächtnisdiskurse besser in den Blick zu bekommen (2008).

⁴¹ Offensichtlich hat ganz im Gegenteil Aleida Assmann die Argumentation von Klein nicht verstanden. Während es Klein um eine Kritik offen oder latent metaphysischer und identitätspolitischer Implikationen eines verselbständigten akademischen Gedächtnisbegriffs geht und er daher für eine konsequente *Historisierung* gedächtniskultureller Phänomene plädiert, unterstellt Assmann ihm »die alte Leitopposition von Geschichte und Gedächtnis« (2002: 41) zu mobilisieren und wissenschaftliche Geschichtsschreibung gegen identitätsstiftende Erinnerung ausspielen zu wollen.

⁴² Korrekt muss es heißen »Vergangenheit, die nicht vergehen will.« Dabei handelt es sich um den Titel eines Schlüsseltextes im so genannten »Historikerstreit«. Ernst Nolte spekuliert in diesem Text, ob die NS-Verbrechen nicht als Reaktion auf die sowjetische Bedrohung und eine Nachahmung sowjetischer Verbrechen interpretiert werden müssten: »War nicht der ›Archipel GULag‹ ursprünglicher als Auschwitz? War nicht der ›Klassenmord‹ der Bolschewiki das logische und faktische Prius des ›Rassenmords‹ der Nationalsozialisten?« (Nolte 1986: 45).

⁴³ Sie bezieht sich dabei auf Überlegungen, die Jürgen Habermas (2001) anlässlich der Entgegennahme des Friedenspreis des deutschen Buchhandelns zu den inneren Widersprüchen der »Moderne« sowie zum Verhältnis von Universalismus und Partikularismus angestellt hat.

Absicht zu *rekonstruieren*, wie solche identitäts- und gedächtnispolitische Narrative innerhalb des Sozialen funktionieren.

»*Even memory has a history*«, konstatiert der US-amerikanische Historiker Richard Terdiman (1993: 3, Herv. C. S.) ebenso lakonisch wie zutreffend. Es ist mittlerweile zu einem Gemeinplatz geworden, dass die jüngere Karriere des wissenschaftlichen Gedächtnisbegriffs (ebenso wie die des Identitätsbegriffs[44]) selbst als Reflexion, teilweise aber eben auch als Komponente eines spezifischen historischen Phänomens zu betrachten ist, das gemeinhin als *memory boom* bezeichnet wird. Parallel zu einer zunehmenden Fortschritts- und Modernisierungskritik, der ein weit verbreitetes soziales, ökonomisches und ökologisches Krisengefühl zugrunde lag, vollzog sich seit den 1970er Jahren eine Implosion kultureller und ethnischer Identitätsdiskurse, die an die Stelle »großer Erzählungen« traten (vgl. Hobsbawm 1998: 503 ff.; Niethammer 2000: 482 ff.). Nicht zuletzt wurden dabei auch einst universalistisch artikulierte Kämpfe um soziale, politische und ökonomische Teilhabe zunehmend in partikularistisch artikulierte Kämpfe um identitäre »Anerkennung« übersetzt (vgl. Fraser 2000). Entsprechend des narrativen Charakters von »Identität« ging dieser diskursive Paradigmenwechsel mit einer rapiden Zunahme gedächtnispolitischer Diskurse und Repräsentationen einher (vgl. Urry 2000: 42 ff.).

Es ist vor diesem Hintergrund nicht erstaunlich, dass auch das akademisch-reflexive Interesse an diesen Phänomenen seither stetig gewachsen ist. Wenn also Aleida Assmann »Gedächtnis« zu einem »Leitbegriff der Kulturwissenschaft« erklärt, so trifft das als empirische Feststellung vermutlich zu. Der erkenntnistheoretische Gewinn dieses »Leitbegriffs« allerdings muss angesichts der beschriebenen Dauerverwirrung zwischen »Gedächtnis« als Praxis- und »Gedächtnis« als Analysekategorie stark bezweifelt werden. Wenn der akademische Gedächtniskurs nicht selbst ein Bestandteil identitätspolitischer Diskurse sein will, so muss er sich von seinem Untersuchungsgegenstand ebenso entschieden wie *konsequent* distanzieren. Um an Distanz zu gewinnen ist jedoch mitnichten ein Mehr an »Gedächtnistheorie« gefragt, sondern vielmehr die (Re-)Artikulation gedächtniskultureller Phänomene mit einem theoretisch reflektierten Begriff des Sozialen, Historischen und Politischen. Denn mit dem Begriff »Gedächtnis« kann zwar eine jeweilige symbolische Repräsentation erfasst und mit Blick auf immanente narrative Strukturen befragt, nicht aber ihr Ort in einem jeweiligen historisch-sozialen Zusammenhang bestimmt werden.

Gedächtnisdiskurse müssen im Sinne *hegemonialer Praktiken* analysiert werden, die auf eine normative Strukturierung des Sozialen abzielen und damit immer auch *politische Praktiken* sind. Da aber das Soziale niemals abschließend strukturiert werden kann, bleibt auch sein Gedächtnis stets umkämpft. Diese Kämpfe gilt es in ihren historischen und soziopolitischen Kontexten zu rekonstruieren, anstatt von ihren Ergebnissen her konsensuale Kollektivsubjekte zu imaginieren. Dabei müssen wir von einem immer auch konflikthaften *Sozialen* her denken, anstatt von einem zunehmend verselbständigten Begriff des »Gedächtnis« auszugehen. Es spricht jedenfalls vieles dafür, dass man sich mit gedächtniskulturellen Phänomenen auch ohne eine explizite »Gedächtnistheorie« auf sinnvolle Weise analytisch auseinander setzen

---

[44] Zu dessen Geschichte vgl. v. a. Gleason (1983); sowie – gelegentlich sehr polemisch – Niethammer (2000):

könnte; die Abwesenheit einer historischen und sozialtheoretischen Perspektive in der »Gedächtnistheorie« hat jedoch regelmäßig genau diejenigen Metaphorisierungen, Hypostasierungen, Eigendynamisierungen, Anthropologisierungen, Psychologisierungen und epistemologischen Zirkelschlüsse zur Folge, die ich am Beispiel der Assmannschen »Architekturlektüre« beschrieben habe.

Literaturverzeichnis

Althusser, Louis (2010 [1969/70]): »Ideologie und ideologische Staatsapparate (Anmerkungen für eine Untersuchung)«. In: *Ideologie und ideologische Staatsapparate. 1. Halbband.* Hamburg: VSA, 37–102. Hrsg. v. Frieder Otto Wolf.

Arnold, Jörg, Süß, Dietmar und Thießen, Malte (2009): *Luftkrieg. Erinnerungen in Deutschland und Europa.* Göttingen: Wallstein.

Assmann, Aleida (2002): »Gedächtnis als Leitbegriff der Kulturwissenschaften«. In: Musner, Lutz und Wunberg, Gotthard, *Kulturwissenschaften. Forschung – Praxis – Positionen.* Wien: WUV, 27–45.

Assmann, Aleida (2007a): *Der lange Schatten der Vergangenheit. Erinnerungskultur und Geschichtspolitik.* Bonn: Bundeszentrale für politische Bildung.

– (2007b): *Geschichte im Gedächtnis. Von der individuellen Erfahrung zur öffentlichen Inszenierung.* München: C. H. Beck.

– (2007c): Die Last der Vergangenheit. http://www.zeithistorische-forschungen.de/16126041-Assmann-3-2007 (Zugriff 1.9.2011).

Assmann, Aleida und Assmann, Jan (1984): »Schrift, Tradition und Kultur«. In: Raible, Wolfgang, *Zwischen Festtag und Alltag.* Tübingen: Gunter Narr Verlag, 25–50.

– (2009): »Baukultur der Nachkriegszeit. Vermächtnis und Erinnerung«. In: Durth, Werner, *Stadt Bauen 2. Zum Umgang mit dem Erbe der Nachkriegszeit. Preisverleihung Deutscher Städtebaupreis 2008.* Berlin: Jovis, 13–22.

Assmann, Jan (1988): »Kollektives Gedächtnis und kulturelle Identität«. In: Assmann, Jan und Hölscher, Tonio, *Kultur und Gedächtnis.* Frankfurt/M.: Suhrkamp, 9–19.

– ([1992] 2005): *Das kulturelle Gedächtnis. Schrift, Erinnerung und politische Identität in frühen Hochkulturen.* München: C. H. Beck.

– (1999): »Kollektives und kulturelles Gedächtnis. Zur Phänomenologie und Funktion von Gegen-Erinnerung«. In: Borsdorf, Ulrich und Grütter, Heinrich-Theodor, *Orte der Erinnerung. Denkmal, Gedenkstätte, Museum.* Frankfurt/New York: Campus, 13–32.

– (2009): »Das Gesicht der Geschichte. Die Architektur der fünfziger Jahre als Epochenprofil. Wissenschaftlicher Gastbeitrag«. In: Institut für Theaterwissenschaften an der Ruhr Universität Bochum, *Schauplatz Ruhr 2009. Jahrbuch zum Theater im Ruhrgebiet. RUHR 2010. Inszenierung einer Metropole.* Bochum: Verlag Theater der Zeit, 26–29.

Aurenhammer, Hans H. (2003): »Hans Sedlmayr und die Kunstgeschichte an der Universität Wien 1938–1945«. In: *Kunst und Politik. Jahrbuch der Guernica-Gesellschaft. Schwerpunkt: Kunstgeschichte an den Universitäten im Nationalsozialismus,* 5, 161–194.

Baring, Arnulf (1999): »Die Berliner Republik. Erwartungen und Herausforderungen«. In: *Aus Politik und Zeitgeschichte,* 49(32/33), 9–16.

Bauer, Ulrich ( ): »Keine Gesinnungsfrage. Der Subjektbegriff in der Sozialisationsforschung«. In: Geulen, Dieter und Veith, Hermann, *Sozialisationstheorie interdisziplinär.* Stuttgart: Lucius & Lucius, 61–91.

Beer, Mathias (1998): »Im Spannungsfeld zwischen Politik und Zeitgeschichte. Das Großforschungsprojekt ›Dokumentation der Vertreibung der Deutschen aus Ost-Mitteleuropa‹«. In: *Vierteljahresschriften zur Zeitgeschichte,* 46, 345–389.

Beljahn, Daniele und Lorenz, Mathias N. (2007): »Weizsäcker-Rede«. In: Fischer, Torben und Lorenz, Mathias N., *Lexikon der »Vergangenheitsbewältigung« in Deutschland. Debatten- und Diskursgeschichte des Nationalsozialismus nach 1945*. Bielefeld: transcript, 232–235.

Berg, Nicholas (2004): *Der Holocaust und die westdeutschen Historiker. Erforschung und Erinnerung*. 3. Aufl. Göttingen: Wallstein.

Berger, Hanns-Jürgen und Lauterbach, Tobias (2010): »Rothenburg ob der Tauber«. In: Nerdinger, Winfried, *Geschichte der Rekonstruktion, Konstruktion der Geschichte*. München: Prestel, 348–350.

Bieling, Ulrich (1998): *Die Unerbittlichkeit der Historizität. Foucault als Historiker*. Köln: Böhlau.

Brubaker, Rogers (2002): »Ethnicity without groups«. In: *Archives européennes de sociologie*, XLIII(2), 163–189.

Brubaker, Rogers und Cooper, Frederick (2000): »Beyond ›identity‹«. In: *Theory and Society*, 29, 1–47.

Caborn, Joannah (2010): »Die ›selbstbewusste Leichtigkeit‹ des neuen deutschen Seins. Geschichte und Selbstbewusstsein im neuen Nationsdiskurs«. In: Projektgruppe Nationalismuskritik, *Irrsinn der Normalität. Aspekte der Reartikulation des deutschen Nationalismus*, 2. Aufl. Münster: Westfälisches Dampfboot, 88–106.

Conrad, Sebastian (1999): *Auf der Suche nach der verlorenen Nation. Geschichtsschreibung in Westdeutschland und Japan 1945–1960*. Göttingen: Vandenhoek & Rupprecht.

Deutscher Bundestag (1998): Schlussbericht der Enquete-Kommission »Überwindung der Folgen der SED-Diktatur im Prozess der deutschen Einheit«. Bundestagsdrucksache 13/11000 (10. 06. 98), Online: http://dipbt.bundestag.de/dip21/btd/13/110/1311000.pdf (Zugriff 10.9.2011).

Durth, Werner und Gütschow, Niels (1993): *Träume in Trümmern. Stadtplanung 1940–1950*. München: Deutscher Taschenbuch Verlag.

Durth, Werner und Sigel, Paul (2009): *Baukultur. Spiegel gesellschaftlichen Wandels*. Berlin: jovis Verlag.

Eagleton, Terry (2007): *Ideology. An Introduction*. London: Verso. New and Updated Edition.

Echternkamp, Jörg (2002): »Von Opfern, Helden und Verbrechern – Anmerkungen zur Bedeutung des Zweiten Weltkriegs in den Erinnerungskulturen der Deutschen 1945–1955«. In: Hillmann, Jörg und Zimmermann, John, *Kriegsende 1945 in Deutschland*. München: Oldenbourg, 301–316.

Eibl-Eibesfeld, Irenäus (1991): »Deutschlands Zukunft: Nationalstaat oder multikulturelle Gesellschaft?« In: Keller, Dietmar, *Nachdenken über Deutschland. III. Reden*. Berlin: Verlag der Nation, 39–63.

Encke, Nadja (2007): Die Erinnerungsexpertin: Aleida Assmann – Literatur- und Kulturwissenschaftlerin. http://www.goethe.de/ins/gb/lp/prj/mtg/men/tie/kul/de2873780.htm (Zugriff 1.9.2011).

Erll, Astrid (2005): *Kollektives Gedächtnis und Erinnerungskulturen. Eine Einführung*. Stuttgart/Weimar: Metzler.

Falser, Michael S. (2008): *Zwischen Identität und Authentizität. Zur politischen Geschichte der Denkmalpflege in Deutschland*. Thelem: w.e.b. Universitätsverlag.

Fischer, Torben und Lorenz, Mathias (2007a): *Lexikon der ›Vergangenheitsbewältigung‹ in Deutschland. Debatten- und Diskursgeschichte des Nationalsozialismus nach 1945*. Bielefeld: transcript.

Fischer, Torben und Lorenz, Mathias N. (2007b): »Zu Anlage und Benutzung«. In: Fischer, Torben und Lorenz, Mathias, *Lexikon der ›Vergangenheitsbewältigung‹ in Deutschland. Debatten- und Diskursgeschichte des Nationalsozialismus nach 1945*. Bielefeld: transcript, 13–15.

Foucault, Michel ([1975] 1994): *Überwachen und Strafen. Die Geburt des Gefängnisses*. Frankfurt/M.: Suhrkamp.

François, Etienne (2009): »Erinnerungsorte zwischen Geschichtsschreibung und Gedächtnis. Eine Forschungsinnovation und ihre Folgen«. In: Schmid, Harald, *Geschichtspolitik und kollektives Gedächtnis. Erinnerungskulturen in Theorie und Praxis*. Göttingen: Vandenhoek & Rupprecht, 25–36.

Fraser, Nancy (2000): »Rethinking Recognition«. In: *New Left Review*, 62(3), 107–120.

Freeden, Michael (2003): *Ideology. A Very Short Introduction*. Oxford: Oxford University Press.

Geisler, Wolfgang (1985): *Sieben Tage DDR. Eine Klassenfahrt*. Darmstadt/Neuwied: Luchterhand.

Gleason, Philipp (1983): »Identifying Identity. A Semantic History«. In: *The Journal of American History*, 69(4), 910–931.

Gutschow, Niels (2010): »Rathaus, Münster«. In: Nerdinger, Winfried, *Geschichte der Rekonstruktion, Konstruktion der Geschichte*. München: Prestel, 310–314.

Habermas, Jürgen (2001): Glaube, Wissen – Öffnung. Zum Friedenspreis des deutschen Buchhandels: Eine Dankesrede. *Süddeutsche Zeitung*, 15.10.2001.

Hall, Stuart (2004 [1983]): »Ideologie und Ökonomie. Marxismus ohne Gewähr«. In: *Ideologie, Identität, Repräsentation. Ausgewählte Schriften 4*. Hamburg: Argument Verlag, 8–33. Hrsg. v. Juha Koivisto and Andreas Merkens.

Hard, Gerhard (2008): »Der Spatial Turn, von der Geographie aus beobachtet«. In: Döring, Jörg und Thielmann, Tristan, *Spatial Turn. Das Raumparadigma in den Kultur- und Sozialwissenschaften*. Bielefeld: transcript, 263–315.

Hobsbawm, Eric (1998): *Das Zeitalter der Extreme. Weltgeschichte des 20. Jahrhunderts*. München: Deutscher Taschenbuchverlag.

Kansteiner, Wulf (2002): »Finding Meaning in Memory. A Methodological Critique of Collective Memory Studies«. In: *History and Theory*, 41, 179–197.

– (2004): »Genealogy of a Category Mistake: A Critical Intellectual History of the Cultural Trauma Metaphor«. In: *Rethinking History*, 8(2), 193–221.

Ketmann, Per und Wißmach, Andreas (1986): *Anders Reisen DDR. Ein Reisebuch in den Alltag*. Reinbek: Rowohlt.

Klein, Kerwin Lee (2000): »On the Emergence of Memory in Historical Discourse«. In: *Representations*, 69, 127–150.

Knigge, Volkhard (1997): »›Opfer, Tat, Aufstieg‹. Vom Konzentrationslager Buchenwald zur Nationalen Mahn- und Gedenkstätte der DDR«. In: Knigge, Volkhard, Pietsch, Jürgen M. und Seidel, Thomas A., *Versteinertes Gedenken. Das Buchenwalder Mahnmal von 1958, Bd. 1*. Spröda: Edition Schwarz Weiß.

Kroh, Jens und Lang, Anne-Katrin (2010): »Erinnerungsorte«. In: Gudehus, Christian, Eichenberg, Ariane und Welzer, Harald, *Gedächtnis und Erinnerung. Ein interdisziplinäres Handbuch*. Stuttgart: Metzler, 184–188.

Kölbl, Carlos und Straub, Jürgen (2003): »Geschichtsbewusstsein als psychologischer Begriff«. In: *Journal für Psychologie*, 11(1), 75–102.

Laclau, Ernesto (1990): *New Reflections on the Revolution of Our Time*. London and New York: Verso.

Laclau, Ernesto (2000): »Identity and Hegemony. The Role of Universality in the Constitution of Political Logics«. In: Butler, Judith, Laclau, Ernesto und Žižek, Slavoj, *Contingency, Hegemony, Universality. Contemporary Discourses on the Left*. London/New York: Verso, 44–89.

– (2002): »Tod und Wiederauferstehung der Ideologietheorie«. In: *Emanzipation und Differenz*. Wien: Turia + Kant, 174–200.

MacKenzie, Ian (2003): »The idea of ideology«. In: Eccleshall, Robert et al., *Political Ideologies. An Introduction*. London/New York: Routledge, 3–16.

Marchart, Oliver (2005): »Das historisch-politische Gedächtnis. Für eine politische Theorie kollektiver Erinnerung«. In: Gerbel, Christian et al., *Transformationen gesellschaftlicher Erinnerung. Studien zur Gedächtnisgeschichte der Zweiten Republik*. Wien: Turia + Kant, 21–49. Hg. v. Bundesministerium für politische Bildung, Wissenschaft und Kultur.

Mitchell, Don (2000): *Cultural Geography. A Critical Introduction*. Malden: Blackwell.

Moeller, Rorbert G. (2001): *War Stories. The Search for a Usable Past in the Federal Republic of Germany*. Berkeley: University of California Press.

Niethammer, Lutz (2000): *Kollektive Identität. Heimliche Quellen einer unheimlichen Konjunktur*. Reinbek: Rowohlt.

Niven, Bill) (2006): *Germans as Victims. Remembering the Past in Contemporary Germany*. Basingstoke: Palgrave Macmillan.

Nolte, Ernst ([1986] 1987): »Vergangenheit, die nicht vergehen will. Eine Rede, die geschrieben, aber nicht gehalten werden konnte«. In: *Historikerstreit. Die Dokumentation der Kontroverse um die Einzigartigkeit der nationalsozialistischen Judenverfolgung*, 6. Aufl. München/Zürich: Piper, 39–47.

Nora, Pierre ([1984] 1998): *Zwischen Geschichte und Gedächtnis*. Frankfurt/M.: Fischer.

Olick, Jeffrey C. (2008): »From Collective Memory to the Sociology of Mnemonic Practices and Products«. In: Erll, Astrid und Nünning, Ansgar, *Cultural Memory Studies. An Interdisciplinary Handbook*. Berlin/New York: de Gruyter, 151–161.
Projekt Ideologietheorie (1979): *Theorien über Ideologie*. Berlin: Argument Verlag.
Rau, Helmut (1985): »Vorbereitungen von Studienreisen in die DDR«. In: *Materialien zur politischen Bildung. Analysen, Berichte, Dokumente*, 1, 83–87.
Rehmann, Jan (2008): *Einführung in die Ideologietheorie*. Hamburg: Argument Verlag.
Rodenstein, Marianne (2010a): »Goethehaus, Frankfurt am Main«. In: Nerdinger, Winfried, *Geschichte der Rekonstruktion, Konstruktion der Geschichte*. München: Prestel, 434–436.
– (2010b): »Römer und Römerberg, Frankfurt am Main«. In: Nerdinger, Winfried, *Geschichte der Rekonstruktion, Konstruktion der Geschichte*. München: Prestel, 314–315.
Sabrow, Martin (2007): »Die Lust an der Vergangenheit: Kommentar zu Aleida Assmann«. In: *Zeithistorische Forschungen*, 4(3). http://www.zeithistorische-forschungen.de/16126041-Sabrow-3-2007 (Zugriff 15.8.2011).
Schildt, Axel (1995): *Moderne Zeiten. Freizeit, Masenmedien und »Zeitgeist« in der Bundesrepublik der 50er Jahre*. Hamburg: Hans Christians Verlag.
Seiderer, Georg (2009): »Würzburg, 16. März 1945. Vom ›kollektiven Trauma‹ zur lokalen Sinnstiftung«. In: Arnold, Jörg, Süß, Dietmar und Thießen, Malte, *Luftkrieg. Erinnerungen in Deutschland und Europa*. Göttingen: Wallstein, 146–161.
Siebeck, Cornelia (2002): »Inzenierung von Geschichte in der ›Berliner Republik‹. Der Umgang mit dem historisch-symbolischen Raum zwischen Reichstagsgebäude und Schlossplatz nach 1989«. In: *WerkstattGeschichte*, 33, 45–58. http://www.werkstattgeschichte.de/werkstatt_site/archiv/WG33_045-058_SIEBECK_INSZENIERUNG.pdf (Zugriff 15.7.2011).
– (2011): »›Im Raume lesen wir die Zeit‹? Zum komplexen Verhältnis von Geschichte, Ort und Gedächtnis (nicht nur) in KZ-Gedenkstätten«. In: Klei, Alexandra, Stoll, Kathrin und Wienert, Annika, *Die Transformation der Lager. Annäherungen an die Orte nationalsozialistischer Verbrechen*. Bielefeld: transcript, 69–97.
Skriebeleit, Jörg (2009): *Erinnerungsort Flossenbürg. Akteure, Zäsuren, Geschichtsbilder*. Göttingen: Wallstein.
Spiegel-Streitgespräch (1998): »Sie sind ein Utopist«. Der CDU/CSU-Fraktionsvorsitzende Heiner Geißler und der Verhaltensforscher Irenäus Eibl-Eibesfeld über die multikulturelle Gesellschaft, die Integration von Ausländern und die Einwanderungspolitik. Der Spiegel, 14 (1998) http://wissen.spiegel.de/wissen/image/show.html?did=7642199\&aref=image017/SP1998/014/SP199801400480048.pdf\&thumb=false (Zugriff 10.9.2011).
Straub, Jürgen (2004): »Identität«. In: Jäger, Friedrich und Liebsch, Burkhard, *Handbuch der Kulturwissenschaften. Bd. 1: Grundlagen und Schlüsselbegriffe*. Stuttgart: Metzler, 277–303.
Sökefeld, Martin (2007): »Problematische Begriffe: ›Ethnizität‹, ›Rasse‹, ›Kultur‹, ›Minderheit‹«. In: Schmidt-Lauber, Brigitta, *Ethnizität und Migration. Einführung in Wissenschaft und Arbeitsfelder*. Berlin: Dietrich Reimer Verlag, 33–48.
Terdiman, Richard (1993): *Present Past. Modernity and the Memory Crisis*. Ithaca/London: Cornell University Press.
Thießen, Malte (2008): »Gemeinsame Erinnerungen im geteilten Deutschland. Der Luftkrieg im ›kommunalen Gedächtnis‹ der Bundesrepublik und der DDR«. In: *deutschland archiv*, 41(2), 226–232.
Tscheschner, Dorothea (1990): »Der Wiederaufbau des historischen Zentrums in Ost-Berlin«. In: Berlinische Galerie, *Hauptstadt Berlin. Internationaler städtebaulicher Ideenwettbewerb 1957/58*. Berlin: Berlinische Galerie, 217–248.
Urry, John (2000): »Wie erinnern sich Gesellschaften ihrer Vergangenheit?« In: Beier, Rosemarie, *Geschichtskultur in der Zweiten Moderne*. Frankfurt/New York: Campus, 29–49.
Weizsäcker, Richard v. (1985): Zum 40. Jahrestag der Beendigung des Krieges in Europa und der nationalsozialistischen Gewaltherrschaft. Ansprache des Bundespräsidenten am 8. Mai 1985. Stiftung Deutsches HistorischesMuseum / Stiftung Haus der Geschichte Bonn, LeMo – Lebendiges Museum Online. http://www.hdg.de/lemo/html/dokumente/NeueHerausforderungen_redeVollstaendigRichardVonWeizsaecker8Mai1985 (Zugriff 15.8.2011).

Wittlinger, Ruth (2006): »Taboo or Tradition? The ›Germans as Victims‹ Theme in the Federal Republic until the Mid-1990s«. In: Niven, Bill, *Germans as Victims. Remembering the Past in Contemporary Germany*. Basingstoke: Palgrave Macmillan, 62–75.

Die Formen des Web-Gedächtnisses. Medien und soziales Gedächtnis

Elena Esposito

Medien und soziales Gedächtnis

Das Gedächtnis ist ein Thema der Soziologie – allerdings ein noch relativ junges und bei weitem noch nicht selbstverständliches. Wenn man an Gedächtnis denkt, denkt man zuerst an eine psychische Referenz, die auch in der Mehrheit der Diskurse zum kollektiven Gedächtnis und zu seinen Formen latent vorausgesetzt wird – ein Gedächtnis also, das über-individuell sein soll, das aber seinen Sitz in dem Teil der Erinnerungen hat, die jeder mit den anderen Mitgliedern einer Gemeinschaft gemeinsam haben soll. Es handelt sich immer um eine psychische Struktur, die sich mit anderen entsprechenden Strukturen im Bewusstsein anderer Individuen »überschneidet«.[1] Von einem eigentlich sozialen Gedächtnis wurde erst gesprochen, als Medien oder genauer Kommunikationstechnologien ins Zentrum der Aufmerksamkeit rückten: Gemeint sind dabei alle Apparate, die es ermöglichen, sich allmählich von einer Situation der primären Oralität zu distanzieren und den Kreis der Kommunikationspartner auf Personen zu erweitern, die fern im Raum und in der Zeit und schließlich anonymer und unbestimmter sind. Die Kommunikation stützt sich immer weniger auf das Bewusstsein einzelner Menschen als »Zwischenträger«[2]. Der Gesellschaft sind Inhalte verfügbar, die keiner denkt, die aber dennoch nicht »vergessen« werden. Die Kommunikation wendet sich explizit an die Kommunikation selbst und entwickelt eine eigene Form von Gedächtnis, desto komplexer und ausgearbeiteter, je komplexer die Kommunikationstechnologien sind, die sie realisieren.

Ein großer Gewinn von Jan Assmanns Forschung ist es, diese Verschiebung betont zu haben, die von ihm mit dem erfolgreichen aber ungenauen Begriff des kulturellen Gedächtnisses bezeichnet wird (Assmann 1992). Ich ziehe es vor, von sozialem Gedächtnis zu reden, das kein kollektives Gedächtnis ist, sondern eher die Art und Weise betrifft, wie eine Gesellschaft sich mit Vergangenheit und Zukunft auseinandersetzt – die Art und Weise, wie Erfahrung benutzt wird, um Handlung und

---

[1] Vgl. natürlich Halbwachs 1950; für einen Kommentar dazu Esposito 2008.
[2] Ein Ausdruck aus Luhmann 1997: 217.

Kommunikation zu orientieren (losgelöst davon, was eine oder mehrere Personen darüber im Einzelnen denken). Was bleibt, ist dann der Fokus auf Technologien: Wir untersuchen ein Gedächtnis, das von den in jeder Gesellschaft verfügbaren Medien abhängt und sich verändert, wenn sie anders werden. Deshalb ist das Gedächtnis einer oralen Gesellschaft anders als das Gedächtnis einer Gesellschaft, die über Schrift, Buchdruck und dann über die verschiedenen elektrischen und elektronischen Medien verfügt.

Dieser Zusammenhang ist zwar bereits Thema einer Vielzahl von Studien, allerdings möchte ich hier einen noch randständigen und umstrittenen Aspekt behandeln: Wenn das Gedächtnis von den Medien abhängt, und wenn unsere Gesellschaft mit der Verbreitung des Internets eine tiefe und umfangreiche mediale Veränderung erfährt, wirkt sich diese Veränderung auf das Gedächtnis der zeitgenössischen Gesellschaft aus und, wenn ja, wie? Müssen wir uns in der Web-Gesellschaft mit einer neuen Form des Gedächtnisses auseinandersetzen, und was wären dann seine Strukturen?

Wie kann man Vergessen vergessen?

Mein Eindruck, den ich hier vorwegnehme und im Laufe meines Beitrags zu begründen versuchen werde ist, dass die Hauptwirkung der Web-Kommunikation in der Verschiebung des Schwerpunkts von Erinnerung auf Vergessen besteht: Das Problem des Gedächtnisses ist nunmehr das Vergessen und nicht mehr die Erinnerung, wie es einige Jahrtausende lang der Fall war. Insbesondere seit der Verbreitung des Web 2.0 mit seiner virtuell unbegrenzten Fähigkeit, Informationen zu speichern und zu verarbeiten, zeigt sich das Web als Verwirklichung eines perfekten Gedächtnisses, das nicht nur alles aufbewahrt, sondern auch in der Lage ist, jeden möglichen Inhalt zeitlich fern und in ganz anderen Kontexten ausfindig zu machen (Mayer-Schönberger 2009). Der Default-Wert, der sich automatisch realisiert, wenn man nicht anders optiert und weder Energie noch Aufmerksamkeit aufwendet, ist nunmehr Erinnern – nicht Vergessen. Zu erinnern ist viel einfacher und billiger geworden – Erinnern wird zum Normalfall. Nur in Ausnahmen – wenn es nötig wird – entscheidet man sich für das Vergessen. Man denke an die alltägliche Praxis im Web, im Umgang mit Texten, Bildern, E-mails: Es fehlt die Zeit, um auszuwählen und zu entscheiden. Normalerweise bewahrt man alles auf – und die Maschine lädt dazu ein, dies zu tun. Zu wählen und zu entscheiden erfordert mehr Aufmerksamkeit und Zeit. Dafür besteht normalerweise keine Notwendigkeit, auch weil sehr wirksame Techniken verfügbar sind, um interessierende Inhalte in der Masse der Daten ausfindig zu machen, wenn es nötig wird: zum Beispiel um eine besondere Nachricht unter den archivierten E-mails zu finden.

Diese Lage kehrt die Priorität der früheren Gesellschaften völlig um, in denen Vergessen der Normalfall war, und raffinierte Techniken und Verfahren der Erinnerung nötig waren. Die ganze Tradition der Mnemotechnik, die in der westlichen Gesellschaft mindestens bis zur Verbreitung des Buchdrucks populär war, hatte den Zweck, Inhalte dem unerbittlichen Prozess des Vergessens zu entziehen und in komplexen räumlichen Konstruktionen zu organisieren. Sie dienten zuerst dazu, sie aufzubewahren, um sie dann wieder zu finden, wenn es relevant wurde: in den großen Höhlen des Gedächtnisses mit ihren gezielt entworfenen und eingerichteten »loci«. Der »Erinnernde« konnte sich zuversichtlich darin bewegen und seine Erinnerungen in sicheren Orten ablegen, um sie später wieder zu holen (u.a. Yates 1966). Im traditionellen Verständnis unserer Gesellschaft stimmte das Gedächtnis faktisch mit der Erinnerung überein. Sie wurde gesucht und verstärkt. Das Vergessen war bloß die Negation des Gedächtnisses, also ein zu vermeidender negativer Wert. Die entsprechende Technik heißt nicht zufällig »Gedächtniskunst« und nicht »Erinnerungskunst« – schließlich war es dasselbe.

Sieht man jedoch genauer hin, stellt sich die Lage nuancierter dar. Der Wert und die Komplexität des Vergessens sind schon zu Beginn der Entwicklung der Memorierungstechniken erkannt worden; zugleich waren aber auch die damit verbundenen Schwierigkeiten und inneren Paradoxien bekannt. Simonides, dem die Erfindung der Mnemotechnik zugeschrieben wird, sei der Erste gewesen, der dies erfahren hat: In der bekannten von Cicero immer wieder zitierten Episode hatte er Themistokles angeboten, ihm die Kunst zu lehren, alles zu erinnern. Daraufhin antwortete Themistokles, dass es ihn gar nicht interessiere. Er hätte lieber eine Kunst, die ihm Vergessen lehre. Dieser Wunsch taucht gelegentlich in der Geschichte der Mnemotechnik wieder auf, mit verschiedenen unglaublich verwickelten Versuchen, vergessen zu lernen, und das möglichst effizient und kontrolliert. Insbesondere im 15. und 16. Jahrhundert werden unterschiedliche Methoden der *ars oblivionalis* vorgeschlagen, um die Erinnerungen aus den Räumen des Gedächtnisses zu löschen: zum Beispiel indem man sich vorstellt, dass der Ort, in dem sie aufbewahrt werden, zusammenbricht oder verbrennt, oder indem man einen starken Wind imaginiert, der alle Bilder weg nimmt und alles ausräumt (Bolzoni 1995: 146 ff.).

Das alles funktioniert natürlich nicht, oder nur unbefriedigend. Aus heutiger Sicht ist die Unbeholfenheit des Versuchs offensichtlich: Die Techniken des Vergessen beruhen auf Techniken des Erinnerns. Zuerst erinnert man und engagiert sich damit, um dann auf das Ergebnis dieses Verfahrens zurückzukommen, um es zu löschen. Genauer gesagt: Um zu vergessen, muss man sich zuerst daran erinnern zu vergessen – die Technik des Vergessens läuft über eine Komplexifizierung der Technik des Erinnerns. Das hat Umberto Eco vor einigen Jahrzehnten beobachtet, als er sagte, dass die *ars oblivionalis* unvermeidlich ein Oxymoron ist, weil sie dazu strebt, etwas anwesend zu machen, um es dann ins Abwesende zu verwandeln – das verschwinden zu lassen, worauf sie die Aufmerksamkeit zieht (Eco 1987; Lachmann 1991: 111 ff.). Man bräuchte eine Technik, mit Vergessen zu vergessen, nicht mit Erinnern zu vergessen – aber diese kann anscheinend nicht realisiert werden.

Die Notwendigkeit des Vergessens

»Vergessen zu können, ist Naturgabe eher als Kunst. Das, was man besonders vergessen soll, erinnert man mehr. Nicht nur ist das Gedächtnis unzuverlässig, weil es entfällt, wenn es mehr gebraucht wäre, sondern ist es auch dumm, weil es wach ist, wenn es am wenigstens soll.«[3]

Die hier von Graciàn beschriebene Asymmetrie führt zu einer Reihe von Anschlussfragen. Wenn man über das Vergessen und seine Rätsel reflektiert, taucht die enigmatische Seite der Mnemotechnik auf, welche bei dem Versuch, mehr Erinnerungen in den begrenzten Räumen des menschlichen Bewusstseins zu speichern, unverständlicherweise entscheidet, sie zu vermehren: Um eine Erinnerung nicht zu verlieren, wird empfohlen, sie mit weiteren Erinnerungen zu verbinden. Man erfindet zum Beispiel eine Geschichte, die von einer Erinnerung zu anderen führt. Immer wieder wird Ciceros Beispiel zitiert, der um die Zeugen (*testes*) eines Rechtsfalls zu erinnern, das Bild der Testikel eines Bocks (also eine weitere Erinnerung) memoriert (*Ad Herennium*: III, 28–32). Wir tun dies für gewöhnlich, wenn wir uns einer Telefonnummer erinnern wollen, indem wir sie mit einem Geburtsdatum oder einem bekannten Ereignis verbinden. Um mehr Inhalte in einem beschränkten Raum zu speichern, vermehrt man die Inhalte – auf den ersten Blick ein unplausibles Verfahren.

Das hat vermutlich mit der Natur der Information zu tun, die immer eine Auswahl treffen muss und alle alternativen Möglichkeiten ausscheidet. In Batesons klassischer Definition (Bateson 1972: 315) handelt es sich immer um eine Differenz, die eine Differenz macht, also ausschließt. Mit den Worten der Beobachtungstheorie würde man sagen, dass es sich darum handelt, zu bezeichnen *und* zu unterscheiden, wo alles, was unterschieden wird, im Hintergrund des jeweils bezeichneten Inhalts bleibt (Luhmann 1990: 73 f.). Das Vergessen ist also in jeder Erinnerung implizit anwesend. Der Preis dafür, dass man nicht effizient vergessen kann, ist die Unfähigkeit, die Erinnerungen zu benutzen oder sogar die Unfähigkeit zu beobachten und zu unterscheiden (zu denken und zu kommunizieren). Klassische Beispiele dafür sind Funes (Borges' Memorist), oder Shereshevskij, der von Lurija erforschte »Mann, der alles erinnerte« (Lurija 1975), die nicht in der Lage sind, die einfachsten logischen Operationen durchzuführen. Deshalb ist es nach Nietzsche unabdingbar zu vergessen, um leben zu können. Die Fähigkeit wirksam zu erinnern, findet sich, falls nötig, auf einer sekundären Ebene:

»Also es ist möglich, fast ohne Erinnerung zu leben, ja glücklich zu leben, wie das Thier zeigt; es ist aber ganz und gar unmöglich, ohne Vergessen überhaupt zu leben« (Nietzsche 1874: 116).

Radikaler: Das Gedächtnis besteht nicht nur aus Erinnerungen und wird nicht einfach besser, wenn die Masse der aufbewahrten Erinnerungen zunimmt. Jahrhundertelang herrschte diese Vorstellung in Bezug auf Kommunikationstechnologien vor. Das wichtigste Problem war die begrenzte Aufbewahrung- und Verarbeitungsfähigkeit. Von seiner Arbeitsweise her besteht das Gedächtnis aus der Differenz von Erinnerung und Vergessen, wobei man das eine ohne das andere nicht haben kann. Die eine

---

[3] Graciàn 1647, n.262; Übersetzung von mir (E.E.).

Seite wird verstärkt, wenn es gelingt, zugleich auch die andere Seite zu steigern – sonst gibt es keine Erinnerung, sondern höchstens eine unbeherrschbare Ansammlung (Luhmann 1996; 1997: 579 ff.). Das Gedächtnis wird besser, wenn es über mehr Erinnerungen verfügt, kann das aber nur dann tun, wenn auch die Fähigkeit zu vergessen zunimmt – und das passiert mit dem Fortschritt der Kommunikationstechnologien. Schrift und Buchdruck haben die Quantität der für Kommunikation verfügbaren Erinnerungen enorm vergrößert, auch und vor allem weil sie erlaubt haben, viel mehr zu vergessen. Wie Plato befürchtete, haben sie die individuelle Fähigkeit überflüssig gemacht, komplexe Texte und Inhalte zu memorieren, die jetzt der Schrift übergeben werden. Sie realisieren aber auch eine viel abstraktere Form der Aufnahme der Inhalte, die von allen kontextuellen Daten und von Bezügen auf die aktuelle Situation absieht (die für Leser in einem anderen Kontext, in einem anderen Raum und in einer anderen Zeit, weder verständlich noch interessant wären). Die schriftliche Aufnahme bewahrt alles, aber mit viel mehr Freiheit als in der mündlichen Memorierung – also auch mit viel mehr Vergessen.[4]

Wer nicht vergessen kann, hat kein besseres Gedächtnis: Selbst wenn er mehr Inhalt zur Verfügung hat, kann er nicht damit umgehen. Wer nicht vergisst, versteht und erkennt das Neue nicht, das von der Last und von der Aufdringlichkeit der Erinnerungen unterdrückt wird – das Neue, wie Francis Bacon bemerkte, ist immer Vergessen[5]. Um nützlich und wirksam vergessen zu können, hilft es nicht, die Erinnerungen zu löschen, weil sie dadurch nur präsenter und aufdringlicher gemacht werden (sie werden erinnert). Es ist ratsam, die Perspektive umzukehren und zu versuchen, die Erinnerungen zu vermehren. Man kann nämlich nicht zum ursprünglichen Zustand des Informationsmangels zurückkehren, weil die Informationen, einmal produziert, sich in der Struktur des Systems einschreiben und nicht wieder gelöscht werden können – allenfalls verändert. Man kann nicht in die Vergangenheit zurückkehren. Man kann aber versuchen, die Informationen zu neutralisieren, um sich von Vergangenheit nicht zu sehr beeinflussen und hemmen zu lassen, also die Zukunft offen zu lassen. Dies wünschten sich Bacon und Nietzsche, als sie das Vergessen als Offenheit für das Neue hervorhoben, und dies war die Fähigkeit, die Lurijas Memorist fehlte. Um das Vergessen zu erreichen, ist es am wirksamsten, die Erinnerungen nicht zu reduzieren, sondern möglichst zu steigern, um jede davon in einer immer unbestimmteren Masse an Informationen zu verlieren. Das wird zum operativen Sinn des Vergessens. Die Technik des Vergessens muss sich der Verstärkung des Gedächtnisses auf beiden Seiten bedienen – die Erinnerungen benutzen, um das Vergessen zu erhöhen und nicht umgekehrt, wie es die Mnemotechnik immer tat.

Auf operativer Ebene geht es also um etwas ganz anderes als die traditionelle Art und Weise, das Gedächtnis zu verstehen und zu benutzen – nicht nur weil bisher die technischen Möglichkeiten fehlten. Es ging nicht nur um ein praktisches, sondern auch um ein begriffliches Problem, wie Weinrich erinnert, wenn er die Moraldimension der Behandlung des Gedächtnisses hervorhebt, die sich in der »Urfeindschaft

---

[4] Aus kommunikativer Sicht ist das das Argument in Havelock 1963.
[5] Francis Bacon, *Essays*, LVIII: »Salomon saith. There is no new thing upon the earth. So that Plato had an imagination, that all knowledge was but remembrance, so Solomon giveth his sentence, that all *novelty* is but oblivion«.

zwischen Moral und Vergessen« (Weinrich 1996: 48) ausdrückt. Ein wirksames und geschätztes Vergessen war nicht nur schwierig, sondern auch gefährlich. Es muss unvermeidlich der Unordnung, einer wirbelartigen Ansammlung von Erinnerungen, dienen, die dazu führen, durch Überschuss zu vergessen, nicht durch Auslöschen. Man kontrolliert die Erinnerung nicht und realisiert das Vergessen – aber das ist, wie in Goethes Faust, eine diabolische Kunst, in der Mephistopheles ein Meister ist (ebd.: 16 ff.). Mit modernen Begriffen ausgedrückt: Die Aufwertung des Vergessens ist die Aufwertung der Kontingenz wider die Notwendigkeit; die Suche nach einer Ordnung, die aus keinem a priori-Entwurf resultiert, sondern sich im Zuge der Evolution der Dinge realisiert – eine Einstellung, in der die Kontrolle aus einem anfänglichen Verzicht auf den Anspruch, alles zu kontrollieren resultiert. Gerade dies scheint sich heute mit der Verbreitung des Internets und seiner Funktionsweise durchzusetzen.

Das perfekte Gedächtnis des Webs, das perfekt vergisst

Das Internet, sagt man, sei das Gedächtnis der modernen Gesellschaft, ein verblüffendes Gedächtnis, das nicht nur alles erinnert, sondern auch Informationen produziert, die verfügbar sind, obwohl sie früher nie gedacht und kommuniziert worden sind: Es erinnert nicht nur die ganze Vergangenheit, sondern viel mehr. Es handelt sich nämlich um eine »anticipation machine«, die auch Fragen beantwortet, die nie gestellt worden sind,[6] weil sie mit den Daten arbeitet und Informationen gewinnt, die am Anfang nicht bekannt waren. Die Gründe sind zuerst technologischer Art: Mit der vollendeten Digitalisierung der Informationen wird das Problem der Beschädigung der Inhalte im Verlauf der Zeit endgültig gelöst. Bei der Reproduktion von Kopien aus einem Original nimmt nicht nur das Rauschen nicht zu, es steigt sogar die Qualität, weil man Techniken der Korrektur und der Überprüfung benutzt. Die »strukturelle Amnesie«[7] der antiken Gesellschaften wird neutralisiert und in ihr Gegenteil umgewandelt: Man verliert nicht nur keine Informationen, man gewinnt sogar neue Informationen dazu. Wir haben es heute mit einer neuen Form der »Web-Intelligenz« zu tun, verbunden auf der einen Seite mit der Verbreitung des Web 2.0, indem die Benutzer aktiv an der Produktion der Informationen mitwirken und auf der anderen Seite mit der Verteilung der Verarbeitungsfähigkeit in einer »Wolke« (cloud) von miteinander verbundenen und möglicherweise virtualisierten Computern (Carr 2008). Diese verteilte künstliche Intelligenz realisiert eine Produktion und Verwaltung der Information, die keinem zugeschrieben werden kann, sondern auf das Netz als Ganzes bezogen werden muss. Daraus resultiert eine Ordnung, die nicht im Voraus programmiert wurde und nicht zentralisiert werden kann (Benkler 2006: 16, 320), weil sie aus der Zirkularität eines Mechanismus hervorgeht, in dem die Suche nach Information zusätzliche Information produziert.

---

[6] Kelly 2005. Die Funktion »Instant« in Google schreibt die Frage zu Ende, während wir die ersten Worte tippen.
[7] Laut den bekannten Ausdruck in Goody-Watts 1972.

Die Formen des Web-Gedächtnisses. Medien und soziales Gedächtnis 97

Zum Teil handelt es sich um absichtliche und von den Benutzern gelieferte Informationen, die im Web 2.0 zugleich und auf demselben Kanal Produzenten und Verbraucher von Inhalten sind: Wikipedia resultiert bekanntlich aus den koordinierten, aber nicht kontrollierten Handlungen von Millionen von Benutzern, die mit Korrekturen, Verbesserungen und Ergänzungen gemeinsam einen Text produzieren, der keinem Autor wirklich zugeschrieben werden kann. Er ist aber zuverlässiger, vollständiger und aktueller, als ein entsprechendes Werk eines Autors (wie die ständigen Vergleiche mit der Encyclopedia Britannica zeigen, bei denen Wikipedia insgesamt zu gewinnen scheint). Dasselbe passiert mit den freiwillig von den Benutzern in Internetplattformen wie YouTube zur Verfügung gestellten Video- und Audio-Inhalten oder mit den zahlreichen Rezensionen über Bücher, Platten, aber auch Haushaltsgeräte, Hotels oder Restaurants (in Amazon, Kelkoo, E-Bay oder Trip Advisor).

Zum Teil handelt es sich aber auch um Informationen, die aus den von den Menschen gelieferten Informationen entstehen, aber losgelöst von ihren Intentionen allein aus den Daten stammen: Die Maschine generiert diese Informationen also mit eigenen Algorithmen (mit Techniken des Data Mining und des Machine Learning), ohne dass jemand die entsprechende Bedeutung je produziert oder auch nur gedacht hat. Diese Techniken benutzen raffinierte mathematische Mittel, um aus der Masse der verfügbaren Daten zusätzliche Informationen abzuleiten. Da jeder von uns dem Netz ständig Daten liefert, indem wir etwas suchen, aber auch Nachrichten schreiben, am Handy sprechen oder eine GPS-Navigation benutzen, vermehren sich diese »sekundären« Informationen ohne Pause. So entstehen auch die Nachrichten bei Amazon, die informieren, dass Benutzern, die ein bestimmtes Buch gekauft haben, auch andere Bücher gefallen haben (dabei jedoch nicht unbedingt daran dachten, Anderen denselben Kauf zu empfehlen); die verschiedenen Vorschläge also zu unserem Geschmack und unseren Vorlieben, die das Netz uns mitzuteilen scheint und weitere komplizierte Inferenzen, gewonnen aus der Arbeit im Web durch Verbindung sehr unterschiedlicher Quellen.

Alle diese Informationen machen das Gedächtnis des Netzes aus, das ständig zunimmt und nichts vergisst – eine Sammlung von Daten, die angeblich einen schrecklichen *information overload* produziert, also eine Verstopfung des Gedächtnisses, wie sie die Memoristen quälte. Das Problem der Menschen, die alles erinnern, war aber nicht der Überschuss an Daten als solcher, sondern die daraus folgende Unfähigkeit, damit umzugehen. Damit hat das Web aber anscheinend keine Schwierigkeiten: Zusammen mit den Techniken, um Daten zu sammeln und zu vermehren, verwendet nämlich das Netz eine Reihe von Techniken, um sie auszuwählen und zu klassifizieren, also schließlich zu vergessen. Das perfekte Gedächtnis ist auch eine perfekte Form des Vergessens. Sehr viele Informationen werden nämlich von Anfang an in »personalisierter« Form produziert, also schon ausgewählt für einen bestimmten Kreis von Benutzern, denen sie nicht als Informationen, sondern als »Empfehlungen« vorgestellt werden und die deren eigene Relevanzkriterien einschließen (oder wenigstens einschließen sollten, wenn es funktioniert). Vor allem aber werden die Informationen im Netz mit einer Reihe von Mechanismen verarbeitet, welche die Kriterien zur Selektion der Informationen zusammen mit den Informationen und aufgrund derselben Operationen produzieren. Man denke nur, aber dies ist nicht das einzige Beispiel, an den PageRank-Algorithmus, den Google für die Erschließung des Netzes benutzt. Er geht aus von den durch die Benutzer realisierten Links und interpretiert sie als Zeichen von Interesse für den Inhalt einer Web-Seite (gewichtet nach ihrer Relevanz, ähnlich dem Modell akademischer Gutachter). Die Benutzer verwenden Google, um Informationen zu den Inhalten aus dem Web zu gewinnen, und ihre jeweilige Suche liefert Google wiederum Material, um folgende Suchanfragen zu orientieren und die Seiten nach Relevanz zu ordnen (Battele 2005). Durch Suchanfragen werden Informationen gewonnen, sie sind aber selbst Informationen, von denen ausgegangen werden kann, um Strukturen für die Organisation des allgemeinen Informationsverkehrs zu gewinnen. Man kann auch weiter gehen, wie die *profiling practices*, die Daten aus dem Web benutzen, um Personen oder Gruppen zu identifizieren (Hildebrandt et al. 2008; von Otterlo 2010), die dann besonders behandelt werden – wobei sich die betreffenden Individuen weder dadurch identifizieren noch sich dessen überhaupt bewusst sind.

Vergessen lernen

Diese zirkulären Mechanismen scheinen den großen Vorteil zu haben, den Informationsüberschuss, der die moderne Gesellschaft seit Verbreitung des Buchdrucks quält, von einem Problem in eine Gelegenheit zu verwandeln: Das Wachstum des Netzes, das die Inhalte vermehrt, verbessert gleichzeitig auch den Mechanismus, um sie auszuwählen – macht ihn zuverlässiger. Wenn die Informationen zunehmen, wird Google (und mit ihm das intelligente Netz) unter dem »data deluge« (Anderson 2008) nicht zusammenzubrechen, sondern funktioniert immer besser. Warum aber scheint, wie anfangs behauptet, diese technologische Form des perfekten Gedächtnisses das Vergessen eher als die Erinnerung in Vordergrund zu stellen? Und warum soll das zu einer allgemeinen Veränderung des Gedächtnisses unserer Gesellschaft führen?

Anscheinend ist das Gedächtnis des Webs eine perfekte Erinnerungsmaschine und eine perfekte Vergessensmaschine zugleich. Der Default-Wert, der sich von selbst ohne Energie und Aufmerksamkeit realisiert, ist nunmehr eher die Erinnerung denn das Vergessen – gerade das Gegenteil dessen, was in allen Jahrhunderten unserer auf die Aufwertung der Erinnerung orientierten Gesellschaft der Fall war, die automatisch vergaß. Die Gesellschaften, die zum Vergessen neigten, werteten gleichsam die Erinnerung auf und definierten sich auf dieser Basis. Die Netzgesellschaft, die zur Erinnerung neigt, scheint dagegen das Vergessen zu suchen und macht aus dem Vergessen ihr Kennzeichen. Das Web, das alles erinnert, wird als eine »technology of forgetfulness« (Carr 2010: 193) beobachtet, aber zugleich wird wegen des Verlusts der Fähigkeit zu vergessen Alarm geschlagen, wegen des Drucks der Überlastung durch die Erinnerungen und wegen der Unfähigkeit, sich davon zu befreien und sich mit der

Zukunft uneingeschränkt auseinanderzusetzen[8]. Wie erklärt sich diese Umkehrung der Asymmetrie?

Wir haben schon eine Asymmetrie im Verhältnis von Erinnerung und Vergessen festgestellt, weil die Techniken des Vergessens immer zuerst Techniken der Erinnerung sind. Das natürliche Gedächtnis vergisst sowieso, kann sich also auf die Erinnerung und auf ihren Schutz konzentrieren. Für die Maschine ist es dagegen die Erinnerung, die von selbst kommt, und es wird möglich, die Aufmerksamkeit auf das Vergessen zu richten und zu versuchen, dieses zu sichern. Die Maschine, die automatisch vergissterinnert, kann eine echte *ars oblivionalis* aktivieren, die nicht mit der Erinnerung arbeitet, sie also verstärkt, sondern sie (wenn überhaupt) gemäß ihrer der Logik der Maschine benutzt. Sie kann es auf die einzige Weise tun, die seit jeher für wirksam befunden wurde, um vergessen zu lernen: die Masse der verfügbaren Erinnerungen zu vergrößern, so dass keine davon die Zukunft und die noch offen Möglichkeiten übermäßig einschränken kann.

In den früheren Verarbeitungsformen war das Problem bei begrenzter Fähigkeit, Informationen zu erfassen und zu verarbeiten, die Kontrolle zu bewahren. Es ging darum, mit einer Ordnung umzugehen, die unsere Fähigkeiten überstieg und sich trotzdem nicht zufällig zu bewegen, also die Orientierung zu behalten. Erinnerung war nötig, um aus der Vergangenheit einen Bezug zu gewinnen, um sich mit einer immer unsicheren und unvorhersehbaren Gegenwart auseinanderzusetzen, den Zufall zu kontrollieren und ihn auf eine Struktur zurückzuführen. Der Bezug auf die Vergangenheit diente dazu, von der Zukunft nicht überfallen zu werden und Bewegungsfreiheit zu wahren. Deshalb war die Erinnerung nie perfekt: Die Zukunft bereitete immer Überraschungen, weil niemand (außer Gott) fähig war, in der Welt ihre Logik und ihre Ordnung vollständig zu lesen. Das Vergessen war unvermeidlich, weil die menschlichen Fähigkeiten immer begrenzt sind.

Die Maschine arbeitet aber ganz anders. Sie kennt Zufall und Unordnung nicht, ist eher von einem Übermaß an Kontrolle beschränkt, weil sie keine Ordnung a priori und keine externe Logik voraussetzt. Die Ordnung entsteht, wenn sie entsteht, a posteriori aus dem Funktionieren des Webs selbst, wie im Fall von Google, das ohne eine grundlegende Logik noch eine Rationalität klassifiziert, nur aus der Verarbeitung der Regularitäten und Korrelationen aus der Masse der verfügbaren Daten.[9] Deshalb muss das Vergessen ein Äquivalent der Unordnung produzieren, das es ermöglicht, in der eigenen Bestimmtheit nicht zu erstarren. Dies wäre der Fall, wenn die Zukunft zur perfekten Projektion der Vergangenheit würde, eine Reproduktion der impliziten Ordnung abgeleitet aus der Geschichte der Operationen der Maschine und benutzt zur Organisation der folgenden Operationen. Das Problem der Maschine ist nicht die Vergangenheit aufzubewahren, die sowieso nicht gelöscht wird. Ihr Problem ist eher die Zukunft zu schützen und die Offenheit zu erhalten, Überraschungen zu produzieren, also Neuheit zu akzeptieren (wofür die Fähigkeit zu Vergessen nötig ist).

---

[8] Vgl. vor allem Mayer-Schönberger 2009 mit einem leidenschaftlichen Appell für das Nachholen der Vergessensfähigkeit und einer Reihe von Vorschlägen, um das Löschen und die Neutralisierung der Information in einem Netz zu produzieren, das alles erinnert.

[9] Laut Anderson (2008) das würde sogar jeden Rekurs auf die wissenschaftliche Logik, auf Rationalität und auf deduktive Modelle obsolet machen.

Wenn früher das Löschen der Vergangenheit verhindert werden sollte, um von der Zukunft nicht hingerissen zu werden, also eine gewisse Kontrolle zu erhalten, scheint jetzt das Problem zu sein, das Löschen der Zukunft zu vermeiden, sie nicht von der Vergangenheit aufnehmen zu lassen, und der Maschine (die nicht dazu fähig ist) zu lehren, auf Kontrolle zu verzichten.

Die Produktion der Unordnung

Der Imperativ des Netzes, der erlaubt, wirksam und produktiv mit seiner »Intelligenz« zu arbeiten, ist nämlich: »lose control« (Anderson 2006: 221)! Alle erfolgreichen Projekte der letzten Jahre haben diese Logik gemeinsam: der Verzicht auf den Anspruch, alles zu verstehen und zu kontrollieren. Man vertraut sich eher den Mechanismen der Maschine an. Diese können nicht verstanden werden, weil es nichts zu verstehen gibt: Das Funktionieren ist nicht vom Sinn geleitet und kennt keine Bedeutungen. Die sehr effiziente Intelligenz des Webs kann ihre erstaunlichen Leistungen realisieren, gerade weil sie jede Analogie mit dem menschlichen Bewusstsein verlassen hat und rein quantitativ aufgrund von Kalkülen und Korrelationen operiert: Die Bedeutung greift in die Operationen nicht ein, sondern in andere (externen) Momente, in den Entwurf und in den Gebrauch der Materialien durch die Benutzer. Die Kontrolle der digitalen Intelligenz kann gleichsam nur in der Form der Kontrolle des Mangels an Kontrolle erhalten werden, also in der Fähigkeit, eine Produktion von Informationen zu leiten, die auf die Mechanismen des menschlichen Bewusstseins nicht zurückgeführt werden kann und deshalb in sich unverständlich ist. Die echte künstliche Intelligenz hat nichts Natürliches mehr in dem Sinne, dass sie jede Bindung an die Intelligenz des menschlichen Bewusstseins aufgegeben hat.

Diese Kontrolle muss also über Intransparenz laufen, durch die Annahme einer ganz anderen (vielleicht mephistophelischen) Logik, geleitet von anderen Mitteln als denjenigen, die sich an Sinn und seine Verstärkung wenden – d. h. auch an die Verstärkung des traditionellen Gedächtnisses. Dieses Gedächtnis strebt danach, Kontrolle zu verstärken. Doch auch wenn es versucht Erinnerungen zu löschen, kann es dies paradoxerweise nur kontrolliert tun. Das echte Vergessen, das nicht erinnert wird, sondern autonom operiert, ohne dass man daran denkt und es entscheidet, ist dagegen unkontrolliert.

Im Web eine Technologie der Erinnerung anzuwenden, heißt zu versuchen, seine Verfahren auf eine für uns verständliche Logik zurückzuführen – zum Beispiel zu versuchen, sein unendliches Gedächtnis mit Techniken des Löschens von Erinnerungen einzudämmen, um trotz allem eine gewisse Bewegungsfreiheit zu haben. Eine Maschine die alles erinnert, könnte uns zu eng an die Vergangenheit binden: Jede gegenwärtige Entscheidung wäre gezwungen, alle vergangenen bewussten oder unbewussten (von der Maschine abgeleiteten) Entscheidungen zu berücksichtigen. Beispielsweise besteht das konkrete Risiko, in einem Berwerbungsverfahren aufgrund jahrzehntealter Bilder oder Aussagen abgelehnt zu werden, die unerbittlich im Web aufbewahrt und später hervorgeholt werden, ohne Rücksicht auf den ursprünglichen

Sinn noch auf den Kontext (den die Maschine nicht kennt und nicht berücksichtigen kann).[10] Abstrakter ausgedrückt ist das das Risiko, die Zukunft zu zwingen, zum reinen Spiegel der Vergangenheit zu werden, die mit ihrem Übergewicht keinen Raum für Devianz und Neuheit übrig lässt. Die vorgeschlagenen Lösungen sind jedoch meist Versuche, Vergessen durchzusetzen, also Vergessen zu erinnern: zum Beispiel die Normen zum Schutz der Privatsphäre zu verschärfen, Systeme der Verschlüsselung von Informationen und andere technologische Barrieren einzuführen, oder auch gesetzlich das Löschen der Daten nach einer gewissen Zeit oder einer im Voraus gesetzten Frist durchzusetzen.[11] Man kann aber schon jetzt wissen, dass all diese Techniken nicht funktionieren werden, weil die Erfahrung gezeigt hat, dass es praktisch unmöglich ist, im Web etwas zu löschen oder geheim zu halten. Das versteckteste Datum ist dem einen oder anderen Hacker immer zugänglich – der Fall von Wikileaks ist nur das Aufsehen erregendste Beispiel. Mit anderen Worten: Es ist nicht ratsam, gegen das Web mithilfe eines externen Gedächtnisses zu operieren. Es wäre eher ratsam, seinem Gedächtnis zu folgen und intern zu operieren.

Wie wir gesehen haben, ist das Gedächtnis des Webs ein Gedächtnis des Vergessens, weil die Maschine alles erinnert. Das Vergessen ist Unordnung und fehlende Kontrolle – gerade das, was die Maschine von selbst nicht realisieren kann und irgendwie gesichert werden muss. Man sollte dies aber erreichen, ohne es zu kontrollieren, indem die Maschine in die Lage versetzt wird, ein eigenes (unkontrolliertes) Äquivalent der Unordnung zu produzieren – wie die Mnemotechnik dem ungeordneten menschlichen Bewusstsein erlaubte, ein nicht perfektes Äquivalent der göttlichen Ordnung zu realisieren. Wir wissen seit Jahrhunderten, dass man die Paradoxie des Vergessens nur neutralisieren kann, wenn man Daten vermehrt und nicht begrenzt – also nicht kontrolliert Unkontrollierbarkeit produziert, weil man nicht im Voraus weiß, welche Ordnung dieser Überschuss an Daten haben wird, noch wie er verarbeitet (oder nicht verarbeitet) wird. Nach dieser Logik wird die Freiheit des Individuums (oder ihr digitales Äquivalent) nicht dadurch gesichert, dass die Möglichkeit, Profile aufzubauen oder seine Daten zu untersuchen eingeschränkt wird. Sie wird dadurch gesichert, dass die Daten dermaßen multipliziert werden, dass es unmöglich wird, daraus eindeutige Angaben abzuleiten. Nichts garantiert, dass die Angaben, die dann sowieso abgeleitet werden, uns gefallen werden. Aber wenigstens wissen wir nicht von Anfang an, wie sie aussehen werden. Dieser Mangel an Kenntnissen reproduziert die Offenheit der Zukunft und lockert die Einschränkung durch vergangene Daten: Wir wissen nicht, was mit dieser Unordnung angestellt wird, können aber wenigstens wissen, nicht zu wissen welche Ordnung durchgesetzt wird.

Trotz aller Probleme und Anwendungsschwierigkeiten wäre das Gedächtnis der Web-Gesellschaft in diesem Verständnis ein eigentlich soziales Gedächtnis, das nicht nur den Bezug auf spezifische psychische Systeme als Zwischenträger der Inhalte aufgegeben hat, sondern auch den Bezug auf psychische Prozesse überhaupt. Die

---

[10] Mayer-Schönberger (2009) geht gerade von der Diskussion von Fällen aus, wo eine Person einen Arbeitsplatz nicht bekommen oder Probleme mit der Polizei gehabt hat, weil Bilder wiederaufgetaucht sind, die sie betrunken (oder suspekt betrunken) zeigten oder auf den Gebrauch von Rauschgift hinweisen.

[11] Alle Vorschläge dargestellt in Mayer-Schönberger 2009, Kap.5.

Kommunikation stellt Informationen zur Verfügung, die von niemandem verstanden noch kommuniziert wurden, aber trotzdem jedem auf nicht zufällige Weise verfügbar sind. Die Schwierigkeit ist nun, diesen Mangel an Kontrolle zu verwalten – zu lernen, mit diesem Vergessen umzugehen.

Literaturverzeichnis

Anderson, Chris (2006): *The Long Tail. How Endless Choice is Creating Unlimited Demand.* London: Random House.
Anderson, Chris (2008): »The End of Theory: The Data Deluge Makes the Scientific Method Obsolete«. In: *Wired.* 23.06.2008.
Anderson, Chris (2009): *Free. The Past and Future of a Radical Price.* New York: Hyperion. It.Übs. Gratis. Milano: Rizzoli, 2009.
Anderson, Chris und Wolff, Michael (2010): »The Web is Dead. Long Life the Internet«. In: *Wired.* 10.10.2010.
Assmann, Jan (1992): *Das kulturelle Gedächtnis. Schrift, Erinnerung und politische Identität in frühen Hochkulturen.* München: Beck.
Bateson, Gregory (1972): *Steps to an Ecology of Mind.* San Francisco: Chandler.
Battelle, John (2005): *The search: how Google and its rivals rewrote the rules of business and transformed our culture.* London: Portfolio.
Benkler, Yochai (2006): *The Wealth of Networks: How Social Production Transforms Markets and Freedom.* New Haven: Yale Univ. Press. It.Übs. La ricchezza della Rete. La produzione sociale trasforma il mercato e aumenta la libertà. Milano: EGEA, 2007.
Bolzoni, Lina (1991): »Gedächtniskunst und allegorische Bilder. Theorie und Praxis der ars memoriae in Literatur und bildender Kunst Italiens zwischen dem 14. und 16. Jahrhundert in Aleida Assmann/Dietrich Harth (Hrsg.« In: *Mnemosyne. Formen und Funktionen der kulturellen Erinnerung.* Fischer: Frankfurt a.M., 147–176.
Bolzoni, Lina (1995): *La stanza della memoria. Modelli letterari e iconografici nell'età della stampa.* Torino: Einaudi.
Carr, Nicholas (2008): *The Big Switch. Rewiring the World, From Edison To Google.* New York/London: Norton. It.Übs. Il lato oscuro della Rete. Libertà, sicurezza, privacy. Milano: RCS Libri.
Carr, Nicholas (2010): *The Shallows. What the Internet Is Doing to Our Brains.* New York/London: Norton.
Eco, Umberto (1987): »An Ars Oblivionalis? Forget it!« In: *Kos,* 30, 40–53.
Esposito, Elena (2002): *Soziales Vergessen.* Frankfurt a.M.: Suhrkamp.
Esposito, Elena (2008): »Social Forgetting: A Systems-Theory Approach«. In: Erll, Astrid und Nünning, Ansgar, *Cultural Memory Studies: An Interdisciplinary and International Handbook.* Berlin/New York: de Gruyter, 181–189.
Goody, Jan, Jack/Watt (1972): »The Consequences of Literacy«. In: Giglioli, Paolo, *Language and Social Context.* London: Penguin, 311–357.
Gracián, Baltasar (1647/1991): *Oraculo Manual y arte de Prudencia.* Milano: TEA. It.Übs. Oracolo manuale e arte di prudenza.
Halbwachs, Maurice (1950): *La mémoire collective.* Paris: Presses Universitaires de France.
Havelock, Eric (1963): *Preface to Plato.* Cambridge/Mass.: Harvard Univ. Pr.
Kelly, Kevin (1997): »New Rules for the New Economy«. In: *Wired,* 9, 140–144 u. 186–197.
– (2005): »We Are the Web«. In: *Wired,* 13: 8.
Koops, Bert-Jaap, Hildebrandt, Mireille und Jaquet-Chiffelle, David-Olivier (2010): »Bridging the Accountability Gap: Rights for News Entities in the Information Society?« In: *Minnesota Journal of Law, Science & Technology,* 11(2).

Lachmann, Renate (1991): »Die Unlöschbarkeit der Zeichen: Das semiotische Unglück des Memoristen«. In: Haverkamp, Anselm und Lachmann, Renate, *Gedächtniskunst: Raum-Bild-Schrift*. Frankfurt a.M.: Suhrkamp, 111–141.
Luhmann, Niklas (1990): *Die Wissenschaft der Gesellschaft*. Frankfurt a.M.: Suhrkamp.
Luhmann, Niklas (1996): »Zeit und Gedächtnis«. In: *Soziale Systeme*, 2, 307–330.
Luhmann, Niklas (1997): *Die Gesellschaft der Gesellschaft*. Frankfurt a.M.: Suhrkamp.
Lurija, Alexander R. (1975): *Una memoria prodigiosa*. Roma: Editori Riuniti.
Mayer-Schönberger, Viktor (2009): *Delete: The Virtue of Forgetting in the Digital Age*. Princeton: Princeton Univ. Pr. It.Übs. Delete. Il diritto all'oblio nell'era digitale. Milano: Egea.
Nietzsche, Friedrich (1999): »Unzeitgemässe Betrachtungen. Zweites Stück: Vom Nutzen und Nachtheil der Historie für das Leben«. In: *Werke*. München/Wien: Hanser, 111–229.
van Otterlo, Martijn (2010): A Machine Learning View on Profiling. Draft for Privacy and Due Process after the Computational Turn.
Weinrich, Harald (1996): *Gibt es eine Kunst des Vergessens?* Basel: Schwabe & Co.
Yates, Frances A. (1966): *The Art of Memory*. London: Routledge & Kegan Paul.

Medialisierte Erinnerung: Der Autor und Filmemacher Thomas Harlan im biographischen Dokumentarfilm Wandersplitter

Carsten Heinze

1. Einleitung

Wandersplitter – so der Titel der biographischen Filmdokumentation mit und über Thomas Harlan – sind erinnerte Episoden, die »ihre Themen in loser Folge umkreisen, ohne sie je ganz zu definieren und der schnellen Einordnung preiszugeben« (Hübner im Begleitheft der DVD 2006). Der Begriff ist eine Gedächtnismetapher, mit der Harlan seine Erinnerungsarbeit für das vorliegende Filmprojekt charakterisiert. Der Wandersplitter bezeichnet nach Harlan die episodische Form der filmdokumentarischen Biographiearbeit mit dem Regisseur Christoph Hübner (Ton und Schnitt: Gabriele Voss).[1] Der Titel ist für das Filmprojekt bedeutsam. Es handelt sich im materiellen Sinne um ein Stück Metall einer Granate. Der Begriff deutet im übertragenen Sinne auf etwas Fragmentiertes, Zersplittertes, Spitzes hin. Wandersplitter sind im Zusammenhang der autobiographischen Rekonstruktion und Weitergabe von Erfahrungen vereinzelte und nicht zwangsläufig verbundene Erinnerungen, denen eine zerstörerische Kraft innewohnt. Zielgerichtet wandern sie, sobald sie physisch eingedrungen sind, zum Herz des betroffenen Körpers, ohne dass der spätere Zeitpunkt des Todes bestimmt werden könnte. Das macht sie so schwer kontrollierbar und in ihrer Bewegung unberechenbar. Wandersplitter, so Thomas Harlan weiter, bohren sich in den Körper über die zugefügte Verletzung ein, sie sind schmerzhaft, leben als Fremdkörper über einen kürzeren oder längeren Zeitraum weiter und sind dauerhaft beunruhigend. Die letztlich tödliche Wirkung ergibt sich aus ihrer unkontrollierbaren Bewegung direkt zum Herz des betroffenen Körpers. Wandersplitter sind im hier behandelten Zusammenhang erzählte Episoden, die in einem ungünstigen Sinn nicht nur den eigenen Erinnerungskörper affizieren, sondern in den Körper des Anderen/des Zuhörers eindringen. Dieser Prozess des Erinnerns und Eindringens versinnbildlicht sich sowohl inhaltlich als auch filmästhetisch im »anti-biographisch« apostrophierten biographischen Dokumentarfilm *Thomas Harlan – Wandersplitter*

---

[1] Auf der DVD (hrsg. von Edition Filmmuseum, Nr. 35) findet sich ein separates Feature mit Thomas Harlan zum Begriff des Wandersplitters und dessen Verwendung im biographischen Zusammenhang.

aus dem Jahr 2006. Harlans Wandersplitter dringen nicht nur in seinen Gesprächspartner, sondern auch in den Zuschauer, weiter gefasst: in das kollektive Gedächtnis der Bundesrepublik Deutschland ein.

Wandersplitter ist der Versuch, die lebensgeschichtlichen Erinnerungen Thomas Harlans an seine Familie, seinen Vater, an Zeit- und Kulturgeschichte der Bundesrepublik sowie an die Aufarbeitung der NS-Verbrechen, aber auch seine sprach- und lebensphilosophischen Reflexionen als Gesprächsfilm in ein dokumentarfilmisches Bild zu setzen. Angesichts der Skepsis gegenüber einem autobiographischen Ich und der Zurückweisung des klassischen biographischen Rekonstruktionsprinzips in den Erzählungen Thomas Harlans, der in seiner poetischen Erzählform nicht nur Inhaltliches, sondern selbstreflexiv auch die Grenzen und Möglichkeiten des Erinnerns auslotet, stellte die dokumentarfilmische Umsetzung eine Herausforderung für die Filmemacher dar.[2] Dafür arbeiteten Hübner und Voss drei Jahre an diesem Film mit mehr als fünfzig Stunden Interviewmaterial, das für die Kinofassung auf etwas über neunzig Minuten zusammengeschnitten wurde. Es geht dem Regisseur nicht um die bloße Aufzeichnung, Abbildung oder Speicherung der Erzählungen eines zeitgeschichtlich interessanten und rhetorisch versierten Gesprächspartners. Es handelt sich vielmehr um die filmästhetische Inszenierung der Beobachtung einer lebendigen Erinnerungsarbeit, die der dargestellten physischen Erinnerungsaktivität Harlans zum Zeitpunkt ihres Geschehens ein adäquates Sinn*bild* verleiht. Es geht also nicht nur um das bloße Festhalten oder Abbilden einer Interviewsituation, sondern um eine medienkünstlerisch inszenierte Arbeit, die mit den stilistischen Mitteln des Films den Interviewten visuell in Szene setzt und seinen Erzählinhalten und Erzählformen gestalterisch ein adäquates Filmbild zu geben versucht. Der biographische Dokumentarfilm *Wandersplitter* beobachtet damit die geistige und körperliche Emergenz komplexer Erinnerungsspurensuche und deren Verschwinden – in der Enge eines Krankenzimmers, aus dem es weder für den Patienten noch für den Filmzuschauer ein Entkommen gibt.

Die folgenden Überlegungen setzen sich mit dem biographischen Dokumentarfilm als öffentliche Kommunikationsform der medialen Erinnerungskultur am Beispiel *Wandersplitter* auseinander und grenzen sich so von der visuellen Datenerhebung aus dem wissenschaftlichen Bereich ab. Es wird der Versuch unternommen, dem Film sowohl inhaltlich-thematisch wie auch filmästhetisch gerecht zu werden: Filmische Formsprache und dargestellter Inhalt werden aufeinander bezogen, um den Film in seiner visuellen und narrativen Komplexität verstehen zu können. Damit wird ein wichtiger Bereich soziologischer Biographieforschung aufgegriffen, der sich im Gegensatz zu herkömmlichen Datenerhebungen wie dem narrativen Interview mit veröffentlichten Biographisierungen im Horizont von Erinnerungskulturen, ihren Medien sowie ihrer Ästhetik beschäftigt.

---

[2] Vgl. zu dieser Einschätzung das Interview mit den Filmemachern: http://www.realfictionfilme.de/filme/thomasharlan-wandersplitter/index.php, Zugriff Februar 2012.

2. Biographische Dokumentarfilme im Horizont soziologischer Biographieforschung und medialisierter Erinnerungskultur: methodologische Überlegungen

Soziologische Biographieforschung nutzt zur Erhebung und Auswertung ihrer Daten das mündliche Interview, meist gewonnen aus direkten face-to-face Situationen (vgl. Aufenanger 2006: 97). Das narrative Interview arbeitet anders als andere Interviewformen ohne direkten Fragenkatalog, sondern mit langen Erzählsequenzen. Auch wenn empirische Quellen zur Analyse von Lebensgeschichten mündliche, schriftliche und visuelle Formen umfassen, hat sich in der soziologischen Biographieforschung die mündliche Datenerhebung oder aber die Online-Befragung als dominierend heraus kristallisiert (vgl. Küsters 2009: 17 ff.). Empirische Sozialforschung ist vorwiegend sprachzentrierte Forschung. Begleitend werden in der soziologischen Biographieforschung mittlerweile auch Videoaufzeichnungen oder Bilder genutzt, die von einem Forschungsteam häufig in Eigenproduktion zu Dokumentationszwecken hergestellt und mit den Methoden der Videoanalyse ausgewertet werden (vgl. Corsten et. al. 2010). Im Zeichen des »Iconic Turn« und der performativ-kulturalistischen Wende in den Sozialwissenschaften wird die Verwendung und Auswertung von Film- und Videoaufnahmen auch dort zunehmend wichtiger (vgl. Flick 2007: 279). Dabei sollen selbsthergestellte Filme aus der wissenschaftlichen Erhebungssituation ergänzend zur narrativen Erzählung Aufschluss über Gestik, Mimik, die Körpersprache des Befragten im Zusammenspiel mit seinen mündlichen Darlegungen geben. Die sprachliche Dimension der Erzählung wird um eine visuelle erweitert, ohne dabei jedoch die visuelle Dimension gezielt unter filmästhetischen Gesichtspunkten in Szene zu setzen. Hierin unterscheiden sich wissenschaftlicher und nicht-wissenschaftlicher Dokumentarfilm in einem entscheidenden Punkt. Der körperliche Effekt als beobachtbare Spur des Erinnerns ist aus veröffentlichten Interviewfilmen wie aus wissenschaftlichen Filmen bekannt (vgl. das Beispiel in Weilepp 2009: 167). Im Bereich des Dokumentarfilms aus den nicht-wissenschaftlichen Bereichen fließen jedoch über das bloß beobachtende Element hinaus ästhetische und filmkünstlerische Erwägungen in der visuellen Behandlung der Gesprächs- und Interviewpartner/innen mit hinein, die gerade im wissenschaftlichen Film keine Rolle spielen (sollen oder dürfen): Es handelt sich bei begleitenden Wissenschaftsfilmen in biographischen Situationen anders als in filmkünstlerischen Produktionen um rein dokumentierende Beobachtungsfilme zur Unterstützung narrativer Auswertungsverfahren, die mit dem Ziel produziert werden, die mündlichen Daten mit dem Einsatz eines zusätzlichen Bildmediums objektiv und erfahrungsadäquat zu ergänzen.[3] Das Medium selbst, verkörpert durch die anwesende Kamera, soll möglichst ohne Einfluss auf die Erhebungssituation bleiben, um unverfälschte Bedingungen der Aufzeichnung zu schaffen. Das bedeutet, dass gerade das, was ein filmkünstlerisches Produkt erst zu diesem macht: das mediale Ins-Bild-Setzen der Protagonisten, die Sichtbarmachung der subjektiven Handschrift eines Filmautors im Produktionsprozess, Montage, Schnitt und Bildnachbearbeitung, im

---

[3] Vgl. zur Geschichte der (audio-)visuellen Aufzeichnungsmedien für Wissenschaftszwecke Reichert (2007).

biographischen Wissenschaftsfilm zugunsten objektiver Erwägungen kontrolliert bzw. ausgeschaltet werden soll. Die filmkünstlerischen Interpretationsleistungen liegen für biographische Dokumentarfilmer im Bildmaterial und dessen späterer Aufbereitung, wohingegen die begleitende filmische Aufzeichnung des Wissenschaftsfilms alle gestalterischen Elemente auszuschließen versucht. Medial-künstlerische Artefakte autobiographischer Darstellungen aus öffentlichen Film- und Fernsehkulturen spielen hinsichtlich ihrer filmästhetischen Umsetzung und gestalterischen Inszenierung in biographiewissenschaftlichen Analysen kaum eine Rolle.

Ziel der biographisch-narrativen Interviewanalyse ist die Aufdeckung darin enthaltener, latenter Sinnstrukturen, die sich im Prozess der narrativen »Stegreiferzählung« als kognitive Figuren im Erzählverlauf rekonstruieren lassen (vgl. Schütze 1984) und die Differenzierung »erzählter und erlebter Lebensgeschichte« in der Selbstdeutung (vgl. Rosenthal 1995). Dazu benötigt werden möglichst authentische und vollständige Quellen. Die Aussage und der Informationsgehalt der Interviewten über soziale Erfahrungskontexte stehen im Mittelpunkt der Erhebungs- und Auswertungssituation. Performative Inszenierungen der Befragten sind nur insofern von Interesse, sobald sie Aufschluss über erzählimmanente Inhalte geben können. Die soziologische Biographieforschung ist in erster Linie an den prozessualen Verlaufsstrukturen einer narrativen Lebensgeschichte interessiert, die als gesellschaftliche Erfahrungskontexte »hinter« den eigentlichen Erzählungen liegen, in diese einfließen und eine Lebensgeschichte sozial rahmen bzw. in ihrem Verlauf determinieren. Das Erkenntnisinteresse liegt außerhalb der medialen Repräsentation in der sozialen Wirklichkeit, vermittelt in der Sprache der Erzählung. Die in der Erzählung enthaltenen autobiographischen Deutungsmuster werden möglichst detailliert und genau in der Sequenzanalyse Schritt für Schritt untersucht. So ist lückenlose Vollständigkeit ein wesentliches Kriterium der biographischen Datenerhebung, um valide Interpretationen vornehmen zu können, und – wie im Schützeschen Auswertungsverfahren – die kognitiven Figuren des Stegreiferzählens sukzessive rekonstruieren zu können. Dafür bedarf es der Kontrollierbarkeit der Datenerhebungssituation durch den/die Biographieforscher/in. Andere öffentliche biographische Verbreitungsformen wie der Kino- oder Fernsehfilm geraten dabei methodisch aus dem Blick, da diese in ihrem Zustandekommen methodologisch kaum kontrolliert werden können.[4] Sie liegen als Endprodukt und als öffentliche Form der autobiographischen Kommunikation vor. Auch ist das Vollständigkeitskriterium ein kaum zu erreichender Aspekt bei öffentlichen Medienprodukten, da das filmische Endprodukt von durchschnittlich 90 Minuten häufig auf bis zu 100 Stunden Rohmaterial beruht, das erst durch Schnitt und Montage der Bilder seine eigentliche zeit-/räumliche Anordnung und Filmstruktur erhält. Diese erzeugt die für den Zuschauer sichtbare innerfilmische Realität, deren Produktionsbedingungen hinter der filmischen Darstellung in aller Regel verschwinden.[5]

---

[4] Vgl. zur Kritik der soziologischen Biographieforschung nach Rosenthal, Schütze und Oevermann sowie ihrer Methoden Kauppert (2010).

[5] Ausnahme sind der so genannte selbstreflexive Dokumentarfilm, in dem die Bedingungen des Filmschaffens sichtbar in die filmische Realität einfließen (vgl. Meyer 2005).

In der Erinnerungskulturforschung wird der mediale und kommunikative Aspekt der Generierung, Speicherung, Repräsentation und Zirkulation von Erinnerungen explizit zum Gegenstand der Untersuchung. Gerade der Film als Verbreitungsmedium spielt hierbei eine herausragende Rolle. Eine Kulturgeschichtsschreibung des Gedächtnisses zeigt den zentralen Stellenwert unterschiedlicher medialer Weitergabe- und Speicherungsformen des individuellen und kollektiven Gedächtnisses sowie ihre politischen Dimensionen zu verschiedenen Zeitpunkten (vgl. König 2008: 48 ff.). Im 20. Jahrhundert ist der politische Aspekt von Erinnerungen angesichts zweier Weltkriege und sich widerstreitender Ideologien und Lebensweisen im zeitgeschichtlichen Diskurs evident.[6] Nach dem Ende der großen historischen Meistererzählungen werden lebensgeschichtliche Erzählungen zur Rekonstruktion verschiedener Teilaspekte der Zeitgeschichte zunehmend wichtiger (vgl. Jarausch/Geyer 2005). Autobiographische Erinnerungen sind demnach keine individuelle oder private Angelegenheit, sondern werden durch ihre »sozialen Rahmungen« (Halbwachs) erinnerungskulturell bedeutsam und damit auch für die historische Auseinandersetzung potenziell konfliktträchtig (vgl. Heinze 2009). Unterschiedlichste Medien werden eingesetzt, um ein kollektives, im engeren Sinne kommunikatives oder kulturelles Gedächtnis erzeugen zu können: Schrift- und Bildmedien sind die Vermittlungsinstanzen und Transformatoren von Erinnerungen in modernen Gesellschaften, durch die diese erst ihre spezifische Form erhalten (vgl. Erll 2005: 123). Sie bilden die medialen Rahmen, die in zeiträumlicher, historischer wie sozialer Hinsicht jeweils unterschiedliche Adressatenkreise und Wahrnehmungsformen nach sich ziehen, die sich im historischen Verlauf verändern können. Über Mediendarstellungen können Erinnerungen durch Aufzeichnung und Speicherung auf Dauer gestellt werden. Die Wahl des Mediums zur Darstellung von lebensgeschichtlicher Erinnerung ist dabei ein wesentlicher Bestandteil von dessen Rezeption: »Medien sind keine neutralen Träger von vorgängigen, gedächtnisrelevanten Informationen. Was sie zu enkodieren scheinen – Wirklichkeits- und Vergangenheitsversionen, Werte und Normen, Identitätskonzepte – erzeugen sie vielmehr erst« (ebd.: 124). Damit wird die mediale Erinnerungskulturforschung in einer semiotischen Perspektive verankert. Die Darstellung und Repräsentation von Erinnerungen lässt sich nicht getrennt von dem hierfür eingesetzten Medium begreifen, das referentielle »Was« lässt sich nicht von seinem performativen »Wie« trennen, sondern nur noch in seinem Zusammenspiel – Form und Inhalt – verstehen. Die audiovisuelle Medialität des biographischen Dokumentarfilms zieht demzufolge nicht nur eine hermeneutisch-inhaltsanalytische, sondern auch eine filmästhetische Analyse nach sich. Erst über letztere lassen sich Aussagen über die filmischen Konstitutionsbedingungen des Erinnerungsvorgangs ziehen und die sprachliche Dimension erweitern.

Die mediale Aufbereitung und Speicherung von Erinnerungen im biographischen Dokumentarfilm bedeutet deren Sicherung für spätere Rezeptionssituationen. Für die Zeitlichkeit der potenziellen Wahrnehmungssituationen hat dies Folgen: Es entsteht

---

[6] Der Zusammenhang von Politik und Biographie war kürzlich Gegenstand eines Workshops der soziologischen Biographieforschung (vgl. FQS Biography and Politics, Vol 12, No 2 (2011), edited by Michaela Köttig, Christine Müller-Botsch and Martina Schiebel: http://www.qualitative-research. net/index.php/fqs/issue/view/37). Dazu auch mein Beitrag: Heinze (2011).

die allgegenwärtige Anwesenheitsillusion eines tatsächlich Abwesenden in der Rezeptionsgegenwart. Während wir die Körperlichkeit der Erinnerungen Thomas Harlans im Film *Wandersplitter* immer wieder beobachten können, ist dieser Körper physisch längst entschwunden. Die scheinbare Präsenz des erinnernden Subjekts, die uns in den Film zieht, ist letztlich eine Fiktion. Im Fall Harlans, der am 16. Oktober 2010 verstarb, ist der Körper als Träger von Wissen und Erinnerung nicht mehr existent: Er existiert lediglich im medial hergestellten Realitätseindruck des Films. Er vergegenwärtigt sich den Zuschauern, obwohl er zum Zeitpunkt der Rezeption nicht mehr lebt. In diesem Sinne wirkt der Film wie ein nachträgliches Vermächtnis. Paul de Man spricht in seiner poststrukturalistischen Kritik der Autobiographie davon, dass diese lediglich ein Porträt, einen Abdruck des Autors erzeuge, das wie die Prosopopöie, der »sprechende Stein eines Epitaphs«, erst durch die immer wiederkehrende Sonne, womit hier der Leser gemeint ist, zum Leben (wieder-)erweckt werde (vgl. de Man 1993: 142). Der Zuschauer verlebendigt in der jeweiligen Rezeptionssituation die Wahrnehmung und Erinnerung an die Erinnerungen eines – in diesem Fall – Toten. Der Realitätseindruck des Films als wahrnehmungsnahes Zeichen, das auf einem vorgestellten Bildrealismus beruht, bezieht sich auf die Perzeption des Bildes *als real*, nicht auf die Referenz des Bildes (vgl. Sachs-Hombach 2006: 231). Durch diesen medialen Effekt wird auch die grundsätzliche Flüchtigkeit und Einzigartigkeit der mündlichen Rede ihrer ursprünglichen Einmaligkeit enthoben und in eine zeitlose Schleife gestellt. Während in oralen Erinnerungskulturen Erinnerung und Rezeption an eine Vortragssituation zeit-/räumlich gebunden war, wird diese Synchronizität der Erinnerungsrede im biographischen Dokumentarfilm aufgehoben:

> »Die Auflösung der Gemeinschaft von Vortragendem und Zuhörendem hebt auch die Simultaneität der für alle Medien konstitutiven Operationen des Speicherns, des Übertragens und des Abrufs auf: Zwischen dem Notieren einer schriftlichen Information, dem Transport dieser Nachricht zu einem Rezipienten sowie der Decodierung des Übermittelten können Tausende von Kilometern und ebenso viele Jahre liegen« (Pethes 2008: 110).

3. Thomas Harlan: *Wandersplitter*

Christoph Hübner hat seine grundlegenden filmästhetischen Überlegungen zur Herangehensweise an »dokumentarische Filmgespräche«, wie er seine Arbeiten auf diesem Feld nennt, und insbesondere seine Arbeit an *Wandersplitter* wie folgt beschrieben:[7] Ausgehend von der Frage, wie Sprache zum Erlebnis des Films werden kann, differenziert Hübner in »Sprache als Aussage« und »Sprache als Handlung« im Film, wozu er durch die Sprachreflexionen Harlans gebracht wurde. Während Sprache als Aussage rein informativen Gehalt aufweist, ist die Sprache als Handlung an sehr viel weiterführende Aspekte gebunden, die für die filmische Inszenierung von zentraler

---

[7] Diese Ausführungen beruhen auf den Notizen nach einem Vortrag mit dem Titel »Die Kunst des Fragens, die Kunst des Zuhörens oder die Sprache als Film«, den Christoph Hübner im September 2008 auf einem Symposium in Köln hielt. Das schriftliche Manuskript liegt dem Verfasser dieses Artikels vor.

Bedeutung sind. In dieser Perspektive soll der Zuschauer nicht nur Zeuge einer Aussage oder Information werden, sondern Beteiligter eines transformativen Vorgangs, in dem Denken zur Sprache wird, vermittelt über den Prozess der Sprachmodulierung mit ihrem Rhythmus, Klang, ihren bedeutungsvollen Pausen und Suchprozessen. Zum Umgang mit Sprache im Film gehören nach Hübner zwei Seiten: erstens die Seite der Entstehung von Sprache in der Aufnahme, der Gesprächssituation, und zweitens die Seite der späteren Formgebung, der Montage, der Bearbeitung. In der Aufnahme, der Situation des Gesprächs, sollte der Mensch nicht zur Abstraktion seiner Aussage werden, vielmehr geht es um das In-Gang-Setzen eines Nachdenkens, das sich über die subjektive Körperlichkeit vor der Kamera allmählich entwickelt und den Zuschauer zur Teilnahme an diesem Kommunikationsprozess bewegt. Dazu sind auch die richtigen Einstellungen der Brennweite und der Fokussierung notwendig. Für Hübner ist in der Gesprächssituation alles erlaubt, selbst äußere Störungen und Ablenkungen sind ausdrücklich erwünscht, um der Gesprächs- als Filmhandlung mehr Lebendigkeit zu verleihen. Ebenso ist die Selbstreflexion der Aufnahmesituation Teil der Filmhandlung, wodurch der Zuschauer in seiner Rezeptionshaltung einen Wechsel der Perspektive vornehmen muss:

> »Im Film ›Thomas Harlan/Wandersplitter‹ etwa sind selbst die Dialoge mit Thomas Harlan über den richtigen Kamerastandpunkt und die Gestalt des späteren Films mit im Film. Der Zuschauer ist dabei für einen Moment nicht nur Zuschauer, sondern wird selbst zum Teilnehmer an der Reflexion über die Entstehung eines Films. Außerdem wird der Ort des Geschehens, ein knapp 18 qm großes Krankenhauszimmer, mit seinen Einblicken und Ausblicken zum Teil der Handlung. Der Film, der sonst überwiegend aus Monologen von Thomas Harlan besteht, ist dadurch etwas anderes als ein Interview-Film, das Reden wird zur Handlung, der *Mensch und die Sprache bekommen einen Körper* und der Film wird trotz seiner äußerst knappen und streng eingesetzten Mittel zum *Film* statt zum *Interview*. Manche sagen auch: zum *Spielfilm, der sich im Kopf des Zuschauers abspielt*.« (Hübner 2008 (Manuskript): 5, Hvhg. im Orig.)

Pausen werden als ein Nachklingen-Lassen des Erzählten ausgehalten, um eventuelle Nachreflexionen nicht zu unterbinden. Hübner legt Wert darauf, seinen Gesprächspartner intuitiv in seiner Besonderheit zu erfassen:

> »Jeder Mensch hat dabei seinen Rhythmus, im Sprechen, im Atmen, im Denken. Es gehört zur Kunst des dokumentarischen Gesprächs, diesen Rhythmus des Anderen zu erspüren und mit seinem eigenen Rhythmus in Übereinstimmung oder *in einen Dialog* zu bringen.« (ebd.: 6)

Schwierig für die Umsetzung des Erlebnisses der Sprache im Film ist die Gesprächsarbeit in einer statischen Situation, d. h. ohne Tätigkeit und Bewegung des Protagonisten, in der filmischen Konzentration auf die sprachliche Erzählung allein (vgl. Schadt 2012: 168 f.). Da das Medium Film per se von der Bewegung, von bewegten Bildern lebt, sind statische Filmgespräche in hohem Maße von den performativen Qualitäten des Erzählers abhängig. Die Intensität, die sich aus der statischen Situation ergibt, bedarf umgekehrt der Offenheit des Gegenübers als Resonanzraum des Erzählten. Dieser Resonanzraum wird sowohl in der Gesprächssituation selbst, aber auch in der späteren Bildbearbeitung, der Montage und dem Schnitt, entscheidend für das filmische Endprodukt:

»All das, was über das Zuhören und die Resonanz gesagt wurde, gilt ebenso und erneut für die Bearbeitung, die Montage. Sie muss all diese Qualitäten, von denen die Rede war: das *Offene*, das *Inoffizielle*, das *Improvisierte*, die *Pausen*, den *Rhythmus des Anderen*, das *Geschehenlassen der Sprache* bewahren, *schützen* und nicht nur das: sie muss sie konzentrieren, selbst neu *hervorbringen*, sichtbar und hörbar werden lassen. Im Falle von den Filmen, von denen hier Ausschnitte zu sehen waren, bedeutete das oft monatelange Montage-Arbeiten, obwohl es *scheinbar doch um so etwas Einfaches* geht«. (Hübner 2008 (Manuskript), 7, Hervorhebung im Text).

Über die Montage des Rohmaterials wird der Film zu dem, was der Zuschauer letztlich zu sehen bekommt. Diese holt etwas aus dem Material heraus, was zwar in diesem angelegt ist, jedoch erst in eine eigene filmästhetische Sprache übersetzt werden muss. Filmstruktur und Filmrhythmus erhalten ihre Form über diesen abstrakten Arbeitsschritt, der über Gelingen und Misslingen des Endergebnisses entscheidet (vgl. Schadt 2012: 202 f.).

Der biographische Dokumentarfilm *Wandersplitter* ist nicht nur die bloße visuelle Dokumentation eines Interviews, einer rhizomartig mäandernden Erinnerungsspur, sondern auch eine in seiner Bildsprache vielschichtige und der dichten Erzählform Harlans angepasste Inszenierung einer »Anti-Biographie« mit längeren Filmsequenzen ohne schnelle Schnitte, die in einzelne Kapitel von dem Regisseur Hübner unterteilt ist. Diese werde ich im Folgenden gemäß Harlans Beschreibung *Wandersplitter* nennen und nach den einzelnen Kapiteln nummerieren. Der über den gesamten Film gewählte Beobachtungsmodus ist eine Mischform des *interaktiven, reflexiven* und des *performativen*[8] biographischen Dokumentarfilms (vgl. Weilepp 2009: 166 f.): *Interaktiv* aufgrund der direkt hergestellten Gesprächssituation vor und mit der Kamera, deren Position sich innerhalb einzelner Sequenzen nur selten ändert (Harlan wird über das Zoom mal näher, mal entfernter von seinem Sitzplatz gezeigt, der überwiegend sein Schreibtischstuhl ist)[9], die jedoch den Eindruck einer unmittelbaren Zuschaueradressierung in Gesprächsform suggeriert; *reflexiv* aufgrund der kurzen Situationen, in denen die Künstlichkeit der Aufnahmesituation durch entsprechende Kommentare oder Kommunikationen an der Kamera vorbei transparent gemacht und damit die medienindifferenten suggestiven Wirkungen des Films ein Stück weit aufgehoben werden – etwa wenn Hübner die bereits laufende Kamera justiert, durch das Bild geht und Harlan ihm dabei Tipps für ihre Positionierung zur Herstellung eines geeigneten Bildausschnitts gibt; *performativ* aufgrund des bildgestalterischen Surplus, dem durch strenge Formalisierung hergestellten Sinnüberschuss des erzeugten Bildes, das Hübner durch die gewählte Bildästhetik zur subjektiven Emanation seines Gegenübers aufwendet und das zur Konstruktion einer filmsprachlich und bildräumlich geschlossenen Form beiträgt. Im Mittelpunkt des Bildes stehen allein Thomas Harlan und seine Erzählungen, die durch den Raum schießenden Fragmente oder Splitter seiner Erinnerung. Hierzu sei eine Beobachtung am Rande erlaubt: Während die klar konzeptionalisierte Struktur der Filmsprache mit den Dualitäten eines

---

[8] Vgl. zu den verschiedenen Modi des dokumentarischen Films Nichols (1991).
[9] Der Bildraum zeigt im Hintergrund mal eine Bücherwand (wenn Harlan auf dem Schreibtischstuhl sitzt), mal den Ansatz einer Tür (die Tür des Patientenzimmers, wenn Harlan in einer anderen Position sitzt), mal den Ansatz eines Bildes an der Wand (wenn Harlan auf dem Bett sitzt): Alle Interviewszenen finden aber in der Geschlossenheit des Patientenzimmers statt.

Innen und Außen spielt – der dichten anekdotenhaften Erzählform im geschlossenen Raum seiner Erinnerungen (Geist), im geschlossenen Raum des Patientenzimmers (Ort), wird immer wieder der Blick ins Freie (die Natur) durch das Zimmerfenster entgegen gesetzt –, basieren Harlans Erinnerungen auf dem, was die Philosophen Deleuze und Guattari (1977) in poststrukturalistischer Zurückweisung einer ontologischen Zwei-/Dreiteilung der Welt (Natur/Geist; Subjekt/Objekt; Innen/Außen; Autor-Buch-Welt → Referenz) als »Rhizom« beschrieben haben: Harlans autobiographische Erzählung ist eben nicht als bloß rekonstruktive – erlebte und erzählte – Form des Erinnerns zu verstehen. Sie »kopiert« nicht die erinnerten Welten, sondern arbeitet »karthographisch«[10]: »In einem Rhizom gibt es keine Punkte oder Positionen wie etwa in einer Struktur, einem Baum oder einer Wurzel. Es gibt nichts als Linien« (ebd.: 14). Genau dies ist die metareflexive Ebene der Wandersplitter, die Harlan durchaus bewusst einsetzt und selbstbeschreibend inszeniert (s. Wandersplitter 1).

Der Film kommt ohne Off-Kommentar oder musikalische Begleitung aus. Er funktioniert durch die audiovisuelle Präsenz seines Erzählers und den intradiegetischen Originaltönen. Als Subjekt im Akt des Sehens scheinbar anwesend, handelt es sich jedoch um eine zu jedem Rezeptionszeitpunkt erneuerte Illusion des Da-Seins im zeiträumlich entgrenzten Bild, dessen äußere Entstehungsumstände mit dem Voranschreiten der Zeit zunehmend verblassen. Das audiovisuelle Medium bietet die Möglichkeit einer zeitlosen und real erscheinenden Dauerpräsenz des medialen Subjekts, ohne dass dieses zum Zeitpunkt der Präsentation physisch noch tatsächlich – sprich: lebend – anwesend sein muss. In diesem Sinne ist Film eine an die realen Erfahrungsmöglichkeiten geknüpfte Erinnerungsspur. Durch die Texttafeln (Überschriften) erhält der Film (s)eine Struktur, die Harlans linienförmigen Erinnerungslandschaften in eine filmische Form integriert. Hübner bedient sich einer strengen, gleichwohl hoch verdichteten Bildsprache, die in kongenialer Entgegensetzung zur metaphorischen Exuberanz von Harlans Erinnerungen steht, die sich gerade aufgrund ihrer poetischen Suchbewegungen einer strengen Strukturierung zu entziehen versuchen. Hübner inszeniert in einem sinnadäquaten Bildausdruck die visuelle Entsprechung zur mündlichen Erzählkraft seines Protagonisten auf bildlicher Ebene und findet diesen in einer auf den ersten Blick einfach erscheinenden, jedoch bei genauerem Hinsehen sehr komplex kodierten, auf langen Bildsequenzen beruhenden Bild- und Montagetechnik. Der gesamte Film kommt bis auf eine einzige Ausnahme ohne Zusatz des für das Thema Nationalsozialismus bekannten Archivmaterials (etwa Fotografien, filmisches Archivmaterial) aus: Diese eine Aufnahme bildet eine schwarz/weiß Fotografie, die Thomas Harlan am Sterbebett seines Vaters Veit Harlan zeigt.[11] Diese einzige in den Film montierte Fotografie, die augenscheinlich über die Erzählung Thomas Harlans hinaus als retrospektives Medium in die Vergangenheit weist, ist wiederum ein Schlüsselbild des gesamten Films, der über weite Strecken das schwierige Verhältnis von Vater und Sohn und das damit zusammenhängende Familien- und Zeitgeschichtserbe zum Gegenstand hat. In der Fotografie, die erst durch den Kommentar dem Zuschauer in ihrer hier entstehenden Bedeutung nahe

---

[10] Zur Differenz von Kopie als mimetische Form und Karte als rhizomartige Form vgl. Deleuze/Guattari (1977: 20 ff.).

[11] Eine Fotografie, die sich auch in der Autobiographie Veit Harlans findet.

gebracht wird, kommt symbolisch das Verhältnis zwischen Vater und Sohn zu einem versöhnlichen Abschluss. Gleichzeitig versinnbildlicht es das problematische Verhältnis zwischen der »Tätergeneration« zu ihren Kindern. Darüber hinaus ist es auch das Bild, mit dem Hübner zuerst auf seinen Protagonisten in einem Zeitungsartikel aufmerksam wurde. Es ist sicherlich kein Zufall, dass dieser sparsame Einsatz von weiteren zeitkonservierenden Medien in dem biographischen Dokumentarfilm *Wandersplitter* entgegen anderer gängiger Erinnerungsfilme sich auf nur eine einzige Fotografie beschränkt. Dieses Prinzip des historischen Abbildungsverbots wurde bereits sehr erfolgreich in *Shoah* (1985) von Claude Lanzmann angewandt. Es setzt auf die Inszenierung der Emanation eines Ereignisses – hier: des Erinnerungsprozesses – im Zeitpunkt seines Geschehens (vgl. Seel 2001) im Gegensatz zur historischen Rekonstruktion durch Aufschichtung und Verknüpfung archivalischen Bild und Filmmaterials.

Der erinnernde, erlebende und erzählende Körper Harlans wird in zwei Einstellungsgrößen gezeigt: In der Nahaufnahme und der Großaufnahme (vgl. dazu Korte 2010: 34 ff.). Hierdurch werden die emotionalen und atmosphärischen Qualitäten des Films in einer reduzierten Form gestaltet und intensiviert. Nähe, Identifikationspotenzial und Einfühlungsvermögen für den Zuschauer zu schaffen, sind die Ziele dieser Kameraeinstellung. Während Aussagen von mehreren Zeitzeugen in historischen Dokumentarfilmen oftmals thematisch gegliedert werden, wodurch eine rhythmische Dynamisierung des Erzählverlaufs durch schnelle Schnitte evoziert wird, bleibt diese Bewegung innerhalb der langen Bildsequenzen ohne Schnitt hier gerade aus. Die damit erzeugte Spannung ergibt sich allein aus den auch visuell zu beobachtenden, körperlich-geistigen Erinnerungsprozessen und -anstrengungen Thomas Harlans, die minutenlang starr und konzentriert erscheinen und nur von der Gedächtniskunst seines Protagonisten leben. Die Kamera, die ihn meist leicht von unten rechts in der Nahaufnahme (Kopf und Oberkörper) zeigt, wird von ihm nicht direkt adressiert. Über weite Teile des Films schaut er an dieser vorbei (meist nach schräg rechts, dann zwischendurch auch nach schräg links, was auf die Position der Gesprächsteilnehmer/in[12] verweist). Nur an wenigen Stellen wird die apparative Anwesenheit thematisch: immer dann, wenn sich Harlan mit Kommentaren direkt an sie wendet und damit darauf aufmerksam macht, dass wir es mit einer künstlichen Aufnahmesituation zu tun haben, deren er sich bewusst ist. Zugleich verweist er an einigen Stellen auf Gespräche mit seinem Gegenüber Hübner, die nicht thematischer Bestandteil der innerfilmischen Realität sind. Hier wird für den Zuschauer deutlich, dass *Wandersplitter* nicht das ganze Interview wiedergibt, sondern nur ausgewählte Teile, so dass also trotz des authentischen und realistischen Effekts durch dezente Inszenierungsstrategien diese dennoch in der Bildmontage zum Tragen kommen (das ganze Filmmaterial umfasst mehr als 50 Stunden). Die auf ihren Wechselwirkungen zwischen Bild und Erzählung beruhende Abfolge aller Sequenzen in allen Details zu beschreiben, würde den Rahmen dieses Beitrags sprengen. Einige eingeschobene Filmsequenzen, die Harlans theoretische Exkurse oder aber seine philosophische Sensibilisierung für eine Sprache der Erinnerung zum Thema haben, werden ausge-

---

[12] Christoph Hübner und seine Partnerin und Kollegin Gabriele Voss.

lassen. Die folgende Strukturierung orientiert sich an den durch Texttafeln erfolgten Strukturierungen der biographischen Wandersplitter Harlans durch den Regisseur.

3.1 »Eine Geschichte ohne Ich, Moskau 1953« – Schicksal, Plan oder Zufall? Über die Kontingenzen des Lebens (Wandersplitter1/ 00:00 – 00:21)

Der stumme Prolog, begleitet nur von Vogelgezwitscher und Stimmen aus dem Inneren des Sanatoriums, beginnt mit einem Blick aus dem Fenster seines Patientenzimmers, in dem Harlan seit 2001 gezwungen ist zu leben. Der Einsatz dezenter Geräusche, die in einem mittelbaren oder unmittelbaren Zusammenhang mit dem Bild stehen, ist auch im weiteren Verlauf ein wesentlicher Bestandteil der Inszenierung. Die ersten Bilder zeigen die Berglandschaft der Umgebung sowie das Innere des Sanatoriums. Die bildliche Darstellung des Innen und Außen werden zwei wichtige Leitmotive des Films, die den mäandernden Erinnerungsspuren Harlans eine feste Struktur gegenüber stellen. Die folgende Sequenz zeigt das seitliche Profil Harlans, nachdenklich auf seine rechte Hand aufgestützt, es folgt die Texttafel mit dem Filmtitel, dann wieder Harlan, aus dem Fenster schauend.

Die Exposition eines Films ist für die Perspektivierung des Zuschauers über seinen späteren Inhalt von entscheidender Bedeutung (vgl. Schadt 2012: 198). Harlans Erzählung beginnt mit einem Exkurs zum »Blick«: Das unterhalb des Berges liegende Dorf erinnere ihn an zentralchinesische Dörfer, der Blick sei so für ihn immer ein chinesischer. Er selber sitze oben auf Wolkenhöhe und schaue nach unten auf die Dächer. Ein Blick von oben, außerhalb, aus dem Innenraum seines Patientenzimmers, auf eine äußere Landschaft. Ein fremder, verfremdender Blick, eingeschlossen von einem durch Krankheit erzwungenen Aufenthalt – im übertragenen Sinne: seiner Herkunft und Existenz. Das Patientenzimmer als geschlossener Raum. Ein Krankenzimmer, in dessen Geschlossenheit die Erinnerungsströme einen eigenen Kosmos bilden. Ein verfremdender und irritierender Blick in die Familiengeschichte und Zeitgeschichte eines Landes. Das Krankenzimmer wird zur symbolischen Grenze gegenüber einem Außen, das existenziell zu begreifen ist. Raum und Blick, Innen und Außen, werden auf diese Weise symbolisch komplex kodiert. Gegenüber, so Harlan weiter, liege der Obersalzberg: »Hitler hätte mich hier sehen können«. Eine ferne Zeit und seine späten Schattenfiguren schauen ihn an. Die Konfiguration Vater – Sohn, Nationalsozialismus und sein erklärter Gegner stehen sich gegenüber. Sehen und gesehen werden, der innere Blick nach draußen (Harlan) wie auch der äußere Blick nach innen (Hitler) markieren gleichzeitig die Rezeptionssituation des Zuschauers. Harlan wird von uns, durch den Blick des Regisseurs Hübner, betrachtet, gleichzeitig scheint er durch den Blick zur Kamera einen unsichtbaren Rezipientenkreis zu betrachten. Man schaut auf ihn, wie er auf andere schaut. Der Blickwechsel von Innen nach Außen wird visuell durch die auch in späteren Sequenzen erfolgenden Bildwechsel, Zimmer – Ausblick – Zimmer – Ausblick, unterstrichen. Der (verfremdende) Blick auf Familien- und Zeitgeschichte wird somit als weiteres Leitmotiv eingeführt. Der Blick, das Anschauen und Beobachten, um das es im (Dokumentar-)Film immer geht, wird generell thematisch.

In der nächsten Sequenz, in einer Porträtaufnahme, erörtert Harlan seine Auffassung vom Sinn oder Nichtsinn von Lebensgeschichte(n). Damit wird gleichzeitig ein paradigmatischer Exkurs zur autobiographischen Erinnerungsarbeit auf metareflexiver Ebene formuliert: »Anti-Biographie«. Dieser Abschnitt ist programmatisch für das gesamte Projekt und seine Umsetzung zu verstehen. Es verdeutlicht Harlans Skepsis gegenüber der Vorstellung eines sich entfaltenden oder realisierten Lebensplans in der autobiographischen Reflexion.

Es folgt zunächst die Einblendung einer Texttafel mit den wichtigsten biographischen Angaben zu Thomas Harlans Leben. Die zurückgewiesene Strukturierung des Lebens in der Erzählung wird so vom Regisseur durch eine eigene innerfilmische Strukturierung kontrapunktiert: Die formalsprachliche Filmstruktur Hübners wird der Anti-Struktur der Erinnerung Harlans gegenüber gestellt. Auditiv werden zentrale Assoziationen zur Person Harlans parallel zur Texttafel über Schreibmaschinengeklapper und seinem schweren Atmen (Lungensanatorium) eingeführt. Die nächste Bildsequenz richtet den Blick wieder mit dezenten Hintergrundgeräuschen aus dem Fenster, diesmal aus einer anderen Perspektive (auf einen Berg). Der Blick, als Durch- oder Aufblick, wird in der anschließenden Sequenz noch einmal durch eine halb aufgeklappte Brille, die auf einem Buch liegt, versinnbildlicht.[13]

Die folgende Anekdote (eine »Nichtgeschichte«), die wiederum durch eine strukturierende Texttafel mit der Überschrift »Eine Geschichte ohne Ich, Moskau 1953« eingeleitet wird, verdeutlicht die im Prolog beschriebene Haltung Harlans zur biographischen Rekonstruktion (s)eines Lebens. Sie stellt eine *entscheidende, metareflexive* Sequenz dar. Harlan geht es darum zu zeigen, dass für seine Erinnerungen gerade Geschichten symptomatisch seien, in deren Mittelpunkt kein Ich, keine Absicht steht, er selbst bloßer Beobachter ist.[14] Die erzählte Erinnerungsanekdote verdeutlicht aber unabhängig von ihrem faktischen oder fiktionalen Gehalt sehr viel mehr: Sie versinnbildlicht die Zurückweisung einer narrativen Kausalität oder eines latenten oder offenen Lebensplans, der sich aus einer lebensgeschichtlichen Rückschau erschließen lässt, in dem der Erzählende selbst als Handlungsakteur auftritt. Der autobiographische Erzähler als autonomer Träger einer Lebensgeschichte wird dekonstruiert. Der klassische autobiographische Duktus wird von Harlan konterkariert. Ebenso weist er die nachträglichen Sinnkonstruktionen einer erinnernden Person zurück. Die kurze Geschichte weist eher Züge einer Parabel auf. Die Kontingenz und Zufälligkeiten von Lebensereignissen kommen an dieser Stelle metaphorisch zum Ausdruck.

Harlan tritt in dieser Geschichte nur als, wie er es nennt, »Teilhaber« eines Ereignisses auf, er hat mit der Geschichte nur so viel zu tun, als er weiß, dass sie stattgefunden hat (sinngemäße Wiedergabe). Umgekehrt ist diese Erzählung ein Schlüssel zum Selbstverständnis Thomas Harlans in Bezug zu seinen Erinnerungen.

---

[13] Derartige Bildinszenierungen verweisen auf eine Form der Selbstreflexion im (Dokumentar-)- Film, d.h. eine offene Form der Auseinandersetzung mit den Möglichkeiten und Grenzen der Bildsprache: »Der Terminus ›selbstreflexiver Dokumentarfilm‹ bildet eine Sinneinheit, die sich aus der strukturierenden Opposition zwischen dem möglichst hohen Anspruch auf Authentizität und Objektivität einerseits und seinen subjektiven Voraussetzungen andererseits ergibt« (Meyer 2005: 7).

[14] Harlan: »Geschichten, die überhaupt nicht dafür gebraucht werden können, sie in den Vordergrund zu stellen.«

1953 war er das zweite Mal in die Sowjetunion zur Teilnahme an Seminaren eingeladen worden. Schon nach kurzer Zeit wollte er sich der freundlichen, aber sehr dauerhaften Observation durch die Staatsorgane entziehen. Im Hotelkorridor wird er auf eine angelehnte Tür aufmerksam, durch die er hindurch geht und auf eine »schöne Treppe« aufmerksam wird, die er hinunter geht. Er durchquert dunkle Räume und eine Vorratskammer, bis er durch eine Küche in den Hof gelangt, von dort auf die Straße und einen nahegelegenen Platz. Er besteigt einen öffentlichen Bus, um sich auf eigene Faust ein Bild der Stadt Moskau zu machen, ohne ein konkretes Ziel anzusteuern. Seine phänomenologischen Beschreibungen der Menschen beziehen sich auf Kleidung, Blicke, Schuhe, Atmosphäre. Da es schneit, ist der Bus recht voll. Erst nach einiger Zeit erreicht dieser die Vorstädte, wo er sich zunehmend leert, um dann nach Stunden der Fahrt wieder in die Stadt zurückzukehren. In einem bestimmten Moment greift jemand an Harlans Rücken, er dreht sich um, sieht aber niemand. Wenig später hakt sich dieselbe Person in Harlans Arm ein und zieht ihn aus dem Bus auf die Straße. Harlan folgt dem Mann, ohne ihm ins Gesicht zu schauen, auch merkt er sich aus Sicherheitsgründen nicht die Straßennamen, die sie passieren. Sie gehen durch einen Torbogen in ein Haus, die Treppe hoch in den vierten Stock, wo eine Wohnungstür durch eine Frau mit Lockenwicklern geöffnet wird. Harlan wird in einen salonähnlichen Raum geführt, in dem eine Vielzahl verschiedener Dinge und Möbel steht. Es wird ihm von der Frau Tee angeboten. Harlan ist fasziniert von der Geschichte, da sie in einem Land geschah, in dem das Ansprechen fremder Personen bereits »kühn« war. Der Mann, der ihn mit sich zog, ist um die 70 Jahre alt (oder jünger), braungebrannt. Seine Frau serviert den Tee und bedeutet Harlan zu warten. Er hört Schlurfen auf dem Gang, das Ehepaar zieht eine Kiste in den Salon, die die Aufschrift »Osram« trägt. In einer langen Prozedur entknoten die Beiden die Kiste, dann nehmen sie ein Bündel Zeitschriften heraus und reichen es Harlan in die Hand. Es ist das Berliner Tageblatt vom 2. Januar 1929, in dem er nun ein wenig verlegen blättert, ohne dass irgendwelche Bemerkungen oder ein Gespräch stattfinden. Der Mann holt weitere Zeitschriftenbündel aus der Kiste und breitet sie auf dem Boden aus. Es handelt sich um die gesamte Jahresausgabe 1929 des Berliner Tageblatts. Daraufhin gibt er Harlan die Hand und führt ihn mit leichtem Nachdruck wieder auf den Hof hinaus: »Er hatte mir die größte Geschichte der Sowjetunion erzählt.« Die Geschichte endet hier.

Was wollte der Mann, was verdeutlicht diese Geschichte? Zunächst einmal sieht Harlan es als reinen Zufall an, dass dieser Mann gerade ihn als Zeugen einer Geschichte mitnahm, die in die Frühphase des Stalinismus am Vorabend des Terrors in den 1930er und 1940er Jahren zurück führt. Ebenso Zufall war es, dass Harlan ausgerechnet Deutscher war und damit den Sinn des Berliner Tageblatts verstand. 1929, so Harlan, war ein bedeutsames Jahr in der Geschichte der »großen Sowjetunion«, da zu diesem Zeitpunkt erstmals und einmalig bedeutende sowjetische Schriftsteller für ein Jahr nach Berlin fahren durften (»keiner weiß bis heute, warum«). 1929 markiert darüber hinaus auch deshalb ein wichtiges Jahr für die Sowjetunion, da es das letzte Jahr der Freiheit in jeglicher Hinsicht werden sollte. Der unbekannte Mann nun wollte Harlan (»wollte es«) – so stellt es sich für ihn heute dar – als unbekannten, möglicherweise einzigen Zeugen seiner Existenz, wollte ihn als Zeugen dafür, dass

»überhaupt etwas war«: »Denn es könnte sein, dass es niemanden gibt der weiß, dass es ihn gegeben hat.« Das Ehepaar, so scheint es Harlan, setzte 1953 seine Existenz aufs Spiel um einen Zeugen für den Aufenthalt des Mannes in Berlin, im weiteren Sinne auf dieser Erde zu finden, damit dieser Zeuge eben diese von Harlan vor der Kamera erzählte Geschichte zu einer anderen Zeit an einem anderen Ort weiter verbreiten könne. Harlan wird so zum unfreiwilligen Zeugen einer ihm unbekannten, jedoch für eine Generation exemplarischen Existenz. Der Mann erzählt so »ohne selbst eine Person zu werden« einer anderen unbekannten Person eine Geschichte allein durch den deiktischen Verweis auf das Berliner Tageblatt.

Das Kostbarste derartiger Geschichten sei, so Harlan, dass diese das Ich hinausschmeißen, bevor sie überhaupt erzählt worden seien, der Erzähler habe bereits im Erzählprozess nichts mehr mit ihr zu tun. Harlan schließt mit der Konklusion: »Wie kann man weniger sagen und so unendlich etwas damit beschreiben?« Viele Geschichten bräuchten nicht gehört zu werden, wenn man nur diese eine verstehe. Es folgt ein Schnitt.

Kontingenz und Zufall sowie die Bedeutung nachträglicher Erinnerungen und der (anonymen) Erinnerungsweitergabe kommen in dieser (fiktionalen/faktischen?) Geschichte zum Ausdruck. Der unendliche Regress der Erinnerungen an Erinnerungen von Erinnerungen wird dabei ebenso thematisiert wie die Widerfahrnisse des Lebens selbst ohne eigene Einwirkung und Grund. Es handelt sich in dieser Geschichte um die Darstellung von Berührungen mit der Wirklichkeit, ohne dass eine Person selbst konturiert wird: Eine Geschichte ohne intentionalen Akteur. Die Geheimnisse und Undurchsichtigkeiten von Ereignissen im Leben werden diesem von Harlan jenseits von allem autobiographischen Pathos zurückgegeben und für das eigene Narrativ fruchtbar gemacht. Der erste *Wandersplitter* befällt also zu einem bestimmten Zeitpunkt den Körper des Erinnernden, der ihn zu einem späteren, weit entfernten Zeitpunkt wieder an andere Zuhörer (Hübner) in einem anderen raum-/zeitlich-medialen Zusammenhang, der nun, *jetzt* im Jahr 2012, auch bereits wieder vergangen ist, weiter gibt: Erzählter wie Erzählender sind längst wieder in die Undurchdringlichkeit der Vergangenheit verschwunden. Allein das Medium als Spur ist noch in der Lage, diesen Weg zurück in die Vergangenheit verfolgen zu können.

3.2 »Das Kind und die Bande 1937–1941« – NS-Vergangenheit: Familiengeschichte, Individualgeschichte im Zeichen von Hitler (Wandersplitter 2/ 00:28,30–00:38)

Die eingeblendete Texttafel mit der Überschrift wird mit dem kurzen, schweren Atmen eines Lungenkranken unterlegt, dann beginnt die Erzählung. Harlan sitzt auf dem Schreibtischstuhl und trägt ein schwarzes Longsleeve-Shirt wie in allen Interviewsequenzen. Ein unbeweglicher und konzentrierter Blick. Es geht um einen wichtigen Tag in seinem Leben, den Tag, »den ich mit Hitler verbringen durfte: Es war etwas Wunderbares.« Normalität als Alltagserfahrung des Kindes. An einem Tisch sitzen einige wichtige NS-Funktionäre, das Gespräch dreht sich um den Bau des VW-Käfers. Harlan beschreibt die auratische Anziehungskraft Hitlers, es war ein

»großes Ereignis«, Hitler reden zu hören, ihn als Kind als freundlichen Menschen zu erleben. Er war ein »Fakir«, mit »hexerischen« Eigenschaften. Eine gelebte Nähe zur Macht, die für die Familie Harlan etwas Selbstverständliches darstellte und in dieser Selbstverständlichkeit heute rätselhaft erscheint. Auch in der Familie Harlan wird diese Wirkung zur damaligen Zeit verklärt, auch wenn es gelegentlich kleine Widersprüche, »Abers« gab, jedoch niemals ein »großes Nein«. Dies unterstreicht die gelebte »Normalität« einer Zeit, die aus heutiger Perspektive weit zurück zu liegen scheint, obwohl sie sich in verschiedenen Schichten in nur einer einzigen Lebensgeschichte manifestiert. Der Aura Hitlers sei er als kleiner Junge verfallen.

Die Sozialpolitik der Nationalsozialisten habe darüber hinaus eine große Bindungskraft entfaltet, die Anhebung der Lebensqualität sei ein geschicktes und großes Verdienst Hitlers gewesen. Es handelte sich um »eine einmalige Qualitätsleistung eines Verbrechers, der aus einem Volk eine Bande gemacht hatte – und als Kind gehörte ich zu der Bande dazu, ist ja logisch.« Es gab nie grundsätzliche Zweifel, nicht einmal, als ein jugendlicher Freund Harlans ihn darauf hinwies, dass er ihn (aufgrund einiger defätistischer Äußerungen) anzeigen könne. Dies empfand Harlan als »normal«, »nett«. Harlan meint, man hätte damals jemand anders sein müssen, um das »Verbrecherische« dieser Drohung verstehen zu können. Es bedeutete überdies für Harlan keinen Widerspruch, wenn zu Hause ein homosexueller Schauspielerfreund Witze über die Nationalsozialisten riss, der Alltag jedoch von unreflektierter Zustimmung und dem Glauben an die richtige Sache geprägt war. Selbst derartige Erlebnisse führten nicht zur »Einnahme einer anderen Perspektive«; »das Nein war weg.« Erst sein frühes Exil nach Frankreich 1948 (zwecks Aufnahme eines Studiums) ermöglichte ihm, »einzutauchen in das Gegenteil, und das Ganze mir mal von Innen anzugucken aus den Eingeweiden.« Die Wandlungen als Brüche zu verstehen, wird von Harlan jedoch zurückgewiesen. Die Metamorphose von der Selbstverständlichkeit des nationalsozialistischen Alltags hin zur (selbst-)kritischen Neuperspektivierung des Blicks fällt schwer, es dauerte einige Zeit, bis Harlan dazu in der Lage war.

Der zweite Wandersplitter betrifft die Annäherung an eine Kindheit und Jugend, die ohne Einrede oder Widerspruch die verbrecherischen Abgründe nicht erkannte, in die die damalige Gesellschaft getrieben wurde. Eine Form von *Hitlerismus* ist nicht zu überhören. Selbst freundschaftliches Denunzieren wurde als »normal« empfunden. Kein Zweifel trotz abweichender Erfahrungen, die den schwierigen Wandel Harlans nach 1945 erahnen lassen. Die Härte des Einschlags des zweiten Wandersplitters ergibt sich aus der aus heutiger Perspektive kaum nachzuempfindenden »Normalität« des Alltags, des Wertesystems, des Denkens, Fühlens und Wahrnehmens, das ein heute kaum nachzuvollziehendes Selbstverständnis implizierte, wovon ihn nur sein kindliches Alter schützte. Normalitäten im Übergang, die auf die eine oder andere Art und Weise exemplarisch für viele Lebensgeschichten im Dritten Reich sein können. Es ist der Versuch, das »Senkblei« (Nietzsche) in eine Vergangenheit einzulassen, um aus der Innenperspektive des Kindes heraus eine »Normalität« der Gefühlszustände auszuloten.

3.3 »Wachsen zwischen zwei Stühlen Berlin 1945«: Kriegsende (Wandersplitter 3/ 00:39–00:48)

Die Texttafel »Wachsen zwischen zwei Stühlen: Berlin 1945« wird durch unspezifische Hintergrundgeräusche des Sanatoriums untermalt, die aus der Vergangenheit in die Alltagsgegenwart des Sanatoriums zurück verweisen. Schnitt, Harlan beginnt erneut zu erzählen. Ein neues Schlaglicht wird aus der Erinnerung geworfen. Die Zeit nach dem Krieg ist für ihn eine Zeit der Neu- und Umorientierung. Exemplarisch hierfür erzählt er eine Geschichte über die ersten Erfahrungen mit der einmarschierenden Roten Armee, den Befreiern Berlins. Eine Situation wird beschrieben, in der die Russen in den Keller des Hauses der Harlans eindrangen und nach »Nazis« fragten. Die Frauen dort hatten große Angst vor Vergewaltigungen, die nach Harlan allerdings hier nicht stattgefunden haben (und von Harlan als allzu verallgemeinerter Mythos bezeichnet werden). Mit der nun folgenden Geschichte verdeutlicht Harlan die »bruchlosen« Übergänge, Normalitäten und Kontinuitäten im Übergang von Krieg zu Frieden, um gegen die Vorstellung des dramatischen Einschnitts zu intervenieren – und damit, wie auch an anderen Stellen der Erzählung, die nachträglichen, aus einem späteren Erfahrungswissen gespeisten lebens- wie zeitgeschichtlichen Zäsurkonstruktionen und Wandlungsgeschichten zu delegitimieren.

Sinnbildlich folgende erzählte Szene: Im Garten der Harlans wurde von den Russen, einfachen Soldaten, eine Gulaschkanone ausgeschüttet. Die identifizierten »Nazis« mussten nun, die Hände auf den Rücken verbunden, »wie die Schweine aus dem Trog« die Nahrung zu sich nehmen, alle anderen bekamen Löffel: »Ich konnte mir keine menschlichere Form vorstellen in ein Land zu kommen, das dich kaputt gemacht hat.« Diese kleinen Situationen, so Harlan, sind unvergesslich in der Übergangsphase. Es sind kleine Zeichen und Gesten der Menschlichkeit in einem großem Umfeld der Grausamkeit, in der »Nazis« von »Nichtnazis« ohne weitere Gewaltanwendung unterschieden wurden.

Auch mit diesem einzelnen Schlaglicht auf die Geschichte verfolgt Harlan eine Anti-, eine biographische Gegenerzählung gegen hegemoniale Geschichtsdiskurse und Deutungsmuster, die der Roten Armee allein Brutalität und Bestialität vorwerfen, ohne den historischen Entwicklungskontext zu berücksichtigen. Es ist insofern eine kollektive Gegenerinnerung. Denn, so Harlan, eine weitaus brutalere Reaktion, die es stellenweise ebenso gab, wäre durchaus verständlich gewesen gegen ein Land, das letztlich »verbrannte Erde« in Russland hinterlassen hatte: Lebensgeschichtliches als subversives Erzählen gegen die »Basiserzählung«, das große Metanarrativ der Bundesrepublik Deutschland.

Brüche seien dies nicht gewesen, so Harlan weiter, es sei alles ziemlich glatt gegangen im Übergang, man möchte (nachträglich) Brüche, jedoch bleibe man Sohn von »Nazihenkern, man kommt aus der wirklichen Rolle nicht heraus«. Es musste alles rekonstruiert werden, was als Kind an Maßstab abhandengekommen war; neue Gesetze und Richtschnüre eigenen Verhaltens mussten erlernt werden. Die eigentliche Aufgabe, so könnte man diesen Wandersplitter zusammenfassen, begann erst weitaus später: sich dieser, zu dieser Zeit noch innegehabten Rolle als Kind von

Nationalsozialisten mit allen quer liegenden Maßstäben zu stellen und sich da heraus zu arbeiten.

Der Zuschauer wird aus dieser dichten und intensiven Erzählszene wieder heraus geleitet durch erneute Öffnung des Blicks aus dem Fenster auf die äußere Berglandschaft. Im Hintergrund hören wir friedliches Vogelgezwitscher und Stimmengewirr des Sanatoriums. Harlan mit seinen Erinnerungen an eine »kranke« oder verkehrte Zeit, mittels Schnitt zurückgeholt in die Enge des Patientenzimmers. Der Blick nach Draußen in den Frieden der Berglandschaft als Fluchtpunkt aus der Erzählung.

Der dritte Wandersplitter dekonstruiert den Geschichtsmythos der Zäsur und des Bruchs, der diskursiv umkämpften »Stunde Null«, die die vergangenheitspolitische Funktion hat, »(...) zwischen Bruch und Kontinuität sowie zwischen der positiven und negativen emotionalen Besetzung dieser Pole in teils täuschender Weise zu vermitteln« (vgl. Hobuß 2007: 42). Harlans Gegenerzählung verweist auf spätere Teile der Erzählung, auf personelle Kontinuitäten ehemaliger NS-Funktionäre in der Bundesrepublik. Gleichzeitig korrigiert, relativiert bzw. kontextualisiert er das Bild vom »mordenden und vergewaltigenden Russen« und stellt diesen die Grausamkeiten der Deutschen an der russischen Bevölkerung gegenüber, die erst zu dieser Situation geführt haben. Er führt aus der Unmittelbarkeit der erzählten Situation hinaus und mündet in eine Philosophie des kriegerischen, als »tierischen« Handelns, was die »Normalität« des Krieges »auszeichne«. Der Wandersplitter bezieht sich hier somit nicht allein auf reale Begebenheiten, sondern zielt vielmehr auf die Delegitimierung eines Mythos ab, in der Opferrollen verdreht, Opfer zu Tätern umgedeutet werden. Als tödlicher Wandersplitter benennt er die Grauen des Krieges, das Trauma des Überlebenden in einer apokalyptischen Situation, die sich in der Erinnerung des Einzelnen doch nur partikular beschreiben lasse.

3.4 Nachkriegszeit – Leben im Schatten der Vergangenheit: Kollektive Erinnerungsgeschichte der Bundesrepublik (1), Individualgeschichte – »Vatermord« (Wandersplitter 4/ 00:49–01:01)

> *»Mein Vater gehörte zu den Scherben. Er hatte sich ins Herz der Menschen eingeschlossen. Das war seine Verletzung, die fast tödliche. Tief im Leib, dort, wo die Wandersplitter auf die Aorta zufahren, um dir das Leben zu nehmen, lebtest Du nun, wie vor Dir, vor Deiner Verletzung, noch nie jemand gelebt hatte, mit den törichten, jeder Wirklichkeit entbehrenden Gefühlen, die Deine Filme erzeugt hatten, ohne daß Du Dich schämen konntest. Die Scham, auch die öffentliche, die andeutungsweise in der Familie empfundene, spürtest Du nie. Oder es gab sie, und wir alle wußten nichts von ihr.«* (Harlan 2011: 54 f.)

Die Geschichte des auf der nächsten Texttafel eingespielten »Vatermords« gehört zu den entscheidendsten und persönlichsten Passagen in der filmischen Erzählung Harlans. In ihr kristallisiert sich nicht nur das schwierige Verhältnis zwischen Vater und Sohn, sondern in ihr lässt sich ein großer Teil der frühen Erinnerungsgeschichte der Bundesrepublik Deutschland wie in einem Prisma betrachten. In ihr geht es zwar primär um das Verhältnis Thomas Harlans zu seinem Vater, jedoch geht es auch und vielmehr um die Frage nach Verantwortung und Schuld in ihren vielfachen Facetten[15], direkte und indirekte Verstrickungen in das Dritte Reich und deren Auswirkungen. Sie steht in einem erweiterten Zusammenhang exemplarisch für das gespaltene Verhältnis der Deutschen zu ihrer eigenen Geschichte, wie es in Alexander und Margarete Mitscherlichs Studie über *Die Unfähigkeit zu trauern* (2007 [1967]) als mangelnde Befähigung zur Schuldanerkennung, Durcharbeitung und Verantwortungsübernahme einer Generation von Deutschen beschrieben worden ist. In diesem tief sitzenden und für die Beurteilung der frühen Bundesrepublik und ihrer Eliten so zentralen Wandersplitter, gewissermaßen ein bis heute tief sitzender Phantomschmerz, kommt die Ambivalenz einer Beziehung zum Ausdruck: Sie ist auf der einen Seite durch die große emotionale Zuneigung seitens Thomas Harlans zu seinem Vater geprägt (»ein unglaublich geliebter Vater«), auf der anderen Seite weist sie einen unüberbrückbaren Riss aufgrund seiner Bedeutung und Funktion für den Nationalsozialismus auf, die er bis zu seinem Tod nicht anzuerkennen bereit war. Dies unterstreicht seine rechtfertigende Autobiographie, in der Veit Harlan jegliche Verantwortung für den Film *Jud Süß* zurückweist und in den politischen Verantwortungsbereich von Goebbels schiebt. Die Auseinandersetzung mit dem Vater ist als ein Konflikt der Generationen zu verstehen, der von der familiären Beziehungsebene bis zur gesellschaftlich allgemeinen Verarbeitung zeitgeschichtlicher Erfahrungshorizonte reicht.[16]

Zu Beginn des Abschnitts wird die einzige Fotografie eingeblendet, mit der *Wandersplitter* arbeitet: Sie zeigt Thomas Harlan 1964 in einer Schwarz/Weiß-Aufnahme am Sterbebett seines Vaters. Es handelt sich um das einzige Mal im gesamten Film, dass Vergangenheit nicht nur in der mündlichen Emergenz der gegenwärtigen Erzählung und der Visualität des bewegten Bildes erscheint, sondern als fotografisch-bildlicher Verweis indexikalisch aufgezeigt wird. Die Integration einer Fotografie in den Film ist erkenntnistheoretisch von erheblicher Bedeutung. Das Foto als statisches Bild irritiert durch seine Bewegungslosigkeit das Medium Film, das auf der Illusion von Bewegung und menschlicher Erfahrungsimitation beruht. Durch die Fotografie wird zugleich ein intermedialer Bezug – ein Bild im Bild – als eingefrorener Abdruck der Vergangenheit hergestellt. Während die Audiovisualität des Films Denken und Sprache Harlans in lebendiger Bewegung zeigt, hält die stumme Fotografie inne und unterbricht den innerfilmischen Ablauf. Sie konfrontiert die Gegenwart der Erzählung so mit einem zeitlich versetzten, außerhalb der innerfilmischen Realität liegenden Zeitausschnitt, der zugleich das erzählende Subjekt sich selbst zu einem vergangenen Zeitpunkt gegenüber stellt. In einem übertragenen Sinne ist die Fotografie Sinnbild der fragmentierten Erfahrung, das den Menschen vermöge des technischen Apparats die Zusammenhanglosigkeit und Ausschnitthaftigkeit seines Lebens verdeutlicht. Im konkreten Filmbeispiel ist die Fotografie auch als Sinnbild

---

[15] Der Philosoph Karl Jaspers veröffentlichte bereits kurz nach 1945 eine Schrift zur Frage der Schuld, um der »Flachheit des Schuldgeredes« entgegenzuwirken (vgl. Herrmann 2007: 44–45). Er differenzierte zwischen krimineller, politischer, moralischer und metaphysischer Schuld und konnte so schon früh auf die graduellen Unterschiede der Schuld hinweisen. Allerdings wurde sein Schuldkonzept weder von deutscher noch von alliierter Seite weiter diskutiert (vgl. ebd.: 45).

[16] Siehe hierfür exemplarisch einen Brief, den Veit Harlan nach dem öffentlichen Theaterskandal von 1959 an seinen Sohn Thomas schrieb (vgl. Stephan 2007: 209 ff.).

der fragmentierten *Wandersplitter*, der »Anti-Biographie« Harlans zu verstehen, die die Vorstellung eines »Ganzen« (des Films, der Biographie) durchbricht:

> »Wenn es schon nicht möglich ist, die Welt als ›Ganzes‹ zu betrachten, da die Auffassung von Raum und Zeit sich auf separate Ausschnitte konzentriert, so soll der fragmentarische Charakter der menschlichen Wahrnehmung [durch die Fotografie im Film, C. H.] aufgegriffen und umgewertet werden.« (Nsiah 2011: 9 f.)

Diese einzige Fotografie des Films birgt überdies eine über die Einzelaufnahme hinaus gehende symbolische Bedeutungskraft des erzählten Inhalts. Über diese Aufnahme aus der Süddeutschen Zeitung, so Hübner aus dem Off, habe er das erste Mal Thomas Harlan wahrgenommen. Diese im Bild festgehaltene Szene steht am Ende eines persönlichen Kampfes gegen den Vater, den Thomas Harlan nach 1945 aufnahm und der erst kurz vor dem Tod des Vaters endete. Die Fotografie stellt den zentralen Bezugspunkt des gesamten Films dar, in sie fließen alle erzählten Ereignis-Splitter ein und werden von ihr existenziell absorbiert. Die Singularität, mit dem die Fotografie im Film auftaucht, steht stellvertretend für ein gedachtes singuläres Ganzes, eine Einheit und Symbiose zwischen Vater und Sohn, von dem aus die einzelnen Wandersplitter ihren Ausgang nehmen. Die Statik des stummen Bildes entspricht der Ganzheit der Granate kurz vor ihrer Explosion, die bewegten Erinnerungsspuren im Film bilden ihre Zersplitterungen. Denn in erster Linie war es, wie Harlan versicherst, weniger ein historisch-exemplarischer, sondern vielmehr ein privater Kampf zwischen einem Vater und seinem Sohn, bei dem im Mittelpunkt die Frage stand, »welche Beziehung jemand haben wollte zu einem Vater, nachdem, was man von diesem erkannt hat«. Seine emotionale Zuneigung zu diesem war begleitet von einem wachsenden Unbehagen über das Hineinwachsen des Vaters in einen Unschuldsglauben, der ihm über sein Umfeld, bestehend aus ehemaligen Angehörigen und Funktionären des NS-Apparats, widergespiegelt wurde. Diesen Unschuldsglauben verdeutlicht Thomas Harlan an einer Postkarten-Anekdote, die er auch in einem anderen Dokumentarfilm über seinen Vater *Harlan – Im Schatten von Jud Süß* (2008) erzählt. Bei der Postkarte handelte es sich um einen Gruß an seinen Sohn aus dem Jahr 1939 während der Drehaufnahmen zu *Jud Süß* in Prag. Hierin beschreibt er, »wie gerne die Juden mit mir arbeiteten«. Erst später stolperte Thomas Harlan über diese Formulierung, sie wird zum Menetekel des späteren persönlichen Verhältnisses.

Thomas Harlan erzählt in seinem vierten Wandersplitter, dem persönlichsten des gesamten Films, über das Verhältnis zu seinem Vater. Damit wird gleichzeitig die Frage des »unpolitischen Kunstschaffenden« im Dritten Reich berührt. Er schaut in das »Gesicht des Feindes« und des geliebten Vaters zugleich. Die Kamera zoomt an diesen persönlichsten Stellen das Gesicht in Großaufnahme heran. Im weitesten Sinne berührt er damit Fragen indirekter, geistiger Mittäterschaft während des Nationalsozialismus und deren Folgen nach 1945, gleichzeitig bleibt das familiäre Band auf emotionaler Ebene erhalten. Während Veit Harlan sich in seiner Autobiographie als unbelastetes »Opfer« stilisierte (vgl. Harlan 1966, 213 ff.), das gegen Widerstände noch in den 1950er Jahren weiterhin Filme produzierte, stößt dies bei Thomas Harlan auf Unverständnis, Ablehnung und Ekel. Gleichzeitig aber beinhaltet diese Geschichte auch die einsetzende Selbstreflexion und Distanzierung bis hin zur feindlichen Entgegensetzung, die erst mit dem Tod des Vaters zu einem zumindest physischen Abschluss zu kommen scheint. Die Fotografie am Bett des sterbenden Vaters verdeutlicht die zu einem späten Ende kommende versöhnliche Symbiose, in der Antagonist und Protagonist zu verschmelzen scheinen.

Der vierte Wandersplitter beschreibt das Nachwirken des Nationalsozialismus im familiären Bereich als »Normalität«. Während Thomas Harlan die schwierige Transformation aus dieser »Normalität« heraus durch innere und äußere Metamorphose (geistige Befreiung und Migration nach Paris) geschafft und zu einem Perspektivenwechsel gekommen ist, ohne den Schatten der Vergangenheit ganz abstreifen zu können, ist dies dem Vater offensichtlich nur bedingt vor seinem Tod gelungen. In dieser Zeit des Sterbens kommt es zu Annäherungen, die offensichtlich stärker von Seiten des Vaters gesucht wurden als von seinem Sohn: »Er starb in meinen Armen«; »ich, der ihn verfolgt hat«. Das erste Mal »sprach er *mit mir*, nicht *zu mir*.« Dieses Erlebnis schien Thomas Harlan »aufregend schön, ich sah etwas dämmern am Horizont«. Die innere Schuldübernahme des Sohnes für die Verfehlungen des Vaters wird zum Zeitpunkt des Todes besiegelt. Thomas Harlan weist ein einfaches Entkommen aus der generationalen Last von sich: Das moralische Erbe des Vaters, und damit des gesamten Dritten Reiches, ließ sich nicht einfach weg reden oder verschwinde mit seinem Tod, es muss übernommen, es muss, so Harlan, behalten werden. Auch diese Schuldübernahme trägt trotz aller Spezifik ein weitgehend verdrängtes Allgemeines in sich.[17] Die Verantwortungsübernahme, die zeitlebens vom Vater nicht erfolgt ist, wird nun als Last vom Sohn anerkannt und weiter getragen. Bis zu seinem eigenen Tod wird er sich damit, wie das bereits genannte Werk *Veit* verdeutlicht, auf verschiedene Art und Weise auseinandersetzen.

3.5 Nachkriegszeit – Leben im Schatten der Vergangenheit: Kollektive Erinnerungsgeschichte der Bundesrepublik (2), Individualgeschichte – »Schuld und Verantwortung: Polen 1959–1963« (Wandersplitter 5/ 01:02–01:25)

Es folgt eine visuelle Befreiung des Zuschauerblicks aus der bildfüllenden Großaufnahme Harlans hinaus in eine friedliche Naturlandschaft. Wir hören erneut Vogelgezwitscher und Schreibmaschinengeklapper. Das nächste Bild zeigt Harlan bei der Arbeit an seinem Laptop am Schreibtisch sitzend, seitlich von hinten links. Schweres Atmen ist zu hören, dann erfolgt die Einblendung der Texttafel »Schuld und Verantwortung: Polen 1959–1963«.

Die Szene beginnt mit einer Frage Hübners, die Harlan zu einem Gespräch über Schuld und Verantwortung (»die ihr Leben durchzieht«) und seine Arbeit in Polen gegen frühere Nationalsozialisten auffordert. Thematisch wird damit ein Wechsel von der persönlichen Beziehungsebene hin zur kollektiven Erinnerungskultur vollzogen. Harlan verweigert sich dieser Aufforderung, indem er darauf hinweist, dass er mit Überschriften nichts anfangen könne, dies auch in seiner Arbeit nie getan habe. Er verweigert die biographische Beschreibung einer inneren Teleologie seines Handelns, spricht von Zufälligkeiten, die sein Leben prägten. Auch die Aufdeckung

---

[17] Harald Welzer et. al. (2002) hat zum Nachwirken des Holocaust in familiärer Drei-Generationen-Perspektive eine Studie vorgelegt.

von Kriegsverbrechen sei für ihn nie mit einer Absicht verbunden gewesen. Damit weist Harlan auf einer metareflexiven Ebene die kategoriale Vorstellung (»Schuld und Verantwortung«) einer inneren Kohärenz oder Kontinuität zurück.

Der fünfte Wandersplitter setzt anders als der vierte auf der gesellschaftlichen Kollektivebene an. Er weist auf, in welchem Zustand sich die Bundesrepublik bis in die 1960er Jahre hinein befunden hat. Der Zeithistoriker Norbert Frei nennt die Phase zwischen den 1950er und 1960er Jahren, die erst in den 1970er Jahren ausklang, die »Phase der Vergangenheitsbewältigung« (vgl. Frei 2005: 26). Dem vorausgegangen war die »Phase der Vergangenheitspolitik«, in der ehemalige NS-Täter amnestiert und wieder in die Gesellschaft integriert werden sollten. Die zirkuläre Selbstentschuldung der Tätergesellschaft fand hier auf gesellschaftlichen Druck und vor allem durch Instrumentalisierung der »Kollektivschuldthese« statt (vgl. ebd.: 30 ff.).[18] Die »Phase der Vergangenheitsbewältigung« ist zugleich eine Phase der Skandale um personelle und institutionelle Kontinuitäten, deren Erforschung heute noch am Anfang steht (vgl. ebd.: 35). Diese Kontinuitäten wurden im öffentlichen Sektor vor allem durch die so genannte »131er Gesetzgebung« erzeugt, durch die ehemalige NS-Bedienstete wieder ein Anrecht auf Rückkehr in ihre Ämter bekamen (vgl. Sprockhoff/Fischer 2007: 94 ff.). Die personellen Kontinuitäten in der Bundesrepublik waren bis in die späten 1960er Jahre hinein hoch (vgl. dazu den Abschnitt »Ungebrochene Karrieren« in: Fischer/Lorenz 2007: 92 ff.). Harlan verdeutlicht diese Phase der Bundesrepublik, wodurch sie ein Stück näher an gegenwärtige Generationen gerückt wird und die vergangenheitspolitische Brisanz dieser Jahre verdeutlicht.

3.6 Nachkriegszeit – Leben im Schatten der Vergangenheit: Kollektive Erinnerungsgeschichte der Bundesrepublik (3), Individualgeschichte – »Wahrheit und Versöhnung« (Wandersplitter 6/ 01:26–01:36–Ende des Films)

Es folgt der sechste und letzte Wandersplitter. Die Texttafel »Wahrheit und Versöhnung« wird wieder von schwerem Atmen des Lungenkranken begleitet. Zirkulär wird hier der Versuch unternommen, die Erzählungen Harlans zu einem (versöhnlichen) Abschluss zu bekommen, womit einerseits der Film zu einem inneren Ende gebracht werden soll, ebenso wie ein Werk am Ende eines Lebens.[19] Harlan skizziert hier seine

---

[18] Die »Kollektivschuldthese« beruhte auf der von NS-Eliten gestreuten Behauptung, dass Deutschland übermäßig und gemeinschaftlich von Seiten der Alliierten zur Verantwortung für die Verbrechen der Nationalsozialisten gezogen worden wäre. Dies ist jedoch nicht geschehen, vielmehr gingen die Alliierten der individuellen Schuldfrage nach, wie die Nürnberger Prozesse verdeutlichten (vgl. Klaska 2007: 43). Es existieren keine Dokumente, nach denen die »Kollektivschuld« jemals erhoben worden wäre. Die Entnazifizierungsbemühungen beruhten auf individueller Untersuchung einzelner Fälle. Die deutsche Behauptung einer Verurteilung Deutschlands nach der »Kollektivschuldthese« hatte andere Gründe: »(...) Vielmehr deutete die reflexartige Antizipation eines pauschalen Schuldvorwurfs auch auf eine hohe psychische Disponiertheit hin – sprich: auf ein durchaus verbreitetes Gefühl der persönlichen Verstrickung« (Frei 2005: 147).

[19] Der Sozialpsychologe und Psychoanalytiker Erik H. Erikson hat über die Bedeutung dieser letzten Lebensphase geschrieben, dass es auf dieser Entwicklungsstufe zu einem Konflikt zwischen »Integrität« und »Lebensekel« kommt. Zur Integrität schreibt Erikson: »Er [der seelische Zustand,

Vorstellung von Wahrheit und Ahndung von Verbrechen. Er betont, dass er kein polizeiliches Interesse habe, ihm kein Strafen als Genugtuung vorschwebe, sondern dass er vielmehr eine Lösung bevorzuge, wie sie in Südafrika praktiziert worden sei. Hier werden die Delinquenten gezwungen, vor einer Wahrheits-Kommission alles auszusagen, die schlimmsten Straftaten werden öffentlich erörtert. Danach sei man »frei«. Keine Strafe, nur Offenheit, dann könnten die Täter gehen. Harlan ist der Überzeugung, dass ein derartiges Vorgehen das Gerangel vor Gericht umgehen könnte, und das öffentliche Leben und Umgehen mit der Schuld eine sehr viel größere Bestrafung darstelle, als die juristische Verurteilung. Strafe im juristischen Sinne führe nicht zu dem erwünschten Ausschluss aus der »anderen Welt«. Für ihn ist Strafe »eine so unbeschreiblich uninteressante Kategorie«. Hierin drückt sich eine ganz andere Art der Bestrafung (und Versöhnung) aus: Jenseits aller juristischen Aufarbeitungen geht es um die sehr viel weiter reichende Formulierung einer humanen Perspektive, die Taten nicht an ihrer juristischen Rechtmäßigkeit misst, sondern an ihrem menschlichen Charakter, der gerade im Zusammenhang mit den Verbrechen der Nationalsozialisten, wie am Beispiel Veit Harlan aufgezeigt werden konnte, gerichtlich nicht festzustellen ist.

Im letzten Erzählteil geht Harlan auf die heutige Generation und ihre »Unschuld« ein. Er glaubt, dass diese sich aus dem Schatten der Vergangenheit ihrer Eltern befreit habe. Der Geruch früherer Jahre sei verschwunden, dass »Nein« sei wieder möglich. Allerdings sieht Harlan heutige Probleme wie Arbeitslosigkeit skeptisch und bezweifelt die Fähigkeit gegenwärtiger Generationen, diese nicht als individuelle Probleme wahrzunehmen. Er kritisiert die wachsende Ökonomisierung der Welt und sieht hier die Probleme der Zukunft auftauchen, gesteht aber gleichzeitig ein, bestimmte Dinge nicht mehr verstehen zu können. Damit wird ein generationaler Schlusspunkt gesetzt. Mit Harlan verschwindet eine Zeitgeschichte, die heutigen Generationen kaum noch bekannt ist, eine Zeitgeschichte, die in Historie transformiert. Harlan wird zum Abschluss des Films ein letztes Mal gezeigt, seinen Kopf nachdenklich in die rechte Hand gestützt, aus dem Fenster auf die unter ihm liegende Landschaft schauend. Der Film endet mit dem Blick auf eine trübe, wolkig zugezogene Berglandschaft, eine ganz kurze Melodie wird eingespielt, danach folgt das bekannte Vogelgezwitscher, dann der Abspann.

4. Ausblick

Sechs Wandersplitter als verletzende, tödliche oder todbringende Erinnerungsgeschosse eines kurzatmigen Lungenkranken in der Enge und Geschlossenheit eines Krankenzimmers, das ein Entkommen nur im Blick auf die Obersalzberger Land-

---

C. H.] bedeutet die Annahme seines einen und einzigen Lebenszyklus und der Menschen, die in ihm notwendig da sein mußten und durch keine anderen ersetzt werden können. Er bedeutet eine neue, andere Liebe zu den Eltern, frei von dem Wunsch, sie möchten anders gewesen sein als sie waren, und die Bejahung der Tatsache, daß man für das eigene Leben allein verantwortlich ist« (Erikson 1998 [1966]: 118–119).

schaften – Hitlers zweites Regierungsdomizil – durch das Fenster gewährt: In der künstlich hergestellten und inszenierten Situation eines dokumentarischen Filmgesprächs entspinnt sich eine Auseinandersetzung zwischen Thomas Harlan und den Schatten seiner Vergangenheit, die zugleich Verweise auf eine kollektive Erinnerungsgeschichte darstellen. Die Szenerie versinnbildlicht in vielfacher Hinsicht die autobiographischen Erinnerungsfragmente Harlans. Sechs Wandersplitter, gerichtet auf den Zuschauer, deren Ziel es ist, Spuren im kollektiven Erinnerungskörper zu hinterlassen. Ein dokumentarfilmisches Artefakt, dessen Form und Inhalt in einem stellenweise gegensätzlichen Verhältnis zueinander stehen: Hier die strenge formalästhetische und strukturgebende Bildsprache des Dokumentarfilmers Hübner, dort die mäandernden und rhizomartigen Erinnerungsspuren Thomas Harlans, die sich der strengen, durch schwarze Texttafeln gegliederten Strukturierung durch eine differenzierte Erinnerungspoetik zu entziehen scheinen. Zeitgeschichtlich kontextualisierte Blicke zurück auf die Frühphase der Bundesrepublik Deutschland, die heutzutage in ihren Anfangsschwierigkeiten in der Öffentlichkeit weitgehend vergessen ist. Darüber hinaus setzt *Wandersplitter* filmästhetisch auch einen Kontrapunkt zu geläufigen Formen des gegenwärtigen Historytainments und der thematisch oft kontextfrei und willkürlich zusammen geschnittenen Zeitzeugenfilme im Fernsehen. Zudem bestechen die Erinnerungen Harlans einerseits durch ihre hohe sprachliche Qualität und Gedächtniskunst, andererseits durch ihre dezidierten erinnerungskulturellen Gegenpositionen.

Losgelöst von ihrem zeitgeschichtlichen Bezug verdeutlichen die Erinnerungen Harlans aber noch etwas anderes: Sie bewegen sich über den gesamten Film auf einer biographisch metareflexiven Ebene, die klassische Vorstellungen (m)einer Lebensgeschichte unterlaufen. Die permanente Weigerung Harlans (s)ein Leben in eine Kette von Ursache und Wirkung, von Absichten und Zielen zu entwerfen, schreibt sich so auch in einen methodologisch-theoretischen Diskussionszusammenhang ein, der das traditionelle Konzept einer »Biographie« als »erlebte und erzählte« Lebensgeschichte oder gar einen Lebens*zusammenhang* in Frage stellt. Diese poststrukturalistische Form der Darstellung entlarvt chronologische, sinnsuchende oder kontinuierliche Erzählungen (s/m)eines Lebens und verdeutlicht dessen Unwägbarkeiten. So entstehen Erinnerungsspuren, die weder Anfang noch Ende besitzen, sondern vielmehr die Uneinholbarkeit des Vergangenen sowie die Unabgeschlossenheit und Projektionspotenziale eines zu einem bestimmten Zeitpunkt reflektierenden Menschen offen legen. Die Wandersplitter treffen damit nicht nur ins erinnerungskulturelle Mark einer Gesellschaft, sondern zielen vielmehr auch auf grundsätzliche Fragen des autobiographischen Gedenkens als Lebensführung ab. Praktizierte Erinnerung und Gedächtniskunst wird so zu einer lebensphilosophischen Praxis, zu einer in der Ethik verankerten »Ästhetisierung der Existenz«: Demnach dienen alle Übungen im Umgang mit sich selbst der Aufgabe, ein Bewusstsein für sich und seine Lebensführung zu schaffen (Foucault 2007a: 144). Dies beinhalte auch das Element der christlichen Buße, das sich in säkularer Form auch in Harlans Erzählungen wiederfinden lässt:

> »Das Ziel der Buße ist nicht Herstellung von Identität; sie dient vielmehr dazu, die Abkehr vom Ich zu demonstrieren. ›Ego non sum, ego.‹ Diese Formel markiert das Programm der ›publicatio sui‹. Sie steht für den Bruch mit der eigenen Identität. Mit ostentativen

Gesten soll die Wahrheit des Zustandes bekundet werden, in dem der Sünder sich befindet. Selbstenthüllung ist zugleich Selbstzerstörung.« (Foucault 2007b: 312)

Auch wenn es in den Erzählungen Harlans, die uns in *Wandersplitter* präsentiert werden, keine Rückkehr zum »großen Ganzen« des Lebens zu geben scheint, wenn also damit die Selbsterzählung nicht zu einer Überwindung der partikularen Fragmentarisierung führe, so erfolgt doch über das Muster »Erzähle dich selbst« ein Weg zu einem weiterführenden »Erkenne dich selbst« (vgl. Thomä 2007: 9 f.). Wie Letzteres jedoch auszusehen habe, welche Formen es annehmen kann und wer das Recht auf die prominenteste Darstellungsweise eines Lebens habe, bleibt eine offene Frage:

»Offen ist, *in welcher Weise* die Erzählung im Leben angebracht ist, und erst mit dieser Offenheit wird die Erzählung in ethischer Hinsicht brisant. Deshalb genau können sich nämlich verschiedene, miteinander konkurrierende Deutungen des zu lebenden Lebens in je verschiedener Weise auf die Erzählung berufen. Deren prominenteste Version besteht dann in dem Versuch, die Erzählung auf das ›ganze Leben‹ auszudehnen, sie zur *Lebensgeschichte* zu drängen; ein zentraler Punkt im Streit um Nutzen und Nachteil der Erzählung für das Leben wird also die Frage sein, ob das menschliche Leben in der Form der Erzählung aufgeht, sich in ihr rundet – und ich halte es, vorweg gesagt, nicht für plausibel, die Frage, wie zu leben sei, mit der Empfehlung zu beantworten, das eigene Leben in die Form *einer* Geschichte zu bringen [letzte Hervorhebung von mir, C. H.].« (ebd.: 13)

In diesem Sinne hat Thomas Harlan sicherlich durch die gewählte Form der Darstellung dieses Ziel erreicht.

Literaturverzeichnis

Aufenanger, Stefan (2006): »Interview«. In: Ayaß, Ruth und Bergmann, Jörg, *Qualitative Methoden der Medienforschung*. Reinbek: rowohlts enzyklopädie, 97–114.
Corsten, Michael und Krug, Christine, Melanie und Moritz (2010): *Videographie praktizieren: Herangehensweisen, Möglichkeiten und Grenzen*. Wiesbaden: VS Verlag für Sozialwissenschaften.
Deleuze, Felix, Gilles und Guattari (1977): *Rhizom*. Berlin: Merve.
Erikson, Erik H. (1998 [1966]): *Identität und Lebenszyklus*. Frankfurt: Suhrkamp.
Erll, Astrid (2005): *Kollektives Gedächtnis und Erinnerungskulturen: Eine Einführung*. Stuttgart: J. B. Metzler.
Fischer, Torben und Lorenz, Matthias N. (2007): *Lexikon der ›Vergangenheitsbewältigung‹ in Deutschland: Debatten- und Diskursgeschichte des Nationalsozialismus nach 1945*. Bielefeld: Transcript.
Flick, Uwe (2007): *Qualitative Sozialforschung: Eine Einführung*. Reinbek: rowohlts enzyklopädie.
Foucault, Michel (2007a): »Eine Ästhetik der Existenz«. In: *Michel Foucault, Ästhetik der Existenz: Schriften zur Lebenskunst*. Frankfurt: Suhrkamp, 280–286.
– (2007b): »Technologien des Selbst«. In: *Michel Foucault, Ästhetik der Existenz: Schriften zur Lebenskunst*. Frankfurt: Suhrkamp, 287–318.
Frei, Norbert (2005): *1945 und wir. Das Dritte Reich im Bewußtsein der Deutschen*. München: C. H. Beck.
Harlan, Thomas (2011): *Veit*. Reinbek: Rowohlt.
Harlan, Veit (1966): *Im Schatten meiner Filme*. Gütersloh: S. Mohn.
Heinze, Carsten (2009): *Identität und Geschichte in autobiographischen Lebenskonstruktionen: Jüdische und nicht-jüdische Vergangenheitsbearbeitungen in Ost- und Westdeutschland*. Wiesbaden: VS Verlag für Sozialwissenschaften.

Heinze, Carsten (2011): »›Das Private wird politisch‹ – interdisziplinäre Perspektiven auf autobiographisches Schreiben im Horizont von Erinnerungskulturen und Zeitgeschichte«. In: *Forum: Qualitative Social Research (FQS)*, 12(2). Biographie und Politik, hg. v. Köttig, Michaela, Müller-Botsch, Christine und Schiebel, Martina, http://www.qualitative-research.net/index.php/fqs/article/view/1681/3205.

Herrmann, Anne-Kathrin (2007): »Karl Jaspers: *Die Schuldfrage*«. In: Fischer, Matthias N., Torben und Lorenz, *Lexikon der ›Vergangenheitsbewältigung‹ in Deutschland: Debatten- und Diskursgeschichte des Nationalsozialismus nach 1945*. Bielefeld: Transcript, 44–45.

Hobuß, Steffi (2007): »Mythos ›Stunde Null‹«. In: Fischer, Torben und Lorenz, Matthias N., *Lexikon der ›Vergangenheitsbewältigung‹ in Deutschland: Debatten- und Diskursgeschichte des Nationalsozialismus nach 1945*. Bielefeld: Transcript, 42–43.

Hübner, Christoph (2008): Die Kunst des Fragens, die Kunst des Zuhörens oder die Sprache als Film – Notizen nach einem Vortrag auf einem Filmsymposium. Unveröffentlichtes Manuskript.

Jarausch, Konrad H. und Geyer, Michael (2005): *Zerbrochener Spiegel: Deutsche Geschichten im 20. Jahrhundert*. München: DVA.

Kauppert, Michael (2010): *Erfahrung und Erzählung: Zur Topologie des Wissens*. Wiesbaden: VS Verlag für Sozialwissenschaften.

Klaska, Frauke (2007): »Kollektivschuldthese«. In: Fischer, Matthias N., Torben und Lorenz, *Lexikon der ›Vergangenheitsbewältigung‹ in Deutschland: Debatten- und Diskursgeschichte des Nationalsozialismus nach 1945*. Bielefeld: Transcript, 44–45.

Korte, Helmut (2010): *Einführung in die systematische Filmanalyse*. Berlin: Erich Schmidt.

König, Helmut (2008): *Politik und Gedächtnis*. Weilerswirst: Velbrück.

Küsters, Nicole (2009): *Narrative Interviews: Grundlagen und Anwendungen*. Wiesbaden: VS Verlag für Sozialwissenschaften.

de Man, Paul (1993): »Autobiographie als Maskenspiel«. In: *Die Ideologie des Ästhetischen*. Frankfurt: edition suhrkamp, 131–146.

Meyer, F. T. (2005): *Filme über sich selbst: Strategien der Selbstreflexion im dokumentarischen Film*. Bielefeld: Transcript.

Mitscherlich, Alexander und Mitscherlich, Margarethe (2007 [1967]): *Die Unfähigkeit zu trauern: Grundlagen kollektiven Verhaltens*. München: Piper.

Nichols, Bill (1991): *Representing Reality: Issues and Concepts in Documentary*. Indiana: University Press.

Nsiah, Lydia (2011): *Hybrid Fotofilm: Dem Sehen Zeit und Raum geben*. Wien/Berlin: Turia & Kant.

Pethes, Nicolas (2008): *Kulturwissenschaftliche Gedächtnistheorien: zur Einführung*. Hamburg: Junius.

Reichert, Ramon (2007): *Im Kino der Humanwissenschaften: Studien zur Medialisierung wissenschaftlichen Wissens*. Bielefeld: Transcript.

Rosenthal, Gabriele (1995): *Erlebte und erzählte Lebensgeschichte: Gestalt und Struktur biographischer Selbstbeschreibungen*. Frankfurt/New York: Campus.

Sachs-Hombach, Klaus (2006): *Das Bild als kommunikatives Medium: Elemente einer allgemeinen Bildwissenschaft*. Köln: Herbert von Halem.

Schadt, Thomas (2012): *Das Gefühl des Augenblicks: Zur Dramaturgie des Dokumentarfilms*. Konstanz: UVK.

Schütze, Fritz (1984): »Kognitive Figuren des autobiographischen Stegreiferzählens«. In: Kohli, Martin und Roberts, Günther, *Biographie und soziale Wirklichkeit*. Stuttgart: J. B. Metzler, 78–117.

Seel, Martin (2001): »Inszenieren als Erscheinenlassen. Thesen über die Reichweite eines Begriffs«. In: Früchtl, Josef und Zimmermann, Jörg, *Ästhetik der Inszenierung*. Frankfurt: edition suhrkamp, 48–62.

Sprockhoff, Anna und Fischer, Torben (2007): »131er Gesetzgebung«. In: Fischer, Torben und Lorenz, Matthias N., *Lexikon der ›Vergangenheitsbewältigung‹ in Deutschland: Debatten- und Diskursgeschichte des Nationalsozialismus nach 1945*. Bielefeld: Transcript, 94–96.

Stephan, Jean R. (2007): *Thomas Harlan: Das Gesicht deines Feindes. Ein deutsches Leben*. München: Belleville.

Thomä, Dieter (2007): *Erzähle dich selbst: Lebensgeschichte als philosophisches Problem*. Frankfurt: Suhrkamp.

Weilepp, Diana (2009): »Biographische Erzählungen in audiovisuellen Medien: Dokumentarfilm«. In: *Handbuch Biographie: Methoden, Traditionen, Theorien*. Stuttgart: J. B. Metzler, 164–168.
Welzer, Harald, Moller, Sabine und Tschugnall, Karoline (2002): *Opa war kein Nazi: Nationalsozialismus und Holocaust im Familiengedächtnis*. Frankfurt: Fischer Taschenbuch.

DVD

Hübner, Christoph (2006): *Thomas Harlan – Wandersplitter*, München: Edition Filmmuseum.

Internetquellen

http://www.realfictionfilme.de/filme/thomasharlan-wandersplitter/index.php. Zugriff Februar 2012.

Bilder der Erinnerung. Vom Gedächtniswissen zur Festschreibung durch Fotografie

Thorsten Benkel

> »*In der Tat können sich solche Bilder der Realität bemächtigen, weil eine Photographie nicht nur ein Bild ist (so wie ein Gemälde ein Bild ist), eine Interpretation des Wirklichen, sondern zugleich eine Spur, etwas wie eine Schablone des Wirklichen, wie ein Fußabdruck oder eine Totenmaske.*«
> Sontag 1978: 141 f.

1. Erinnerung an das Erinnernswerte

Mit dem Blick auf Formen und Funktionen sozialer Gedächtnis wird, so scheint es, die Ebene der subjektiven Erinnerung von Individuen zugunsten des Blicks auf Strategien des Gedenkens und Bewahrens in einem *gesellschaftlichen* Rahmen verlassen. Das soziale Gedächtnis gibt einer Gesellschaft ihre temporale Struktur und bildet das Fundament, auf dem kulturelle und soziale Praxen einerseits weiter vermittelt und andererseits der Gesellschaft (erneut oder verändert) eingeschrieben werden. Die dabei entstehenden »Erinnerungsräume« schaffen kollektive Referenzpunkte und dienen somit der Identitätsherstellung (vgl. Assmann 2003). Als »kollektiver Nährboden« für Wissens- und Erkenntnistransfers dient das soziale Gedächtnis mithin aber auch der gesellschaftsadäquaten Einbindung *subjektiver* Bewusstseinsprozesse, unter denen das Erinnerungsvermögen eine herausragende Stellung einnimmt.

Ohne Frage sind Ereignisse und Sachverhalte, die insofern von einer »kollektiven Relevanz« sind, als sie über den persönlichen Erkenntnishorizont und damit über den lebensweltlichen Mikrokosmos einzelner Akteure hinaus ragen, für die Orientierung in der sozialen Welt überaus wichtig. Man selbst steht, wie Schütz und Luckmann formuliert haben (2003: 152), immerzu im Zentrum des Koordinatennetzes des eigenen Lebens, d. h. das Bewusstsein ist stets an jener Nullstelle platziert, von der aus die restliche Welt betrachtet wird. Von dieser Warte aus lässt sich, mehr oder weniger deutlich, scheinbar subjektiv definieren, was für den Fortlauf des Lebens an Wissen bzw. an *Erinnernswertem* relevant ist. Das »Weltgeschehen«, aus dem Erinnernswertes, das außerhalb der persönlichen Involviertheit steht, generiert wird, ist dabei das Produkt einer *Bewertung* im Sinne Webers (1988: 149 f.): Denn was erlernt, erkannt und gar erinnert wird, entscheiden *Wertzuschreibungen*. Nicht die »Sache an sich« ist es wert, bewahrt zu werden (oder eben nicht), denn der Wert kommt ihr durch das Subjekt zu. Manchmal geschieht dies allerdings unreflektiert, und andererseits wandelt sich der Wert von Wissen bzw. von Gedächtnisinhalten auch wieder. Klar ist, dass das, was »kognitiv erworben« wird, auch wieder verloren gehen kann; viele Einsichten und Erkenntnisse, die Menschen zeitlebens gewinnen, schleichen sich irgendwann wieder aus dem Gedächtnis heraus. Die Zuschreibung von Bedeutsamkeit als »Wertungsvorgang« ist nur auf den ersten Blick eine vollends individuelle Angelegenheit, denn das soziale Gedächtnis wirkt sich hinsichtlich der Tradierung von »Relevanzmustern« stärker aus, als es zunächst den Anschein macht. Entsprechende gesellschaftliche Prägungen lassen sich schwer ablegen, denn das meiste, was über die Welt bekannt ist, ist schließlich nicht auf der Basis *empirischer Auseinandersetzungen* verinnerlicht worden, sondern dank der Aufdringlichkeit kollektiver Bedeutungszuschreibungen. Andererseits findet die individuelle Lebenswelt durchaus zu einem Gleichgewicht zwischen kollektiver Relevanz und subjektiver Interessenlage, da in der Akteursperspektive Wissensinhalte (die sich als Angebote für Erinnernswertes verstehen lassen) zum einen von situativen, pragmatischen, utopischen usw. Zuschreibungen geprägt sind und zum anderen von Orientierungsmaßstäben überlagert werden, die notwendig sind, um reibungslos durch den Alltag zu navigieren.

Hinzu kommt, dass Wissen, das einen mutmaßlich überindividuellen Erinnerungswert hat, mittlerweile weltweit mühelos recherchiert werden kann. Insbesondere Massenmedien (deren »Weltaufklärungsfunktion« Luhmann mit gutem Grund betont hat; 1996: 9) sind allgemein akzeptiert als Speicherstätten des Wissenswerten oder zumindest dessen, was *erinnert werden kann*. Anders gesagt: Die mediale Speicherung erinnert an das Erinnernswerte. Das soziale Gedächtnis findet darin einen *counterpart*, denn die Unüberschaubarkeit der Medienwelt (die durch die Vielfalt der *Zugangsmöglichkeiten* konterkariert wird), ist gewissermaßen ein »Container«, der von den Inhalten des sozialen Gedächtnisses gespeist wird. Im Gegenzug nimmt diese Einfluss auf das, was *künftig* Teil des sozialen Gedächtnisses sein wird. Im Gegensatz dazu bürgt für die Relevanz *persönlicher* Gedächtnisleistungen im Mikrokosmos einer Lebenswelt nur der Akteur alleine, flankiert allenfalls von jenen Menschen in seinem persönlichen und familiären Umfeld, denen er ein Mitspracherecht über Erinnerungswerte einräumt. Auch hier gibt es »technische« Unterstützung durch Speichervorrichtungen (vom Notizblock über das Tagebuch hin zum Fotoalbum und zur Amateurfilmsammlung), aber Zugriff und Inhalt regelt üblicherweise allein die Person, die diese Speicher anlegt.

Die spannende, aber schwer zu beantwortende Frage, wer festlegt, welches Wissen über welches Weltgeschehen auf welche Weise (und über welche Erkenntniswege) Eingang in das soziale Gedächtnis einer Gesellschaft findet, ist eine Frage nach der Verwandlung von *Aspekten der Welt* in den Aggregatzustand des *Erinnerten*. Nachfolgend soll anstelle dieser Sisyphusaufgabe der Blick auf die Verschlingung des sozialen Gedächtnisses (und seiner Zugangsformen) mit den Erinnerungsleistungen individueller Sozialakteure gewendet werden. Im Zentrum wird dabei eine besondere *Gedächtnisherausforderung* stehen, die ebenso sehr von subjektiver wie von sozialer Bedeutung ist – die Herausforderung nämlich, die in dem Erinnerungsumgang mit Verstorbenen liegt.

2. Wissen jenseits des Subjekts

Schrift- und Bildkulturen sind davon abhängig, dass Erinnerungen bewahrt und kulturelle Leistungen über den Augenblick hinaus übermittelt werden. Dieses Bewahren macht die Essenz von Kultur aus. Die Bürde bzw. Notwendigkeit der Speicherung von »Gewusstem«, von Einrichtungen und Traditionen ist seit Jahrhunderten in vielfältiger Weise kultiviert worden. Lévi-Strauss (1994) hat darauf aufmerksam gemacht, dass bestimmte Kulturen – die er als »sociétés froides« bezeichnet – durchaus von einer institutionell geregelten *Geschichtslosigkeit*, also einer gezielten Negierung historischer Aufzeichnung profitieren. Allein die Errichtung von Institutionen zwingt aber auch diese *kalten Kulturen* dazu, jenseits intendierter Historisierung eine Weitergabe von Wissensbeständen zu organisieren; wäre es anders, wären gemeinschaftliche Lebensführungsprozeduren kaum mehr möglich.

Die *Schrift* ist eines, und vermutlich das bekannteste Werkzeug, das den Prozess der Festschreibung bzw. der Institutionalisierung von Erinnerungen verwirklicht (vgl. Gumbrecht/Pfeiffer 1993; Grube/Kogge/Krämer 2005). Bis in die Neuzeit hinein diente Schrift ebenso sehr als »Transportmittel« wie als »Gedächtnisstütze«, schreibt Luhmann (1997: 823). Sie ermöglicht es, die biologischen Grenzen individueller Gedächtnisse dank der Festschreibung des Bedeutsamen zu transzendieren, und darüber hinaus wird durch diese Festschreibung eine *Kollektivität der Erinnerung* erschaffen. Gadamer (1986: 169) spricht gar von einem »reinen Geist«, der in der Schrift »wie gegenwärtig zu uns spricht«. Heute steht die Frage, ob Ereignisse dokumentiert und damit auch historisiert werden *müssen*, nicht mehr zur Debatte, weil entsprechende Speicherungsvorgänge sowieso permanent und an vielen Orten mit vielen verschiedenen Absichten vorgenommen werden. Die Institutionalisierung des Erinnernswerten – das mithin erst erinnernswert wird, weil die Festschreibung es dazu macht – ist insofern eine Erfolgsgeschichte, als sie längst ein alltagsüblicher, überwiegend *unsichtbarer* Vorgang geworden ist. Über Sinn und Zweck der Verewigung und Sicherung von Wissen, von Bildern, von Tonaufnahmen usw. wird gesellschaftlich nicht gestritten. Es reicht offenbar, mehr oder weniger gut darüber informiert zu sein, *dass* solche Festschreibungen des Bedeutsamen stattfinden.

Die mittelalterliche Figur des »Stadtschreibers«, die auch heute, wenngleich mehr symbolisch, noch existiert, deutet an, dass dahinter mehr als das bloße Sammeln, Ordnen und Rahmen kollektiv relevanter Geschehnisse steckt (vgl. Hoheisel 1998). Neben diesen »technischen« Prozeduren tritt die *soziale Verantwortung* des Dokumentierenden – denn aus seiner Feder fließt, bildlich gesprochen, die *Vergangenheit*. Durch den Akt der Festschreibung wird das Gewesene nachvollziehbar fixiert: Wie dies oder jenes »tatsächlich« gewesen oder entschieden worden ist, erfährt der Interessierte aus Akten, die als nahezu unbestechliche Zeugen verhandelt werden, weil sie der Vergänglichkeit trotzen. Der Festschreibung geht allerdings eine qualitative Auslese notwendig voraus. Übertragen auf heute, trübt dieser unveränderte Umstand erstens die Aussichten auf eine *umfassende* Dokumentation beträchtlich. Zweitens ruft er das Problem auf den Plan, dass die Feststellung, was in den Kanon des Erinnernswerten gehört oder nicht, immer schwieriger fällt. Denn wer auch immer, wo auch immer, warum auch immer Sachverhalte für das kollektive Gedächtnis bewahrt, ist heute dank der medialen Globalisierung zunächst einmal mit einem *Wissensüberschuss* konfrontiert, der sich kaum mehr überblicken, geschweige denn ordnen lässt.

Das Problem ist bekannt. Es ist schon bei Nietzsche »gespeichert«, der den Wissenszuwachs in seiner ersten *unzeitgemäßen Betrachtung* als Problem jeglichen historischen Erinnerns ansah (1999: 243 ff.). Auch Weber sprach von einer »unendliche[n] Mannigfaltigkeit« des Lebens bzw. der Welt, gegen die der endliche Geist des Menschen nur mithilfe eines epistemologischen Tricks ankommt. Er muss eine *Simulation des Erfassens* durchspielen und bei seiner (wissenschaftlichen) Arbeit so tun, als wäre zumindest das aktuell untersuchte Feld überschaubar. Nur so lässt sich überhaupt »Wissen schaffen« (Weber 1988: 171). Unter den Bedingungen des globalen Wissensaustausches sind die Unübersichtlichkeiten heute gewiss nicht geringer, und je vernetzter die Welt ist, desto mehr vom Weltgeschehen wird sukzessive als *berichtenswert* deklariert. Dieses *Infotopia* (Sunstein 2009) vergrößert die »logistischen« Erkenntnisschwierigkeiten aus Webers Zeiten um ein Vielfaches. Nicht nur die Ressource Wissen wächst beständig an (was den Begriff »Wissensgesellschaft« zur längst nicht mehr erläuterungsbedürftigen Vokabel gemacht hat), sondern auch – untrennbar damit verbunden – die *Vertextlichung* von Wissen. Und ein Mehr an (verschriftlichtem) Wissen bringt ein Mehr an potenziell Erinnernswertem mit sich. Je nach Sichtweise stellt dies eine *Risikobedingung*, oder die Marschroute hin zur *Demokratisierung* der modernen Wissensverwaltung dar. Soviel scheint jedenfalls festzustehen: Je unmittelbarer potenziell Erinnernswertes seinen Weg von einer lokalen Bedeutung hin zu einem überregional angelegten Wissensspeicher findet, desto wahrscheinlicher ist es, dass dieser Wissensinhalt für umso mehr Menschen zumindest *hypothetisch* eine Karriere als erinnerungswürdiges Wissen antritt.

Wissen geht in soziologischer Hinsicht explizit über die individuelle Erfahrung hinaus. Was allgemein gewusst werden kann, könnte folglich (theoretisch) die Erfahrung jeder Person sein, die sich dieses Wissen aneignet (Knoblauch 2005: 14). Der wohl prominenteste Wissensspeicher, das *Internet*, exerziert diese Loslösung vom subjektiven Erfahrungswert hin zum objektiven Informationsgehalt mustergültig durch – und kann somit auch als *sozialer Mechanismus* gelten. Das Internet ist dafür insofern ein Paradebeispiel, als es jedem Benutzer die Möglichkeit eröffnet, dokumentiertes Wissen(swertes) in Form einer abstrakten Globaladressierung zugänglich zu machen. In »Blogs« oder Bildportalen, auf Message Boards, Homepages oder in »sozialen Netzwerken« kann der Einzelne seine privaten Erlebnishöhepunkte *veröffentlichen*, d. h. der Außenwelt vorlegen. Er macht damit den impliziten Diskussionsvorschlag, dass *andere* schauen mögen, ob darunter nicht etwas ist, was diese anderen als erinnerungswürdig oder als »referenztüchtig« bzw. als (kognitiv oder auf der Festplatte) *speichernswert* erachten.

Daneben existieren die »offiziellen« Speicherstätten von Wissen, also Museen, Archive und Bibliotheken, die im Gegensatz zum Internet, das als »Bewahranstalt« einer tagesaktuellen *Gegenwärtigkeit* gilt, ausdrücklich auf die Festschreibung der Vergangenheit geeicht sind. Diese offiziellen Speicher verfügen über *Gatekeeper*, die darüber wachen, dass nur spezifisches Wissen Aufnahme in die Speicherung erhält (es handelt sich dabei um jene Speicherung, aus der sich das kollektive Gedächtnis traditionell bedienen kann/darf/soll, um das »allgemein Wissenswerte« zu lernen[1]). Während Erinnerung gemeinhin für einen unwillkürlichen Vorgang steht, der beständig von der Gefahr des Vergessens begleitet wird (vgl. Weinrich 2005), stellt die mediale Speicherung von Wissen einen absichtsvollen, oft geradezu systematischen Verewigungsakt dar. Das Internet lässt sich vor diesem Hintergrund als Gegenpol verstehen: als *profane Institutionalisierung*, die weitaus stärker »Erinnerungsangebote« unterbreitet, als dass sie Wissen schlichtweg speichert und gegebenenfalls »aufbereitet«. Allerdings werden sowohl in dem einen wie in dem anderen Fall nicht *Gedächtnisinhalte* abgespeichert bzw. verinnerlicht, sondern Materialien, die Erinnerungen und Assoziationen beschreiben und/oder initialisieren (sollen). Jede Wahrnehmung, jede Erkenntnis, schlichtweg jedes Wissen muss nämlich immerzu in eine *repräsentative Form* umgewandelt werden, die in der Folge einen anschlussfähigen Umgang ermöglicht. Dafür sind nicht nur *Schriften* beispielhaft, sondern auch und vor allem *Bilder*.

3. Bild-Festschreibungen

Was im Alltagsleben von *persönlicher* Relevanz ist, muss keineswegs über den lebensweltlichen Aktionsradius hinaus zirkuliert werden, um von Bedeutung zu sein. (Wenngleich die Möglichkeiten im Internet offenbar zunehmend dazu einladen, auch die privatesten Momente einer solchen Zirkulation zuzuführen.) Die Festschreibung vergangener Erlebnisse wird jedoch auch im Privatleben medial unterstützt: *Foto-* und *Videografie*, in den Jahrzehnten nach ihrer Entwicklung zunächst Luxusgüter, sind heute zu alltäglichen Phänomenen geworden. Sie ermöglichen es, Erlebniszusammenhänge über den Geschehniszeitpunkt hinaus zu fixieren – und dem eigenen (und mithin dem fremden) Erleben damit ein materielles Substrat zu verleihen.

Es dürfte nicht entscheidend sein, dass die foto- oder videografische Abbildung (und damit: *Festschreibung*) von bestimmten Momenten oder Motiven *später einmal* mit konkreten Erinnerungen verknüpft wird. Schließlich kann nahezu jeder von Bildaufnahmen berichten, die ihn selbst zeigen (oder die vom ihm angefertigt wurden), ohne dass heute der Kontext des Bildes auf einen Blick klar würde. So sehr Bilder einerseits leicht lesbare Medien sind, so rätselhaft fällt manchmal die *Sinnzuschreibung* am Bildmotiv aus. Man ist – mit David Hume (1973: 339) – auch dann, wenn man sich nicht erinnert, wann und wo (und letztlich auch *wie*) man »damals« gewesen ist, dennoch zum Zeitpunkt des *aktiven Nichterinnerns* offensichtlich noch jene Person, die man während der mittlerweile vergessenen Zeitspanne war. Das Bild beweist in jedem Fall eines: Die hier fixierte, längst vergangene Konstellation hat es für die Dauer eines Augenblicks tatsächlich gegeben. Diese »Faktizität« steht außer Frage, kein Betrachter kann leugnen, »daß die Sache dagewesen ist« (Barthes 1989:

---

[1] Nicht übersehen werden sollte die *politische* Komponente des »offiziellen« Archivierens: »Es gibt keine politische Macht ohne Kontrolle über die Archive, ohne Kontrolle über das Gedächtnis«, schreibt Derrida (nach Assmann 2003: 344). Das bezieht sich nicht nur auf die Auswahl des Gespeicherten, sondern auch auf das Löschen (*Kassation*) des (vermeintlich) nicht länger Archivierenswerten.

86 f.). Es wird also ein »Beleg dafür [geliefert], dass die photographische Konstellation zumindest für den Sekundenbruchteil des Ablichtens real im Sinne von: *in dieser Anordnung der Gegenstände erkennbar* war« (Benkel 2008a: 108). Kurz gesagt, das Bild zeigt, wie es einmal war, auch wenn niemand mehr im Gedächtnis hat, *dass es war*, wie es war.

Auch Foto- und Videobilder lösen Erinnerungszusammenhänge aus einer subjektiven Umklammerung. Denn derjenige, der sie angefertigt hat, ist nicht *Schöpfer* des Abgebildeten, sondern ein »Techniker«, der einem »Stückchen Realität« zur visuellen Aufbewahrung verhilft. Er hat fraglos kein *Deutungsmonopol* über das festgehaltene Motiv; vielmehr ist er, nicht mehr oder nicht weniger als jeder andere, der im Moment der Belichtung zugegen war, ein subjektiver Zeuge, derweil das Bilddokument von der Aura der Objektivität beseelt ist. In gewisser Hinsicht sind Bilder sogar *Hypostasierungen*, die persönliche Erinnerung ersetzen. Ihre Leistung besteht ja gerade darin, dass sie nicht die »Sprachen des Vergessens« sprechen (Kasper 2003), sondern über die Zeiten hinweg als unbestechliches Beweisstück verwendet werden können, denn in ihnen erscheint »das Vergangene und Wirkliche zugleich« (Barthes 1989: 93). Erinnerungen können täuschen, Gewusstes wird vergessen, und selbst das kollektive Gedächtnis ist nur als *flexibler Speicher* denkbar, der sich an die wandelbaren Anforderungen einer Gesellschaft anpassen kann (vgl. Halbwachs 1985) – derweil foto- und videografische Bilder unverändert bleiben. Damit aber werden sie in einer dialektischen Wendung erst Recht zu Artefakten, auf die das soziale Gedächtnis produktiv zurückgreifen kann. Denn dadurch, dass sie vergangenes Geschehen, wenngleich auf *Sichtbarkeit* reduziert, hervorkehren, machen sie dieses Vergangene »besprechbar«, das heißt: sozial vermittelbar.

Das individuelle Gedächtnis fungiert wie eine *black box* ohne zuverlässige Abspielfunktion. Es ist eine soziologische Binsenweisheit, dass man Akteuren nicht »in den Kopf« schauen kann. Wie sehr sich im (Ge-)Denken das ferne Land Vergangenheit rekapitulieren und nacherzählen lässt, ist folglich undurchsichtig. Viele der Erzählungen über Erlebtes oder »sicher Gewusstes«, die alltäglich besprochen werden, klingen plausibel, doch manches davon erzeugt (zumindest bei einigen Menschen) wohl doch Skepsis: Kann es wirklich so gewesen sein? Oder paart sich hier vielleicht das Erinnerungsvermögen mit den unbewussten Einflüssen des *Selbstbildes*? Möchte derjenige, der sich konkret erinnert, womöglich seine Geschichte »abrunden«, indem er die fehlenden Details kreativ ergänzt (vgl. Meitzler 2011: 254 ff.)? Wer weiß das schon. Die Fixierung einer früheren Begebenheit *im Bild* lässt solche Zweifel nicht zu. Wenngleich in einer notwendig fragmentarischen Form, die den Kontext häufig ausblendet, geben Bilder Hinweise darauf, wie gelebte Vergangenheit kommuniziert, mitunter sogar rekonstruiert werden kann. Gewiss, dabei legt der Interpret des Bildes seine Persönlichkeit in die Waagschale und verwischt damit den Objektivitätsanspruch des Bildes – aber das Rohmaterial, auf das sich seine Bewertung bezieht, ist ja für alle Augen, die es betrachten, zunächst identisch. Es entzieht sich damit jener totalen Vereinnahmung, die bei *erzählten* Erinnerungen stets mit im Spiel ist.

Auf der anderen Seite sind Bilder nicht gleich zu setzen mit Wissen. Wissen ist jedoch eine Ressource, die sich insbesondere im Medium der Bildlichkeit zu verankern weiß (vgl. Hüppauf/Weingart 2009). Das »objektive Gedächtnis« der Bilder lässt sich mit den Objektivitätsansprüchen, mit denen die *Wissenschaft* operiert, auch im kulturgeschichtlichen Rückblick gut vereinbaren (vgl. Ratsch/Stamatescu/Stoellger 2009). In diesen Kontext gehört die sprichwörtliche Weisheit, dass ein Bild mehr sagt als tausend Worte. Ketzerisch könnte man dem Volksmund entgegen halten, dass tausend Worte dem einen Bild aber immerhin ein *Maß an Beschreibung* mitgeben können, das die vermeintliche »Selbstaufklärung« des Bildes *aus sich heraus* um notwendige oder zumindest sachlich angemessene Informationen ergänzt. De facto scheinen auch im kollektiven Gedächtnis Geschehnisse der Vergangenheit gerade dann besonders gut verankert zu sein, wenn sie mit Bildquellen assoziiert werden können. Manchmal ist sogar einzig das Bild der (sozusagen *ikonographische*) Gehalt eines Erinnerungsbestandes im sozialen Gedächtnis. Das gilt selbstverständlich nicht für sozialisatorisches Wissen, das auf die *sprachliche* Vermittlung durch *significant others* angewiesen ist. Auf der Ebene der Speicherung *historischer Begebenheiten* werden illustrierende Worte hingegen tendenziell wohl von Bildern überstrahlt, und dies nicht zuletzt deshalb, weil der hier angestrebte, ominöse »Nimbus der Wahrheit« in ihnen – den vermeintlichen Trägern einer objektiven »Tatsächlichkeit« – weitaus stärker zum Ausdruck kommt als in textförmigen Behauptungen, die dem Bild im Nachhinein angeheftet werden.

Das Vertrauen in die *Spiegelungsleistung* der Fotografie hat, in einer dialektischen Wendung, in der Vergangenheit immer wieder das Interesse an *Bilderfälschungen* geweckt. Das vielleicht berüchtigtste Beispiel sind die Foto-Retuschen aus der Ära Stalin (King 1997). Mit der Manipulation tritt die *Lüge* auf die Bühne der Erinnerungstechniken: Im Zeitalter der technischen Reproduzierbarkeit von Kunst *durch Bilder* war immer schon *das Bild selbst* Gegenstand einer Wiederherstell- und Kopierbarkeit, und niemals hat irgendjemand versprochen, dass die (Re-)Produktionsabläufe dabei untastbar sind und stets der Realität verbürgt bleiben, um die es dem »Bildschöpfer« ursprünglich ging. Folglich ist die Manipulierbarkeit von Bildern mittlerweile ebenfalls im kollektiven Gedächtnis verankert. *Ex negativo* haben die inkriminierten Fälschungen sogar die soziale Macht der Bilder bewiesen. Im traditionellen Denken lassen sich bildhaft dokumentierte Konstellationen nicht hinweg leugnen; sie scheinen außerhalb der Debatte um die Faktizität des Bildmotivs zu stehen, und eben dies macht Manipulationen so wirkungsvoll.[2] Das (im Kern bis heute populäre) Vertrauen in Abbildungen hängt mit der Leistungsdiskrepanz zwischen dem biologischen Gedächtnis und der technisch-piktoralen Speicherung ab. Auch Bilder haben »Erinnerungslücken«, weil vieles von der Welt in ihnen nicht ersichtlich wird, aber das wenige, das sie einfangen, scheint umso stärker »gültig« zu sein. Die menschliche Gedächtniskunst scheint demgegenüber komplexer, dafür aber weniger verbindlich zu sein.

---

[2] Nicht umsonst arbeitet Winston Smith, der Protagonist in George Orwells *1984*, als Fachkraft für die Retuschierung archivierter Medien in einem Amt, das »Ministerium für Wahrheit« heißt – denn dort wird in der Tat *definiert*, wie die medial ausgegebene, also auch: ins soziale Gedächtnis ein(zu)fließende Wahrheit aussieht. Die Manipulation macht die Vergangenheit indes veränderbar, was die Anpassung des Denkens an die (je gültige!) Wahrheit so stark erschwert, dass umgekehrt *die Manipulation selbst* zum unverzichtbaren Indikator für den aktuell gewünschten »Wahrheitsstand« fungiert.

Zwischen inhärenter *Bildvalidität* und der tatsächlicher *Ereigniserinnerung* durch Akteure kommt es auch abseits bewusster Fälschungsabsichten immer wieder zu Reibereien und Konflikten.[3] Es ist kein Wunder, sondern nahezu symptomatisch für die Karriere der *Bebilderung von Geschichte*, dass mittlerweile kontroverse und brisante Foto- oder Videodokumente (und besonders Material, das unter klandestinen Bedingungen entstanden ist), relativ rasch von einer der Diskursparteien dem Vorwurf der möglichen Fälschung ausgesetzt wird. Dennoch genießt die Festschreibung einzelner, »gewesener« Episoden in Bildform im Mikrokosmos des Alltags nach wie vor einen hohen Vertrauensvorschuss, da es hier üblicherweise weder Anlass für noch Verdacht auf Fotomanipulationen gibt – obwohl dies dank weit verbreiteter Computerprogramme mittlerweile auch dem »gesellschaftlichen Jedermann« offen stehen. Die meisten Menschen würden wohl zustimmen, dass auf dem Plateau der individuellen Lebenswelten das mühselige Lügen durch und mit Bilder(n), selbst wenn es betont außermoralisch betrachtet wird, den Aufwand nicht lohnt. Die soziale Macht des Bildes greift eher dann, wenn das Motiv und der Sinnballast, den es trägt (oder den es von Betrachtern und Interpreten aufgehalst bekommt), von überindividuellem Interesse sind.

Stalins Versuche, unerwünschte Personenkonstellationen durch Retuschen zu verändern, um damit das »Original« aus dem Speicher der Medienarchive zu werfen, ist ein Gestaltungsprinzip im Arsenal politischer Propaganda. Ganz anders gelagert, aber gleichsam vom Einzelfall losgelöst sind die Bilder der »Verschwundenen«, der *Desaparecidos*. Es handelt sich um Fotografien von Opfern südamerikanischer Diktaturen, die spurlos verschollen sind und deren Angehörige regelmäßig bei Demonstrationen an das Verschwundensein der Verschwundenen mithilfe der Kraft der Bilder erinnern (vgl. Solms 2010). Der Hintergrund dieser aufrüttelnden Exposition von Fotos Verstorbener, deren Gräber unbekannt sind, ist die Verwurzelung eines Wissensbestandes, der durch die Bilder aktualisiert wird. Entscheidend ist nicht so sehr die Biografie der abgebildeten, mit hoher Wahrscheinlichkeit getöteten Person, sondern das Bewusstsein im sozialen Gedächtnis einer Nation, *dass* und *warum* diese Bilder ihre Erinnerungsfunktion überhaupt ausüben können.

Als ein anderes von zahlreichen Beispielen, die zwischen *Märtyrerdarstellung* und *Opferklage* oszillieren, können Wandgemälde an Häuserfassaden in Nordirland gelten: Überlebensgroß sind dort die Bilder von Protagonisten des Befreiungskampfes der IRA und anderer Gruppierungen gegen die britische Besatzung aufgemalt worden, zu denen indes auch Personen zählen, die der Gewalt außerhalb von Kampfhandlungen zum Opfer fielen. Es ist also nicht zwingend der Zauber des Heroismus, der mit diesem Gemälden beschworen wird, sondern vielmehr eine mit Bildern assoziierte und durch die Präsenz der Bilder immer wieder entfachte *Vergangenheitspolitik*.

---

[3] Man denke etwa an die missverständliche Korrelation zwischen einigen Bildern, Bildbeschreibungen und Personenerinnerungen im Kontext der *Wehrmachtsausstellung* des Hamburger Instituts für Sozialforschung; vgl. Heer/Naumann 1997.

4. Vom Subjekt zum Objekt

Ein paradigmatisches Beispiel für *individuelles* Erinnern, das ohne Anbindung an das kollektive Gedächtnis auskommt, ist das Gedenken an Tote. Sieht man von prominenten Todesfällen oder von Katastrophenopfern ab, ist der Tod eine Privatangelegenheit – und zwar nicht der Verstorbenen, sondern der Hinterbliebenen, also: der *Weiterlebenden* (vgl. Elias 2002: 11). Nur Menschen aus dem sozialen Nahraum der verstorbenen Person sind in der Position, diese Person im Hinblick auf ihre – nunmehr »abgeschlossene« – Vergangenheit »zu denken«. In ihrem Gedächtnis lebt sie, zumindest für einen gewissen Zeitraum, fort.[4]

Eine andere Form des Weiterlebens stellen Bilder dar, die die Verstorbenen *lebendig* zeigen. Sie wurden aufgenommen zu einer Zeit, als an den Tod der porträtierten Person (und ebenso wenig an den Tod des *Porträtierenden!*) noch kein Gedanke verschwendet wurde. Nichts deutet auf Urlaubsfotos, Reisevideos oder Partyschnappschüssen darauf hin, und doch sind alle Bilder, die dabei entstehen, für jedes involvierte Subjekt das »unabweisbare Zeichen meines künftigen Todes« (Barthes 1989: 108). Ist der Todesfall vielleicht Jahrzehnte später schließlich eingetroffen, haben die Bilder sich materiell nicht verändert – wohl aber die Sinnzuschreibung, die sich an ihnen festmacht. Sie sind jetzt Dokumente eines *gewesenen* Lebens, was sich etymologisch mit dem *Ver-Wesen* der *Körperreste* – als letzter handfester »Evidenz« dieses Lebens – verbinden lässt. Wer Fotografien seiner Urgroßeltern betrachten kann, *weiß von heute aus mehr*, als die beiden Personen im Moment des Ablichtens wissen konnten. Vieles von dem, was in der Zeit zwischen Bildentstehung und nostalgischer Bildbetrachtung geschehen ist, seien es nun welthistorische Großereignisse oder Begebenheiten im Familienkreis, waren damals buchstäblich *undenkbar* und sind heute unwiderlegbare Faktizität; aber auch dieses »Heute« ist das Gestern von morgen. Da Bilder keine *Rück-Sicht* auf das nehmen können, was sich ereignet, sobald die Aufnahme angefertigt ist, werden sie auch nicht mit einem Zeitindex in Verbindung gebracht. Deshalb ist der Tod in den Fotografierstuben und Passfotoautomaten kein Thema.

Wohl kaum jemand nimmt ein Foto in die Hand oder betrachtet Videoaufnahmen, die einen selbst zeigen und verfällt dem Gedanken: Dies wird meinen Tod überdauern. Das Fortleben der Bilder wird erst dann akut, wenn Hinterbliebene sich des Materials annehmen und es in einer Weise bewahren, die den späteren Rückschluss auf jene Vergangenheit ermöglicht, über die das Bild bruchstückhaft Auskunft gibt. Mit anderen Worten: Das Bild, das einen Verstorbenen noch lebendig zeigt, kann *post mortem* zum Erinnerungsgenerator werden, wenn Angehörige ein entsprechendes Interesse zeigen. Auf der Mikroebene wiederholt sich damit der Weg der *Erinnerungskarriere* von Großereignissen, die in das kollektive Gedächtnis aufgenommen werden, oder daran (kurz- oder langfristig) aufgrund eines *kollektiven Vergessens* scheitern. In beiden Fällen ist die Zuschreibung, dass es sich um erinnernswertes Wissen bzw. Geschehen handelt, von der performativen Verwirklichung des

---

[4] Zur strittigen Frage, ob folglich von einer (fragmentarisch-unilinearen) *sozialen* Beziehung zwischen Lebenden und Toten ausgegangen werden kann, vgl. Benkel 2008b.

»Erinnerungsaktes« durch diejenigen Akteure abhängig, die in der Position sind, sich zu erinnern – oder zu vergessen.

Über die Beziehung zwischen Tod und Personenabbildung, und damit auch über Tod und Gedächtnis, ist viel gesagt worden. Jüngst hat Katharina Sykora (2009) eine Studie über die *Tode der Fotografie* verfasst, von der bislang der erste Band vorliegt. Darin wird die Überlegungen aufgegriffen, dass der Tod jene Grenze markiert, deren Überschreitung das Subjekt zum Objekt macht. Begrifflich wird der Mensch mit seinem Tod in der Tat zur Leiche, an der sich die institutionelle *Verwaltung des Todes* abspult. Ist er dann noch ein Mensch – oder *war* er es? Das Erinnern historischer Persönlichkeiten im kollektiven Gedächtnis gibt einen Hinweis: Erinnert werden Akteure nicht für die Materialität ihrer Körperperformances, sondern als lebendig Handelnde, deren Handlungen ihnen den (in manchen Fällen *zweifelhaften*) Ruhm der kontinuierlichen Vergegenwärtigung im Bewusstsein vieler anderer eingebracht hat. Im kollektiven Gedächtnis liegen keine Leichen begraben, hier werden Persönlichkeitsattribute und –aktivitäten bewahrt. Wohl niemand, der beispielsweise an Stalin, Mutter Teresa oder Walt Disney denkt, assoziiert dies mit der *Objekthaftigkeit* des (beerdigten, verwesten) Körpers; und kaum jemand bezieht diese Namen auf den *Tod* ihrer »Träger« (sofern es nicht um Menschen geht, die gerade *aufgrund* ihrer Todesumstände Bekanntheit erlangt haben).[5] Schon deshalb wirken die *Leichenfotos* von Bismarck oder Mitterrand, die in Sykoras Buch abgebildet sind, so seltsam »entrückt« – denn es handelt sich um Personen, die sozusagen »zwei Körper« haben (vgl. Kantorowicz 1994): einerseits den sterblichen Leib, der vergeht, und andererseits die *Erinnerungsfiguration*, die im Gedenken lebendig ist. Da selbst der bildhafte Anblick der Leiche an das lebendige Wirken des Verstorbenen erinnert (bzw. diese Lebendigkeit *imaginieren* lässt), liegt mit dieser Leichenschau ein »historische[s] Museum der Bildimagination« (Assmann 2003: 149) vor.

Das aktive Erinnern von Persönlichkeiten macht sich primär an ihren Aktivitäten zu Lebzeiten fest und greift sekundär auf Assoziationswissen zurück. Dies impliziert wiederum, dass im kollektiven Gedächtnis *bildhafte* Darstellungen den Vorrang haben, da Wissensbestände, die eine konkrete Person betreffen, häufig in Assoziation mit einem *Gesicht* erinnert werden (vgl. Michel 1990). Dazu zwei Beispiele: Marilyn Monroe und Albert Einstein können auf Bildern wenigstens von Angehörigen der westlichen Welt sofort identifiziert werden, weil dieses Bildmaterial *ikonischen* Wert zugesprochen bekommt. Diese beiden berühmten Bildgesichter/Gesichtsbilder werden nicht lediglich um ihrer selbst willen erinnert, sondern auch deshalb, weil sie visuelle Ankerpunkte für ein damit verbundenes *Mehr an Sinn* bilden. (Es gibt außerdem »berühmte« Gesichter, zu denen einem nicht auf Anhieb der Name einfallen will, wenngleich die Popularität des Antlitzes feststeht.) Man muss nicht einmal wissen, was die konkreten Forschungsziele Einsteins waren oder wie die größten Kinoerfolge Monroes heißen, um sich zu erinnern, wie sie aussehen – und folglich zu wissen, *wer sie waren*. Im Gegenteil: Mancher, der beide sofort erkennen und benennen kann,

---

[5] Konkret wäre allerdings der Modus des Gedenkens und Bewahrens im Einzelfall zu differenzieren, denn »Totengedenken, Nachruhm und historische Erinnerung sind drei Formen des Vergangenheitsbezugs, die sich in der frühen Neuzeit ausdifferenzieren und als konkurrierende Funktionen des kulturellen Gedächtnisses nebeneinander treten« (Assmann 2003: 18).

hätte vermutlich Schwierigkeiten, zu erklären, welche *anderen* Gründe es gibt, sie sofort *benennen zu können* – außer dem plausiblen Motiv, dass beide »Ikonen« eben in den (visuellen) Kanon des kollektiven Gedächtnisses gehören.

Zeigt folglich nicht schon die *Bebilderung* einer Person den Übergang vom Subjekt zum Objekt an? Schließlich bleiben Monroe und Einstein, und ebenso Adolf Hitler, Ayrton Senna oder Michael Jackson nicht zuletzt aufgrund ihrer konkreten *erinnerten Visualität*, die auf ihre Handlungen schließen lässt, der individuellen und kollektiven Erinnerung erhalten. (Und selbst Akteure aus einer fotofremden Zeit wie Shakespeare oder Beethoven sind auf Buch- und Plattencovern in zahllosen Variationen *zeichnerisch* abgebildet, um die »visuelle Erinnerung« an die Untrennbarkeit von Werk und Person aufrecht zu erhalten.) Eine Referenz auf diese historischen Gestalten kann unmöglich von ihrer im Gedächtnis als »Bildwissen« gespeicherten optischen Präsenz getrennt werden, während es im gleichen Moment eben diese Präsenz ist, die ihr lebensweltliches Wirken *post mortem* ins Gedächtnis ruft. (Ganz zu schweigen von der sukzessiven Vereinfachung dieser Lebenswelt im kollektiven Gedenken, die aus Hitler das personifizierte Böse, aus Prinzessin Diana die personifizierte Güte, aus Elvis Presley das personifizierte Amerika macht.) Sich an diese Personen erinnern und sie erkennen, bedeutet, Wissen und Bildeindrücke zu verknüpfen. Diese Bilder aber sind von vorn herein Bilder des Todes, denn die prominenten Gesichter, die sich in das soziale Gedächtnis eingebrannt haben, sind nur den allerwenigsten Menschen *alltäglich* begegnet. Sie sind immerzu schon in der »verdinglichten Form« der Abbildung bekannt. Foto- oder videografiert werden heißt jedoch, wie schon Barthes konstatiert (1989: 22), seine Subjektivität gegen Objektivität einzutauschen – eine Geste, die den Tod fingiert.

5. Der Tod im Bild

Die Kamera kann die »Transfiguration« vom Subjekt zum Objekt nicht dokumentieren, aber sie nimmt die Objektivierung einer Person schon *prae mortem* vorweg, insofern jedes Motiv durch seine Ablichtung auf zwei Dimensionen reduziert wird. Der Tod selbst ist nie im Sucher und ebenso wenig der *Grenzübergang* vom Subjekt zum Objekt; beide werden allenfalls *verhandelt*, sind im Diskurs aber bereits gezähmt. Die Rauheit des Todes wird nicht spürbar, wenn über ihn verhandelt wird (vgl. Feldmann 2010).

Sykora (2009: 22) macht den Vorschlag, Abbildungen von verstorbenen Personen dichotom zu betrachten: Entweder muss der/die Abgebildete als »Mensch wie wir selbst« wahrgenommen werden oder eben als Objekt. Damit tritt intersubjektive Erkenntnis des anderen als Erkenntnisprinzip in unmittelbare Konkurrenz mit einer *verdinglichenden* Perspektive. Aber es gibt noch mehr: Bildbetrachtung mag beispielsweise Neugier über den historischen Kontext evozieren – oder sie stachelt eine nachforschende *Sinndechiffrierung* an, um im Bild einen ungewollten »Bedeutungsüberschuss« (Bourdieu et al. 1981: 18) zu erfassen. Auch eine rein *ästhetische* Betrachtung, ohnehin eine zentrale »Konkurrenzeinstellung« im Streit von (künstlerischer) Imagination versus (fotografischer) Imitation, ist denkbar (vgl. Brauchitsch 2002: 111). Im Allgemeinen werden Foto- und Videografie jedoch so bipolar nicht »gelesen«, wie Sykora denkt, weil die Festschreibung von Erlebnissen und Geschehnissen in Bildform im Alltag ganz und gar nicht in *Todesnähe* steht.

Auch beim Betrachten von alten Bildern, die unbekannte Personen zeigen, steht neben der Tatsächlichkeit der *so gewesenen* Konstellation fest, dass hier ein Ausschnitt aus einer individuellen Lebenswelt verewigt ist. Es fehlt jedoch – anders als bei Personen, die für ihre Taten oder ihr Renommee im kollektiven Gedächtnis repräsentiert sind – an der Möglichkeit, dem Bild ein begleitendes Wissen zuzuordnen. Diese fehlende Verknüpfung von Bildfaktizität, Lebensweltrealität und möglichen Erinnerungsleistungen gibt den Eindruck, als sei die fragliche Lebenswelt »verloren gegangen«. Vom Standpunkt der distanzierten Bildbetrachtung aus ist die gezeigte Person *unbekannt*, weil das Gedächtnis außer Reichweite ist, in dem das Wissen über diese Person bewahrt wird. (Einzig im Bewusstsein einiger Angehöriger, die das Foto als »Lebensausschnitt« dieser Person identifizieren können, mag diese Lebenswelt *cum grano salis* als erinnerte Lebenswelt noch eine Weile weiter existieren.) Zwischen dem Bild und der Anwendung seiner »Funktion« – nämlich: seiner *Betrachtbarkeit* – tut sich folglich eine Kluft auf. Das Bild selbst kann keine Erinnerungen aufrufen und keine Episoden aus der Vergangenheit aktualisieren. Dennoch bleibt kein Zweifel: Auch jenseits fehlender Erinnerung hat es die gezeigte Person tatsächlich gegeben.

Den denkbar schärfsten Kontrast stellen dem gegenüber Abbildungen dar, die Ereignisse zeigen, die man gerne vergessen möchte, aber nicht vergessen kann. Der Wunsch, Erinnerung abzulegen, macht sich auch hier nicht am Bild selbst fest, sondern an Vorstellungen, die durch die Bebilderung kognitiv auf den Plan gerufen werden. Das Vergessen ist eine produktive Leistung des Gehirns, die der Stabilität des mentalen Haushalts hilft. Überhaupt steht *Gedächtnis* für die Integration von Vergessen *und* Erinnern (Fuchs 2004: 101) – und weder das eine, noch das andere lässt sich vollständig bewusst steuern. Eine Reihe symbolischer Strategien wie etwa das Löschen, Zerreißen oder Verbrennen von Bildern machen es immerhin möglich, die Passivität des Erinnerungsverlustes durch aktive *Materialbeseitigung* halbwegs zu ersetzen. Solche symbolischen Akte sind notwendig vom Vorhandensein von Bildern (oder anderen Artefakten) abhängig, die sich auf spezifische Erinnerungen beziehen lassen.[6] Auch das kollektive Gedächtnis kennt Einschreibungen, die negative Assoziationen bzw. manifeste Erinnerungen wecken; es handelt sich um eine Art *mémoire involontaire* (Bergson), die durch symbolische »Aufhebungen« attackiert werden kann. Ein bekanntes Beispiel sind die *Bilderstürmereien*, die in post-diktatorischen Zeiten an Statuen und Gemälden der vorherigen Gewaltherrscher vorgenommen werden (vgl. Belting 2002). Dadurch lässt sich nichts vergessen, aber es wird der Wunsch zum Ausdruck gebracht, dass das verhasste Regime nie hätte zum Gedächtnisinhalt werden, also nie hätte existieren sollen.

---

[6] Vielleicht ist auch dies ein Grund für den therapeutischen Effekt der *Aufzeichnung* (ohnehin ein doppeldeutiger Begriff) von Erfahrungen in Tagebüchern, Blogs und so fort, insofern womöglich die *Festschreibung* nicht nur dem Bewahren dient, sondern auch der erste Schritt sein kann, um die Aufzeichnung abzulegen und somit wieder zu vergessen (vgl. dazu Lyotard 1988: 38).

Erinnerungen machen sich an Abbildungen aus der Vergangenheit fest, aber sie *sind* nicht diese Abbildungen, sondern Verknüpfungen, die im Gedächtnis hergestellt werden. Beispielsweise bündelt das Foto, auf dem das Urlaubshotel vom letzten Sommer abgebildet ist, keineswegs alle mit dem Urlaub verbundenen, positiven Qualitäten. Im Gegenteil, es zeigt nichts anderes als den *geografisch benennbaren Ort*, an dem man sich (zeitweise) aufgehalten hat und zeigt nichts von dem Vergnügen und der Entspannung, die an diesem Ort erfahren wurde. Dennoch wäre es seltsam, wenn Touristen, die alljährlich dasselbe Hotel aufsuchen, ihren Freunden nach der Rückkehr solche Bilder dieses Hotels zeigten, die sie schon *Jahre zuvor* aufgenommen haben – mit der Begründung, dass das Gebäude ja doch stets unverändert sei. Das wäre ungewöhnlich, weil die Verknüpfung zwischen Bild und Erinnerung eben doch mehr ist als der Auslöser einer »kausalen Direktverbindung« zwischen Motiv und Gedächtnis.

Gerade dies stellt einen spannenden Punkt im Kontext von *Fotos in Todesanzeigen* bzw. von *Grabsteinbildern* dar. In beiden Fällen sind verstorbene Personen so abgebildet, als seien sie noch lebendig, während der Rahmen der Abbildung anzeigt, dass diese Lebendigkeit verblichen ist. Gewiss sind Fotografien in einer Todesanzeige oder am Grabstein nicht die Regel, es handelt sich jedoch längst nicht mehr um einen ungewöhnlichen Anblick. Hinter der »Bebilderung« von Orten und Texten, die einen Todesfall »anzeigen« bzw. einen »Sterbefall« veröffentlichen, steht noch vor der juristischen Dimension (die sich in Reformen von Friedhofsordnungen niederschlug) der Kulturtransfer aus südeuropäischen und auch südamerikanischen Ländern, wo das Grabsteinbild längst alltäglich geworden ist. Es ist hier, in einem stärker katholisch geprägten Kulturkreis, der Indikator eines die Versöhnung von Leben und Tod symbolisierenden Verhältnisses zu und mit den Verstorbenen. (Hinzu kommt, dass das öffentliche Leben in diesem Umfeld tatsächlich »öffentlicher« zelebriert wird, sodass die Tatsache des Todes auch weniger *privatisiert* ist; vgl. schon Lebeck 1980: 11.) Keineswegs jedoch handelt es sich um verbindliche Sinnbestimmungen, die überall dort gelten, wo Bilder die Toten (noch) lebendig zeigen. Das Phänomen gestattet vielschichtige Funktionszuweisungen, die den Rahmen von auf Transzendentalität gerichteten Erklärungen überschreiten. Statt auf Todesanzeigen (dazu Hosselmann 2003) oder gar auf Bestattungsverzeichnisse im Internet (Geser 1998) soll an dieser Stelle auf das fotografische Porträt verstorbener Personen geblickt werden, das unmittelbar an der Grabstätte befestigt ist.[7] Auch dabei handelt es sich nicht lediglich um einen im Bild eingefangenen »Anker«, an dem sich Erinnerungen des Hinterbliebenen festmachen lassen. So wenig das Urlaubshotel *als Bauwerk* Gedächtnisleistungen provoziert, so wenig werden Erinnerung von reinen *Körperdarstellungen* hervorgerufen.

Als Bildnis, das die Grabstätte schmückt, aber auch »personalisiert«, kommen für die Angehörigen nur sympathische, vermutlich schon zu Lebzeiten geschätzte Fotografien in Frage. Sie zeigen die verstorbene Person nicht *wie sie war*, sie präsentieren sie also nicht in der Optik ihrer Alltagsroutinen. Grabsteinfotos sind nicht

---

[7] Vgl. dazu und überhaupt zu den sozialen bzw. sozialkonstuktivistischen Implikationen der Bestattungskultur die im Zeichen visueller Wissenssoziologie verfasste empirische Untersuchung des Friedhofs bei Benkel 2012.

biografisch, sondern *repräsentativ* – aber nicht für die Toten, sondern für die Erinnerungsanliegen der Überlebenden. Aus der Vielzahl der Bilder, die im Familienkreis aufbewahrt werden, muss schließlich ein einziges Motiv gewählt werden, das künftig *für immer* (bzw. so lange das Grabmal besteht) die relative Anonymität der üblichen Faktenaufzählungen am Grabstein (Name, Geburts- und Sterbedatum) aufhebt. Fotos fungieren als eine Art Konservierung von Lebendigkeit, die sich als Gegenbewegung wider einen weiteren »Friedhofstrend« verstehen lassen. Sie stehen konträr zu der (zunehmend nachgefragten) Möglichkeit, anonym unter einer Rasenfläche des Friedhofsareals begraben zu werden, sodass keine Verbindung zwischen dem Verstorbenen und seinem körperlichen Überresten mehr hergestellt werden kann (vgl. Sörries 2008: 18 f.). Schon die *Objektverwandlung* des Menschen – der erzwungene Übergang vom lebendigen Wesen zur zu verwaltenden »Sache« (vgl. Groß/Grande 2010) – wird durch das Foto am Grabstein zurück genommen. Es geht nicht allein um eine symbolische »Wiederauferstehung«, die den Trennungsschmerz lindert (so Sykora 2009: 274). Denn aus der Lebenswelt, die einmal die »personale Hinterbühne« des Bildes abgegeben hat, ist mittlerweile eine *Sterbenswelt* geworden, die allenfalls im Bewusstsein und Gedächtnis der Angehörigen noch präsent ist. Doch niemand soll an die *Zeichen des Todes* denken, wenn er vor dem Grabstein steht und in das Antlitz des Verstorbenen blickt. Das Foto ist ausdrücklich nicht dafür da, dass Betrachter die Beziehung herstellen zwischen dem abgebildeten Menschen und der begrabenen Leiche, sondern es ist dafür da (und fungiert insofern *mnemotechnisch*), um abzulenken von der Sterblichkeit des Körpers und hinzulenken zum Weiterleben der Toten im Gedächtnis der Überlebenden. In der Erinnerung der Hinterbliebenen findet die in der fotografischen Momentaufnahme erhaschte Lebendigkeit der Toten noch am ehesten einen Ort des Bewahrens.[8]

Mit Roland Barthes lässt sich behaupten, dass Fotografie hier ihre ureigene Zentralfunktion ausspielt: Sie besagt, *dass es so gewesen ist*. Genau um diese Erinnerungsfunktion geht es: um das Aufzeigen einer »persönlichen Vergänglichkeit«, die einerseits verschwunden ist, andererseits aber deutliche Spuren hinterlassen hat. Im Kontext der »postmortalen Gesellschaft« (Lafontaine 2010) kommt die Fotografie zu sich selbst, weil sie von heute aus einen Rückblick auf ein unwiderrufliches Gestern gestattet, das noch nicht ganz verloren ist. Sykora hat dafür im Fundus der Fotografiegeschichte einige eindrucksvolle Beweisstücke aufgetan. Bis in die 1920er Jahre hinein hat es ein florierendes Geschäft mit der *Totenfotografie* gegeben. Menschen, die verstorben waren, ohne zuvor bei irgendeiner Gelegenheit fotografiert worden zu

---

[8] Am Rande sei die provokant-spekulative Frage erlaubt, ob es vorstellbar ist, dass eines Tages Grabsteine *Videobilder* zeigen, die natürlich in weitaus stärkerem Maße *Lebendigkeitserinnerungen* wecken würden. Immerhin ist es mittlerweile nicht mehr unüblich, dass bei Trauerfeiern Fotos und auch Videos vorgeführt werden, die sich um die betrauerte Person drehen und diese in voller Lebendigkeit abbilden. Spannend dürfte in diesem Zusammenhang der Umstand sein, dass *statische* Bilder weitaus mehr *Erinnerungsflexibilität* zulassen als Videoaufzeichnungen, bei denen es wenig zu »interpretieren« und auch wenig zu *erinnern* gibt, da das Video, anders als das Foto, nicht nur die »Faktizität eines Augenblickes« liefert, sondern die Faktizität von länger anhaltenden Handlungsabläufen.

sein,[9] wurden von Experten für eine *post mortem*-Fotografie hergerichtet, welche den Eindruck zu vermitteln versprach, dass die tote Person zum Zeitpunkt der Fotografie noch lebendig gewesen sei. Es bedurfte mitunter komplizierter Präparationen, damit die Leichen (häufig waren es früh verstorbene Kinder) auf den Fotos den Eindruck von Lebendigkeit machen konnten. Im Ergebnis zeigen die Fotografien Tote, die nicht (»mehr«) tot waren – bzw. Lebende, die schon (»wieder«) tot gewesen waren. Ohne das Wissen bzw. die Erinnerungsleistung, dass die entsprechenden Porträts de facto *post mortem* aufgenommen wurden, erscheinen sie dem Betrachter wie »normale« Fotoabbildungen der damaligen Zeit. Diese Totenbilder, die explizit als Bilder von Lebendigkeit in Szene gesetzt wurden, hatten den Zweck, einen visuellen Erinnerungsanker zu setzen, der die Objektivität des Todes durch die Streichung der Subjektivität des Lebenden zumindest für den Augenblick bezwingt. Dieser fotografisch festgehaltene Augenblick war das, was die Familien sich wünschten, um der verstorbenen Person *als Person* eben nicht nur im Gedächtnis, sondern auch anhand eines Fotos gedenken zu können.

Die Rückverwandlung des toten Körpers in ein lebendiges Bildmotiv war keineswegs exklusiv an die Erinnerungsbegierden von Familienmitgliedern geknüpft. Im Paris des 19. Jahrhunderts war es möglich und sogar erwünscht, *Leichenschauhäuser* als »öffentliche Orte« zu frequentieren, damit unbekannte Verstorbene identifiziert werden konnten. Dieses ursprünglich pragmatische Motiv verkam aber rasch zur eher randständigen Legitimation für einen Abenteuer-Tourismus, der im Falle der 210 Quadratmeter großen Pariser *Morgue* im Jahr 1892 über eine Million Besucher anzog – bis zu 40.000 am Tag (Gonzalez-Crussi 2007: 76; vgl. ferner Sykora 2009: 432 ff.). Insbesondere Kinderleichen wurden für die öffentliche Begehung der Halle hergerichtet und in Kostüme gesteckt bzw. in Bühnenbilder integriert. Dies hatte den Effekt, dass der tote Körper selbst an dem Ort, der einzig der Aufbahrung und Verwaltung sterblicher Überreste gewidmet war, nicht als jene »Friedhofsform« (Gonzalez-Crussi 2007: 67) rezipiert werden konnte, welche die neugierigen Betrachter selbst irgendwann einmal würden »annehmen« müssen. Vielmehr eröffnete die *Ausstellung der Toten* eine alternative Form der Visualisierung und damit auch der Speicherung, bei der die Verstorbenen nun mehr wie Akteure wirkten – sodass »sie als ›lebendige‹ Gestalten wahrgenommen wurden« (ebd.: 78).

Die Beziehung von Tod und Fotografie hat sich, so kann man ausgehend von Sykoras spannender Bildarchäologie konstatieren, im Kern wenig gewandelt: Noch immer ist die Verewigung lebensweltlicher Präsenz im Bild eine Aufgabe, die die Fotografie übernehmen soll und dank derer sie zu einem Erinnerungsmechanismus wird. Noch vor der Blütezeit der Totenfotografie wurden von den Pionieren der Fototechnik Experimente durchgeführt, die den Tod nicht *widerlegen*, sondern *fingieren* sollten. An der Schnittstelle von Fotokunst und Dokumentarfunktion hat sich beispielsweise 1840 Hippolyte Bayard in einem fotografischen *Selbstporträt als Ertrunkener* verewigt (Brauchitsch 2002: 31). In dem Diskurs über Grenzen und Chancen der Fotografie, der parallel zur technischen Entwicklung des Mediums an Breite zunahm, wurde schon früh darauf verwiesen, dass bei aller Abbildungsraffines-

---

[9] Dies geschah in einer Zeit, in der das Fotografieren eine aufwändige Kunst war, die mit der Schnappschusskultur der Gegenwart wenig gemeinsam hatte.

se letztendlich jedes Bild doch nur als optische Reduktion zu haben ist. So schreibt Paul de Kock 1842: »Mir scheint es, als ob die Natur zur Strafe dafür, daß wir ihre Geheimnisse ablauschen, ein todtes Bild geben will.« (zit. nach Brauchitsch 2002: 15)

In der Tat: So lebendig *Erinnerungen* auch sein mögen, die visuellen Artefakte, die sie anleiten und/oder den Kern des Erinnernswerten bewahren, sind in der äußeren Betrachtung zunächst *dinglich*. Sie sind, wenn man es so sehen möchte, gewissermaßen »tote Materie«, da sie stets pfeilartig auf das Verblichene, Gewesene verweisen und *Erlebnismomente* in einer denkbar »unlebendigen« Form bewahren. Noch das »lebensnaheste« Grabsteinfoto evoziert nur insofern Lebendigkeit, als es Menschen gibt, die die Brücke schlagen können zwischen dem Bildmotiv und dem Leben der dargestellten Person. Somit stellt sich die Frage, was überhaupt die Funktion des Bildes *jenseits* der Adressierung der Angehörigen ist – die ja überhaupt durch das Anbringen des Bildes *selbst* dafür Sorge tragen, dass diese Adressierung erfolgen kann. Und schließlich sollte den Hinterbliebenen das Gesicht der verstorbenen Person doch ohnehin bekannt sein; es ist nicht allein in ihr Gedächtnis eingegraben, sondern liegt gleichsam in der Schublade oder auf der Computerfestplatte zur Ansicht bereit. Wozu da noch die *Potenzierung bildlicher Erinnerung* auf dem Friedhof?

Es gibt gute Gründe, davon auszugehen, dass das Im-Gedächtnis-Bewahren von Verstorbenen den Friedhof und die Grabstätte nicht braucht, um aktiviert zu werden. Erinnerung ist zunächst »ortlos«. Geografische Bezugsstätten erfüllen zwar diverse kulturelle Funktionen, und nicht zuletzt erschaffen sie eine »Ordnung der Dinge«, insofern sie klare Trennlinien zwischen Erinnerungsort und Restwirklichkeit ziehen. Außerdem stellen sie als spezifische Orte des Gedenkens einen konkreten Raum dar, der von keinen anderen Zwecken okkupiert ist. Aber Erinnerung »gelingt« auch ohne die Referenz auf eine konkrete Stätte, und erst Recht gelingt das Gedenken an Tote ohne Referenz auf die materiellen Überbleibsel, also: auf die Leiche.[10] Auch hier lohnt der vergleichende Blick auf die Ebene des kollektiven Gedächtnisses. Gewiss, manche Grabstätten prominenter Persönlichkeiten sind zu Pilgerorten ihrer Anhänger geworden. Auf der anderen Seite ist ein über die persönliche Betroffenheit hinaus ragendes Gedenken nicht an Orte gebunden. Es ist nicht relevant, zu wissen (oder gar vor Ort *zu bezeugen*), dass die »sterblichen Überreste« einer Person, die sich in das soziale Gedächtnis eingeschrieben hat, hier oder dort begraben sind. Das kollektive Gedenken macht sich vielmehr an *Bildern* fest, die einem immer wieder medial begegnen. Diese Bilder sind der Ort der verlorenen Lebendigkeit. Persönlichkeiten im kollektiven Gedächtnis sind ohnehin in eine gewisse *Visualität des (Ge-)Denkens* eingesponnen, insofern schon, wie oben angesprochen, die bloße Namensnennung das mentale Bild der entsprechenden Person »aktiviert«.

Das Bild als Seil, geknüpft zwischen Vergangenheit und Gegenwart, ist auch vor dem Hintergrund des kollektiven Gedächtnisses nur mehr eine Reduktion. Das Foto

---

[10] Es ist schwerlich vorzustellen, dass jemand *Bilder einer verrottenden Leiche* als Erinnerungsstücke verwendet. Durchaus denkbar sind indes Fotografien, die im Rahmen der Trauerfeier am *offenen Sarg* entstehen, denn gerade in diesem rituellen Setting werden die Verstorbenen auf explizit »würdige« Art aufgebahrt, was wiederum bedeutet: *lebendigkeitsnah*, »wie schlafend«. Orientierung geben dem zuständigen Bestatter Fotos, anhand derer das »lebendige Bild« annäherungsweise fingiert werden kann.

lügt, schreibt Merleau-Ponty (1984: 39), denn die Zeit steht in Wahrheit nicht still. Er hat Recht, denn das Leben fließt in einem fort und keine Technik kann dieses Leben so einfangen, dass zwischen »Realität« und »Aufzeichnung« eine annähernde Deckungsgleichheit tritt. Er hat jedoch nicht minder Unrecht, denn das *Einfrieren der Zeit* ist schließlich jene Funktion, ja *Produktivkraft*, die es dem Foto überhaupt ermöglicht, visuell etwas zu bewahren – und damit der Erinnerungsfunktion des Gedächtnisses zuzuspielen.

6. Die Funktion des Bewahrens

Historische Ereignisse und Szenarien wie beispielsweise *9/11* haben rasch ihren Weg in das kollektive Gedächtnis gefunden. Es dürfte unmöglich sein, an die Terroranschläge in New York am 11. September 2001 erinnert zu werden, ohne dass dabei die längst verinnerlichten und regelmäßig durch Medienbilder im Gedächtnis »stabilisierten« visuellen Eindrücke in der inneren Rückschau wieder lebendig werden (vgl. Baecker/Krieg/Simon 2002). Jede erneute Ausstrahlung der entsprechenden Fernsehdarstellungen – und in dieser Form, als optische Aufbereitung durch Massenmedien, ist *9/11* schließlich verinnerlicht worden – bestätigt (oder korrigiert, oder verfeinert) die *images*, die im kollektiven Gedächtnis schon gespeichert sind. Wenn die gekaperten Flugzeuge im Rahmen von Dokumentarfilmen immer wieder *erneut* in die »Twin Towers« einschlagen, geht es (zumindest für die gegenwärtige Generation) mutmaßlich weniger um die Vermittlung eines konkreten Wissensbestandes, der in den Bildern seinen Ausdruck findet, als vielmehr um eine Art visuelles Gedenken. *So ist es tatsächlich gewesen*, sagen fotografische Bilder seit jeher, und auch wenn der Betrachter – wie in diesem Fall – darüber informiert ist, wird ihm diese Tatsächlichkeit regelmäßig erneut vorgeführt. Mit Merleau-Ponty könnte nun eingewendet werden, dass auch das nachträglich ausgestrahlte Nachrichtenbild zu *9/11* »lügt«, weil das World Trade Center und die Flugzeuge, die es zu Fall bringen, nicht mehr existieren. Für den »Bildspeicher« des kollektiven Gedächtnisses spielt dies im Kontext *9/11* aber offenkundig keine Rolle, denn diese Bilder werden ja gerade deshalb erinnert und *verinner*licht, weil sie auf weit mehr hinweisen, als lediglich auf die messbaren »Handlungsabläufe«, die am 11. September 2001 in New York zu verzeichnen waren.

Vielleicht steckt ein ähnliches Motiv hinter den Fotos auf Grabsteinen. Sind diese Bilder – gleich *visuellen Denkmalen* – möglicherweise ein *memento mori* für *jeden* beliebigen Betrachter, insofern sie anzeigen, dass sich der soziale Umgang mit Mitmenschen und die eigene lebensweltliche Präsenz in der Zeit *nach dem Tod* gerade anhand der »Ankerfunktion« von Bildern bewahren lassen? In der Erinnerung über-lebt die lebensweltliche Präsenz von Verstorbenen zumindest für eine gewisse Zeit. Diese Erinnerung ist umso lebendiger und nachhaltiger, wenn Abbildungen die Gedächtnisleistung unterstützen. Da Bilder ausschnitthaft *Erlebniserfahrungen* fixieren, schieben sie außerdem der Flüchtigkeit des Erinnerungsvermögens einen Riegel vor. Wer auf einem Grabstein das Bild einer lebendigen Person sieht, der kann nicht anders, als von einer Konfrontation mit *Lebendigkeit* auszugehen – denn nicht die Leiche ist abgebildet, sondern ein aktiv im Leben stehender Mensch, an den sich *andere* erinnern (können). Und auch wenn es nicht so ist, weil die Grabbilder nach vielen Jahren nur mehr *theoretisch* Erinnerungen entfachten und niemand mehr da ist, der sich erinnern könnte, so bringen sie doch auch Fremden gegenüber, denen der *Blick in ein fremdes Gedächtnis* unmöglich ist, zum Ausdruck, dass es Erinnernswertes faktisch gegeben hat. Der bilderfreie Grabstein mit der nüchternen Inschrift, der die Kulturtradition der »lebensweltfernen« Todessphäre stillschweigend ausbuchstabiert, evoziert diesen Eindruck in weit geringerem Maße.[11]

Es ist interessant, dass gewisse Naturvölker sich in der Frühzeit der ethnologischen Feldforschung als ängstliche Gegner der Fotografie heraus stellten, welche ihrer Ansicht nach dem Porträtierten die Seele raubt (vgl. Wiener 1990: 186 ff.). Selbst Balzac spricht noch von einer »Wesensbedrohung«, die die Abbildung im Foto mit sich bringe (zit. nach Krauss 1992: 43). Von der Unterstützung der Erinnerungsleistung des Gedächtnisses durch die Verewigung von Augenblickssituationen ist in diesem Kontext noch keine Rede; diese Produktivkraft hat sich erst später als Etappe in der »Wahrnehmungsgeschichte der Fotografie« (Busch 1989) heraus kristallisiert. Die Transfiguration von »Todesfällen« zu »lebenden Bildern« dürfte daran nicht unschuldig gewesen sein. Insbesondere der Vergleich zu der schon lange zuvor praktizierten Möglichkeit, Verstorbene in ihrem »äußeren Erscheinungsbild« für die Nachwelt fotografisch festzuhalten (mit weitaus mehr *Naturalismus* als beim Anfertigen einer Totenmaske), dürfte dazu beigetragen haben, Fotografie jenseits metaphysischer Verlustsemantiken hinsichtlich ihrer Leistung als Instrument der Erinnerungsunterstützung zu denken. *En passant* wird damit klar, dass der Rang der Bildaufzeichnung und ihre soziale Funktion gegenwärtig von der frühen Skepsis gegen das fotografische Ablichten denkbar weit entfernt sind; denn mittlerweile scheinen Foto- und Videografie die »Seele«, also das Wesentliche der abgebildeten Personen, eher zu *bewahren*, als zu rauben oder zu beschädigen. Auch Grabsteinfotos lassen sich in dieser Lesart als »Index« verstehen, der auf die gewesene Lebendigkeit deutet und Wertschätzung darüber ausdrückt, dass die Hinterbliebenen Teil dieser Lebenswelt sein durften.

Seit geraumer Zeit dienen Foto- und Videografie darüber hinaus dem Management der *Visualität des Selbst*. Man erinnert sich nicht nur mithilfe von Bildern, sondern verwaltet die eigene »optische Performance« durch bildhafte Selbstdarstellungen, wobei wiederum das Internet federführend ist (im Übrigen inklusive des subtilen Nervenkitzels, dass die dort eingestellten Digitalbilder ein unkontrollierbares Weiterleben entfachen können). So weit, im Zuge der Autonomie gegenüber der eigenen Bildlichkeit vorab schon *eigene Grabsteinfotos* zu wählen, geht dieser Individualisierungstrend offenbar noch nicht. Das Thema ist für den Alltag wohl zu makaber, denn hier wird die Lebendigkeit von Abbildungen üblicherweise nicht im Hinblick auf den (irgendwann sicherlich eintreffenden) Gegenpart gedacht: den Tod der abgebildeten Person. Wohl niemand würde Freunden beim Anfertigen eines

---

[11] In diesem Zusammenhang muss betont werden, dass es weitere Strategien der *Personalisierung* von Grabstätten gibt, die auf alternative Weise die »Erinnerungswürdigkeit« der beerdigten Person betonen. Das Spektrum reicht von sehr persönlichen, kryptischen Hinweisen über grafische Symbole und Künstlerisches bis hin zu (bald mehr, bald weniger nüchternen) erläuternden Hinweisen, etwa über die Todesursache.

Schnappschusses sagen: „Ich fotografiere dich, um nach deinem Tod eine bessere Erinnerung an dich zu haben."

Die *Grenze* der Beziehung zwischen Erinnerung und Bildlichkeit liegt in der Beschränktheit des Bildmediums: Nicht alles ist/wird sichtbar, während das Gedächtnis auch Nicht-Abbildbares speichert. Zudem können Erinnerungen den Bannkreis individueller Betroffenheit transzendieren. Einerseits argumentiert die klassische Wissenssoziologie, dass auch ein von der Umwelt abgeschnittener Robinson Crusoe durch seine *Erinnerung* im Kreise einer Gemeinschaft lebt; das Gedächtnis konstruiert also eine Art sozialen Kontrapunkt zum Ich (vgl. Michalski 1997: 54). Andererseits sprechen Berger und Luckmann, gleichsam aus wissenssoziologischer Sicht (1992: 72), von der *Sedimentierung* von Erfahrung. Damit ist das Erstarren von überpersönlich relevanten Erfahrungsmomenten zu identifizierbaren Erinnerungen gemeint, auf die das Kollektiv später als »Wirklichkeitsbeweis« zurückgreifen kann. Man fühlt sich an Thomas Hobbes' Bemerkung erinnert, dass Klugheit durch das Erinnerungsvermögen entsteht (Hobbes 1998: 24) – denn es geht ja in der Tat um die Stabilisierung der sozialen Ordnung durch den Rekurs auf erinnerte Erfahrungen, die für *alle* (abstrakt oder konkret) von Bedeutung sind. Auf diesem Fundament entsteht sukzessive, schreibt Elias (2002: 58), jene soziale Ressource namens *Sinn*. Individuelles Erinnern – das sich nahezu idealtypisch am Beispiel des Trauergedenkens gegenüber Verstorbenen nachzeichnen lässt – steht immerzu in dialektischer Verbindung zum kollektiven Gedächtnis. Von dort stammen die Modi der persönlichen Erinnerung (und der begleitenden Rituale). Gedenken an und Bewahren von Mitmenschen erfüllt eine soziale Funktion, da Vergänglichkeit als Begleiterscheinung gemeinschaftlichen Lebens verhandelbar und mit Sinn erfüllt wird: Für den Einzelnen bewahren Erinnerungstechniken und -artefakte die Wegstationen seiner Biografie, während sie für das Kollektiv wie ein »Erhaltungsmechanismus« die Genese des Bestehenden (und die darin eingeflochtenen Verluste und Veränderungen) nachvollziehbar machen. Deutlich werden sollte, dass Bilder der Erinnerung, die auf dem Friedhof angebracht sind, dort stellvertretend auch die Permanenz des Wandels anzeigen – und zugleich bekräftigen, dass der Tod immerzu ein aktuelles Thema ist, das behandelt werden *muss*, damit es weiter gehen kann. Der Umgang einer Gesellschaft gegenüber ihren Toten gewährt folglich auch einen Einblick in die »Memoiren« gesellschaftlicher Ordnungsvorstellungen.

Literaturverzeichnis

Assmann, Aleida (2003): *Erinnerungsräume. Formen und Wandlungen des kulturellen Gedächtnisses.* München: Beck.
Baecker, Dirk, Krieg, Peter und Simon, Fritz B. (2002): *Terror im System. Der 11. September und die Folgen.* Heidelberg: Carl Auer.
Barthes, Roland (1989): *Die helle Kammer. Bemerkung zur Photographie.* Frankfurt am Main: Suhrkamp.
Belting, Hans (2002): »Macht und Ohnmacht der Bilder«. In: Blickle, Peter et al., *Macht und Ohnmacht der Bilder. Reformatorischer Bildersturm im Kontext der europäischen Geschichte.* München: Oldenbourg, 11–32.

Benkel, Thorsten (2008a): *Soziale Welt und Fiktionalität. Chiffren eines Spannungsverhältnisses.* Hamburg: Kovač.
– (2008b): »Der subjektive und der objektive Tod. Ein Beitrag zur Thanatosoziologie«. In: *Psychologie und Gesellschaftskritik,* 32, 131–153.
– (2012): *Die Verwaltung des Todes. Annäherungen an eine Soziologie des Friedhofs.* Berlin: Logos.
Berger, Peter L. und Luckmann, Thomas (1992): *Die gesellschaftliche Konstruktion der Wirklichkeit. Eine Theorie der Wissenssoziologie.* Frankfurt am Main: Fischer.
Bourdieu, Pierre et al. (1981): *Eine illegitime Kunst. Die sozialen Gebrauchsweisen der Photographie.* Frankfurt am Main: Suhrkamp.
Brauchitsch, Bodo von (2002): *Kleine Geschichte der Fotografie.* Stuttgart: Reclam.
Busch, Bernd (1989): *Belichtete Welt. Eine Wahrnehmungsgeschichte der Fotografie.* München/Wien: Hanser.
Elias, Norbert (2002): »Über die Einsamkeit der Sterbenden in unseren Tagen«. In: *Über die Einsamkeit der Sterbenden in unseren Tagen/Humana conditio, Gesammelte Schriften,* Bd. 6. Frankfurt am Main: Suhrkamp, 9–90.
Feldmann, Klaus (2010): *Tod und Gesellschaft. Sozialwissenschaftliche Thanatologie im Überblick.* Wiesbaden: VS.
Fuchs, Peter (2004): *Der Sinn der Beobachtung. Begriffliche Untersuchungen.* Weilerswist: Velbrück.
Gadamer, Hans-Georg (1986): *Wahrheit und Methode. Grundzüge einer philosophischen Hermeneutik.* Tübingen: Mohr.
Geser, Hans (1998): »›Yours virtually Forever.‹ Elektronische Grabstätten im Internet«. In: Imhof, Kurt und Schulz, Peter, *Die Veröffentlichung des Privaten – die Privatisierung der Öffentlichkeit.* Opladen: Westdeutscher Verlag, 120–135.
Gonzalez-Crussi, Frank (2007): *Verbotene Blicke, schamloses Sehen. Das Auge und die Welt.* Köln: Berlin University Press.
Groß, Dominik und Grande, Jasmin (2010): *Objekt Leiche. Technisierung, Ökonomisierung und Inszenierung toter Körper.* Frankfurt/New York: Campus.
Grube, Gernot, Kogge, Werner und Krämer, Sybille (2005): *Schrift. Kulturtechnik zwischen Auge, Hand und Maschine.* München: Fink.
Gumbrecht, Hans Ulrich und Pfeiffer, Ludwig K. (1993): *Schrift.* München: Fink.
Halbwachs, Maurice (1985): *Das Gedächtnis und seine sozialen Bedingungen.* Frankfurt am Main: Suhrkamp.
Heer, Hannes und Naumann, Klaus (1997): *Vernichtungskrieg. Verbrechen der Wehrmacht 1941–1944.* Frankfurt am Main: Zweitausendeins.
Hobbes, Thomas (1998): *Leviathan.* Stuttgart: Reclam.
Hoheisel, Peter (1998): *Der Göttinger Stadtschreiber bis zur Reformation. Einfluß, Sozialprofil, Amtsaufgaben.* Göttingen: Vandenhoeck & Ruprecht.
Hosselmann, Birgit (2003): *Todesanzeigen als Memento mori? Eine empirische Untersuchung von Todesanzeigen der Gegenwart.* Altenberge: Oros.
Hume, David (1973): *Ein Traktat über die menschliche Natur.* Hamburg: Meiner.
Hüppauf, Bernd und Weingart, Peter (2009): *Frosch und Frankenstein. Bilder als Medium der Popularisierung von Wissenschaft.* Bielefeld: transcript.
Kantorowicz, Ernst (1994): *Die zwei Körper des Königs. Eine Studie zur politischen Theologie des Mittelalters.* München: dtv.
Kasper, Judith (2003): *Sprachen des Vergessens. Proust, Perec und Barthes zwischen Verlust und Eingedenken.* München: Fink.
King, David (1997): *Stalins Retuschen. Foto- und Kunstmanipulationen in der Sowjetunion.* Hamburg: Hamburger Edition.
Knoblauch, Hubert (2005): *Wissenssoziologie.* Konstanz: UVK.
Krauss, Rolf H. (1992): *Jenseits von Licht und Schatten. Die Rolle der Photographie bei bestimmten paranormalen Phänomenen.* Marburg: Jonas.
Lafontaine, Céline (2010): *Die postmortale Gesellschaft.* Wiesbaden: VS.
Lebeck, Robert (1980): *In Memoriam. Fotografien auf Gräbern.* Dortmund: Harenberg.
Luhmann, Niklas (1996): *Die Realität der Massenmedien.* Opladen: Westdeutscher Verlag.

– (1997): *Die Gesellschaft der Gesellschaft.* Frankfurt am Main: Suhrkamp.
Lyotard, Jean-François (1988): *Heidegger und die Juden.* Wien: Passagen.
Lévi-Strauss, Claude (1994): *Das wilde Denken.* Frankfurt am Main: Suhrkamp.
Meitzler, Matthias (2011): *Soziologie der Vergänglichkeit. Zeit, Altern, Tod und Erinnern im gesellschaftlichen Kontext.* Hamburg: Kovač.
Merleau-Ponty, Maurice (1984): *Das Auge und der Geist.* Hamburg: Meiner.
Michalski, Mark (1997): *Fremdwahrnehmung und Mitsein. Zur Grundlegung der Sozialphilosophie im Denken Max Schelers und Martin Heideggers.* Bonn: Bouvier.
Michel, Karl Markus (1990): *Gesichter. Physiognomische Streifzüge.* Frankfurt am Main: Hain.
Nietzsche, Friedrich (1999): »Vom Nutzen und Nachteil der Historie für das Leben«. In: Colli, Giorgio und Montinari, Manzino, *Die Geburt der Tragödie, Unzeitgemäße Betrachtung I–IV, Nachgelassene Schriften 1870–1873, Kritische Studienausgabe,* Bd. 1. München: dtv, 243–334.
Ratsch, Ulrich, Stamatescu, Ion-Olimpiu und Stoellger, Philipp (2009): *Kompetenzen der Bilder. Funktionen und Grenzen des Bildes in den Wissenschaften.* Tübingen: Mohr.
Schütz, Alfred und Luckmann, Thomas (2003): *Strukturen der Lebenswelt.* Konstanz: UVK.
Sörries, Reiner (2008): *Alternative Bestattungen. Formen und Folgen.* Frankfurt am Main: Fachhochschul-Verlag.
Solms, Ricarda (2010): *Verschwunden. Das Fotoprojekt »Ausencias« von Gustavo Germano mit Texten zur Diktatur in Argentinien 1976–1983.* München: Frühling.
Sontag, Susan (1978): *Über Fotografie.* München/Wien: Hanser.
Sunstein, Cass R. (2009): *Infotopia. Wie viele Köpfe Wissen produzieren.* Frankfurt am Main: Suhrkamp.
Sykora, Katharina (2009): *Die Tode der Fotografie, Bd. 1: Totenfotografie und ihr sozialer Gebrauch.* Paderborn: Fink.
Weber, Max (1988): »Die ›Objektivität‹ sozialwissenschaftlicher und sozialpolitischer Erkenntnis«. In: *Gesammelte Aufsätze zur Wissenschaftslehre.* Tübingen: Mohr, 146–214.
Weinrich, Harald (2005): *Lethe. Kunst und Kritik des Vergessens.* München: Beck.
Wiener, Michael (1990): *Ikonographie des Wilden. Menschen-Bilder in Ethnographie und Fotografie zwischen 1850 und 1918.* München: Trickster.

Zukunftserinnerungen. Plastination als Inszenierung von Erinnerung

Stefan Nicolae

I

Körper – und vor allem *tote* Körper – werden in unterschiedlichen semantischen Referenzen und in alltäglicher wie auch wissenschaftlicher Perspektive als Verweis (Fischer 2008), Adressat (Herz 1907/2007; Howarth 1996; Wagner-Rau 2010) oder Medium (Assmann 1999) der Erinnerung aufgefasst. Dennoch setzen extensive (Corbin et. al. 2005; Howarth 2007) wie auch systematische (Hahn 2010) Analysen dieser Erinnerungsmodi eine unhinterfragte Gegebenheit des (toten) Körpers voraus und akzentuieren lediglich kontextabhängige, selektive (Eyre 2007) oder defizitäre Erinnerungspraxen (vgl. Walter 1990; 1996). In den Analysen einer (weit gefassten) »Gedächtnisfunktion« des (toten) Körpers lässt sich eine paradoxe Strategie feststellen, die ihrem Zuschnitt nach Sinnzuschreibungen destilliert, ohne deren immanenten Entstehungs- und Artikulationslogik nachzugehen. Somit entsteht ein Hiatus zwischen der »Gedächtnisfunktion« des Körpers und einer anderen des *toten* Körpers: Der lebendige Körper *erinnert sich*, der tote Körper *wird erinnert*. Zudem bleibt der tote Körper als solcher unthematisch und versinkt – wie es im Fall der Plastination erläutert wird – in eine diffuse Ontologie hinein, die letztendlich eine soziologische Untersuchung erschwert. Eine dritte, für die vorstehende Argumentation entscheidende Entwicklungslinie, wird typischerweise nicht eingeräumt: die *Zukunftserinnerungen*. Dadurch wird auf eine der Plastination spezifische Zeitdimension angespielt: Wie wir sehen werden, erschließt die *zukunftsorientierte* Option eines Körper*spenders* den Horizont *vergangenheitsorientierter* Entscheidungen der Plastinatoren über Tauglichkeit, Verwendbarkeit und Anwendbarkeit eines Spender*körpers*. Der Spender*körper* erinnert somit an die Zukunft des Körper*spenders*. Dieses proteische Erinnerungspotenzial des toten Körpers leitet im Folgenden die Deutung einer Inszenierung von Erinnerung in der Plastination.

Die verbreitete und letztlich metaphorische Denkfigur eines Körpers als »Speicher« – der primär auch sein begriffliches Pendant, den von ihm bewohnten »Behälterraum« (Löw 2011: 17 ff.) mit einschließt – kann die obige Differenz nicht zufriedenstellend überbrücken. Nicht nur, dass dem lebendigen Körper eine aktive Position anerkannt wird – bspw. sofern er Habitualitäten »einverleibt« oder sich Eingriffen unterzieht (vgl. Lande 2007) –, die für die inertiale Anwesenheit des toten Körpers nicht zutrifft. Vom toten Körper als »Speicher« zu reden bedeutet, seinen Deutungshorizont dermaßen offen zu halten, dass alle auch vorläufigen Kontextualisierungen als prinzipiell homogen dargestellt werden können. Mit anderen Worten, wenn der lebendige Körper sich als eigenes Projekt wahrnimmt, wird der tote Körper in ein fremdes Projekt aufgenommen.[1] Ohne notwendigerweise auf ontologische Implikationen einzugehen, ist es ohne Weiteres einsehbar, dass in dieser Optik der »Speicher« einerseits als konstituierendes Phänomen einer körperlichen Identität, andererseits als konstituierendes Element eines Körperdiskurses betrachtet wird. Einerseits ist der Körper eine prozesshafte Erscheinung, deren Konstitutionsmomente sich ggf. in einem reflexiven Modus nachzeichnen lassen, andererseits wird er als abgeschlossenes Datum mühelos transformiert und umgewertet, solange das (lebendige) Körpergedächtnis zweitrangig, wenn nicht sogar eingeklammert wird.

Dieser Übergang wird für den toten Körper an dem Punkt problematisch, an dem *konkurrierende* Kontexte des toten Körpers selber en bloc als unhinterfragbare Übereinkünfte auftreten. Idealiter nimmt diese Konkurrenz die Form einer »Gegenerinnerung« (Assmann 1999: 138 ff.) an, welche eine tradierte, »offizielle«, eine in Anlehnung an Pierre Bourdieu »offiziöse« Erinnerung mit der Absicht unterminiert, die erste zu »delegitimieren« (Assmann 1999: 138). Es handelt sich aber nicht um einen kognitivistischen Austausch, denn die eine Szenerie entpuppt sich nicht als eine falsche, die durch eine wahrheitsgemäße abgelöst wird. Vielmehr, und darin besteht u. a. auch die Herrschaftsdimension jeder Infragestellung der legitimierten Erinnerung, wird dadurch erst ein Zugriff auf die Zukunft veranlasst, im Unterschied zu einer »Fundierung der Gegenwart« (Assmann 1999: 139). In einem anderen Register bedeutet das nicht weniger als eine Entdramatisierung eines Sinnzusammenhangs. Obschon thematisierbar, sprengt dieser nie die Grenze eines habituellen Vertrauens (vgl. Endreß 2011) und erscheint »bis auf weiteres« unproblematisch. Im Fall des toten Körpers und seiner Gegenerinnerung findet, so lässt sich mit Husserl und Schütz in einer phänomenologisch gefärbten Begrifflichkeit argumentieren, nicht nur eine Umstrukturierung qua Delegitimierung von Appräsentationsbeziehungen statt, die erst einem (lebendigen) Körpergedächtnis Sinn verleiht, sondern es wird *zugleich*

---

[1] Solche Überlegungen werden vor allem in der Analyse des Trauerprozesses und der Trauerbewältigung stark vertreten. So argumentiert bspw. Howarth für eine Verwischung der Grenze zwischen Leben und Tod als Zeichen der Spätmoderne anhand von gleichzeitig diskursiven biographischen Rekonstruktionen des Selbst und der Verstorbenen (2000: 131 ff.). Dieses Strukturmoment eines rekonstruktiven Anliegens wird auf unterschiedlichen Ebenen untersucht: Marmo (2010) schlägt den Witz und die Inszenierung witziger Situationen als Bewältigungsstrategie angesichts der Verwerflichkeit des toten Körpers vor. Becker und Knudson (2003) fokussieren auf Präsentifizierungen von Verstorbenen, während z. B. Brennen (2008) die Kondolenzbücher als Medium postmortaler Konturierung des Anderen analysiert. Dieser theoretischen Alternative wohnt allerdings die starke Annahme einer gewissen »Gedächtnisneutralität« des toten Körpers inne: »The dead person (…) found an ongoing trajectory within the individual's own changing self-narrative« (Howarth 2000: 131). Die Einschreibung eines Gedächtnisses des lebendigen Körpers (des Verstorbenen) in eine (von Anderen) konstruierte Erinnerung wird aber kaum thematisiert und platziert den toten Körper in einem diffusen begrifflichen Zustand.

auch eine Immunisierungsstrategie gegenüber jeder möglichen Legitimierung eines konkurrierenden Erinnerungspotenzials eingeübt.

Im Fall der Plastination spitzt sich dieses Spannungsverhältnis auf zwei gleichrangige Facetten des Plastinationsverfahrens zu: in eine Arbeit am *Körper* und in eine an *Begriffen*. Die Plastinate als kategorial unscharfe Region bedürfen, im Unterschied etwa zu den »Leichen«, die alltäglich einen konturfesten Deutungshorizont präsentieren, nicht nur einer Auslegung ihrer wirkenden Erinnerungsform, sondern primär einer Deutung ihrer eigenen Entstehungs- und Legitimationslogik. Das *für* Plastinate *konstitutive* Zusammenspiel von Erinnerung und Vergessen erlangt sein Profil nicht in kulturmorphologischen Einrahmungen der Plastination (z. B. als alternative Bestattungsform, vgl. Fischer 2006; Hermelink 2008). Vielmehr decken die Plastinate eine privilegierte Inszenierungsform der Erinnerung auf, die verschränkte Momente von affirmativen und retraktilen Sequenzen des Erinnerungspotenzials von Plastinaten enthält.[2] Sofern diese grundlegende Problematik adäquat geschildert wird, kann die Frage nach dem Tableau zahlreicher Verschiebungen und Neukategorisierungen des Menschenwürdebegriffs in pragmatischer Hinsicht aufgerollt werden. Die hier vertretene These besagt allerdings, dass das Erinnerungspotenzial der Plastinate auf (a) dem immanenten Vergessen des Körper*spenders* und (b) auf der Einschreibungsmöglichkeit des plastinierten Spender*körpers* in entkoppelten – sei es ärztlichen, künstlerischen oder religiösen – Zusammenhängen aufbaut.

Demzufolge versucht der vorliegende Beitrag die Dynamik dieser Transformation auf der Ebene des Umgangs mit inkorporiertem Gedächtnis in der Plastination zu verfolgen.[3] Zunächst wird die Debatte um plastinierte Körper skizziert (II); es gilt, die Argumentationsmuster und -schwerpunkte mit Blick auf die angewandte Begrifflichkeit zu umreißen sowie die Konsequenzen für eine Gedächtnisanalyse hervorzuheben. Anschließend wird auf die doppelte Ressource von Erweiterung und Umstrukturierung des Erinnerungspotenzials seitens der Plastinatoren in den zwei Modi der

---

[2] Einige begriffliche Klärungen hinsichtlich der Differenz zwischen Gedächtnis und Erinnerung sowie des Inszenierungsbegriffs sind an dieser Stelle notwendig. Als Orientierungspunkt dient hier Alois Hahns Unterschied entlang der Anwendung des systemtheoretischen Selektionskonzepts: »Wenn das Gedächtnis bereits eine Auswahl aus den im Laufe der Zeit erlebten Ereignissen bildet, so könnte man die Erinnerung als jene Auswahl bezeichnen, die aktuell für einen Augenblick aus den Beständen des Gedächtnisses getroffen wird. (...) Die Erinnerung wäre also eine Auswahl einer Auswahl« (Hahn 2010: 18f, 100). Für eine Analyse der Erinnerung hat diese minimalistische Definition einerseits den Vorteil, die getroffene Auswahl der Erinnerung angesichts eines »Codes« deren Inszenierung als Aktualisierung eines Erinnerungspotenzials prinzipiell offen zu halten. Andererseits lässt die Definition Steuerungsmodi der Inszenierung von Erinnerung zu, die auch jenseits individuellen Gedächtnisses lokalisierbar sind.

[3] Ein *dynamischer* Charakter des inkorporierten Gedächtnisses knüpft unmittelbar an Bourdieus Habitus-Begriffs (1987: 105) an. Durch die Betonung auf ein inkorporiertes Gedächtnis im Fall der Plastinaten wird allerdings nicht nach der dem Habitus innewohnenden unbewussten Dimension, sondern punktuell nach dem in habitueller Dynamik Vergessenen, den im individuellen Ereignisgedächtnis getilgten biographischen Konstellationen (Hahn 2010: 9 f.) gefragt. Dieses von Seiten eines Anderen, des Plastinators, rekonstruktive Procedere des inkorporierten Gedächtnisses erfolgt anhand von körperbezogenen Appräsentationsverhältnisse, in denen Körperspendeausweise, Krankenakte, besondere Körpermerkmale (Tätowierung, Narben oder Implantate) als Inskriptionen gedeutet werden (müssen).

Arbeit am Körper und an Begriffen (III) eingegangen. Insgesamt wird sich zeigen, dass die in der Plastination verkündete Inszenierung der Erinnerung ein besonderes Spannungsverhältnis von Erinnerung und Vergessen darstellt, das sich anhand von parallel laufenden Rekonstruktionen bzw. Erweiterungen des Erinnerungspotenzials der plastinierten Spender*körper* entwickelt.

II

»Plastination« ist ein »künstliches«, ein »fabriziertes« Wort (allerdings seit 1992 auch im Brockhaus vertreten; vgl. von Hagens 2010a: 32). An ihm bzw. in seiner spezifischen Anwendung lässt sich noch die spätere kulturgeschichtlich dominante doppelte Semantik der Irreversibilität spezifischer Handlungsfolgen wie auch deren materielle Stütze identifizieren. Die »Plastinate« erfüllen gleichzeitig diese Anforderungen: sie sind zunächst herstellungstechnisch bedingt »plastisch«. Plastisch sind sie darüber hinaus auch, wie wir sehen werden, sofern diese stets nach einer kategorialen Fixierung im begrifflichen Zwielicht zwischen »Leichen« – oder eben auch »Menschen« (d. h. »Personen«) – und »Gegenständen« (unterschiedlicher Art und Zwecke) verlangen. Diese Arbeit an Begriffen versucht also die Plastinate in einen Kontext zu stellen, der von einer andauernden (und darum nicht weniger wichtigen) Anspielung an die Differenz von Lebendigem und Nichtlebendigem, Menschlichem und Nichtmenschlichem dominiert ist (Hermes da Fonseca 2006b: 388 ff.). In diesem Rahmen gilt eine beachtenswerte Fokussierung auf die Erscheinungsform der Plastinate. Die Debatte ist nämlich auf menschliche Körper ausgerichtet, die Konturen eines Gegenstandes aufweisen – ohne dadurch den menschlichen Charakter zu verlieren, noch den gegenständlichen endgültig anzunehmen.[4] Vor diesem Hintergrund entstehen gemeinhin die Auseinandersetzungen zwischen Verteidigern und Anklägern der Plastination, die sich bspw. 2010 anlässlich der feierlichen Eröffnung eines »Online-Shops« für plastinierte Körperteile und Ganzkörperpräparate erneut entzündeten.[5]

Die plastinationskritischen Diskurse greifen auf Argumentationsmuster zurück, die sich typischerweise auf den Begriff der »Würde« (der Leichen, der Individuen oder der toten Menschen, vgl. Höhn 2001; Rest 2006), auf Täuschungsversuche (der Sterblichkeit, der sozial anerkannten Bestattungspraxen, der Transzendenz oder des

---

[4] Auch wenn diese zentrale Stelle in der Analyse der Plastination typischerweise ungenügend berücksichtigt bleibt (vgl. Langhanky 2006), nehmen sowohl die kritischen als auch die legitimierenden Diskurse der Plastination unmittelbar darauf Bezug. Die Konsequenz dieser diskriminierenden diskursiven Praxis für eine Gedächtnisanalyse der Plastination lässt sich in unterschiedlichen Problematisierungen der Plastinate als »Memorial« (vgl. Leibing 2006) beobachten.

[5] Dennoch wird selten eine Gegenstands-Definiton der Plastinate explizit bevorzugt. So kündigt Peter Kümmel die Eröffnung des »Onlinehandels mit Leichenteilen« in *Die Zeit* an: »Dass in einem Land, in dem einst aus Menschenhäuten Lampenschirme gemacht wurden, nun ein Wissenschaftler seinen Onlinehandel mit Menschenmuskel und -gebein eröffnet, ist eine ziemlich schräge Arabeske des Schicksals. Und wie lässt sich erklären, dass Tausende von Deutschen nur darauf warten, vom Meister nach ihrem Ableben konserviert, zersägt, ausgestellt und in »Sprengschädel«- und Scheiben-Gestalt verkauft zu werden?« (Kümmel 2010)

rigorosen Profils der Kunst, vgl. Bleyl 1998; Sachau 2006), auf willkürliche Machtkonstellationen (z. B. von Hagens' Durchsetzung eigener morbiden Welt- und Religionsanschauungen, Empörung über eine – vermutliche, oder manchmal gewisse – staatliche Duldung der Herstellung, des Ausstellens und der Kommerzialisierung von Plastinaten, vgl. Steiner 2009a, 2009b; Kulke 2010) oder auf eine Integrität des Körperschemas (die bspw. im Fall eines in Scheiben geschnittenen und als Innendekoration, Schmuck oder Lehrmaterial präparierten und verkauften plastinierten Körpers gestört wird, vgl. Pates 2006; Anatomische Gesellschaft 2011) beziehen.

Während manche Anfechter eher eine mediale Präsenz zeigen[6] und weniger den direkten Kontakt mit dem von ihnen kritisierten Phänomen suchen, rekrutieren sich die Befürworter der Plastination aus einem viel engeren Kreis von Experten. Das führt zunächst zu einer Technisierung der Argumentation, die den Anspruch erhebt, die Häufung von losen, unbegründeten (und von Kritikern propagierten) Gerüchten mit einem aufklärerischen Impetus zu konterkarieren. Mobilisiert werden neue Definitionen des Begriffs der Würde (Wetz 2001; Tag 2001), die auch mit einer Täuschung der Transzendenz fertig werden sollen (vgl. Glahn 2010a, 2010b). Entwickelt und in zahlreichen neu entstandenen Philosophemen ergründet wurde auch der Begriff einer »Demokratisierung der Anatomie« (von Hagens 2010b: 230; vgl. Hermes da Fonseca 2006a: 19),[7] die allen Ausstellungsbesuchern (d. h. den medizinisch Laien) einen freien Zugang zu den Mysterien des menschlichen Körpers gewährleistet sowie eine durch Kooperation gekennzeichnete und enge kollegiale Interaktion von Plastinatoren, Körperspendern und dessen Familienangehörigen prägt (vgl. Hirschauer 2006: 35).

Die Antwort auf die Frage nach der »Integrität des Körperschemas« rundet diese Begründungsstrategien ab: Da das Plastinat in ein anderes ontologisches Register zu verlagern ist, gestaltet sich dessen vielfältige Sektionierung als ethisch *unproblematisch*, wenn nicht gar als ethisch *neutral*.[8] Franz Josef Wetz bringt die ethische Relativierung auf den Punkt: »Die Präparate, wie sie Gunther von Hagens der Öffentlichkeit darbietet, haben mit [der Aberkennung der Menschenwürde im Nationalsozialismus, SN] nichts zu tun, weil sie Menschliches als Menschliches darstellen. (...) Alles in allem ist die Idee der Menschenwürde normativ schwach. Ihre Auslegung hängt stark von allgemein akzeptierten Sinnzuschreibungen und gesellschaftlich legitimierten Verhaltensweisen ab« (Wetz 2010: 264 f.). Die Betonung eines kulturspezifischen Verständnisses des Würdebegriffs stellt im Kontext der Pluralität von Werten kein

---

[6] Die wichtigste quantitative Untersuchung des medialen Profils der Körperwelten-Ausstellung wurde Ende der 1990er von Günter Rager und Lars Rinsdorf durchgeführt. 4000 Artikel wurden anhand von zwei Leitfragen (»Welche Themen werden in der Berichterstattung über die »Körperwelten« aufgegriffen?« und »Wie wird die Ausstellung in den Print-Medien bewertet?«) und unter drei Blickwinkeln (Charakteristika der Berichterstattung, deren zeitlichen Entwicklung und die soziokulturellen Unterschiede in der Berichterstattung an unterschiedlichen Ausstellungsorten) ausgewertet (Rager und Rinsdorf 2001).

[7] Ein anonymer Körperspender begründet seine Entscheidung: »Es ist an der Zeit, dass die Medizin nicht nur den Akademikern zu steht. Wir sind alle Menschen mit gleichem anatomischem Aufbau, wir alle haben das Recht, uns zu verstehen« (IfP 2007: 27).

[8] Auf diese Argumentationsstruktur so wie ihre Relevanz für eine Analyse des Erinnerungspotenzials der Plastinate wird später eingegangen.

Novum dar. Die angewandte Argumentationsstruktur und insbesondere der Fokus auf neue begriffliche Konstruktionen von Grenzziehungen, die nur indirekt Konsequenzen für die Differenz zwischen lebendigen und nichtlebendigen Akteuren haben, sofern diese ausschließlich auf tote Menschen gerichtet sind, tragen allerdings zur Delegitimierung einer monistischen Auffassung der Würde bei.

In beiden Lagern wird jedoch der Begriff der Würde betont: Sofern er mit der Vorstellung von Unsezierbarkeit und Unverkäuflichkeit des toten Körpers in Verbindung gebracht wird, ist dieser Würdebegriff nicht nur als »Menschen-«, sondern hauptsächlich als »*Körper*würde« zu verstehen. Trotz diesen Ähnlichkeiten ergeben sich auch unüberwindbare Unterschiede zwischen den zwei Positionen. Die Kritiker plädieren für eine essentialistische Auffassung der Würde (Glahn 2010a: 387 f.): Sie ist weder punktuell zu begreifen, noch hängt sie mit historischen, kontextuellen oder individuellen Umständen zusammen (Benda 2001). Mit anderen Worten ist dieses Verständnis von Würde ein universelles. Andererseits sehen die Befürworter der Plastination die Würde als Privatangelegenheit an – in einem »privaten« Lebensprojekt eingeschrieben (vgl. Kutzer 2008; Tag 2001; Glahn 2010a 391 ff.; Thier und Tag 2010; Schäfer et al. 2010). Diese entgegengesetzten Richtungen (universelle vs. individuelle Körperwürde) appellieren jeweils an besondere Verweisungsstrukturen: *Einerseits* ist der Körper von seinen *allgemein* menschlichen Eigenschaften untrennbar, *andererseits* ist dieser von *dem* Körperspender nicht wegzudenken. *Einerseits* erinnert jeder Spender*körper* an verkörperte, eben lebendige *Menschen*, *andererseits* erinnert das Plastinat an seinen Körper*spender*. Der unterschiedliche Adressat der Erinnerungspraxis lenkt in beiden Fällen und in variablen Graden das Interesse auf eine spezifische Auslegung der ontologischen Grundlagen eines Körperverständnisses. Die Frage, wie der Anonymitätsanspruch der Plastinate (als Verunmöglichung jedes Verweises auf Körper*spender*) mit der Betonung einer Rechtfertigung deren kontextloser Anwendung gerade durch das Erinnerungspotenzial der Plastinate (die Plastinate weisen körperliche Besonderheiten auf, deren allgemeiner Charakter von ihrer individuellen Entstehungsgeschichte abgetrennt werden soll) zu versöhnen ist, lässt sich indessen erst in dem *Plastinationsverfahren* selbst stellen und die Antwort darauf nimmt somit die Form einer Inszenierung von Erinnerung an.

Der mediale Diskurs trennt darüber hinaus den Anonymitätsanspruch des Plastinationsverfahrens von den ethischen Forderungen der Ausstellung. Es ist also nicht die bloße Anonymisierung der Plastinate, die zur ethisch neutralen »Körperwelten«-Ausstellung führt: Eine gelungene Anonymisierung des Körper*spenders* bedeutet noch keine Anonymisierung des Spender*körpers*. Der bleibt weiterhin ein *menschlicher* Körper, dem ein ausgeprägtes Erinnerungspotenzial zukommt – sofern die Menschenwürde ein »über den Tod hinaus fortwirkendes« Prinzip darstellt. Mit anderen Worten handelt es sich um eine kategoriale Verschiebung des toten Körpers in ein anderes ontologisches Register, das den Plastinatoren ermöglichen kann, die Plastinate in neue Erinnerungskontexte (diese sollen an Zukünftiges, bspw. an Kunst oder Fortschritt der Medizin verweisen) einzuschreiben.

Mit Blick auf den toten Körper, der zur Plastination bestimmt wird und als Präparat zwecks Ausstellens typisierte Transformationsphasen durchläuft, werde ich im Folgenden auf ein doppeltes Prozedere Bezug nehmen. Es handelt sich *erstens* um die materielle Umwandlung der Leiche ins Plastinat. Im Vordergrund soll aber nicht das streng genommene »technische Verfahren« der Plastination stehen, sondern die zielgerichtete Umstrukturierung des Spender*körpers*. Es geht um die Frage nach der technischen Präferenz eines bestimmten Angriffs gegenüber einem anderen. Sodann gehe ich *zweitens* auf die kategoriale Fixierung ein, auf die Plastinatoren explizit rekurrieren, um die Inserierung des präparierten Körpers in unterschiedliche Kontexte zu legitimieren. Diese beiden Richtungen konvergieren nicht nur im Körper als Support einer technischen *und* begrifflichen Arbeit am Plastinat, sondern auch im Anonymisierungsanspruch als Bedingung einer Inszenierung der Erinnerung.

III

Am Anfang des Plastinierens steht immer eine *Körperspende* an das Institut für Plastination in Heidelberg. Im Vorfeld kann das Institut bevollmächtigt werden, nach dem Ableben den Körper an die Laboreinrichtungen des Institutes für Plastination zu überführen sowie die Krankenakten einzusehen und gegebenenfalls Kopien zu erhalten.[9] Einzige Voraussetzungen für die Annahme einer Körperspende sind ein natürlicher, nicht gewaltsam herbeigeführter Tod und das Fehlen jeder Leichenöffnung in einem pathologischen oder rechtmedizinischen Institut (IfP o. J.).[10] Weder das (ggf. hohe) Alter des Körpers, noch die Erkrankungen, die Entnahme von Organen (im Fall einer gleichzeitigen Organspendeverfügung), noch Amputationen spielen dabei eine Rolle (IfP 2007: 27 f.).

Nach dem Eintritt des Todes werden erstens die Angehörigen des Körperspenders aufgefordert, dem Leichnam eine minimale Aufmerksamkeit zu schenken. Wobei dies weder als Teil der Herrichtung des Verstorbenen, noch in Erinnerung an den Verstorbenen unternommen wird, sondern in Erinnerung an seine zukunftsorientiert unterschriebene »Verfügung des Spenders«: d. h. mit Blick auf ein *zukünftiges* Plastinat.[11] Nachdem der Körper im Institut für Plastination eingetroffen ist, nachdem die formale und rechtlich geregelte Annahme des Leichnams abgeschlossen wurde, fängt unmittelbar die eigentliche in einem mehrstufigen Prozess gegliederte Plastinations-

---

[9] Dies wird von Seiten des Instituts für Plastination mit Hinweisen auf »Lehre und Forschung« sowie auf das »Konservierungsergebnis« begründet: »Für die Lehre und Forschung ist es hilfreich, wenn das IfP die Krankenakten seiner KörperspenderInnen nach dem Ableben einsehen darf. Auch das Konservierungsergebnis kann unter Umständen durch die Kenntnis von Einzelheiten über Art und Verlauf der Krankheit entscheidend verbessert werden. (...) Wenn Sie damit einverstanden sind, müssen Sie das IfP per Vollmacht dazu ermächtigen« (IfP o. J.).

[10] Auf eine Leichenöffnung wird explizit auch in der »Verfügung des Spenders« verzichtet.

[11] Nicht nur die unmittelbar nach dem Ableben stattfindenden Handlungsabläufe werden mit Blick auf eine kommende Überführung des toten Körpers bestimmt. Es ist von den Hinterbliebenen zu erwarten, dass diese angesichts der Plastination den ganzen räumlichen Kontext des Todes ändern bzw. umstrukturieren: »Bis zur Abholung sollten Sie dafür Sorge tragen, dass der Leichnam möglichst kühl aufbewahrt wird. Das heißt Sonneneinstrahlung vermeiden; den toten Körper nicht mit wärmenden Decken, sondern allenfalls mit einem Laken zudecken; ggf. Heizkörper abdrehen; Fenster öffnen (bei kühlen Außentemperaturen)« (IfP o. J.).

arbeit an. Das technische Personal des Instituts nimmt allerdings keinen *unbekannten* Körper entgegen: Kenntnisse über das Krankheitsbild und die gesundheitliche Vergangenheit des Spenders werden vorausgesetzt. Der Spender*körper* entsteht also als Körper*spender* in einem Verweisungszusammenhang durchtränkt von alltäglichen Gegenständen, sozialen Verhältnissen und einem individuellen Ereignisgedächtnis. Im Spender*körper* wirkt mit anderen Worten seine Biographie als Körper*spender* über seinen Tod hinaus fort.

Ziel des Plastinationsverfahrens ist es, so kann man im Rahmen vorliegender Diskussionen umformulieren, das Gedächtnis des Körper*spenders* von einem Spender*körper* abzukoppeln. Wobei die Anonymisierung ausschließlich den Körper als Objekt ins Visier nimmt. Wenn aber unter Anonymisierung die »Nicht-Identifizierbarkeit eines Körpers« nach Namen, Alter oder körperlichen Besonderheiten (Amputationen, Operationen, Implantaten etc.) verstanden wird, d. h. wenn Anonymität das Ausscheiden des Körpers aus dem Horizont der möglichen und auf den Körper des Verstorbenen bezogenen Erinnerungspraxen von Seiten der Hinterbliebenen bedeutet, dann kommt der Anonymisierung eine negative Dimension zu: Das Erinnerungspotenzial des Plastinates ist im diesem Sinn vollständig ausgeschaltet, d. h. *dekonstruiert*.[12] Die Dekonstruktion der Identität als Anonymisierung bezieht sich allerdings in zweierlei Hinsicht auf das Erinnerungspotenzial der Plastinate. Einerseits wird die systematische Identifizierung von Spenderkörper und Körperspender verunmöglicht, andererseits wird die Grammatik der Konstellation Körperspender-Spenderkörper-Körperspende in dem Sinne dereguliert, dass zwischen der Inskription einer biographisch fundierten Entscheidung als »Verfügung des Spenders« und Plastinat eine Kluft entsteht, die jede Rekonstruktion der Körper*spende* blockiert. Das Plastinat ist ein Spender*körper* ohne (oder nur mit einer vermuteten, da typisierten) Spende-Geschichte.

Wird aber die biographisch-konstitutive Verortung des Körper*spenders* nicht auf solche »objektiven« Eigenschaften des Spender*körpers* reduziert und bspw. in Krankheitsbild wie -akten die konstante Präsenz einer erinnerbaren Biographie eruiert, dann nimmt die Anonymisierung die Form einer *Erweiterung* des Körpergedächtnisses an. Diese Erweiterung sollte allenfalls in der rechtlichen Bestimmung der »Menschenwürde« enthalten sein und geht jeder auf Menschenwürde gerichteten Kritik an Plastination voraus. Kritisiert wird, darauf wurde zuvor hingewiesen, nicht die Plastinationstechnik (Tiedmann 2001; Kriz 2001), d. h. die Anonymisierung auf der Ebene der offiziellen Wiedererkennung, sondern gerade die Fähigkeit der Plastinate an Menschen zu erinnern. In diesem besonderen, dem Plastinationsverfahren eigentümlichen Fall handelt es sich aber um eine *Rekonstruktion* qua Inszenierung des Erinnerungspotenzials des Plastinates.

---

[12] In dem Plastinationsverfahren wird diese Dekonstruktion einer offiziellen Identität als die einzige Folge der Anonymisierung indiziert: »Die dem Körperspender zu Lebzeiten eigene äußere Identität wird durch die anatomische Präparation verändert. Sie verleiht sowohl dem Gesicht als auch dem Körper ein neues Aussehen, das durch seine individuelle innere Anatomie geprägt ist. Ein plastiniertes Präparat kann deshalb anhand äußerer Merkmale nicht wieder erkannt werden. Nur aufwendige Rekonstruktionstechniken könnten dies eventuell ermöglichen« (IfP o. J.).

Diese Rekonstruktion lässt sich vornehmlich anhand der Positionierungsphase des Plastinationsverfahrens verdeutlichen.[13] Auf dieser Ebene sieht sich der Plastinator *zwei* konkurrierenden Zwängen ausgesetzt. *Zum einen* wird die künftige Positionierung des Plastinates als ein ausstellungswürdiges »Was«, die vorhandenen »Daten« des Körpers berücksichtigen müssen: das Seltene, das Pathologische, das Allgemeinspezifische am Körper (bzw. an Erscheinungsformen einer Krankheit oder eines Organs). Dies leitet und rechtfertigt die Sektion des Körpers und bestimmt schon die Modi einer Einschreibung des Plastinates in einen bspw. möglichen zukünftigen medizinischen Zusammenhang.[14] Erinnert werden sollte nicht ein Individuelles, ein Körper*spender* sondern ein Allgemeines: eben ein *menschlicher* Körper. *Zum anderen* setzen die Plastinatoren ein »Wie« der Positionierung, der Darstellung eines Ausstellungswürdigen ein: Skizzen werden entworfen, Originalität oder Konformität wird beansprucht. Dabei wird das Plastinat als Körper*pose* fixiert.[15]

Im Schnittpunkt der Versöhnung von materiellen und figurativen Plastinationszwängen sowie in der Affinität zu einem wechselseitigen Spiel von Erinnerung und Vergessen entwickelt sich eine Umstrukturierung der Identität des Körper*spenders* als Rekonstruktion von dessen Erinnerungspotenzial. Er fungiert nicht mehr als Körper*spender* sondern als »Mensch«, der gerade als Spender*körper* aufgrund seiner eigenen medizinischen Vergangenheit, ja auch als Konsequenz einer in seiner Biographie verankerten Bereitschaft zur Körperspende plastiniert wurde. Die oben

---

[13] Die »Positionierung« ist der vierte Schritt des Plastinationsverfahrens, nach »anatomischer Präparation«, »Entwässerung« und »Imprägnierung«: »Im Anschluss an die Vakuumimprägnierung wird der Körper in die gewünschte Pose gebracht, jede einzelne anatomische Struktur korrekt positioniert und mit Hilfe von Drähten, Nadeln, Klammern und Schaumstoffblöcken fixiert« (von Hagens 2010a: 27f.).

[14] Dies wird übrigens für alle Arten der Sektion und Präparation des Körpers im Rahmen einer medizinischen Begründungsstrategie der Sektion pauschal übertragen: »Die Sektion und Präparation von Leichen im Rahmen des Medizinstudiums wird mit der Dienlichkeit für die Ausbildung der angehenden Ärztinnen und Ärzte begründet und gerechtfertigt« (Kriz 2010: 8).

[15] Eine vollständige Analyse der Grammatik der Verweisungszusammenhänge im Fall der Positionierung würde weit über den Rahmen vorliegender Analyse führen. Es handelt sich prinzipiell um zahlreiche Strata der Appräsentationsbeziehungen, die das Plastinat im Zentrum eines vielseitigen Erinnerungspotenzials verorten. Erwähnt werden soll zumindest das Beispiel des »Schubladenmanns« (1999), einem Ganzkörperplastinats, dessen Skizze und Realisierung, trotz formeller Verneinung (vgl. von Hagens 2010b: 225) an die Reihe der sog. Schubladen-Gemälde von Dalí aus den 1930ern Jahren orientieren: die Körperpose ist in diesem Fall den Desiderata des medizinischen Fortschritts, des Anonymitäts- und ästhetischen Anspruchs konform; das Plastinat erinnert an ein zukünftiges medizinisches Institut (in dem es für Ausbildungszwecke verwendet werden kann), an den menschlichen Körperbau und an eine künstlerische Filiation. (Die Bedeutung eben dieses Plastinats wird darüber hinaus vervollständigt durch einen einmaligen Verzicht auf Anonymisierung (vgl. Peukert und Schulz 2004: 138 ff.). Der »Schubladenmann« ermöglichte also explizit die Rekonstruktion des Erinnerungspotenzials des Körper*spenders*.) Im jeweiligen Zusammenhang wird das Plastinat stets mit Blick auf die Positionierung rechtfertigt. Das ermöglicht nicht nur die Inserierung der Plastinate in einen künstlerischen Zusammenhang, ihre Fokussierung auf eine tradierte Kunsttradition, sondern definiert die Ausstellung als Kunstausstellung neu: »Damit entstand zwangsläufig eine Pose, und damit – ein Kernpunkt der Kritik – verloren die Plastinate ihren nüchternen Präparatecharakter; sie wurden zu ästhetischen Schauobjekten« (Kitz 2001: 38). Und hier verschafft sich die Rhetorik Gehör: »Ist es verwunderlich, dass viele Besucher von *Körperwelten* manche der Exponate für Kunstwerke halten?« (Kitz 2010: 7)

erwähnten objektiven Eigenschaften werden z. B. durch Legenden (vgl. Hirschauer 2006: 27),[16] durch Schilderung einer allgemeinen Krankheit, durch allgemein verständliche Erklärungen der technischen Eingriffe der Plastinatoren ersetzt. Der Körper*spender* ist nun zu einem »Fall« geworden, wobei seine Individualität – z. B. *dieses* spezifische Krankheitsbild, *diese* spezifische Körperverfassung – unter der Hand in ihrer leitenden Funktion fürs Plastinieren *beibehalten* und, dem Anonymitätsanspruch entsprechend, nicht zuletzt in einem ontologischen Sinn, *rekonstruiert* wird: Eine Körper*spenderin* ist z. B. nicht nur zur »Liegenden Schwangeren« geworden – sie *ist* die »Liegende Schwangere«.[17] Die Rekonstruktion einer individuellen Biographie, die Ausklammerung einer am Individuellen verhafteten Erinnerung und die Fokussierung auf das Erinnerungspotenzial von generellen menschlichen Charakteristika tendieren dazu, so lässt sich mit Bruno Latour argumentieren, den Spender*körper* in eine »Blackbox« umzuwandeln. Diese Transformation ist allerdings nur durch eine begriffliche Optimierung möglich.

Die Konsequenz einer kategorialen Fixierung der Plastinate besteht in der Unterminierung der divergenten Perspektiven auf die Körperwürde. Nicht nur, dass diese feine linguistische Operationalisierung die unterbreiteten Argumente der Plastinationsgegner in Frage stellen. Vielmehr beabsichtigt sie jede strukturähnliche Argumentationskonstruktion in statu nascendi zu verhindern, nicht zuletzt bei den Diskussionen mit Familienangehörigen anlässlich des Ausfüllens einer Körperspendeverfügung oder sogar in den Informationsrunden mit Freunden und Bekannten im Vorfeld des Ausstellungsbesuchs (vgl. Lantermann 2000: 214). Diese zur Verfügung gestellte kategoriale Fixierung trennt die Würde vom Spender*körper* und versetzt das Plastinat in ein anderes ontologisches Register: In diesem erübrigt sich jede Auseinandersetzung über die Würde der plastinierten Körper, sofern die Plastinate außerhalb ihres Wirkungsbereichs positioniert sind. Somit wird die Identität wie die Erinnerungsfrage überhaupt, endgültig außerhalb des Problemfelds der Plastination verortet. Das wird typischerweise in kondensierter Form folgendermaßen vorbereitet:

> »[Dass die Würde eines Menschen diesen selbst überdauern könne,] ist jedoch unsinnig, gewissermaßen ein logisches Missverständnis: Ein solcher Sprachgebrauch setzt voraus, dass der Verstorbene, obwohl er nicht mehr existiert, trotzdem als existent anzusehen sei; denn nur etwas, das existiert, vermag Träger von Eigenschaften wie der Menschenwürde zu sein. Ein existentes Nichtexistierendes ist aber ein Widerspruch in sich.« (Wetz 2000: 252)

Während die Würde jenseits der Körperdynamik platziert und untrennbar mit einem »Erinnerungsbild des Lebenden« in Verbindung gebracht wird (siehe die Klassifi-

---

[16] Vor allem die Legenden scheinen hier eine besondere Stellung in der Rekonstruktion des Erinnerungspotenzials der Plastinate zu genießen. Ihre Rolle ist der Funktion des Fußzettels im Fall des Herrichtens des Verstorbenen durch Krankenschwestern konform: in beiden Kontexten wird dadurch eine »Entpersonifizierung« (Streckeisen 1998: 240 f.) des toten Körpers realisiert.

[17] Diese neue Ontologisierung, die vor allem im Fall dieser heftig kritisierten Schwangeren-Plastinatenserie (Hermes da Fonseca 2006b: 384 f.) mobilisiert wird, trägt ihrerseits durch den Bezug auf die Körperpose unmittelbar zur begrifflichen Fixierung der Plastinate bei: »Das Ganzkörper-Plastinat erweckt tatsächlich die Vorstellung, sitzend zu denken oder Schach zu spielen (...) Es fällt [dem medizinischen Laien] leicht, seine Scheu vor dem Anblick zu überwinden, sich dem Präparat zu nähern und sich die freigelegten und hervorgehobenen Strukturen des Körperinneren anzuschauen« (Kitz 2010: 7).

kation in von Hagens 2010b: 234), ist die Identität, d. h. in diesem Fall das Körpergedächtnis bzw. das Erinnerungspotenzial des Körper*spenders*, ausschließlich dem »Leichnam« zugeordnet. Die Identität, offensichtlich eine »offizielle«, und somit die ganze im Leichnam inkorporierte Biographie »eines« Verstorbenen[18] wird im Fall des betrauerten Leichnams *thematisch*.

Die Haupttendenz der begrifflichen Arbeit besteht darin, den Spender*körper* (die Leiche) von dem Körper*spender* (dem Verstorbenen) zu trennen und den letzteren ins Ereignisgedächtnis (»Erinnerungsbild des Lebenden«) der Angehörigen umzulagern. Das Erinnerungspotenzial des Körper*spenders* wird zu einem Wechselspiel von Erinnerung und Vergessen, das sich in der Adäquanz der Übereinstimmung von Gedächtnis und Erinnerung eines Anderen spiegelt. Der Körper*spender* wird erinnert, wohingegen das Erinnerungspotenzial des Spender*körpers* erneut *dekonstruiert* wird. Dass diese begriffliche Dekonstruktion indes nicht zu einer vollständigen Ausklammerung des Individuellen führen kann, belegen die jeweiligen kontextgebundenen Versuche von ontologisierenden Etikettierungen der Plastinate als »anatomische Präparate«, »Ausstellungsstücke« oder »medizinischer Lehrmaterial«. Die Plastinate denen diese neue Erinnerungsfunktion als zukunftsgerichtete Inszenierungen von Verwendungszusammenhängen hätte zugesprochen werden können, entstehen erst während der technischen Arbeit mit Blick auf körperliche Partikularitäten der jeweiligen Körperspender als Support einer gleichrangigen Erinnerung an *Spender*körper. Gänzlich findet mit anderen Worten die Ausklammerung des Individuellen weder durch die Arbeit am Körper noch an Begriffen statt.

IV

Das Spannungsverhältnis von Vergessen und Erinnerung ist ein *konstitutives* Element der Plastinate, das einen höheren Toleranzgrad des zur Plastination gespendeten Körpers gegenüber dessen vielfältigen und diskursiv unterstützenden Einschreibungsmöglichkeiten in semantisch entkoppelten Kontexten ermöglicht: Eine Inszenierung der Erinnerung – sei es an typische Anzeichen eines körperlichen Leidens, an identifizierbare malerische Kompositionsthemen oder an zahlreiche christliche Topoi der Wiederauferstehung – deckt schon in ihrer Artikulation das Vergessen als ihr Pendant auf.

Die vorliegende Untersuchung setzte dort an, wo die gesetzliche Kohärenz von einer axiologisch motivierten Auseinandersetzung folgenreich unterbrochen wird. Eine der identifizierten Konsequenzen war eine Technisierung der Argumentationspraxis der Plastinationsexperten, die hier anhand der Doppeldimension einer Arbeit am Körper und an Begriffen analysiert wurde. Wie wir gesehen haben, ist die Legitimität

---

[18] »Entweder ist die Objektformel falsch oder auf den Toten untragbar, wobei streng unterschieden sei zwischen der *Würde eines Leichnams* und der Würde eines *Verstorbenen*. Denn die Frage: ‚Verstößt es gegen die Würde einer Leiche, sie als Objekt zu verfremden?' ist keineswegs identisch mit der Frage: ‚Verstößt es gegen die Würde eines Verstorbenen, dessen Leichnam als Objekt zu verfremden'« (Wetz 2001: 117).

des Plastinationsverfahren, im Vergleich zu dessen Delegitimierungsstrategien, keine rein diskursive: Inskriptionen (Statistiken, Tabellen, Broschüren und Katalogen aber auch Legenden und skizzenhafte Darstellungen von Plastinationsetappen) werden verwendet, typische Gegenstände (anatomisch-pathologisches Instrumentarium, Onlineplattformen und -foren sowie räumliche ausstellungsspezifische Einrahmungen) treten in den Vordergrund, eine streng koordinierte personengebundene Hierarchie (Kontaktpersonen, Zuständigen für Leichenüberführung, technisches Laborpersonal, Plastinatoren, Kuratoren) wird vorausgesetzt. Die vielfältige Entwicklung von argumentativen Schienen, so meine These, wird entlang einer Dynamik des Vergessens des Körper*spenders* mobilisiert: Die Ausklammerung des Erinnerungspotenzials des Spenderkörpers wird am Körper (als Anonymisierung) und zugleich begrifflich (als Re-Ontologisierung) in der zukunftsorientierten Perspektive einer Rekontextualisierung des plastinierten Körpers versucht. Dies nimmt, wie wir gesehen haben, die Form von parallel laufenden Dekonstruktionen und Rekonstruktionen bzw. Erweiterungen des Erinnerungspotenzials des plastinierten Spender*körpers* an. Diese beiden Momente der Konstruktion des Plastinates schließen sich nicht gegenseitig aus, sondern bauen unmittelbar aufeinander auf: Jede Betonung eines nicht-individuellen Erscheinungsbilds des durch die Körperpose Dargestellten erinnert an dessen biographisch verankerte Entstehungskonstellation. In diesem Sinn eröffnet jede »Verfügung des Spenders« nicht den Horizont der Zukunftserwartungen eines Körper*spenders*, sondern sie birgt im gleichen Maße seine Zukunftserinnerung.

Literaturverzeichnis

Anatomische Gesellschaft (2011): *Stellungnahme zur Praxis, anatomische Dauerpräparate von menschlichen Körpern gegen Bezahlung auf dem internationalen Markt anzubieten.* Anatomisches Institut der Universität des Saarlandes. Prosektur: http://prosektur.de/14_statement_koerperwelten (12.06.2011).
Assmann, Aleida (1999): *Erinnerungsräume. Formen und Wandlungen des kulturellen Gedächtnisses.* München: Beck.
Becker, Scott H. und Knudson, Roger M. (2003): »Visions of the Dead. Imagination and Mourning«. In: *Death Studies*, 27, 691–716.
Benda, Ernst (2001): »Tote ohne Bestattung«. In: Wetz, Franz Josef und Tag, Brigitte, *Schöne neue Körperwelten. Der Streit um die Ausstellung.* Stuttgart: Klett-Cotta, 135–142.
Bleyl, Uwe (1998): »Und was wir sind, das werdet ihr sein – Zur Würde und Unantastbarkeit der plastinierten Toten«. In: *Der Pathologe*, 19, 171–175.
Bourdieu, Pierre (1987): *Sozialer Sinn. Kritik der theoretischen Vernunft.* Frankfurt/M.: Suhrkamp.
Brennen, Michael (2008): »Condolence Books: Language and Meaning in the Mourning for Hillsborough and Diana«. In: *Death Studies*, 32, 326–351.
Corbin, Alain, Courtine, Jean-Jaques und Vigarello, Georges (2005): *Histoire du corps, 3 tomes.* Paris: Èdition du Seuil.
Endreß, Martin (2012): »Structures of Belonging, Types of Social Capital, and Modes of Trust«. In: Thomä, Dieter, Henning, Christoph und Schmid, Hans Bernhard, *Social Capital, Social Identities: From Ownership to Belonging.* Basingstoke: Palgrave Macmillan (in press).
Eyer, Anne (2007): »Remembering: Community Commemoration After Disaster«. In: Rodríguez, Havidán, Quarantelli, Enrico L. und Dynes, Russell R., *Handbook of Disaster Research.* New York: Springer, 441–455.

Fischer, Norbert (2006): »Zur Geschichte der Bestattungskultur in der Neuzeit«. In: da Fonseca, Liselotte Hermes und Kliche, Thomas, *Verführerische Leichen – verbotener Verfall. »Körperwelten« als gesellschaftliches Schlüsselereignis.* Lengerich: Pabst, 113–124.

– (2008): »Schauplatz Krematorium. Zur Aktualität und Geschichte des Verborgenen Todes«. In: Klie, Thomas, *Performanzen des Todes. Neue Bestattungskultur in kirchlicher Wahrnehmung.* Stuttgart: Kohlhammer, 44–56.

Glahn, Julia (2010a): »Ethische Aspekte der postmortalen Kommerzialisierung des Menschen«. In: Tag, Brigitte und Gross, Dominik, *Der Umgang mit der Leiche. Sektion und toter Körper in internationaler und interdisziplinärer Perspektive.* Frankfurt/New York: Campus, 381–398.

– (2010b): »Ob tot oder lebendig! Ein interaktionaler Menschenwürdebegriff«. In: Gross, Dominik, Glahn, Julia und Tag, Brigitte, *Die Leiche als Memento mori. Interdisziplinäre Perspektiven auf das Verhältnis von Tod und totem Körper.* Frankfurt/New York: Campus, 45–78.

Hahn, Alois (2010): *Körper und Gedächtnis.* Wiesbaden: VS.

Hermelink, Jan (2008): »›Ich wäre gern ein Ganzkörperpräparat‹. Gunter von Hagens' Körperwelten provozieren Sinn und Form der Bestattung«. In: Klie, Thomas, *Performanzen des Todes: neue Bestattungskultur und kirchliche Wahrnehmung.* Stuttgart: Kohlhammer, 77–99.

Hermes da Fonseca, Liselotte (2006a): »›Lifeseeing‹ den Körperwelten. Entwicklungsgeschichte ›schöner Leichen ohne Verfallsdatum‹«. In: Hermes da Fonseca, Liselotte und Kliche, Thomas, *Verführerische Leichen – verbotener Verfall. »Körperwelten« als gesellschaftliches Schlüsselereignis.* Lengerich: Pabst, 7–25.

– (2006b): »»Traulose Würfelanatomie« als Gesellschaftsmodell. Der Verlust verschiedener Menschen und Leben in den »Körperwelten««. In: Hermes da Fonseca, Thomas, Liselotte und Kliche, *Verführerische Leichen – verbotener Verfall. »Körperwelten« als gesellschaftliches Schlüsselereignis.* Lengerich: Pabst, 378–442.

Herz, Robert (1907/2007): »Beitrag zur Untersuchung der kollektiven Repräsentationen des Todes«. In: *Das Sakrale, die Sünde und der Tod. Religions-, kultur- und wissenssoziologische Untersuchungen.* Konstanz: UVK, 65–179. Hrsg. v. Stephan Moebius und Christian Pappilloud.

Hirschauer, Stefan (2006): »Animated Corpses: Communicating with Post Mortals in an Anatomical Exhibition«. In: *Body and Society*, 12, 25–52.

Howarth, Glennys (1996): *Last Rites. The Work of the Modern Funeral Director.* Amityville/New York: Baywood.

Howarth, Glennys (2000): »Dismantling the boundaries between life and death«. In: *Mortality*, 5, 127–138.

Howarth, Glennys (2007): *Death and Dying. A Sociological Introduction.* Cambridge: Polity.

Höhn, Hans-Joachim (2001): »Vergängliche Würde?« In: Wetz, Franz Josef und Tag, Brigitte, *Schöne neue Körperwelten. Der Streit um die Ausstellung.* Stuttgart: Klett-Cotta, 215–240.

Institut für Plastination (2007): Körperspende zur Plastination. Informationsblatt.

Institut für Plastination (o. J.): Merkblatt Körperspende zur Plastination.

Jost, Claudia Christina (2006): »Wissenschaftsexperimente mit Leichen und die Ausstellung »Körperwelten«: Aufklärung, Kunst und Totenrecht«. In: Hermes da Fonseca, Liselotte und Kliche, Thomas, *Verführerische Leichen – verbotener Verfall. »Körperwelten« als gesellschaftliches Schlüsselereignis.* Lengerich: Pabst, 313–336.

Kriz, Wilhelm (2001): »Der Weg zum Ganzkörperplastinat«. In: Wetz, Franz Josef und Tag, Brigitte, *Schöne neue Körperwelten. Der Streit um die Ausstellung.* Stuttgart: Klett-Cotta, 33–39.

– (2010): »Vorwort«. In: *Günter von Hagens' Körperwelten. Das Original. Katalog zur Ausstellung.* Heidelberg: Arts and Science, 5–9.

Kulke, Ulli (2006): Das neue Menschensägewerk des Plastinators. Welt Online, http://www.welt.de/vermischtes/article94231/ (01.03.2010).

Kutzer, Klaus (2008): »Sterben in Deutschland aus sicht der Verfassung«. In: von Trotha, Caroline V. Robertson, *Tod und Sterben in der Gegenwartsgesellschaft. Eine interdisziplinäre Auseinandersetzung.* Baden-Baden: Nomos, 63–68.

Kümmel, Peter (2010): Ausverkauf in der Unterwelt. Gunther von Hagens bietet Leichenteile im Internet an. Die Zeit, Nr. 44, 28.10.2010.

Lande, Brian (2007): »Breathing like a soldier«. In: Shilling, Chris, *Embodying Sociology: retrospect, progress and prospects*. Malden: Blackwell, 95–108.
Langhanky, Michael (2006): »Jenseits des Anstandes – Ein Versuch über Anstand, Abstand und Transformation«. In: Hermes da Fonseca, Liselotte und Kliche, Thomas, *Verführerische Leichen – verbotener Verfall. »Körperwelten« als gesellschaftliches Schlüsselereignis*. Lengerich: Pabst, 65–72.
Lantermann, Ernst-D. (2000): »»Körperwelten« im Spiegel der Besucher«. In: *Prof. Gunther von Hagens' Körperwelten. Die Faszination des Echten*. Heidelberg: Institut für Plastination, 211–218.
– (2001): »Der eigene Körper im Spiegel der Anatomie«. In: Wetz, Franz Josef und Tag, Brigitte, *Schöne neue Körperwelten. Der Streit um die Ausstellung*. Stuttgart: Klett-Cotta, 279–300.
Leibing, Annette (2006): »Seelige Erinnerung – ein Essay über verkörperte Memoria«. In: Hermes da Fonseca, Thomas, Liselotte und Kliche, *Verführerische Leichen – verbotener Verfall. »Körperwelten« als gesellschaftliches Schlüsselereignis*. Lengerich: Pabst, 99–112.
Löw, Martina (2001): *Raumsoziologie*. Frankfurt/M.: Suhrkamp.
Marmo, Jennifer (2010): »Using Humor to Move Away From Abjection«. In: *Qualitative Inquiry*, 16, 588–595.
Pates, Rebecca (2006): »Auferstehungsmärkte: Zur Ökonomie von Körperteilen«. In: Hermes da Fonseca, Liselotte und Kliche, Thomas, *Verführerische Leichen – verbotener Verfall. »Körperwelten« als gesellschaftliches Schlüsselereignis*. Lengerich: Pabst, 298–312.
Peuker, Torsten und Schulz, Christian (2004): *Der über Leichen geht. Gunther von Hagens und seine »Körperwelten«*. Berlin: Christoph Links.
Rager, Günther und Rinsdorf, Lars (2001): »Wenn die Gruselleichen kommen – die Körperwelten in der Presse«. In: Wetz, Franz Josef und Tag, Brigitte, *Schöne neue Körperwelten. Der Streit um die Ausstellung*. Stuttgart: Klett-Cotta, 301–327.
Rest, Franco (2006): »Die »Würde der Leiche« ist unantastbar. Aspekte des Zusammenbruchs eines Menschenbildes«. In: Hermes da Fonseca, Liselotte und Kliche, Thomas, *Verführerische Leichen – verbotener Verfall. »Körperwelten« als gesellschaftliches Schlüsselereignis*. Lengerich: Pabst, 46–64.
Sachau, Rüdiger (2006): »Der Leichnam und die Religion. Theologische und religionswissenschaftliche Aspekte zum Umgang mit dem toten Körper«. In: Hermes da Fonseca, Liselotte und Kliche, Thomas, *Verführerische Leichen – verbotener Verfall. »Körperwelten« als gesellschaftliches Schlüsselereignis*. Lengerich: Pabst, 125–139.
Schäfer, Gereon, Westermann, Stefanie und Groß, Dominik (2010): »Do ut des? Zur Motivation von Körperspendern und zur Funktion des toten Körpers«. In: Groß, Dominik und Grande, Jasmin, *Objekt Leiche. Technisierung, Ökonomisierung und Inszenierung toter Körper*. Frankfurt/New York: Campus, 519–544.
Steiner, Maja Silvia (2009a): Flügel tragen das Verbot. In: Die Augsburger Zeitung, http://www.daz-augsburg.de/ (29.11.2010).
– (2009b): Von Hagens bestätigt Kritiker. In: Die Augsburger Zeitung, http://www.daz-augsburg.de/ (29.11.2010).
Streckeisen, Ursula (1998): »Expertenpraktik in den Kontexten von Lebenserhaltung, Verlust und Wissenschaft«. In: Hitzler, Ronald, Honer, Anne und Christoph, Maeder, *Expertenwissen. Die institutionalisierte Kompetenz zur Konstruktion der Wirklichkeit*. Opladen: Westdeutscher Verlag, 232–246.
Tag, Brigitte (2001): »Grenzüberschreitungen, Aufklärung oder beides?« In: Wetz, Franz Josef und Tag, Brigitte, *Schöne neue Körperwelten. Der Streit um die Ausstellung*. Stuttgart: Klett-Cotta, 143–170.
Thier, Markus und Tag, Brigitte (2010): »Rechtsfragen im Umgang mit der Leiche«. In: Gross, Julia, Dominik Glahn und Tag, Brigitte, *Die Leiche als Memento mori. Interdisziplinäre Perspektiven auf das Verhältnis von Tod und totem Körper*. Frankfurt/New York: Campus, 103–124.
Tiedmann, Klaus (2001): »Möglichkeiten und Grenzen der Plastination«. In: Wetz, Franz Josef und Tag, Brigitte, *Schöne neue Körperwelten. Der Streit um die Ausstellung*. Stuttgart: Klett-Cotta, 21–32.
Wagner-Rau, Ulrike (2010): »Der Umgang mit dem toten Körper«. In: Abraham, Anke und Müller, Beatrice, *Körperhandeln und Körpererleben. Multidisziplinäre Perspektiven auf ein brisantes Feld*. Bielefeld: transcript, 39–54.

Walter, Tony (1990): *Funerals and How to Improve Them*. London: Hodder.
– (1996): »A new model of grief«. In: *Mortality*, 1, 7–27.
Wetz, Franz Josef (2000): »Die Würde des Menschen«. In: *Prof. Gunther von Hagens' Körperwelten. Die Faszination des Echten*. Heidelberg: Institut für Plastination, 239–258.
– (2001): »Totenruhe, Leichenwürde und die Macht des Blickes«. In: Wetz, Franz Josef und Tag, Brigitte, *Schöne neue Körperwelten. Der Streit um die Ausstellung*. Stuttgart: Klett-Cotta, 88–134.
– (2010): »Haben Tote Würde?« In: *Günter von Hagens' Körperwelten. Das Original. Katalog zur Ausstellung*. Heidelberg: Arts and Science, 259–267.

Erinnern als europäischer Standard? Deutsche Perspektiven auf den Genozid an Armeniern

Yvonne Robel

Von einer »Provinzposse« schrieb die Süddeutsche Zeitung am 28.4.2011, nachdem vermeldet wurde, dass auf Geheiß der türkischen Regierung ein »Denkmal der Menschlichkeit« im osttürkischen Kars, nahe der armenischen Grenze, demontiert werde. Ministerpräsident Tayyip Erdogan hatte das Monument, welches die einen als Zeichen der türkisch-armenischen Freundschaft (Deutsch-Armenische Gesellschaft 28.4.2011), die anderen als Zeichen der postgenozidalen Versöhnung (*Spiegel Online* 23.4.2011; *Welt Online* 21.4.2011) gedeutet wissen wollen, als »monströs« bezeichnet und dessen Abriss angeordnet. *Welt Online* verkündete daraufhin, man werde »jetzt Zeuge eines barbarischen Akts, der die Türkei auf eine Stufe mit den afghanischen Taliban stellt« (21.4.2011) und auch die *Süddeutsche Zeitung* konnte sich einer gewissen moralischen Empörung nicht erwehren. So heißt es darin:

> »Wenn man sich Sorgen machen muss, dann nicht um den Frieden an der armenischen Grenze, sondern um die Provinz im Kopf des türkischen Ministerpräsidenten, und um eine politische Kultur, die es ihm erlaubt, diese seinem Lande aufzudiktieren« (28.4.2011).

Der Vorschlag indes, die Einzelteile des Denkmals in die deutsche Hauptstadt zu verschicken, um es dort neu zu errichten (SZ 27.4.2011), verhallte ungehört. Auch die Forderungen des Zentralrats der Armenier in Deutschland, im Blickfeld des Berliner Reichstagsgebäudes ein eigens konzipiertes Mahnmal für die Opfer des osmanischen Völkermords an den Armeniern zu erbauen (Presseerklärung des ZAD 22.4.2011), ernteten wenig Aufmerksamkeit. Dabei hatte Götz Aly äußerst polemisch vor einer »Massenmord-Promenade rund um den Bundestag« gewarnt (Berliner Zeitung 26.4.2011), was wiederum Henryk M. Broder zu dem Vorschlag veranlasste, das bestehende Holocaust-Mahnmal in ein »Variables Integriertes Mahnmal« umzufunktionieren, welches sowohl an die Ermordung der Armenier während des Ersten Weltkriegs als auch an die nationalsozialistischen Massenverbrechen an Juden sowie Sinti und Roma erinnern könnte (*Die Welt* 2.5.2011).

Diese absurd anmutende Episode verweist zunächst grundsätzlich auf die enge Anbindung deutscher geschichtspolitischer Diskurse an internationale Kontexte. Ohne das Wissen um die politische Sprengkraft, die eine Auseinandersetzung mit den

Massenverbrechen an Armeniern zwischen 1914 und 1917 und deren Benennung als Genozid insbesondere in der türkischen Politik und Gesellschaft birgt, ist auch die seit den 1990er Jahren verstärkt einsetzende bundesdeutsche Beschäftigung mit dem Thema nicht zu verstehen. Jedoch auch europäische und damit transnationale Auseinandersetzungen zählen zu jenem über die nationalen Diskurse hinausweisenden Kontext. Eine solche Verkopplung von bundesdeutschen Aushandlungen mit inter- und transnationalen Diskursen begegnet uns dabei nicht nur als ein schlichtes »Nebeneinander«. Vielmehr ist insbesondere die deutsche Beschäftigung mit dem Genozid an den Armeniern wesentlich von Verweisen auf transnationale Erinnerungsgemeinschaften und universell konzipierte Erinnerungsnormen geprägt. Aufgrund dessen möchte ich im Folgenden den Blick auf den Gebrauch transnationaler Bezugsgrößen im nationalen, deutschen Diskurskontext richten. Indem transnationale Deutungen und auch die Formierung einer transnationalen Öffentlichkeit (Beck/Grande 2004: 153, 164) als solche Bezugsgrößen – und damit als Referenzrahmen – fungieren, wird an ihnen zugleich im nationalen Kontext mitgeschrieben. In der Analyse der Auseinandersetzungen über den Genozid an den Armeniern konzentriere ich mich deshalb darauf, welchen Stellenwert die Verwendung diverser transnationaluniversaler Entwürfe darin einnimmt und in welchen Zusammenhängen Verweise auf universale Normativierungen und Standardisierungen herangezogen werden. Dabei zeigt sich, dass nicht nur universalistische Werte und transnational gedeutete Erinnerungsnormen als solche Bezugsgrößen fungieren, sondern auch transnationale Wertegemeinschaften, wie etwa die Europäische Union. Über solche Verortungen bestimmt sich, so meine Annahme, ein grundsätzliches Verhältnis zwischen transnationalen Deutungsrahmen (bzw. dessen Inhalten) und nationalen Aushandlungen von Erinnerung.

Um diesem Verhältnis auf die Spur zu kommen, fokussieren die folgenden Überlegungen die Auseinandersetzungen mit dem Genozid an den Armeniern im Deutschen Bundestag und in der printmedialen Berichterstattung der 1990er/2000er Jahre. Nachdem ich eingangs meinen Blickwinkel auf den Untersuchungsgegenstand verdeutliche und im zweiten Schritt einen (selektiven) Überblick zur deutschen und internationalen Beschäftigung mit dem Genozid gebe, zeige ich anschließend, dass jene Erinnerungsnormative, die im deutschen Diskurs als Bezugsgrößen bedient werden, europäisch konzipiert sind und teils kulturalistisch angereichert werden. Hierbei wird das Genozid-Erinnern nicht nur, wie in der eingangs zitierten *Süddeutschen Zeitung*, zum Signum einer funktionierenden politischen Kultur, sondern auf eine spezifische Weise zum EU-Beitrittskriterium und darüber hinaus zur Grundlage der europäischen Moderne. Letztendlich gerät die Auseinandersetzung mit dem Genozid an den Armeniern nicht nur zur Aushandlung des Projekts Europa, sondern auch zur geschichtspolitischen Bestandsaufnahme, über die sich der Stellenwert der Shoah im deutschen Erinnerungsdiskurs mitbestimmt. Henryk M. Broder untermauerte in bekannt jovialer und provokanter Weise seinen Vorschlag eines »Variablen integrierten Mahnmals« (s.o.) mit der Feststellung: »Auf ein paar Stelen mehr oder weniger sollte es dabei nicht ankommen.« Dieser Satz und Broders Idee trifft insofern ins Herz der hier betrachteten geschichtspolitischen Diskurse, als er die wechselseitigen

Verwobenheiten von Genozid- und Shoah-Erinnern und deren teils fragwürdige Effekte erahnen lässt.

Transnationale Erinnerungsnormative und -standards als Referenzgrößen

Nicht nur die Erinnerung an die Shoah, sondern auch diejenige an *andere* Massenverbrechen des 20. Jahrhunderts wird in der Forschung und Öffentlichkeit inzwischen zunehmend als transnationales Projekt gehandelt. Zu diesen Massenverbrechen zählt der von der jungtürkischen Regierung an den Armeniern verübte Genozid während des Ersten Weltkrieges. So erklärt beispielsweise Seyla Benhabib den Genozid an den Armeniern neben dem Holocaust, der Erfahrung der beiden Weltkriege und dem Kolonialismus zur Grundlage der Genese kosmopolitischer – auch juristisch festgehaltener – Normen, die »auf den Schutz des einzelnen in einer globalen Zivilgesellschaft abzielen« (Benhabib 2007: 170, 184). Hierbei knüpft sie unübersehbar an Entwürfe eines transnationalen[1] Gedächtnisses an, welches – etwa laut Aleida Assmann (2002) – verschiedene Deutungsangebote integriere und dabei auf eine universelle Anerkennung von Leid sowie auf die Etablierung universalistischer Normen (bezüglich des Erinnerns selbst und hinsichtlich des gegenwärtigen und zukünftigen politischen Handelns) abziele.

Solche Tendenzen, das Erinnern selbst als normativen Wert der Gegenwart und Zukunft auszuweisen, sind zugleich untrennbar an Versuche gebunden, über transnationale Vorgaben nationale Formen von Erinnerung zu standardisieren. Indem etwa die Einrichtung eines Holocaust-Gedenktages in der Schlusserklärung des Stockholmer »International Forum on the Holocaust« von 2000 für die teilnehmenden Staaten als verpflichtend konzipiert worden ist, beansprucht man zugleich, auf nationale Geschichtspolitiken »positiv« und standardisierend einzuwirken. Entsprechend gilt die Einrichtung des 27. Januars als Holocaust-Gedenktag in zahlreichen Ländern gemeinhin als unmittelbare und sichtbarste Folge jener transnationalen Standardisierungsvorstöße (etwa Schmid 2008). Ein ähnlicher Anspruch der transnational geregelten Standardisierung von Erinnerung kommt u. a. in Empfehlungen

---

[1] Der Begriff des »transnationalen Gedächtnisses« hat sich in der Forschung der letzten Jahre als äußerst dehnbar erwiesen. Insbesondere Tendenzen, ihn als vergleichenden Terminus zur Erfassung verschiedener nationaler Erinnerungen zu verwenden und damit auf die nationenübergreifende Prägekraft historischer Ereignisse zu verweisen, erachte ich als wenig hilfreich; zumal sie über international angelegte Vergleichsstudien kaum hinausweisen. Stattdessen fasse ich unter dem Begriff des Transnationalen zunächst geschichtspolitische Initiativen, die nicht von einzelnen Nationalstaaten (wenn auch eventuell unter Bezug auf dieselben historischen Zäsuren) ausgehen, sondern solche, die sich tatsächlich auf einer über nationalen angesiedelten Ebene von Politik abspielen. Hierbei geraten einerseits die Institutionengefüge der Europäischen Union oder der Vereinten Nationen als geschichtspolitische Akteure in den Blick. Andererseits lassen sich auch solche Initiativen als transnational bezeichnen, die zwar als internationale Zusammenkünfte konzipiert werden, doch auf die Festschreibung eines transnationalen (Erinnerungs-)Konsens und auf die Etablierung von über nationale Grenzen hinausgehenden Öffentlichkeiten abzielen.

zur sogenannten Holocaust-Education zum Ausdruck. Bereits die »Task Force for International Cooperation on Holocaust Education, Remembrance and Research«, die 1998 ins Leben gerufen wurde und als Vorläuferin des Stockholm-Forums gelten kann, operierte mit einer Logik, nach welcher nicht-nationale Vorgaben zur Vereinheitlichung nationaler Erinnerungsinitiativen und Gedenkpraktiken dienen sollten (Kroh 2008: 95 ff.). Dass sich solche transnationalen Regelungsversuche sowohl auf die Shoah-Erinnerung als auch darüber hinaus auf den grundsätzlichen Umgang mit Massenverbrechen beziehen, lässt sich beispielsweise auf juristischer Ebene zeigen: Sei es der Versuch, das Leugnen von Völkermord, Verbrechen gegen die Menschlichkeit und Kriegsverbrechen europaweit einheitlich unter Strafe zu stellen[2] oder sei es die Etablierung einer globalen strafrechtlichen Ahndung solcher Verbrechen mittels des Ständigen Internationalen Strafgerichtshofes, hier offenbaren sich transnationale Versuche, das Sprechen über vergangene und gegenwärtige Massengewalt grundsätzlich zu vereinheitlichen. Diese Versuche zielen auf eine normative und standardisierende Regelung ab.

In der Forschung hat man angesichts solcher und ähnlicher Vereinheitlichungsvorschläge v. a. danach gefragt, wie sich transnationale Vorgaben über den Wert und die Form von Erinnerung auf nationale Standards auswirken. Ebenso wurde der Integrationsverlust nationaler Geschichtspolitiken diskutiert. Dies umfasst nicht zuletzt auch eine Auseinandersetzung über die Integrationskraft transnationaler Narrationen angesichts der differenten Wertigkeiten und Verwertung von Vergangenheit in Ost- und Westeuropa, aber auch außerhalb Europas (Jarausch 2004; Rousso 2004; Traverso 2009: 36 ff.). Indem ich, anstatt nach der etwaigen Anpassung an transnationale Normen oder nach der Überlagerung nationaler Deutungshoheiten zu fragen, den Gebrauch transnationaler Bezugsgrößen im deutschen Diskurs herausarbeite, nehme ich eine gleichsam verschobene Perspektive ein. Hierbei stehen Fragen der rhetorischen Nutzbarmachung transnational konzipierter Ideen von Erinnerungsregelungen oder -gemeinschaften im Mittelpunkt. Solche Referenzen dienen diskursiven Strategien, was sich an einem allgemeinen, auch über die Frage der Anerkennung des Völkermords an Armeniern hinausreichenden Beispiel zeigen lässt: 2008 hatte die »Arbeitsgruppe Anerkennung« vor dem Petitionsausschuss des Deutschen Bundestages gefordert, die Leugnung aller Völkermorde – und damit auch die des Völkermordes an den Armeniern – in Deutschland unter Strafe zu stellen (Petition vom 15.10.2008). Das Bundesministerium für Justiz indes erklärte dieses Anliegen der Gruppe aus München für nicht notwendig und nicht umsetzbar. Als eine Begründung diente dabei der Verweis auf den seit 2007 bestehenden Rahmenbeschluss der Europäischen Union, der festschreibt, dass »das öffentliche Billigen, Leugnen und gröbliche Verharmlosen von Völkermord, Verbrechen gegen die Menschlichkeit und Kriegsverbrechen«

---

[2] So verhält es sich beispielsweise mit dem im April 2007 verabschiedeten und im November 2008 erlassenen europäischen »Rahmenbeschluss zur strafrechtlichen Bekämpfung bestimmter Formen und Ausdrucksweisen von Rassismus und Fremdenfeindlichkeit«. Er sieht unter anderem vor, dass »öffentliches Billigen, Leugnen oder gröbliches Verharmlosen von Völkermord, Verbrechen gegen die Menschlichkeit und Kriegsverbrechen« dann unter Strafe zu stellen sei, »wenn die Handlung in einer Weise begangen wird, die wahrscheinlich zu Gewalt oder Hass gegen solch eine Gruppe oder gegen ein Mitglied solch einer Gruppe aufstachelt«. Rahmenbeschluss 2008/913/JI des Rates vom 28.11.2008, Artikel 1(c).

dann unter Strafe zu stellen sei, »wenn die Handlung wahrscheinlich zu Gewalt oder Hass gegen Menschen der betreffenden Gruppe anstachelt« (BdJ, Schreiben vom 10.12.2008). Neben diversen Fallstricken illustriert eine solche Begründung zunächst, dass transnationale Beschlüsse zum Referenzpunkt gemacht werden, um u. a. darauf zu verweisen, dass eine (hier: rechtliche) Regelung des Sprechens über Massengewalt nicht im eigenen Zuständigkeitsbereich liegt und dass zur strittigen Frage bereits eine (sozusagen) allgemeingültige Antwort existiert. Ob berechtigterweise oder nicht, diese transnationale Regelung dient innerhalb der deutschen Aushandlung als Bezugsgröße und eröffnet rhetorische Begründungsstrategien.

Deutsche und internationale Auseinandersetzungen mit dem »anderen« Genozid

Versuche der transnationalen Normativierung und Standardisierung forcieren nur mehr einen generellen Trend in Nationalstaaten, den Umgang mit der Geschichte per Parlament oder teils auch per Gesetz zu regeln. Diese Tendenz begegnet uns auch im Erinnern an den Genozid an Armeniern. In der Bundesrepublik äußert sich dies 2005 anhand einer Parlamentsdebatte und einem infolge dessen verabschiedeten Beschluss, der sich ausdrücklich dem Erinnern und Gedenken an diesen Genozid widmet.

Erstmals auf die bundesweite politische Agenda[3] geriet der Genozid an den Armeniern im Jahr 2000, als unterschiedliche armenische Vereine in einer Petition forderten, dass die Bundesregierung die »Tatsache des Völkermordes« offiziell anerkennen solle (Petition 13.4.2000). Verwiesen wurde hierbei auf die Verstrickung des Deutschen Reichs in die Deportationen und Massenmorde und auf die Vertuschung der Verbrechen nach Ende des Krieges. 2001/2002 nahm sich die PDS des Themas an und forderte neben der Anerkennung des Genozids zugleich, die Ereignisse verstärkt wissenschaftlich aufzuarbeiten und einen entsprechenden Geschichtsunterricht zu fördern (BT-DS 14/5366; BT-DS 14/9857). Die Reaktion der Bundesregierung beschränkte sich bei beiden Gelegenheiten darauf, die Angelegenheit ans Auswärtige Amt zu überweisen und (gegenüber den Fordernden) regelmäßig geführte Gespräche mit der Türkei hervorzuheben (BT-DS 14/5540; BT-DS 14/9921). Vor dem Kontext wachsenden internationalen Interesses am Umgang mit dem Völkermord und der nicht nachlassenden Initiative von Verbänden und der PDS, nahm sich 2005 schließlich die CDU/CSU des Themas an und erarbeitete einen Antrag, der das Gedenken

---

[3] Bemühungen, das Thema auf die *parlamentarische* Agenda zu heben, hat es auf Länderebene bereits in den 1990er Jahren gegeben: 1985 kam es in der Bremer Bürgerschaft zu einer Parlamentsdebatte, in welcher der Völkermord Thema war. Allerdings resultierte diese Debatte nicht aus einem expliziten Antrag zur Anerkennung des Völkermordes, sondern entspann sich infolge von Kompetenzstreitigkeiten anlässlich einer zuvor stattfindenden Konferenz zum Völkermord an den Armeniern (zu den Hintergründen siehe Schaefgen 2006: 104 ff). Im Jahr 2001 beantragte im Bayrischen Landtag abermals die Fraktion Bündnis 90/Die Grünen, dass der Landtag die Massenverbrechen an den Armeniern »als Völkermord« verurteilen möge (Bayerischer Landtag: DS 14/6281). Die bayrische CSU-Fraktion – Mehrheit im Landtag – stimmte jedoch geschlossen gegen diesen Antrag, womit diese Initiative gescheitert war (Bayerischer Landtag: PP 14/70: 5065–5069).

an die Ereignisse von 1915-17 thematisierte (BT-DS 15/4933). Infolge dessen verabschiedete der Deutsche Bundestag noch im selben Jahr nach einer entsprechenden Plenardebatte einen interfraktionell erarbeiteten Beschluss mit dem Titel »Erinnerung und Gedenken an die Vertreibungen und Massaker an den Armeniern 1915 – Deutschland muss zur Versöhnung zwischen Türken und Armeniern beitragen« (BT-DS 15/5689). Darin wurde der armenischen Opfer gedacht, die »unrühmliche Rolle des Deutschen Reiches« bedauert und betont, dass die Bundesrepublik versöhnende und verständigende Prozesse zwischen Türken und Armeniern unterstützen und fördern müsse.

Die Bedeutung des Beschlusses liegt ohne Frage darin, dass hierin erstmals durch eine parlamentarische Institution in der Bundesrepublik eine offizielle Erklärung abgegeben wurde, welche explizit das Gedenken an die historischen Ereignisse im damaligen Osmanischen Reich in den Fokus rückt und dabei unter anderem auch die Rolle des im Ersten Weltkrieg verbündeten Deutschen Reiches erwähnt. Jener Akt des Erinnerns an den Genozid an hunderttausenden Armeniern fügt sich in andere seit der Jahrtausendwende in Deutschland zunehmend geführte Diskussionen über unterschiedliche Genozide. So wird etwa zur selben Zeit um das Jahr 2000 auch verstärkt an den Genozid an Herero und Nama erinnert; bereits seit den 1990er Jahren etablierte sich eine anhaltende Auseinandersetzung mit dem nationalsozialistischen Genozid an Roma und Sinti.[4] Andererseits ist dieses Beispiel mit einer Besonderheit behaftet: Es wird hier über einen Völkermord gesprochen, für den zwar die jungtürkische Regierung des Osmanischen Reiches verantwortlich zeichnete, in den die damalige deutsche Regierung und deutsche Offiziere jedoch involviert waren. Zwar ist der *Grad* der deutschen Verstrickung in die Massenverbrechen umstritten: Während auf der einen Seite die Mittäterschaft des Deutschen Reiches vor allem darin gesehen wird, eine Intervention versäumt zu haben, als 1915 durch Berichte von Konsuln oder Privatpersonen vor Ort Details über Massendeportationen und -morde bekannt wurden (Kaiser 2005; Schaller 2004: 258 ff.; Ternon 1988: 209 ff.), vertreten andere Autoren die These, das Deutsche Reich sei ideologischer Wegbereiter des Genozids gewesen, indem es gegen »nichtmuslimische Feinde« des Osmanischen Reiches aufgewiegelt habe und indem das deutsche Militär nicht nur einen bedeutenden Einfluss auf die jungtürkischen Machthaber und Armeestrukturen ausgeübt, sondern zudem eigenhändig Deportationsbefehle unterzeichnet habe (Dadrian 1997, 2005; etwas zaghafter auch Gust 2005; Kieser 2005). Einigkeit herrscht in der Forschung jedoch darüber, dass dem Deutschen Reich als damaligem Kriegsverbündeten des Osmanischen Reiches eine eigene Rolle im Völkermordgeschehen zukam und daraus eine bis in die Gegenwart reichende Verantwortung erwachse. Der daran anknüpfende – in Parlament und Medien zu verortende – deutsche Diskurs über einen nicht als genuin deutsch zu behandelnden und dennoch mit der eigenen Geschichte verknüpften Genozid offenbart aufschlussreiche Logiken, wenn es darum geht, das Verhältnis zwischen transnationalen und nationalen Referenzrahmen zu bestimmen.

---

[4] Die hier präsentierten Überlegungen sind im Kontext meines Dissertationsprojektes entstanden, welches jene bundesdeutschen Genozidgedenkdiskurse in vergleichender Perspektive auf die Aushandlung des Genozidbegriffs sowie geschichtspolitischer Zuständigkeiten hin befragt.

Debatten über den geschichtspolitischen Stellenwert des Völkermordes an Armeniern hat es auch jenseits des deutschen Kontextes in den letzten Jahren einige gegeben. In zahlreichen europäischen und außereuropäischen Staaten wie auch im Europäischen Parlament[5] wurden dabei Anerkennungsresolutionen zum Völkermord an den Armeniern verabschiedet. Immer wieder wurden solche Initiativen von heftigen Diskussionen begleitet, etwa als die Französische Nationalversammlung 2001 die Ereignisse von 1915 einstimmig als Völkermord einstufte und damit die Anerkennung per Gesetz festschrieb oder als 2006 in Frankreich ein Gesetz verabschiedet wurde, das seither das Leugnen des Genozids an den Armeniern unter Strafe stellt.[6] Nicht zuletzt stehen jene stark umstrittenen französischen Erinnerungsgesetze zugleich dafür, dass Parlament und Gesetzgebung verstärkt als zuständig für die Regelung von Erinnern erachtet werden. Damit werden geschichtspolitische Deutungshoheiten staatlicher Institutionen nur mehr erhärtet. Auch Enzo Traverso sieht in der zunehmenden juristischen Regelung von Erinnerung eine neue Qualität, die sich wesentlich auf die Beziehung zwischen Geschichte und Rechtssprechung auswirke (Traverso 2009: 38 ff.).

Nicht nur in Frankreich haben Versuche der gesetzlichen und parlamentarischen Regelung von Erinnerung Proteste hervorgerufen: Auch die jährlichen Äußerungen des US-amerikanischen Präsidenten zum Gedenktag am 24. April sorgten seit der Jahrtausendwende stets für neue politische Unruhe. Der 24. April markiert das Datum, das als offizieller Beginn des Genozids gilt, da zu diesem Zeitpunkt 1915 die umfassenden und systematischen Verhaftungen und Deportationen der armenischen Elite einsetzten. Der amerikanische Präsident hält an diesem Tag jährlich eine Ansprache, der in den letzten Jahren immer wieder Spekulationen darüber voraus gingen, ob er die Massenverbrechen als Genozid bezeichnen würde oder nicht.

Nicht unwesentlich ist hierbei, dass internationale Wortmeldungen, Resolutionen oder Debatten zum Thema meist von Protesten der Türkei begleitet werden, die bisher stets einem ganz ähnlichen Muster von Drohgebärden gegenüber den jeweiligen Ländern folgten und mit Boykotten oder dem zeitweiligen Abbruch der diplomatischen Beziehungen einhergingen. Auch die Aufregung um die 2005 erfolgte Anklage gegen Orhan Pamuk wegen »Herabsetzung des Türkentums« illustriert, welch explosives Terrain betreten wird, wenn es um die Anerkennung des Völkermords an den Armeniern geht. Pamuk war kurz zuvor vom *Züricher Tagesanzeiger* mit den Worten zitiert worden:

>»Es sind Gräueltaten geschehen, aber das soll niemand anders wissen. [...] Man hat hier 30.000 Kurden umgebracht. Und eine Million Armenier. Und fast niemand traut sich, das zu erwähnen« (*Das Magazin* 5.2.2005).

---

[5] Diese Resolution ist abrufbar auf der Homepage des Armenian National Institute in Washington: http://www.armenian-genocide.org/Affirmation.171/current_category.7/affirmation_detail.html (21.04.2011). Eine Liste der internationalen Resolutionen, Gesetze und Erklärungen ebd. unter: http://www.armenian-genocide.org/current_category.7/affirmation_list.html (21.04.2011).

[6] 2006 gründete sich in Frankreich aus zahlreichen Wissenschaftler/innen das Komitee »Liberté pour l'Histoire«, welches sich explizit gegen die juristische Regelung von Geschichtsdeutung ausspricht. Auch namhafte Persönlichkeiten wie Eric Hobsbawm, Timothy Garton Ash, Pierre Nora sowie Aleida und Jan Assmann unterzeichneten seither einen Aufruf, der sich gegen den zunehmenden Erlass von Erinnerungsgesetzen ausspricht.

Seine Anklage hatte ein enormes internationales – in Deutschland durch die nahezu zeitgleiche Verleihung des Friedenpreises des Deutschen Buchhandels an den Autor nur mehr potenziertes – Presseecho zur Folge.

Solche internationalen Ereignisse stellen für deutsche Auseinandersetzungen mit dem Genozid an Armeniern zunächst Anlässe dar, sich zu positionieren oder das Thema zu skandalisieren. Dies illustriert die umfassende Berichterstattung anlässlich der Anklage Pamuks. Regelungsversuche im Umgang mit der Vergangenheit stehen im deutschen Kontext zudem als zentrale Referenzpunkte zur Verfügung. Immer wieder wird sowohl in parlamentarischen Stellungnahmen als auch in der printmedialen Berichterstattung auf solche internationalen Diskussionen, aber auch auf den »Vorbild- und Ersatzcharakter« international erfolgter Anerkennungsbeschlüsse verwiesen. Insbesondere die Tatsache, dass auf europapolitischer Ebene seit den 1980er Jahren bis 2006[7] der potenzielle EU-Beitritt der Türkei kontinuierlich mit der Frage nach einer Anerkennung des Völkermordes verkoppelt wurde, stellt einen solchen Bezugspunkt in deutschen Debatten dar. Eine zentrale Bedeutung kommt hierbei vor allem der 1987 vom Europäischen Parlament mehrheitlich angenommenen »Entschließung zu einer politischen Lösung der armenischen Frage« [sic!] zu. Darin wurden die Ereignisse von 1915 bis 1917 explizit als Völkermord im Sinne der UN-Konvention von 1948 ausgewiesen und wurde hervorgehoben, dass »die armenische Frage« im Kontext der Beziehungen zwischen der Europäischen Gemeinschaft und der Türkei einen »neuen Stellenwert« erhalten solle. Die Weigerung der türkischen Regierung, den Völkermord anzuerkennen, stelle neben der türkischen Griechenland-, Zypern- und Kurdenpolitik eines der »unüberwindbare[n] Hindernisse für die Prüfung eines etwaigen Beitritts zur Gemeinschaft« dar (Entschließung des EP vom 18.6.1987). Dieser Entschließung wird aus heutiger Sicht, d. h. von Politiker/innen, Journalist/innen sowie Wissenschaftler/innen mehrheitlich deswegen eine hohe Bedeutung zugeschrieben, da sie für die Entscheidung des Europäischen Parlamentes stehe, den türkischen EU-Beitritt direkt von der Anerkennung des Völkermordes durch die türkische Regierung abhängig zu machen. Entscheidend ist jedoch, dass solche Dokumente und Entscheidungen des Europäischen Parlamentes als Referenzpunkt in Auseinandersetzungen fungieren, die sich mit dem deutschen Erinnern und damit auch mit der Positionierung zur »eigenen« Mitverantwortung befassen. Während es sich bei den genannten Berichten des Europäischen Parlamentes also um Dokumente handelt, die

---

[7] Nachdem der Europäische Rat die Türkei 1999 als Beitrittskandidaten anerkannte und im Oktober 2005 die »ergebnisoffenen« Verhandlungen eröffnet wurden, kam es immer wieder auch zu Auseinandersetzungen über den Stellenwert der Anerkennungsfrage. Das Europäische Parlament erachtete die türkische Anerkennung des Völkermordes an den Armeniern als fortwährend relevant für den Erfolg der zukünftigen Beitrittsverhandlungen und bestätigte in mehreren Berichten zwischen 2000 und 2006 die Formulierung von 1987. Anhaltende Diskussionen darüber, inwieweit der Verweis auf den Völkermord sowie die Forderung nach Anerkennung nicht kontraproduktiv für den (demokratischen und diplomatischen) Entwicklungsprozess der Türkei sei, führten letztlich dazu, dass sich in den Fortschrittsberichten des Europäischen Parlamentes seit 2007 keine solche Formulierungen mehr finden. Eine explizite Verkopplung zwischen EU-Beitrittsfrage und Anerkennungsfrage wird auf europapolitischer Ebene seit 2007 vermieden, vielmehr hat sich hier eine Verknüpfung von EU-Beitritt und nachbarschaftlicher Versöhnung etabliert. Der Verweis auf die Vergangenheit ist dabei nicht mehr an die Benennung der Ereignisse als *Völkermord* gebunden.

den Auseinandersetzungen um den Beitritt entspringen und in denen der Völkermord *ein* Thema unter anderen darstellt, erweist sich die Verbindung von deutschen *geschichtspolitischen* Diskursen mit der Europafrage, so wird zu zeigen sein, als eine entscheidende diskursive Strategie.

Die europäisch eingebettete Erinnerungsnorm

Es ist inzwischen nahezu eine Binsenweisheit, dass der Bezug zur Vergangenheit immer aus der Gegenwartsperspektive entsteht und Erinnerung deutlich mehr über die Gegenwart als über die Vergangenheit sagt. Als entscheidend erweist sich dabei, *wie* jene Brücke zwischen Vergangenheit und Gegenwart geschlagen wird. Innerhalb der parlamentarischen Diskussionen über den Genozid an den Armeniern ist es, wie so oft, das deutungsoffene normative Bekenntnis zum (verpflichtenden) Wert von Erinnerung, welches von den Massenverbrechen der Vergangenheit in die Gegenwart und Zukunft weist. Dies lässt sich am Redebeitrag Friedbert Pflügers (von der CDU/CSU) aus der Parlamentsdebatte von 2005 verdeutlichen:

> »Wenn wir uns nicht erinnern, dann wird die Gefahr der Wiederholung größer. Wenn wir uns nicht erinnern, wenn sich die Türken nicht erinnern, wenn es möglich ist, solches Grauen in Europa und den angrenzenden Gebieten zu begehen, ohne dass daran heute erinnert wird, dann besteht die Gefahr von Nachfolgereaktionen« (BT-PP 15/172: 16133C).

Hierbei koppelt Pflüger ganz deutlich an geschichtspolitische Präventionsdebatten an, die sich rund um den Begriff des Erinnerns abspielen. Vergessen bzw. Beschweigen ermöglicht in dieser Logik nur mehr weitere potenzielle Genozide. Somit findet gleichsam ein – zunächst sehr allgemein gehaltener – Abgleich von Erfahrungen des Erinnerns und Vergessens statt. Der Redeauszug Pflügers verdeutlicht, dass ein solcher Abgleich von Erinnerung stark *europäisch* eingebettet wird. Im interfraktionellen Gedenkbeschluss heißt es entsprechend, dass Aufarbeitung die Grundlage für Versöhnung darstelle und dass dies »insbesondere im Rahmen einer europäischen Kultur der Erinnerung [gelte], zu der die offene Auseinandersetzung mit den dunklen Seiten der jeweiligen nationalen Geschichte gehört« (BT-DS 15/5689). Auch Fritz Kuhn betont, dass mit der dem Beschluss vorausgegangenen Debatte »ein gutes Stück Arbeit geleistet [worden sei] für eine positive europäische Erinnerungskultur, die keine Opfer tabuisieren kann« (BT-PP 15/172: 16132C). Die Schablone, vor welcher hierbei quasi »Gedenknormen« bzw. ein »Standard« aufgestellt werden, ist europäisch konzipiert.

Was jedoch beinhaltet jene Forderung nach Erinnerung an dieser Stelle? Um diese Frage zu beleuchten, möchte ich noch einmal zum deutschen Parlamentsbeschluss »Erinnerung und Gedenken« von 2005 zurückkehren und kurz auf dessen Inhalt eingehen. Dreh- und Angelpunkt der Debatte war die Frage, ob die Ermordung von Armeniern als Völkermord zu bezeichnen und wie demzufolge mit dem Genozid-Begriff umzugehen sei. Die Forschung erachtet es als weitgehend unbestritten, dass es sich bei den Massenverbrechen an den Armeniern um einen Völkermord im Sinne der 1948 verabschiedeten UN-Konvention zur Verhütung und Bestrafung von

Völkermord handelt. Im Beschluss des Deutschen Bundestages hingegen ist bei der begrifflichen Charakterisierung der Ereignisse letztlich von »Vertreibungen« und »Massakern«, von »Deportationen« und »Massenmorden« die Rede, nicht jedoch von »Genozid«. Obwohl (meist sehr distanziert) auf vorhandenes Wissen über die Dimension der Verbrechen an den Armeniern hingewiesen wird, wird somit der Schritt zur offiziellen Benennung als Völkermord gleichsam umschifft (BT-DS 15/5689). Die nicht erfolgte offizielle Benennung des Völkermords als Völkermord wurde in Deutschland bereits 2000/2001 und in der selben Form 2005 damit begründet, dass »die Frage der Bewertung der Massaker an den Armeniern im Wesentlichen eine historische Frage und damit Gegenstand der Geschichtswissenschaft und in erster Linie Sache der betroffenen Länder Armenien und der Türkei« sei (erstmals: BT-DS 14/5540).

So ändert auch der Beschluss von 2005 nichts an der Tatsache, dass die Bundesregierung sich selbst bis heute weigert, den Völkermord an den Armeniern durch eine offizielle Erklärung als solchen zu bezeichnen. In den Forderungen nach einer Anerkennung des Völkermordes durch den Deutschen Bundestag (wie sie per Petition oder per Anfrage der PDS zum Ausdruck gebracht wurden) spielt die Benennung jedoch eine zentrale Rolle. Aufgrund dieser engen Verbindung von Benennung und Anerkennung, die sich über die einzelnen Forderungen hinaus in den geschichtspolitischen Diskurs eingeschrieben hat, wurde der Beschluss auch als eine Verweigerung eines offiziellen Anerkennungsaktes eingestuft. Scheint es auf der Oberfläche also lediglich um eine Bezeichnungsfrage zu gehen, ist sie durch ihre Analogisierung mit dem Anerkennungsakt moralisch hoch aufgeladen.

Diese Engführung zwischen Benennung und Anerkennung schlägt sich auch im Beschluss von 2005 und in der vorausgehenden Bundestagsdebatte nieder. Denn hierin blieb der Begriff der Anerkennung größtenteils ausgespart und wurde stattdessen vom Begriff des Erinnerns überlagert. Auf der einen Seite wurde somit eine Anerkennung und Benennung des Völkermordes durch den Deutschen Bundestag vermieden und auf der anderen Seite inflationär auf das Erinnern und dessen Notwendigkeit verwiesen. Trotz der Vermeidung des Genozidbegriffes ist es offensichtlich auch von deutscher Seite durchaus möglich, den Wert von Erinnerung zum Grundkonsens der europäischen Gemeinschaft zu stilisieren. Ein solcher Konsens wird infolge zum kommunizierten Standard, dem diejenigen entsprechen sollten, die zur Wertegemeinschaft dazugehören möchten.

Gedenken als EU-Beitrittskriterium

Dass ein Abgleich von Erinnerung und damit der Entwurf von »Gedenkstandards« stark europäisch eingebettet wird, zeigt sich besonders dann, wenn die Thematik des Genozid-Erinnerns mit Debatten um einen potenziellen EU-Beitritt der Türkei verknüpft werden. Seit in der Bundesrepublik nach 2000 die Auseinandersetzungen über eine mögliche Anerkennung des Völkermordes an den Armeniern anschwollen, wurden darin immer wieder Stimmen laut, die bezüglich des Genozids eine »ehrliche

Aufarbeitung der Geschichte« (BT-DS 15/5689) vom türkischen Staat forderten und diese Aufarbeitung als Voraussetzung für einen türkischen Beitritt zur EU ansahen. Als beispielsweise der stellvertretende Vorsitzende der SPD-Bundestags-Fraktion Gernot Erler 2001 seiner Fraktion darlegte, warum er es für nicht ratsam und nicht notwendig halte, eine offizielle Anerkennungsresolution durch den Deutschen Bundestag zu forcieren, knüpfte er dies unter anderem an die folgenden Überlegungen:

> »Auch wenn wir uns gegen einen solchen förmlichen Beschluß in Deutschland wenden, sind wir doch der Ansicht, dass ein Land wie die Türkei, das in die EU strebt, solche Diskussionen aushalten können muss. Vielmehr noch, eine wirkliche ›Europa-Reife‹ verlangt unbedingt auch die Fähigkeit zur kritischen Vergangenheitsbewältigung einschließlich von Schuldanerkennung« (Erler 8.5.2001).

Der Verweis auf den angestrebten EU-Beitritt der Türkei dient Erler dabei zunächst dazu, die türkische Verantwortung für die Auseinandersetzung mit dem Genozid zu untermauern und eine türkische Anerkennung von Schuld einzufordern. Ein Blick auf die Auseinandersetzungen um eine deutsche Anerkennung dieses Völkermords zeigt, dass die deutsche Mittäterschaft hierin zwar teils thematisiert wird, die deutsche Politik zugleich aber als »nicht zuständig« für eine Anerkennung des Völkermordes erachtet wird. Entsprechend korrespondiert im zitierten Schreiben von Erler die Forderung nach einer türkischen Anerkennung des Völkermords zugleich mit dem Versuch, die Bundesrepublik aus ihrer Zuständigkeit für Anerkennungsfragen in diesem Fall zu entlassen. In geschichtspolitischen Bewältigungs- und Anerkennungsfragen dient ihm eine europäische »Reife« als Referenzpunkt, der – in einer inhaltlich sehr unbestimmten Art – auf einen Werte- und Normendiskurs verweist. Dass diese Referenz auf Normen teils auch juristisch unterfüttert wird, zeigt sich etwa dann, wenn es bei Erler weiter heißt, dass türkische Politiker die Tatsache des Völkermords leugnen und »Türken, die selbstkritisch mit ihrer Geschichte diesen Völkermord zugeben«, in der Türkei kriminalisiert würden. Diese Umstände erachte er als »mit der europäischen Rechtsauffassung unvereinbar« (ebd.).

Referenzen auf europäisch konzipierte Normen des Gedenkens sowie auf europäische Rechts- oder auch Demokratiestandards finden sich keineswegs nur bei Gernot Erler. Insbesondere für den Höhepunkt des Diskurses im Jahr 2005 lässt sich zeigen, dass Verweise auf eine europäische Erinnerungskultur oder die Konstruktion eines europäischen Versöhnungsprojektes zunehmend Raum im Diskurs um eine bundesdeutsche offizielle Stellungnahme zum Genozid einnehmen. Nicht zu trennen sind solche Verweise von der Verknüpfung der Anerkennungsdebatte mit derjenigen um einen potenziellen EU-Beitritt der Türkei. Was sich an Zitaten wie dem von Erler zeigt, ist, dass das Erinnern an einen Völkermord und dessen Thematisierung zum EU-Beitrittskriterium für die Türkei stilisiert werden. Entscheidend ist dabei der besondere Umstand der deutschen Mittäterschaft am Völkermord an den Armeniern. Während man auf der einen, nämlich eigenen Seite die Politik bzw. das Parlament als nicht zuständig für Fragen der Bearbeitung und Bewertung der weit zurückliegenden Vergangenheit erachtet, wird dieselbe Aufarbeitung von Vergangenheit als europäisch eingebettete »Bewährungsaufgabe« an den türkischen Staat herangetragen. Die Erklärung der Nicht-Zuständigkeit und die Konzeption einer Bewährungsaufgabe beziehen sich dabei auf das gleiche Ereignis. Wurde der Begriff der Anerkennung in der Debatte um eine bundesdeutsche offizielle Stellungnahme zum Genozid zunehmend durch den des Erinnerns überlagert, wird Anerkennung als Forderung hier – in Verbindung mit der EU-Beitrittsdebatte – »neu« aktiviert.

Dabei offenbart sich eine spezifische Verquickung von innenpolitischer Teilverweigerung der Thematisierung und außenpolitischer Nutzbarmachung des Genozid-Erinnerns. Die Nutzbarmachung erfasst dabei auch Begriffe wie den der Anerkennung. Völkermord-Gedenken als »Bewährungsaufgabe« zu konzipieren bzw. – im Fall Erlers – von »europäischer Reife« und »europäischen Auffassungen« zu sprechen, heißt dabei nicht nur, dass hier Gedenken normiert wird, sondern zugleich, dass über die Auseinandersetzung um die Genozid-Erinnerung das Projekt Europa ausgehandelt wird. Mit anderen Worten: Der Diskurs um die Anerkennung des Völkermords wird hier öffentlich nutzbar gemacht, um zugleich eine europäische Identität – im Sinne der EU als Werte- und Normengemeinschaft – zu konstruieren. Das Verhältnis dieser beiden sich verschränkenden Nachbardiskurse wird dabei insofern zu einem komplementären Verhältnis (Foucault 1981: 97 ff.), als dass es sowohl auf den Erinnerungs- und Anerkennungsdiskurs zurückwirkt, als auch auf die Konzeption der europäischen Idee.

Das Konzept *Europa* seinerseits wird in dieser Verschränkung, v.a. mit Anschwellen des deutschen Anerkennungsdiskurses um 2005, zunehmend mit kulturalistischen Referenzen gefüllt. Dass sich diese kulturalistische Deutung Europas als wirkungsmächtig erweist, gilt bei weitem nicht nur für Beitrittsgegner, wie die CDU/CSU (die die Forderung nach einer türkischen Thematisierung des Völkermordes zum EU-Beitrittskriterium ummünzt), sondern auch für Befürworter des türkischen EU-Beitritts.[8] Beispielsweise spricht Fritz Kuhn (Bündnis 90/Die Grünen) von einer »europäischen Wertekultur«, die sich über ihren Bezug auf Geschichte definiere:

> »Wir haben eine Diskussion zu führen, in der wir den europäischen Standard vertreten, dass man nämlich in Europa reflexiv über die eigene Geschichte, auch über die Schattenseiten der eigenen Geschichte, diskutiert. Wir müssen alle in der Türkei einladen, diese auch schmerzhafte Diskussion europäisch miteinander zu führen. Ein Kernelement der europäischen Wertekultur ist, dass es freie Diskussionen über strittige Fragen geben kann. Zur Aufklärung gehört, nicht immer nur die Vernunft zu betonen, sondern auch die Schattenseiten und ihren Missbrauch zu sehen« (BT-PP 15/172: 16132A/B).

Kuhn macht hier nicht nur eine europäische Wertekultur aus, aus der er Standards eines europäischen Erinnerungsdiskurses ableitet, sondern er rekurriert zugleich auf die Dialektik der Aufklärung und verbindet darüber jene Erinnerungsstandards mit Konzeptionen von »Moderne«. Diskussionsfähigkeit wird über diesen Schritt als gleichsam moderner Wert behandelt.

Damit fügt sich Kuhns Stellungnahme in theoretische Auseinandersetzungen, die ausgehend von Ulrich Becks Konzept der »Zweiten«, nämlich »reflexiven« Moderne (Beck/Grande 2004) die Selbstreflexion als wesentliches modernes Moment

---

[8] Darauf, dass sich sowohl Beitrittsbefürworter, als auch ablehnende Stimmen auf ein kulturalistisches Verständnis europäischer Identität berufen, verweist auch Sabine von Oppeln in ihrer Betrachtung der deutschen und französischen Debatten über den türkischen Beitritt. Vgl. von Oppeln 2009: 142 f.

der fortschreitenden Europäisierung ausmachen. Das Bild eines transnationalen Gedächtnisses, welches selbstkritisch verschiedene Deutungsangebote integriere und auf eine universalistische Anerkennung von Leid abziele (s. o.), wird der Türkei im Redebeitrag Fritz Kuhns als Maßstab für deren geschichtspolitisches Verhalten angetragen. Damit wird die Anerkennungsfrage gleichsam zum Gradmesser des türkischen Modernisierungsfortschritts. Schlussfolgernd heißt es in der Frankfurter Allgemeinen Zeitung: »Moderne Völker stellen sich ihrer Geschichte, gerade auch da, wo sie belastet sind« (FAZ 17.6.2005). Ein nicht näher bestimmtes Maß im Umgang mit der Geschichte wird hierbei also nicht nur als Standard der Gegenwart, sondern als Standard der Moderne ausgemacht. Bei Michael Jeismann wird der Umgang mit der Geschichte gar zum Teil zivilisatorischer Standards, die von Europa an die Türkei herangetragen werden sollten (FAZ 26.4.2004) und die »die Grundlage, das moralische Ordnungsprinzip und zugleich das Interessenvehikel der politischen Welt« bildeten (FAZ 23.4.2005).

Während der Umgang mit der Geschichte einerseits zu einem als modern und zivilisatorisch ausgewiesenen Wert wird, fungiert er andererseits als generelle Grundlage des Projektes Europa. Die Frage der Anerkennung des Völkermordes an den Armeniern wird damit 2005 nicht nur gleichsam zur Beitrittsfrage, sondern darüber hinaus (etwas zugespitzt formuliert) zur universalistisch angereicherten Europafrage. Der gemeinsame europäische Erfahrungshorizont[9] wirkt jedoch nicht für sich, sondern erhält laut diskursiver Logik nur über die reflexive Bezugnahme sein gemeinschaftsstiftendes Moment. Entsprechend argumentiert Bergner, der Antrag der CDU/CSU, sei

> »der Versuch, die Rechtsnachfolger des Osmanischen Reiches in das einzubeziehen, was man mit Blick auf die Konflikte, Verwüstungen und Verbrechen des 20. Jahrhunderts in Europa ›europäische Erinnerungskultur‹ nennen könnte [...]. Diese Erinnerungskultur wurde Grundlage einer Aussöhnung, die die Gemeinschaft europäischer Staaten erst möglich gemacht hat« (BT-PP 15/172: 16128C).[10]

Es ist die Erinnerung bzw. das Wissen um die historischen Ereignisse, welches als Teil eines europäischen Gründungskonsenses ausgewiesen wird. So schreibt denn auch *Die Zeit*:

> »Die aktuelle Gedenkdebatte ist – mit welchen Absichten auch immer sie von den Beteiligten geführt wird – ein Medium der Integration der Türkei in Europa. Wer die Leugnung des Völkermordes an den Armeniern nicht mehr achselzuckend hinnimmt, holt die Türkei heim [sic!] in den europäischen Diskurs. Europa, sagt Claudia Roth, sei auf dem ›Gründungskonsens‹ gebaut, die wechselseitigen Verbrechen aufzuarbeiten« (*Die Zeit* 17/2005).

---

[9] Von einem solchen (transnationalen) »Erfahrungshorizont« sprechen Beck/Grande. Den Inhalt dieses gemeinsamen Erfahrungshorizontes gewichten die Autoren allerdings ein wenig anders, indem sie auch auf positive Aspekte der Aufklärung verweisen und als Negativerfahrungen neben dem Genozid an den Armeniern den Holocaust und den stalinistischen Terror anführen, vgl. Beck/Grande 2006.

[10] Auch Beck/Grande leiten aus ihrer Feststellung, dass der gemeinsame Erfahrungshorizont von Massenverbrechen das europäische Projekt begründe, ab, dass die Beitrittsbefähigung der Türkei sich an ihrer Einstellung zum Völkermord messen müsse, vgl. Beck/Grande 2006.

Auch diese Wortmeldungen scheinen unmittelbar mit theoretisch diskutierten Ideen eines transnationalen Konsenses zu korrespondieren, die Massenverbrechen des 20. Jahrhunderts zur Grundlage eines gemeinsamen Europas zu erklären. Während sich für Daniel Levy und Natan Sznaider der Holocaust als Mittelpunkt eines transnationalen (kosmopolitischen) Gedächtnisses und als »negativ legitimierendes Gründungsmoment globaler Gerechtigkeit« (Levy/Sznaider 2007: 12) herauskristallisierte, ist es im Fall der bundesdeutschen Auseinandersetzungen um den Völkermord an den Armeniern die Erinnerung an die (verschiedenen) Schattenseiten der Moderne, die als ein solcher Referenzpunkt fungiert. Dies korrespondiert beispielsweise auch mit der weiter oben zitierten Argumentation Seyla Benhabibs. In deutschen geschichtspolitischen Debatten scheint man dankbar an solche oder ähnliche Entwürfe eines europäischen Gründungskonsenses anzuknüpfen und daran zugleich emsig mitzustricken. Der Völkermord an den Armeniern wird über diese Universalisierung, unter anderen Massenverbrechen, zu *einem* Gründungsmoment des Projektes Europa. Mit anderen Worten wird das (reflexive) Erinnern zum gemeinschaftsstiftenden Moment. Eine partikulare Anerkennung eines Völkermordes durch das deutsche Parlament, wie sie seit 2000 durch Petitionen etc. gefordert jedoch durch den Bundestag bisher nicht umgesetzt wurde, erweist sich in dieser Logik als eher marginal.

Forderungen an die Türkei als deutsche Bestandsaufnahme

Universalisierende Deutungen stellen im Zuge ihrer Indienstnahme keineswegs festgefügte Bezugsgrößen dar. Vielmehr sind sie gerade auch deshalb verschieden einsetzbar, als sie beständig im Wandel begriffen sein können. Anhand der fortwährenden Aushandlung des Projektes Europa in Auseinandersetzungen über den Genozid an den Armeniern hat sich gezeigt, dass der nationale Interpretationsprozess diesen Wandel transnationaler und universalistischer Bezugsgrößen wesentlich mitbestimmt. Universalismus stellt sich dann weniger als ein normatives Gebot an sich dar, sondern unterliegt eher als »kulturelles Sinnbild« (Levy/Sznaider/Feldman 2006: 104) in seiner Füllung nationalstaatlichen Entwicklungen. Mit anderen Worten: Das Universale ist nicht »neutral«, sondern immer von einem bestimmten Partikularen »gefärbt« (Marchart 2003: 54; siehe auch François 2009: 87 ff.). Transnationales bzw. universalistisches Erinnern auf der einen Seite und nationales bzw. partikulares Erinnern auf der anderen Seite stehen dann insofern in einem wechselseitigen (Abhängigkeits-)-Verhältnis, als Universalismen wiederum auf den nationalen Diskurs zurückwirken. Im nationalstaatlichen Rahmen kann die – auch über diese Wechselwirkung stattfindende – Aushandlung von Sagbarem zu unterschiedlichen Effekten führen, welche unter anderem in der Verkopplung mit diversen national-spezifischen Narrativen begründet liegt.

Welche Deutungsräume sich hierbei ausgehend von geschichtspolitischen Diskursen über den Völkermord an den Armeniern auch hinsichtlich des deutschen Umgangs mit der Shoah eröffnen, möchte ich schlussendlich mit einem Zitat von Friedbert Pflüger andeuten:

»Viele von uns sagen, dass wir Deutsche uns unserer Vergangenheit gestellt hätten und der Vergangenheit ins Auge schauen würden, während die Türken verdrängen und beschönigen würden. Das ist wohl wahr. Aber das liegt nicht daran, dass wir Deutschen bessere Menschen als die Türken sind. Es ist nämlich, wenn man nach dem Grund spürt, für die Türken auch schwerer, sich ihrer Vergangenheit zu stellen. Denn Deutschland hatte mit dem 8. Mai die totale Niederlage und Kapitulation, den totalen Zusammenbruch, und die Bundesrepublik Deutschland wurde in Diskontinuität, ja als Gegenbild zum nationalsozialistischen Deutschland gegründet. Es war von Anfang an Teil dieses Gegenbildes, sich mit Auschwitz offen auseinander zu setzen, so schwer die Einsicht in die Wahrheit uns Deutschen auch gefallen ist und vielen bis heute fällt« (BT-PP 15/172: 16132D-16133A).

Betrachtungen über den Wert von Erinnern sind im Fall des Diskurses über den Völkermord an den Armeniern oftmals an eine Analogisierung zwischen dem (angemahnten) Völkermord-Gedenken in der Türkei und dem bundesdeutschen Shoah-Erinnern gebunden, so auch bei Pflüger. Hier wird gleichsam nebenbei eine Bestandsaufnahme zum bundesdeutschen Erinnern vorgenommen und dessen Geschichte im Sinne einer Erfolgsgeschichte des Gedenkens und der Demokratisierung mitgezählt. Mit dieser Narration wird offensichtlich gern in Kauf genommen, dass die geschichtspolitischen Lücken des Shoah-Erinnerns bis in die späten 1970er Jahre oder auch das Ausblenden der erst in den 1980er/90er Jahren wiederentdeckten sogenannten vergessenen Opfer kein Thema mehr sind. Abgesehen davon, die Diskussionen über das Erinnern an den Völkermord an den Armeniern werden hier zu rhetorischen Bausteinen innerhalb der Selbstpositionierung des deutschen Staates in seinem Verhältnis zur, auch eigenen, genozidalen Vergangenheit.

Galt für die deutsche Geschichtspolitik und Politik der Nachkriegszeit lange Zeit der Nationalsozialismus als Negativ-Referenzpunkt einer deutschen Identität und entwickelte sich seit den 1970er Jahren die Shoah zu einem solchen generellen Bezug, so lässt sich für die deutsche Geschichtspolitik seit den 1990er Jahren festhalten: Indem die Shoah seither als transnationales Gründungsereignis insbesondere für eine europäische Identität eingestuft wird, bietet sich hier ein deutungsoffenes Feld möglicher Ankopplung und Fortschreibung im nationalen Kontext. Damit bilden nun auch Genozide über die Shoah hinaus Negativ-Referenzpunkte für den gesamtdeutschen, europäisch eingebetteten, Selbstverständnis- und Identitätsdiskurs.

Literaturverzeichnis

Assmann, Aleida (2002): »Vier Formen des Gedächtnisses«. In: *Erwägen Wissen Ethik*, 13(2), 183–190.
Beck, Ulrich und Grande, Edgar (2004): *Das kosmopolitische Europa. Gesellschaft und Politik in der Zweiten Moderne*. Frankfurt am Main: Suhrkamp.
– (2006): Europa als dynamischen Prozess begreifen. http://www.uni-muenchen.de/forschung/publikationen/einsichten/archiv/2006/rechtswissenschaften/index.html (03.06.2010).
Benhabib, Seyla (2007): »Zwielicht der Souveränität oder kosmopolitische Normen?« In: Beck, Ulrich, *Generation Global. Ein Crashkurs*. Frankfurt am Main: Suhrkamp, 167–186.
Dadrian, Vahakn N. (1997): *German responsibility in the Amenian genocide: a review of the historical evidence of German complicity*. Watertown/Mass.: Blue Crane Books.

– (2005): »Einleitung«. In: Gust, Wolfgang, *Der Völkermord an den Armeniern 1915/16. Dokumente aus dem Politischen Archiv des deutschen Auswärtigen Amts*. Springe: zu Klampen, 7–16.

Foucault, Michel (1981): *Archäologie des Wissens*. Frankfurt am Main: Suhrkamp.

François, Etienne (2009): »Ist eine gesamteuropäische Erinnerungskultur vorstellbar?« In: Flierl, Thomas und Müller, Elfriede, *Vom kritischen Gebrauch der Erinnerung*. Berlin: Dietz, 83–100.

Gust, Wolfgang (2005): »Einführung und Leitfaden«. In: Gust, Wolfgang, *Der Völkermord an den Armeniern 1915/16. Dokumente aus dem Politischen Archiv des deutschen Auswärtigen Amts*. Springe: zu Klampen, 17–109.

Jarausch, Konrad H. (2004): »Zeitgeschichte zwischen Nation und Europa. Eine transnationale Herausforderung«. In: *Aus Politik und Zeitgeschichte*, 54(39), 3–10.

Kaiser, Hilmar (2005): »Die deutsche Diplomatie und der armenische Völkermord«. In: Adanir, Fikret und Bonwetsch, Bernd, *Osmanismus, Nationalismus und der Kaukasus. Muslime und Christen, Türken und Armenier im 19. und 20. Jahrhundert*. Wiesbaden: Reichert, 202–235.

Kieser, Hans Lukas (2005): »Urkatastrophe am Bosporus. Der Armeniermord im Ersten Weltkrieg als Dauerthema internationaler (Zeit-)Geschichte«. In: *Neue Politische Literatur*, 50(1), 217–234.

Kroh, Jens (2008): *Transnationale Erinnerung. Der Holocaust im Fokus geschichtspolitischer Initiativen*. Frankfurt/New York: Campus.

Levy, Daniel und Sznaider, Natan (2007): *Erinnerung im globalen Zeitalter. Der Holocaust*. Frankfurt am Main: Suhrkamp.

Levy, Daniel, Sznaider, Natan und Feldman, Jackie (2006): »Kosmopolitisches versus nationales Erinnern. Eine Diskussion«. In: *Mittelweg 36*, 15(1), 102–107.

Marchart, Oliver (2003): »Umkämpfte Gegenwart. Der Zivilisationsbruch Auschwitz zwischen Singularität, Partikularität, Universalität und der Globalisierung der Erinnerung«. In: Uhl, Heidemarie, *Zivilisationsbruch und Gedächtniskultur. Das 20. Jahrhundert in der Erinnerung des beginnenden 21. Jahrhunderts*. Innsbruck: Studien-Verlag, 35–65.

Oppeln, Sabine von (2009): »Bemerkungen zur Debatte über eine europäische Identität«. In: Hudemann, Rainer und Schmeling, Manfred, *Die ›Nation‹ auf dem Prüfstand*. Berlin: Akademie-Verlag, 137–146.

Rousso, Henry (2004): »Das Dilemma eines europäischen Gedächtnisses«. In: *Zeithistorische Forschungen and Studies in Contemporary History*, 1(3). http://www.zeithistorische-forschungen.de/16126041-Rousso-3-2004 (15.04.2011).

Schaefgen, Annette (2006): *Schwieriges Erinnern. Zur Rezeption des Genozids an den Armeniern*. Berlin: Metropol.

Schaller, Dominik J. (2004): »Der Völkermord an den Armeniern im Osmanischen Reich, 1915-1917. Ereignis, Historiographie und Vergleich«. In: Schaller, Dominik J., Boyadjin, Rupen, Vivianne, Berg et al., *Enteignet, Vertrieben, Ermordet. Beiträge zur Genozidforschung*. Zürich: Chronos, 233–277.

Schmid, Harald (2008): »Europäisierung des Auschwitzgedenkens? Zum Aufstieg des 27. Januar 1945 als ›Holocaustgedenktag‹ in Europa«. In: Moisel, Claudia und Eckel, Jan, *Universalisierung des Holocaust? Erinnerungskultur und Geschichtspolitik in internationaler Perspektive*. Göttingen: Wallstein, 174–202.

Ternon, Yves (1988): *Tabu Armenien. Geschichte eines Völkermordes*. Frankfurt/Berlin: Ullstein.

Traverso, Enzo (2009): »Vom kritischen Gebrauch der Erinnerung«. In: Flierl, Thomas und Müller, Elfriede, *Vom kritischen Gebrauch der Erinnerung*. Berlin: Dietz, 27–46.

Quellen

Bayerischer Landtag Drucksache 14/6281 vom 04.4.2001.

Bayerischer Landtag Plenarprotokoll 14/70 vom 11.7.2001, S. 5065-5069.

Bundesministerium der Justiz: Schreiben an das Sekretariat des Petitionsausschusses des Deutschen Bundestages vom 10.12.2008.

Bundestag Drucksache 14/5366 vom 13.02.2001.

Bundestag Drucksache 14/5540 vom 13.3.2001.

Bundestag Drucksache 14/9857 vom 12.8.2002.

Bundestag Drucksache 14/9921 vom 03.9.2002.

Bundestag Drucksache 15/4933 vom 22.02.2005.

Bundestag Drucksache 15/5689 vom 15.6.2005.

Bundestag Plenarprotokoll 15/172 vom 21.4.2005, S. 16127B-16136A.

Entschließung des Europäischen Parlaments zu einer politischen Lösung der armenischen Frage vom 18.6.1987. In: Armenisch-Apostolische Kirchengemeinde zu Berlin – Armenische Kolonie zu Berlin (Hg., 1988): *Armenische Frage – Türkisch behandelt*. Bremen: Donat, 72–75.

European Parliament Resolution vom 13.11.2000. Homepage des Armenian National Institute in Washington. http://www.armenian-genocide.org/Affirmation.171/current_category.7/affirmation_detail.html (21.04.2011).

Gernot Erler: Brief an die SPD-Bundestagsfraktion vom 08.5.2001.

Petition »Es ist Zeit: Völkermord verurteilen« vom 13.4.2000. http://www.aga-online.org/de/ueberuns/index.php (30.3.2009).

Petition »Erweiterte Strafbarkeit der Völkermordleugnung – Änderung des § 130b StGB« vom 15.10.2008 (Arbeitsgruppe Anerkennung – gegen Genozid, für Völkerverständigung e.V. (AGA)).

Rahmenbeschluss zur strafrechtlichen Bekämpfung bestimmter Formen und Ausdrucksweisen von Rassismus und Fremdenfeindlichkeit, 2008/913/JI des Rates vom 28.11.2008.

Resolutions, Laws and Declarations. Homepage des Armenian National Institute in Washington. http://www.armenian-genocide.org/current_category.7/affirmation_list.html (21.4.2011).

Zentralrat der Armenier in Deutschland: »Armenier fordern Mahnmal in Berlin«. Presseerklärung vom 22.4.2011. http://www.zentralrat.org/de/node/858 (9.5.2011).

Artikel

»Armenier-Reflex«. In: Frankfurter Allgemeine Zeitung 17.6.2005.

»Das Denkmal für die ›armenisch-türkische Freundschaft‹ in Kars«. Homepage der Deutsch-Armenischen Gesellschaft. http://deutscharmenischegesellschaft.de/?p=2423 (28.4.2011).

»Das doppelte Fieber« (Michael Jeismann). In: Frankfurter Allgemeine Zeitung 23.4.2005.

»Denkmal für die toten Armenier wird abgerissen«. Welt Online 21.4.2011. http://www.welt.de/kultur/article13235492/Denkmal-fuer-die-toten-Armenier-wird-abgerissen.html (27.4.2011).

»Der meistgehasste Türke«. In: Das Magazin 05.02.2005. http://sc.tagesanzeiger.ch/dyn/news/kultur/560264.html (14.6.2010).

»Deutsche Schmerztherapie«. In: Die Zeit 17/2005.

»Die Farce von Kars«. In: Süddeutsche Zeitung 28.4.2011.

»Fragen Sie Frau Beer« (Michael Jeismann). In: Frankfurter Allgemeine Zeitung 26.4.2004.

»Horrorshopping dank NKGMGaZ« (Götz Aly). In: Berliner Zeitung 26.4.2011.

»Im Blickfeld des Reichstages« (Henryk M. Broder). In: Die Welt 02.5.2011.

»Mahnen? Versöhnen? Dynamit!«. Spiegel Online 23.4.2011. http://www.spiegel.de/kultur/gesellschaft/0,1518,758564,00.html (28.4.2011).

»Mehmet Aksoy. Türkischer Bildhauer zwischen den Fronten«. In: Süddeutsche Zeitung 27.4.2011.

Die Widerstandsfähigkeit des Nationalstaates: Kosmopolitismus, Holocaustgedächtnis und deutsche Identität

Stephen Welch und Ruth Wittlinger

Einleitung

Dieser Text[1] setzt sich zum Ziel, eine Kritik am Ansatz eines »methodologischen Kosmopolitismus« im theoretischen Sinne zu entwickeln und diese Kritik durch eine Diskussion der Dynamik von kollektivem Gedächtnis und Identität im vereinigten Deutschland zu konkretisieren. Der methodologische Kosmopolitismus stellt den analytischen Rahmen in Frage, der auf dem Grundgerüst des Nationalstaates beruht, so dass Untersuchungen von Gesellschaft oder Politik mit der Untersuchung der nationalen Gesellschaften oder der nationalstaatlichen Politik oft beginnen und auch enden. Die Forschung zum kollektiven Gedächtnis, so wird beteuert, begeht den Fehler des »methodologischen Nationalismus«. Um die Notwendigkeit des methodologischen Kosmopolitismus aufzuzeigen, wird das Holocaustgedächtnis zur Demonstration einer Kosmopolitisierung des Gedächtnisses angeführt.

Wir argumentieren im Folgenden allerdings, dass das Beispiel des Holocaustgedächtnisses bei näherer Betrachtung ganz andere Lektionen nahelegt. Es zeigt gerade die Rolle der nationalen Identität und die Prozesse ihrer Formation und Mutation in der sogenannten Kosmopolitisierung des Holocaustgedächtnisses. Diese Entwicklung, die zugegebenermaßen schon eine Weile im Gange ist, lässt sich ohne das analytische Grundgerüst des Nationalstaates in Form des Diskurses zur offiziellen nationalen Identität und zum Gedächtnis nicht ausreichend verstehen. Der Prozess der Kosmopolitisierung wird in diesem Fall von einem Prozess der »Entkosmopolitisierung« oder der »Renationalisierung« der deutschen Identität ergänzt. Dies weist auf die Notwendigkeit eines differenzierteren Verständnisses des Wechselspiels zwischen kosmopolitischem und nationalem Gedächtnis hin, das auch – trotz seines konstru-

---

[1] Die Verfasser danken Georgetown University und Berghahn Journals für die Erlaubnis, ihren Artikel »The Resilience of the Nation State: Cosmopolitanism, Holocaust Memory and German Identity« (*German Politics and Society*, 29, 3, 38–54) in deutscher Sprache zu veröffentlichen. Der Beitrag wurde von Radhika Natarajan ins Deutsche übersetzt.

ierten Wesens – eine Anerkennung der Beständigkeit des Nationalstaates und seiner entsprechenden Identität beinhaltet.

Im ersten Teil betrachten wir die Argumente für den methodologischen Kosmopolitismus und deren Ableitung, nämlich das Konzept des kosmopolitischen Gedächtnisses, illustriert am Beispiel des Holocaustgedächtnisses. Im zweiten Teil untersuchen wir bezüglich Deutschland Folgendes: zuerst die Nachkriegserfahrung und den Versuch der Konstruktion einer »post-nationalen« Identität und dann die neueren Trends in der Berliner Republik hin zu einer »Normalisierung« der nationalen Identität in Deutschland. Dabei argumentieren wir, dass der Holocaust zwar eine entscheidende, aber durchaus unterschiedliche Rolle in jeder dieser Phasen spielt.

Abschließend kehren wir zur übergeordneten Fragestellung zurück und diskutieren, was der deutsche Fall über die These der Kosmopolitisierung im Allgemeinen besagt.

Methodologischer Kosmopolitismus und kosmopolitisches Gedächtnis des Holocaust

Während Kosmopolitismus auf eine lange Tradition als Philosophie des ethischen Universalismus zurückblickt, wurde dieser Begriff in letzter Zeit von dem Soziologen Ulrich Beck und seinen Kolleg/innen in einer neuen – oder vermeintlich neuen – Form als eine allgemeine Perspektive für die Sozialwissenschaften propagiert. In diesem Abschnitt beginnen wir damit, das Augenmerk auf einen Artikel von Beck und Natan Sznaider zu richten, der 2006 im *British Journal of Sociology* erschien und dessen Bedeutung durch eine Wiederveröffentlichung bestätigt wurde, als das gleiche Journal im Jahr 2010 seine einflussreichsten Artikel für einen Sonderband aussuchte. Weiterhin betrachten wir einen Beitrag von Sznaider und Levy (2002), der eine der Schlüsselbehauptungen des »methodologischem Kosmopolitismus« entwickelt, dass neue konzeptionelle Rahmen zur Beschreibung und Evaluation des »kosmopolitischen Zustandes« nötig sind und damit ein Plädoyer für den Begriff des »kosmopolitischen Gedächtnisses« enthält. Levy und Sznaider veranschaulichen den Nutzen dieses Begriffs am Beispiel des Holocaustgedächtnisses.

Beck und Sznaider machen eine Reihe von knapp geschilderten empirischen Feststellungen über die »Kosmopolitisierung der Wirklichkeit« und den »kosmopolitischen Realismus«, die

> »auf jedem Feld der sozialen und politischen Tätigkeit: in internationalen Organisationen, in bi-nationalen Familien, in Nachbarschaften, in globalen Städten, in transnationalen Militärorganisationen, in der Verwaltung von multinationalen Unternehmen, in Produktionsnetzwerken, Menschenrechtsorganisationen, unter UmweltaktivistInnen und in dem paradoxen globalen Widerstand gegen Globalisierung« (Beck und Sznaider 2010: 383)

zu finden seien.

Aus solchen empirischen Erscheinungen ziehen die Autoren den Schluss, dass die bestehenden oder vorherrschenden Ansätze der Sozialwissenschaften einer Erneuerung bedürften, weil sie annehmen oder voraussetzen, dass »die Untersuchungseinheit entweder die nationale Gesellschaft oder der nationale Staat oder eine Kombination von beiden ist« (Beck und Sznaider 2010: 382 f.). Bestehende Ansätze machen den »methodologischen Nationalismus« zu einem »sozio-ontologisch Gegebenen«, dessen »wesentliche Grundsätze der Hauptwahrnehmungsrahmen der Sozialwissenschaften geworden sind« (Beck und Sznaider 2010: 384 f.). »›[N]ationale Organisation‹«, behaupten sie, »kann nicht mehr als der organisierende Bezugspunkt dienen« (Beck und Sznaider 2010: 384).

Insofern diese Behauptungen zu Recht eine gewisse Gedankenlosigkeit oder einen Mangel an kritischer Reflexion über nationale Gesellschaften und Gemeinwesen oder eine »naturalisierende Vorstellung von Nationen als echte Gemeinschaften« (Beck und Sznaider 2010: 384) identifizieren, sind sie selbstverständlich zur Kenntnis zu nehmen. Inwieweit solche unreflektierten Annahmen in der Tat stattgefunden haben und zu berichtigen sind, ist allerdings fraglich. Zudem lässt diese Kritik die weitere Frage offen, ob eine analytische Konzentration auf den Nationalstaat nicht doch berechtigt sein könnte. Wir stehen daher dem nächsten Schritt in der Argumentation von Beck und Sznaider mit Skepsis gegenüber, nämlich dass angesichts der festgestellten Kosmopolitisierung der Wirklichkeit ein neuer »methodologischer Kosmopolitismus« notwendig ist: dass der kosmopolitische Zustand eine kosmopolitische Anschauung verlangt.

Die zugrundeliegende Behauptung lautet: Neue Zustände erfordern neue konzeptionelle Rahmen. Aber stimmt das? Wenn wir diesen Anspruch erheben, riskieren wir zweifellos lediglich eine andere Art des Fehlers, den Beck und Sznaider den bestehenden Sozialwissenschaften unterstellen: das Unsichtbarmachen wichtiger empirischer Erscheinungen. Es liegt auf der Hand, dass die gegenwärtigen Sozialwissenschaften den Prozessen, die meist unter den Rubriken Globalisierung, Hybridität oder Diaspora abgehandelt werden, keineswegs blind gegenüberstehen, wie Beck und Sznaider auch nicht umhin können zuzugeben. Bestehende Rahmenkonzepte sind durchaus ausreichend und sogar notwendig für die Feststellung von neuen Trends und Entwicklungen. Das Gegenteil zu behaupten, nämlich dass sie diese verschleiern, kommt einem Zugeständnis gleich, dass ihre Ablösung ebenso verdeckend auf andere Prozesse wirkt. Den Tunnelblick, den ein konzeptioneller Rahmen aufzwingt, in diesem Umfang zu überbetonen, stellt jeglichen Versuch in Frage, einen neuen zu propagieren.

Das Bemühen, ihren Entwurf des methodologischen Kosmopolitismus von bereits bestehenden Versuchen zu unterscheiden, die versuchen die Prozesse der Kosmopolitisierung der Wirklichkeit theoretisch zu erfassen, verursacht eine gewisse Verzerrung im Argument von Beck und Sznaider. Es ist nämlich schwer zu sagen, was daran neu ist. An einer Stelle wird behauptet, dass das Neue an dem Ansatz in seiner Betrachtung eines »*unbeabsichtigten* und *gelebten* Kosmopolitismus« (Beck und Sznaider 2010: 387) liegt, im Gegensatz zu einer »reflexiven« Variante, die den kosmopolitischen »moralischen und politischen Standpunkt« fortführt, den »ein Großteil des sozialwissenschaftlichen Diskurses angenommen hat« (Beck und Sznaider 2010: 386). Kurz darauf wird die Grundlage dieses Anspruchs auf Neuheit umgekehrt: auf einer neuen Reflexivität wird bestanden. Während bekannt ist, wie Beck und Sznaider zugeben, dass »Kapital alle nationalen Grenzen niederreißt und das ›Eigene‹ mit dem ›Fremden‹ zusammenwirbelt«, meinen sie, dass »das Neue nicht die erzwungene

Mischung sondern *das globale Bewusstsein* dessen ist, seine selbstbewusste, öffentliche Bejahung, seine Reflexion und Bekräftigung gegenüber einer globalen Öffentlichkeit« (Beck und Sznaider 2010: 390) . Angesichts einer solchen Verzerrung fällt es schwer, der Schlussfolgerung zu widerstehen, dass es eher eine intellektuelle Marke ist, die gefördert werden soll, statt eines wissenschaftlichen Fortschritts.

Aber kommen wir von diesen allgemeinen Bemerkungen über die These des methodologischen Kosmopolitismus und die damit zusammenhängende Reduzierung des methodologischen Nationalismus (ein Beispiel übrigens für eine Argumentation, die auf assoziativer Etikettierung beruht, denn es gibt wohl kaum Wissenschaftler/innen, die in irgendeiner Art als Nationalisten verstanden werden wollen) zu einem realen Beispiel für das neue konzeptionelle Grundgerüst, das anscheinend benötigt wird. Ein solches Beispiel bietet die Diskussion eines »kosmopolitischen Gedächtnisses« von Levy und Sznaider.

»Ein kosmopolitisches Gedächtnis«, schreiben Levy und Sznaider, »bietet eine neue erkenntnistheoretische Sichtweise an, die den in den Sozialwissenschaften noch weitgehend vorherrschenden ›methodologischen Nationalismus‹ in Frage stellt« (Levy und Sznaider 2002: 103). Sie arbeiten also eindeutig innerhalb der von Beck und Sznaider bestimmten Vorgabe. Folglich bemängeln sie an den bestehenden Ansätzen zum kollektiven Gedächtnis, dass sie es »an undurchdringliche soziale und politische Gruppen wie ›Nation‹ oder ›Ethnos‹ gebunden« und als fest »in den ›Container des Nationalstaates‹« eingebettet sehen (Levy und Sznaider 2002: 88). Beispiele für diese Mängel finden sie in den einflussreichen Arbeiten von Anthony Smith zur nationalen Identität und in Pierre Noras »Erinnerungsorten«. Smith (1992) betont die Künstlichkeit und Oberflächlichkeit der »globalen Kultur« (an dieser Stelle sollte auch seine Skepsis gegenüber »europäischer Identität« erwähnt werden), während Nora, so legen zumindest Levy und Sznaider nahe, »auf den Nationalstaat als die einzig mögliche (und vorstellbare) Quelle für die Artikulation von authentischen kollektiven Erinnerungen« (Levy und Sznaider 2002: 90)[2] fixiert ist.

Dennoch, so merken Levy und Sznaider an, gibt es eine starke intellektuelle Strömung, die den konstruierten und daher anfangs künstlichen Charakter von Nationen und nationaler Identität betont. Obwohl sie hätten anmerken können, dass die Debatte über die Formierung nationaler Identität noch lange nicht beendet ist oder auch, dass die Position von Smith bei weitem keine Wiederaufnahme der »primordialistischen«, im Gegensatz zur »modernistischen«, Seite dieser Debatte darstellt, ist es zweifellos wahr, dass das Verständnis von Nationen, Nationalismus und nationaler Identität durch die Forschungsergebnisse von Anderson (1983), Gellner (1983), Hroch (2000), sowie Hobsbawm und Ranger (1983), die diese Konstruktionsprozesse empirisch dokumentiert haben, stark bereichert wurde. Aus diesen Betrachtungen muss allerdings folgen, dass die »Künstlichkeit« einer Identität a priori kein Grund

---

[2] Es ist fraglich, ob es der Nationalstaat ist, dessen Erosion von Nora beklagt wird, oder eher »eine Tradition des Gedächtnisses« an sich, die »in Gesten und Gewohnheiten, in über unausgesprochene Traditionen weitergegebenen Fertigkeiten, in dem Körper innewohnenden Selbstwissen, in unstudierten Reflexen und tief verwurzelten Erinnerungen« besteht. Sicherlich ist es in der Tat die »Geschichte«, die nach Nora bedauerlicherweise das Gedächtnis ersetzt hat und die mit dem Nationalstaat im engen Zusammenhang steht. Vgl. Nora 1989: 11, 13.

dafür sein kann, die Möglichkeit ihrer sozialen Verwirklichung in Abrede zu stellen. Für das kollektive Gedächtnis bedeutet das, wie es inzwischen auch viele Autoren praktizieren, eine Akzeptanz der Unterscheidung von Maurice Halbwachs zwischen gelebtem und historischem Gedächtnis, oder der von Jan Assmann zwischen dem, was aufgrund mündlicher Überlieferung erinnert wird und dem, was Gegenstand der Erinnerungskultur ist (vgl. Levy und Sznaider 2002: 91). So werden kollektive Erinnerungen zum Gebrauch außerhalb des »nationalen Containers«, in dem erinnerte Ereignisse stattgefunden haben, jederzeit verfügbar.

Eben das, so meinen Levy und Sznaider, ist mit dem kollektiven Gedächtnis an den Holocaust geschehen. Es ist kosmopolitisiert worden. Sie bieten eine umfangreiche empirische Beschreibung dieses Prozesses, der sich ihrer Meinung nach in drei Phasen einteilen lässt: die Nachkriegszeit, die Zeit der »ikonographischen Formation des Holocausts« von den 1960er bis zu den 1980er Jahren und die Zeit nach dem Kalten Krieg, in der »neue narrative Rahmen« »den Holocaust in ein dekontextualisiertes Geschehen umgestalteten und damit zu seiner Schlüsselstellung in der europäischen Erinnerungskultur beigetragen haben« (Levy und Sznaider 1997: 97). Bezeichnenderweise ist diese empirische Erfassung zusätzlich zur chronologischen auch noch in einer räumlichen Weise strukturiert. Diese Struktur besteht aus einer Reihe nationaler Beispiele: den Vereinigten Staaten, Israel und Deutschland. In jedem Fall wird eine jeweils recht unterschiedliche Dynamik im Prozess der Konstruktion des kollektiven Gedächtnisses vorgefunden.

An sich stellt dies schon die Behauptung in Frage, dass das vermeintlich nationszentrische Gerüst der bestehenden Erklärungsebenen kollektiver Erinnerungen ersetzt werden muss: Es bedarf allenfalls einer Ergänzung. Levy und Sznaider verweisen auf Peter Novicks (1999) Darstellung der Entwicklung des Holocaustgedächtnisses in den Vereinigten Staaten, aber Novicks aufschlussreiches Buch arbeitet gerade die Rolle spezifischer politischer Interessen und deren Einsatz im spezifischen institutionellen System des amerikanischen »nationalen Containers« heraus. Novicks Ausführungen zu Motiven und Umfeld stellen eine weitaus überzeugendere Interpretation dar als Levy und Sznaiders Verweis, dass der Grund, weshalb »der Holocaust solche Bedeutung im öffentlichen Denken erlangen konnte, im Bedürfnis nach einem moralischen Prüfstein in einem Zeitalter der Unsicherheit« (Levy und Sznaider 2002: 93) zu finden sei, da damit offen bleibt, warum *dieser* moralische Prüfstein gewählt wurde und von wem.

Levy und Sznaider versuchen sich mit der offensichtlichen, jedoch problematischen Abhängigkeit ihres eigenen Arguments bezüglich der Mängel des »methodologischen Nationalismus« von einem deskriptiven Rahmen, der selbst national ist, zu arrangieren. Ihrer Meinung nach

> »deutet das Sprechen über die Kosmopolitisierung des Holocaustgedächtnisses nicht auf irgendeinen progressiven Universalismus hin, der einer vereinheitlichten Interpretation unterliegt. Der Holocaust wird nicht zu einem totalisierenden Signifikanten, der für alle die gleiche Bedeutung hat« (Levy und Sznaider 2002: 92).

So weit so gut, aber es bleibt dennoch fraglich, inwiefern unser Verständnis dieser Beziehung gefördert wird, wenn von »wechselseitiger Konstituierung der partikularen und universalen Vorstellungen, die bestimmen, wie des Holocausts gedacht werden kann« (Levy und Sznaider 2002: 92) gesprochen wird. Das liegt nicht nur an der extremen Vagheit des Begriffs »wechselseitiger Konstituierung«.[3] Was diese semiotisch angehauchte Erklärung von sich überschneidenden oder wechselseitig konstituierenden partikularen und universalen Interpretationen nicht beantwortet, ist die Frage, wer denn eigentlich das Interpretieren vornimmt – also die Frage, die bei Novicks Analyse im Vordergrund steht.

Jene Frage nach der Identität der Konstrukteure in der Konstruktion der Identität, die in den konstruktivistischen Ansätzen von Anderson, Gellner, Hroch sowie Hobsbawn und Ranger zur nationalen Identität wesentlich ist, bleibt bei dem Erklärungsansatz von Levy und Sznaider außerhalb der Betrachtung. Ein weiterer Hinweis auf dieses Manko ist die Art und Weise, wie die Autoren die Rolle des US-amerikanischen Fernsehdramas *Holocaust* und des Films *Schindler's List* bei der Produktion eines »dekontextualisierten Gedächtnisses des Holocaust« in Betracht ziehen. »In ihrer ›universalisierten‹ und ›amerikanisierten‹ Form«, schreiben sie, »liefert es den Europäern ein neues Gefühl von einem ›gemeinsamen Gedächtnis‹« (Levy und Sznaider 2002: 100). Ein derart leichtes Gleiten von »amerikanisch« zu »universal« macht sicherlich eine Menge an kritischer Prüfung überflüssig, insbesondere die möglichen Vorteile für die Vereinigten Staaten, wenn ihre Interessen als universale Imperative anerkannt werden. Ein solches Ablenken der kritischen Aufmerksamkeit ist umso leichter, wenn das Verbot des »methodologischen Nationalismus« befolgt wird.

Genau wie bei der allgemeineren These des methodologischen Kosmopolitanismus von Beck und Sznaider, stellen wir damit bei einer ihrer Anwendungen eine umgekehrte Art von Indifferenz gegenüber den beharrlich nationalen Aspekten in der Konstruktion kollektiver Gedächtnisse fest. Zur Untermauerung dieser Kritik sehen wir uns nun den Fall Deutschland an.

Deutschland: Von post-nationaler zur nationalen Identität

Levy und Sznaider weisen darauf hin, dass die Nachkriegszeit in Deutschland, wie in den anderen in ihre Untersuchung einbezogenen Ländern, eine Phase war, in der der Holocaust als ein differenzierbarer Teil der Erinnerung an die Nazizeit und ihre Gräueltaten keine große Rolle spielte. Aber dieses verhältnismäßige Stillschweigen hatte offensichtlich in Deutschland, sei es im Osten oder im Westen, nicht die gleiche Bedeutung wie in anderen Ländern. Während die Teilung Deutschlands offensichtlich eine große Herausforderung für jegliche Konstruktion von Identität war, waren die Schrecken der unmittelbaren Vergangenheit eine immense zusätzliche Last für die deutsche nationale Identität und hatten zur Folge, dass die deutsche Vergangenheit allgemein negiert wurde und damit auch das gesamte Konzept der deutschen Nation.

Deutschlands Naziverganenheit wird allgemein als »die Basiserzählung« der Bundesrepublik zwischen 1949 und 1990 gesehen (vgl. etwa Schab-Trapp 2003: 173) wodurch sich jegliche Identifikation mit der Nation als umstritten und schwierig er-

---

[3] Für eine Kritik am Gebrauch dieser Formel, die Archer »zentrale Zusammenführung« nennt, in den Werken etlicher bekannter Sozialtheoretiker, siehe Archer 1988: 76–80.

wies. Die Geschichte der Bonner Republik war gekennzeichnet von einem Streit über die Stellung des Holocausts und des Zweiten Weltkriegs im nationalen historischen Bewusstsein (vgl. Broszat 1988; Fulbrook 1999; Meier 1988). Obwohl es während der Jahre der Teilung keinen Konsens über die Rolle der Nazivergangenheit in Westdeutschlands Selbstverständnis gab, besteht kein Zweifel, dass der Holocaust und der Zweite Weltkrieg ausschlaggebend bei der Herausbildung von (West-)Deutschlands Selbstverständnis waren. Politische Institutionen ebenso wie Politik und Diskurse waren von ›Lektionen der Vergangenheit‹ stark geprägt – der Zeitraum von 1933 bis 1945 beeinflusste sowohl innenpolitische Entwicklungen als auch Westdeutschlands internationalen Status.

Die Schwierigkeit, eine positive Identifikation mit der deutschen Nation zu schaffen, wurde durch die allgemeine gesellschaftliche Zurückhaltung veranschaulicht, sich nationaler Symbole zu bedienen (vgl. für eine Diskussion Reichel 2005). Stattdessen wurde Zuflucht in einer Art post-nationaler oder post-konventionaler Identität genommen, die nicht auf einen engen, rückwärtsgewandten Begriff des Nationalstaates angewiesen war, sondern die eine europäische Identität oder eine Identifikation mit freiheitlich-demokratischen Werten anstrebte, um eben jene Lücke auf der Ebene des Nationalstaates zu füllen, die andere Länder ohne Umstände mit Stolz auf ihr historisches Erbe füllten. Die 1992 in Zusammenarbeit mit dem Außenministerium herausgegebene Ausgabe von *Fakten über Deutschland* erklärte: »für die Deutschen gehören nationalstaatliche Einstellungen der Vergangenheit an«. Diese Behauptung ist ein gutes Beispiel für die Ablehnung eines normativen Nationalismus und eine Befürwortung des Kosmopolitismus als normative Position.

Die Bundesrepublik war daher ein vorbildlicher kosmopolitischer Staat, nicht nur im Sinne von Beck und Sznaiders »normativ-philosophischem Kosmopolitismus«, sondern auch als eine Verkörperung, zumindest anfänglich, des »kosmopolitischen Zustands«. Sie legte eine gewisse Zögerlichkeit an den Tag, ihre nationalen Interessen freimütig zu artikulieren. Sie nahm den Europagedanken begeistert an, als ein kosmopolitisches Identifikationsziel und teilweise auch als Mittel, die Entwicklung Westdeutschlands jenseits des nationalen Paradigmas sicherzustellen. Der allgemeine außenpolitische Ansatz wurde von einem Verzicht auf Machtpolitik sowie durch eine Haltung gekennzeichnet, die Bescheidenheit, Mäßigung und Selbstbeschränkung aufwies. In jeder Hinsicht war sie den Rechten und Werten verpflichtet, die im Grundgesetz (in universeller Sprache) verankert sind. Die Bundesrepublik zeigte ein Bekenntnis zum Multilateralismus und ein starkes Bestreben, Souveränität in supranationalen Strukturen zu konzentrieren. Westdeutsche politische Eliten sowie die Gesellschaft im Allgemeinen waren vorbildliche Europäer und konsequent pro-integrationistisch, während der europäische Gedanke und die Möglichkeit, eine neue kollektive Identität auf europäischer Ebene anzunehmen, eine höchst attraktive Alternative zur Identifikation mit der ›diskreditierten‹ deutschen Nation darstellten. Die europäische Integration wurde zunehmend dem Konzept des Nationalstaates vorgezogen (Glaab 1999: 310) und als eine fortschrittliche und zukunftsweisende Alternative zur überholten und kleinmütigen Identifikation mit der Nation angesehen. Politische Eliten und die bundesdeutsche Bevölkerung im Allgemeinen unterstützten die europäische Integration, auch wenn das zeitweise finanzielle Opfer bedeutete, solange diese im langfristigen Interesse des europäischen Projekts lagen. Im Gegensatz zu anderen europäischen Ländern wie Großbritannien gab es während der gesamten Zeit der Bonner Republik keinen wesentlichen institutionellen Widerstand gegen das europäische Projekt. Westdeutsche politische Eliten und die Gesellschaft im Allgemeinen wurden durch einen »europäischen Imperativ« (Brunssen 2005), einen »reflexiven Europäismus« (Paterson 2006), oder eine »quasi-automatische Zustimmung« (Schweiger 2007) in europäischen Angelegenheiten charakterisiert.

Kontroversen wie der *Historikerstreit* der 1980er Jahre, der den Versuch einiger Historiker darstellte, die Einzigartigkeit der Nazizeit zu relativieren, um eine Aufgeschlossenheit für andere Epochen der nationalen Vergangenheit zu bewirken, zeigten, dass die Durchsetzung eines post-nationalen oder kosmopolitischen Zustands in Westdeutschland keineswegs geklärt oder vollendet war. Kosmopolitische Elemente und Hoffnungen waren im staatlichen Diskurs und im Diskurs bedeutender bundesdeutscher Kommentatoren jedoch klar vorhanden und deutlich ausgeprägt. Wir brauchen deshalb allerdings nicht naiverweise annehmen, dass das nationale Interesse bei dem Kalkül bundesdeutscher Politiker in dieser Zeit fehlte. Es steht jedoch außer Frage, dass es sich zumindest auf eine sehr besondere Art äußerte, und insofern es im Kontext des *Modells Deutschland* in wirtschaftlicher Hinsicht seinen Ausdruck fand, stellte seine Aufgeschlossenheit gegenüber globalen Prozessen und Einflüssen den Ausgangspunkt bundesdeutscher Politik und nicht (wie in vielen anderen Fällen) den Endpunkt eines mühsamen Kampfes dar.

Man könnte über die Intensität oder die Authentizität der post-nationalen Identität, die in Nachkriegsdeutschland scheinbar konstruiert wurde, streiten (Jarausch 2006), obwohl das in den Argumentationen der von uns untersuchten Autoren des kollektiven Gedächtnisses nicht auftaucht, denn für sie stellen solche, die nationale Authentizität betonenden Argumente, Beispiele für gerade jenen nationalen Essentialismus dar, den sie zu bekämpfen versuchen. Dennoch ist die Behauptung schwer zu bestreiten – so intensiv die Kosmopolitisierung in der Nachkriegszeit auch gewesen sein mag – dass nach der Wiedervereinigung eine beachtliche Wende im Identitätsdiskurs stattgefunden hat. Kurz gesagt, dieser Diskurs widersetzte sich den Aussagen der Befürworter von methodologischem Kosmopolitismus durch die Verschiebung von post-national zu national.

Zur gleichen Zeit wie das Holocaustgedächtnis eine »kosmopolitische Wende« erlebt, wie Levy und Sznaider es darstellen, erfährt das kollektive Gedächtnis in Deutschland eine Reihe von anderen grundlegenden Entwicklungen. Seit dem Generationswechsel in der deutschen Regierung im Jahr 1998 und insbesondere dem Amtsantritt von Gerhard Schröder wurde die Erinnerung an Deutschlands Nazivergangenheit wesentlich »genießbarer« gemacht. Die Initiativen der rot-grünen Koalition ab 1998 unter der Kanzlerschaft von Schröder, wie zum Beispiel das Holocaustmahnmal sowie der Fonds zur Entschädigung der Zwangsarbeit, deuteten darauf hin, dass das Eingeständnis der Schuld in die Praxis umgesetzt wurde.[4] Es wurde allerdings bald offensichtlich, dass diese Schritte mit sehr selbstbewussten

---

[4] Die Idee für ein nationales Denkmal entstand in den 1980er Jahren. Für die Diskussion darüber und die Position Helmut Kohls vgl. Niven (2002: 194–232). In Anbetracht seiner Kommentare zur »Gnade der späten Geburt«, wie Kohl es in einer Rede vor der israelischen Knesset formulierte, waren

Äußerungen nationaler Identität gekoppelt waren, was zu einer in der Nachkriegszeit noch nicht dagewesenen »Normalisierung« Deutschlands beitrug.

Kurz nach seinem Regierungsantritt entwickelte Schröder, der erste deutsche Kanzler ohne persönliche Erinnerung an das Dritte Reich, eine Einstellung zur Nazivergangenheit, die zwei bislang unvereinbare Positionen überbrückte. Trotz eindeutiger Anerkennung der deutschen Schuld ließ er nicht zu, dass die Nazivergangenheit als Hindernis für eine positive deutsche nationale Identität fungierte: In einer Talkshow kündigte Schröder im November 1998 an, dass er vorhabe, ein Deutschland zu vertreten, das »unbefangen« war und – noch merkwürdiger für den Chef einer rot-grünen Koalition – ein Deutschland, das »in einem guten Sinne vielleicht sogar deutscher« war (Perger 1998). Für seine Generation bot er damit eine völlig neue Perspektive auf die Nazivergangenheit und die nationale Identität. Während bislang jedwede positive Artikulation von nationaler Identität aufgrund von Auschwitz für unmöglich gehalten wurde, wie traditionell von den Linksliberalen argumentiert wurde, oder »historisiert« werden musste, wie die Rechten behaupteten, versuchte Schröder diese Spannung aufzulösen, indem er für einen Ansatz warb, der die schuldhafte Verantwortung für die Verbrechen des Dritten Reiches vollständig anerkannte, gleichzeitig aber die Artikulation einer positiven Identifikation mit der deutschen Nation und allgemein ein relativ selbstsicheres Auftreten nicht verhinderte.

In seiner Regierungserklärung vom 10. November 1998 bezog sich Schröder auf das »Selbstbewußtsein einer erwachsenen Nation, die sich niemandem über-, aber auch niemandem unterlegen fühlen muß«. Er stellte Deutschland als eine Nation dar, »die sich der Geschichte und ihrer Verantwortung stellt, aber bei aller Bereitschaft, sich damit auseinanderzusetzen, doch nach vorne blickt« (Schröder 1998). In einem 1999 gegebenen Interview erläuterte Schröder weiter, dass eine Auseinandersetzung mit der Nazivergangenheit »zukunftsfähig« mache (Schröder 1999). Schröder trieb die deutsche »Normalisierung« eindeutig weiter voran, aber dies sollte nicht auf Kosten des Holocaustgedächtnisses und der deutschen Verantwortung geschehen.

Während das Holocaustgedächtnis für identifikatorische Zwecke »genießbarer« gemacht wurde, kehrte auch der Diskurs der »Deutschen als Opfer« nach der Jahrtausendwende plötzlich verstärkt in die literarischen, historischen und politischen Debatten zurück.[5] Dieser Diskurs, den die Regierung Merkel mit der Gründung eines Zentrums gegen Vertreibungen in Berlin teilweise institutionalisieren will, dient auch dazu, die ausschließliche Täterschaft, mit der der Holocaust das deutsche Gedächtnis konfrontiert, aufzuweichen und trägt somit wiederum zur »Brauchbarkeit« jenes Gedächtnisses bei.

Gleichzeitig sind neue Narrative der deutschen Nation entstanden, die positive Aspekte der deutschen Geschichte wie die Errungenschaften der Bonner Republik,

---

seinen Beiträgen zum Gedenken an den Holocaust erhebliche Schranken gesetzt (vgl. Wittlinger 2010: 23).

[5] Dieser Diskurs drehte sich anfangs in erster Linie um die Opfer der alliierten Bombenangriffe und die Deutschen, die gegen Kriegsende und unmittelbar danach Vertreibungen ausgesetzt waren, wurde aber später auf andere Gruppen, wie etwa die deutschen Kriegsgefangenen in der Sowjetunion und die von den Soldaten der Roten Armee vergewaltigten deutschen Frauen, ausgedehnt. Für eine Diskussion vom Diskurs der »Deutschen als Opfer«, vgl. Niven 2006 und Langenbacher 2003.

die »friedliche Revolution« von 1989 in der DDR und die Wiedervereinigung betonen. In dieser Zusammenstellung ergibt sich eine Vergangenheit, die für die Konstruktion der nationalen Identität sehr viel »brauchbarer« ist (für das Konzept einer »brauchbaren« Vergangenheit vgl. Moeller 2001). Es scheint dies eine verspätete und indirekte Antwort auf die Forderung Michael Stürmers im Historikerstreit zu sein, dass Deutschland einer positiven Vergangenheit bedürfe (Stürmer 1986) und es gibt zahlreiche Beispiele, die zeigen, dass die von den politischen Eliten der Nachwendezeit konstruierte Vergangenheitspolitik von der Anerkennung der Errungenschaften der deutschen Geschichte charakterisiert ist. Die Hauptmerkmale dieses neuen Narrativs der Nation bestehen aus Erfolg und Freiheit, was zum Beispiel in der Betonung der bundesdeutschen Errungenschaften der Nachkriegszeit und auch der Einheit und der Freiheit, die durch die friedliche Revolution und die Wiedervereinigung erreicht worden sei, offenkundig wird.[6]

Es überrascht daher nicht, dass das 50-jährige Jubiläum der Bundesrepublik einen willkommenen Anlass für eine Vergangenheitspolitik bot, die sich auf die positiven Aspekte der deutschen Geschichte konzentrieren konnte. Mit seinen Grundprinzipien von Freiheit, Gerechtigkeit, Toleranz und friedlichem Zusammenleben konnte das Grundgesetz selbst (mit etwas historischem Determinismus), wie beispielsweise von Bundespräsident Roman Herzog, als Ausgangspunkt und auch als Triebkraft gesehen werden für den Prozess, der von der Gründung der Bundesrepublik bis zur Vereinigung führte (Herzog 1999). Zwei Jahre zuvor hatte der damalige Bundesratspräsident und Ministerpräsident Baden-Württembergs Erwin Teufel die Väter und Mütter des Grundgesetzes dafür gelobt, dass sie »in unserer Verfassung nicht nur das Ziel der Einheit und ein Wiedervereinigungsgebot vorgegeben, sondern in weiser Voraussicht auch den Weg über den Artikel 23 des Grundgesetzes durch Beitritt ermöglicht [haben]«. Weiterhin würdigte er die Bundesregierung, dass sie »die Forderung nach Selbstbestimmung für die Deutschen in der DDR nicht aufgab und eine eigene Staatsbürgerschaft konsequent ablehnte« (Teufel 1997). Die Vorkehrungen und die Politik der Bonner Republik werden so dargestellt, als wären sie maßgeblich am Erreichen der Vereinigung beteiligt gewesen und bilden somit eine der vielen Errungenschaften, die bei der Schilderung der Bonner Republik als einer Erfolgsgeschichte als Beispiele herangezogen werden.

Wenn es um die Erfolgsgeschichte Bonns im offiziellen Gedächtnisdiskurs nach der Vereinigung geht, dann fällt ein Anlass besonders auf. Angesichts des Anlasses ist es ein eher unpassender Titel, aber in einer Rede mit der Überschrift *Begabung zur Freiheit* beschrieb der damalige Bundespräsident Horst Köhler bei den Feierlichkeiten zum 60. Jahrestag des Endes des Zweiten Weltkriegs die Nachkriegsgeschichte in leuchtenden Farben, während der Grund für das Jubiläum, nämlich das Dritte Reich und der Zweite Weltkrieg und die deutsche Verantwortung dafür, nicht allzu viel Raum einnahm. Der Entnazifizierungsprozess »ging manchen Kritikern zu weit und anderen nicht weit genug« und laut Köhler schaffte es die junge Bundesrepublik, »die führenden Nazis als Gruppe aus dem politischen Leben« zu verbannen.

---

[6] Für eine ausführlichere Diskussion vgl. Wittlinger und Boothroyd (2010).

Köhler beschreibt den anfänglichen Widerwillen der Deutschen in der Nachkriegszeit, die begangenen Gräueltaten zu erwähnen, als ein Schweigen, über das sich »Schuldige und Unschuldige oft unausgesprochen einig« waren, und meinte, dass das vielleicht nötig gewesen sein könnte, »um inneren Abstand zu gewinnen und neu anfangen zu können« (Köhler 2005).

In diesem Narrativ stellt die deutsche Geschichte kein Hindernis dar, sondern bietet eher eine weitere Gelegenheit, das Land als Erfolgsgeschichte zu inszenieren: »Aber wir sehen unser Land in seiner ganzen Geschichte, und darum erkennen wir auch, an wie viel Gutes wir Deutsche anknüpfen konnten, um über den moralischen Ruin der Jahre 1933 bis 1945 hinauszukommen« (Köhler 2005).

Einbezogen in diese von Köhler beanspruchte »gute« Geschichte sind Denker der Aufklärung wie Lessing und Kant, die Ideen der Freiheitskämpfer von 1848, die Entwicklung des Rechtssystems im 19. Jahrhundert, das Gedankengut der deutschen Arbeiterbewegung sowie das »Vermächtnis« des deutschen Widerstands, um nur einige Elemente zu erwähnen (Köhler 2005).

Köhlers Rede ist eines der deutlichsten zeitgenössischen Beispiele für die Konstruktion nationaler Identität durch einen Politiker. Er konstruiert eine Geschichte von Nachkriegsdeutschland und rahmt sie als eine absolute Erfolgsgeschichte, in der alle Probleme überwunden werden können: Das Positive setze sich immer durch. Er räumt ein, dass um die großen Fragen in der Bonner Republik viel gestritten wurde, sei es um die soziale Marktwirtschaft, die Wiederaufrüstung, den NATO-Beitritt, die EG-Mitgliedschaft oder die Ostpolitik. Dennoch lässt er keinen Raum für Zweifel an seiner abschließenden Behauptung, dass es einen überwiegenden Konsens gebe: »Im Rückblick zeigt sich: Alle diese Entscheidungen waren richtig. Das hat nach einiger Zeit immer die große Mehrheit der Bevölkerung erkannt und auch die jeweilige parlamentarische Opposition eingesehen.«

Die Bonner Republik, wie sie Köhler konstruiert, ist ein Land, dessen Erfolg als Demokratie außer Zweifel oder Frage steht. Und ihr Erfolg als Demokratie wird wiederum zur Legitimierung einer unzulänglichen Gegenwart gebraucht und dadurch gegen jegliche Kritik abgeschirmt: »Sechzig Jahre nach dem Zweiten Weltkrieg steht unser Land vor mancher Schwierigkeit – wie andere Länder übrigens auch – aber: Deutschland ist eine stabile Demokratie.« (Köhler 2005)

Dieses Konstrukt dient zur Rechtfertigung einer positiven nationalen Identität, die von Deutschen ohne große Selbstzweifel oder Bescheidenheit angenommen werden soll. Köhler erinnert daran, dass neben der Empfindung von »Dankbarkeit allen gegenüber, die uns beim Aufbau der Bundesrepublik Deutschland geholfen haben« auch die Gewissheit bleibe, dass »wir Deutsche den Weg zu unserer freien und demokratischen Gesellschaft aus eigener Begabung zur Freiheit gegangen sind« (Köhler 2005).

Diese Beispiele – unter den vielen anderen, die zitiert werden könnten – für eine positivere und unbefangenere Konstruktion der deutschen nationalen Identität und des nationalen Gedächtnisses durch seine höchsten Staatsrepräsentanten widersprechen keineswegs der Auffassung, dass das Holocaustgedächtnis kosmopolitisiert worden ist. Aber sie zeigen kaum die Irrelevanz des Nationalstaates in diesem Prozess. Levy und Sznaider zollen eben dem eine aufschlussreiche Anerkennung:

»Die Ära nach dem Kalten Krieg und die Folgen der Wiedervereinigung [...] zwangen Deutschland dazu, eine neue politische und kulturelle Position in Europa zu finden. Das tat es, indem es eine zweigleisige Strategie verfolgte: Es zentrierte den Holocaust als einen wesentlichen Teil der nationalen Geschichte (siehe zum Beispiel die jahrzehntelange Debatte über das Mahnmal in Berlin) und dezentrierte ihn gleichzeitig, indem der Holocaust zu einem europäischen Ereignis gemacht wurde« (Levy und Sznaider 2002: 97).

Hier wird offensichtlich ein cui bono Argument unterstellt: »Wer« hier einen Nutzen zieht, ist Deutschland. Das genügt bereits, um den Grundsatz des methodologischen Kosmopolitismus in Frage zu stellen. Eine Untermauerung dieser Behauptung einer deutschen »Strategie« würde die Frage noch expliziter stellen, was wohl teilweise der Grund dafür ist, dass Levy und Sznaider diesen Versuch völlig unterlassen. Es wäre in der Tat schwer, die Existenz einer bewussten Strategie auf Seiten deutscher Politiker in Bezug auf das Holocaustgedächtnis nachzuweisen. Aber unsere Untersuchung ihres Diskurses zur nationalen Identität macht den rhetorischen Vorteil recht deutlich, den eine Dezentrierung des Holocausts für die Konstruktion des nationalen kollektiven Gedächtnisses mit sich bringt.

Wir würden den Prozess nicht richtig verstehen, wenn wir ihn als von der nationalen Dimension losgelöst verstünden, in dem die Erinnerung an den Holocaust lediglich einem allgemeinen Zweck dienen würde, wie zum Beispiel der Suche nach Sinn und moralischer Gewissheit angesichts der durch die Globalisierung verursachten Belastungen. Deutschland hat es geschafft, das Holocaustgedächtnis, das tatsächlich ein globales Phänomen geworden ist, »abzuladen«. Mit der Entsorgung dieses Giftstoffes aus dem »nationalen Container« konnte, anstatt dass der Container »zerbricht« (Levy und Sznaider 2002: 88), seine Sanierung ermöglicht werden. Die Ironie, dass man die von Staatsrepräsentanten relativ konkret geäußerten staatlichen Interessen untersuchen muss, um den Prozess der Kosmopolitisierung des Gedächtnisses vollauf zu verstehen, wird gesteigert, wenn man sich den Unterschied zwischen solchen Äußerungen vor und nach der Wiedervereinigung und besonders nach dem Generationswechsel von 1998 ansieht. Deutschland hat sich in dieser Zeit von einer kosmopolitischen Konstruktion seiner eigenen Identität zu einer vertrauteren nationalen Identität hin bewegt.[7] Es liegt also zumindest teilweise ein Fall von »Entkosmopolitisierung« vor.

Schluss: Kosmopolitisierung und die Gefahren des methodologischen Kosmopolitismus

Dass es einen realen Prozess der Kosmopolitisierung gibt, dass ein kosmopolitisches Gedächtnis eines ihrer symptomatischen Phänomene ist und dass das Holocaust-

---

[7] Für eine detailliertere Diskussion über die aktuellen Veränderungen der deutschen nationalen Identität vgl. Wittlinger 2010.

gedächtnis wiederum ein Beispiel dieses Phänomens ist, steht außer Frage,[8] und es ist nicht das Ziel dieses Artikels gewesen, das in Frage zu stellen. Die Frage lautet stattdessen, wie der allgemeine Prozess, das symptomatische Phänomen und das Beispiel zu verstehen sind. Unser Ziel ist es gewesen, die Behauptung in Frage zu stellen, dass ein neuer konzeptioneller Rahmen benötigt würde und dass der bestehende durch einen unbrauchbaren »methodologischen Nationalismus« beeinträchtigt sei. Wir stimmen Claire Sutherland zu, die in einem vor kurzem erschienenen Buch die »kosmopolitische Herausforderung« erörtert, aber anmerkt, dass das weder den Untergang des Nationalstaates noch der nationalistischen Ideologie bedeutet (Sutherland 2011). Wir haben am Beispiel Deutschlands, das natürlich einen direkten Bezug zum Holocaustgedächtnis hat, unsere theoretischen Einwände mit empirischen Belegen erweitert. Zusammenfassend formulieren wir nun unsere Einwände.

Die These der »Kosmopolitisierung der Wirklichkeit« zieht als eine ihrer Konsequenzen die Erosion des nationalstaatlichen »Containers« der sozialen, politischen und kulturellen Prozesse nach sich. Der Nationalstaat ist empirisch weder primordial noch unvergänglich und ist in der Tat analytisch kein ausreichender Rahmen und daher ist keine a priori Annahme legitim, die das behaupten würde. Dennoch ist eine Anerkennung der Notwendigkeit der empirischen Erforschung dieses Erosionsprozesses bei weitem nicht dasselbe wie die Rechtfertigung einer konzeptionellen Verschiebung weg vom Nationalstaat. Die Notwendigkeit für eine solche Verschiebung wurde bereits in der Vergangenheit postuliert, am prominentesten von Marx, und es ist ebenfalls wohl bekannt, dass der dadurch geschaffene tote Winkel eine der Hauptschwächen des Marxismus wurde.

Neuerdings ist die empirische Relevanz des Nationalstaates durch Untersuchungen unter der Rubrik »Governance in Mehrebenensystemen« in Frage gestellt worden (Bache und Flinders 2004). Das hat in gleicher Weise eine konzeptionelle Verschiebung mit einer Verschiebung des empirischen Rahmens gekoppelt. Aber die Verschiebung von »Regierung« zu »Governance«, mit der die Dezentrierung des Nationalstaates durchgesetzt wird, hat auch in diesem Fall – genau wie die konzeptionelle Überarbeitung, die wir hier besprechen – genauso viel verdeckt wie sie aufgedeckt hat. Die Agenda der »good governance« kann beispielsweise als eine Agenda gesehen werden, die die Interessen von bestimmten Staaten gegenüber denen von anderen fördert, mit der entscheidenden Ergänzung, dass die Ungleichheit verdeckt etabliert wird. Für einige Staaten bedeutet mehr Governance (zum Beispiel von der Welthandelsorganisation) weniger Regierung bzw. Regieren, während für andere die Beziehung von Vorteil ist, da ihre nationalen Interessen von den Aktivitäten der WTO gefördert werden und sie unverhältnismäßig viel Einfluss auf die Politik der WTO haben (Welch and Kennedy-Pipe 2004). Die resultierenden Ungleichheiten und Machtkonstellationen können nicht erkannt werden, es sei denn mithilfe einer Linse, die den Nationalstaat im Blickpunkt hat.

Der Nationalstaat, und insbesondere seine politische Führung, obwohl auch seine Journalisten und Kommentatoren nicht übersehen werden sollten, bleibt ein

---

[8] Daraus folgt nicht, dass alle empirischen Belege der Kosmopolitisierungsthese akzeptiert werden müssen, genauso wenig wie die verwandte These der Globalisierung empirisch unangefochten bleibt (siehe zum Beispiel Hirst und Thompson 1999).

Hauptbezugspunkt für das Imaginäre, das durch die Konstituierung der nationalen Gemeinschaft die Existenz des Nationalstaates aufrechterhält. Das bleibt immer der räumlichen Differenzierung unterworfen, aber es wäre in dieser Hinsicht fatal, die Machtkonstellationen, die im Spiel sind, aus den Augen zu verlieren: beispielsweise den Unterschied zwischen »Universalismus« und »Amerikanismus« zu vergessen (wie die Befürworter des Letzteren zu tun geneigt sind). Man kann diese Konstellationen nur sehen, wenn man sich der zentralen organisierenden Rolle des Nationalstaates völlig bewusst bleibt. Genauso wenig ist die Zentralität des Nationalstaates eine ewig gültige Tatsache: Sie variiert im Laufe der Zeit, wie es die These der Kosmopolitisierung nahelegt. Das Beispiel Deutschland zeigt jedoch, dass die Variation nicht immer in die gleiche Richtung geht.

Die Kosmopolitisierung und damit gekoppelt die teilweise »Ent-Deutschung« des Holocaustgedächtnisses bedeutet, dass Deutschland zu einem gewissen Grad die Vergangenheit abgeschüttelt hat. Die Erinnerung an den Holocaust und den Zweiten Weltkrieg hat ihren berechenbaren Einfluss auf die Politik und den Diskurs in der Berliner Republik verloren und bildet nicht länger die »Basiserzählung« des deutschen Gemeinwesens. Beweis dafür ist die Art und Weise, in der die politischen Eliten der Berliner Republik ihre Zurückhaltung verloren haben und Deutschlands nationales Interesse viel offener und weniger gehemmt äußern. Während (West-)-Deutschlands vorbildlicher Europäismus abgenommen hat, nimmt die Verfolgung nationaler Interessen zu. Wie wir gezeigt haben, wird das zunehmend durch ein neues Narrativ der Nation untermauert, das die positiven Aspekte der deutschen Geschichte betont. Der »nationale Container« wird auf diese Weise mit einer »brauchbareren« Vergangenheit aufgefüllt.

Beck und Sznaider behaupten, dass »sogar die Re-nationalisierung oder Re-ethnifizierung der Einstellungen, Kulturen und Institutionen innerhalb eines kosmopolitischen Referenzrahmens analysiert werden sollte« (Beck und Sznaider 2010: 385). Der Fall Deutschland beweist allerdings das Gegenteil dieser Behauptung: nämlich, dass Kosmopolitisierung innerhalb eines nationalen Referenzrahmens analysiert werden muss.

Literaturverzeichnis

Anderson, Benedict (1983): *Imagined Communities: Reflections on the Origins and Spread of Nationalism.* London: Verso.
Archer, Margaret A. (1988): *Culture and Agency: The Place of Culture in Social Theory.* Cambridge/New York: Cambridge University Press.
Auswärtiges Amt (1992): *Facts about Germany.* Frankfurt: Societäts Verlag.
Bache, Ian und Flinders, Matthew (2004): *Multi-Level Governance.* Oxford/New York: Oxford University Press.
Beck, Ulrich und Sznaider, Natan (2010): »Unpacking Cosmopolitanism for the Social Sciences: A Research Agenda«. In: *British Journal of Sociology*, 61(s1), 381–40. Special Issue: »The BJS: Shaping Sociology over 60 Years«.
Broszat, Martin (1988): *Nach Hitler. Der schwierige Umgang mit unserer Geschichte.* München: Deutscher Taschenbuchverlag.

Brunssen, Frank (2005): *Das neue Selbstverständnis der Berliner Republik*. Würzburg: Königshausen & Neumann.
Fulbrook, Mary (1999): *German National Identity after the Holocaust*. Cambridge: Polity.
Gellner, Ernest (1983): *Nations and Nationalism*. Oxford: Basil Blackwell.
Glaab, Manuela (1999): »Einstellungen zur deutschen Einheit«. In: Weidenfeld, Werner und Korte, Karl-Rudolf, *Handbuch zur deutschen Einheit 1949–1989–1999*. Frankfurt/Main: Campus, 306–16.
Hirst, Paul und Thompson, Grahame (1999): *Globalization in Question: The International Economy and the Possibilities of Governance*. Oxford: Polity Press.
Hobsbawm, Eric und Ranger, Terence (1983): *The Invention of Tradition*. Cambridge: Cambridge University Press.
Hroch, Miroslav (2000): *Social Preconditions of National Revival in Europe: A Comparative Analysis of the Social Composition of Patriotic Groups among the Smaller European Nations*. New York: Columbia University Press. New edition.
Jarausch, Konrad H. (2006): *After Hitler: Recivilizing Germans 1945–1995*. Oxford/New York: Oxford University Press.
Langenbacher, Eric (2003): »Changing Memory Regimes in Contemporary Germany«. In: *German Politics and Society*, 21(2), 46–68.
Levy, Daniel und Sznaider, Natan (2002): »Memory Unbound: The Holocaust and the Formation of Cosmopolitan Memory«. In: *European Journal of Social Theory*, 5(1), 87–106.
Meier, Charles (1988): *The Unmasterable Past: History, Holocaust and German Identity*. Cambridge/MA: Harvard University Press.
Moeller, Robert G. (2001): *War Stories: The Search for a Usable Past in the Federal Republic of Germany*. Berkeley/CA: University of California Press.
Niven, Bill (2002): *Facing the Nazi Past: United Germany and the Legacy of the Third Reich*. London: Routledge.
– (2006): *Germans as Victims*. Basingstoke: Palgrave.
Nora, Pierre (1989): »Between Memory and History: Les Lieux de Mémoire«. In: *Representations*, 26, 7–24. Special Issue: »Memory and Counter-Memory«.
Novick, Peter (1999): *The Holocaust in American Life*. New York: Houghton Mifflin.
Paterson, William E. (2006): »Does Germany Still Have a European Vocation?« In: *European Research Working Paper Series, Institute for German Studies/European Research Institute*, 15.
Reichel, Peter (2005): *Schwarz-Rot-Gold. Kleine Geschichte deutscher Nationalsymbole*. München: Beck.
Schwab-Trapp, Michael (2003): »Der Nationalsozialismus im öffentlichen Diskurs über militärische Gewalt«. In: Bergem, Wolfgang, *Die NS-Diktatur im deutschen Erinnerungsdiskurs*. Opladen: Leske + Budrich, 171–85.
Schweiger, Christian (2007): *Britain, German and the European Union*. Basingstoke: Palgrave Macmillan.
Smith, Anthony D. (1992): »National Identity and the Idea of European Unity«. In: *International Affairs*, 68(1), 55–76.
Sutherland, Claire (2011): *Nationalism in the 21st Century: Challenges and Responses*. Basingstoke: Palgrave Macmillan.
Welch, Stephen und Kennedy-Pipe, Caroline (2004): »Multi-Level Governance and International Relations«. In: Bache und Flinders (2004), 127–144.
Wittlinger, Ruth (2010a): *German National Identity in the 21st Century: A Different Republic After All?* Basingstoke: Palgrave.
– (2010b): *German National Identity in the 21st Century: A Different Republic After All?* Basingstoke: Palgrave Macmillan.
Wittlinger, Ruth und Boothroyd, Steffi (2010): »A ›Usable‹ Past At Last? The Politics of the Past in United Germany«. In: *German Studies Review*, 33(3), 489–502.

Quellen

Roman Herzog (1999): »Ansprache des Bundespräsidenten«, 23. Mai 1999.

Horst Köhler (2005): »Begabung zur Freiheit«, 8. Mai 2005. http://www.bundespraesident.de/SharedDocs/Reden/DE/Horst-Koehler/Reden/2005/05/20050508_Rede.html

Gerhard Schröder (1998): »Regierungserklärung«, 10. November 1998.

Gerhard Schröder (1999): »Interview«, *Die Zeit*, 4. Februar 1999.

Erwin Teufel (1997): »Ansprache des Präsidenten des Bundesrates«, 3. Oktober 1997.

Kanonisierung und Gedächtnis: Der Schriftsteller Mori Ôgai im kulturellen Gedächtnis des modernen Japan

Takemitsu Morikawa

Den Schriftsteller Mori Ôgai[1] (1864–1922) kennt nahezu jeder gebildeter Japaner: Seine Schriften sind fester Bestandteil der kulturellen Öffentlichkeit und dienen im Schulunterricht der Vermittlung japanischer Sprache und Literatur (*kokugo*). Der vorliegende Beitrag möchte anhand der Kanonisierung Mori Ôgais einen analytischen Blick auf das kulturelle Gedächtnis und die nationale Kulturpolitik Japans richten.

Das kulturelle Gedächtnis ist Jan Assmann (1992) zufolge im Unterschied zum kurzfristigen, kommunikativen Gedächtnis das objektivierte, langfristige Gedächtnis, das als Gedächtnis der Gesellschaft zu verstehen ist. Ein wichtiger Unterschied zwischen dem kulturellen und dem kommunikativen Gedächtnis besteht darin, dass das erstere als Mnemotechnik institutionalisiert und objektiviert ist, und zwar »mit festen Objektivationen sprachlicher und nicht sprachlicher Art« (J. Assmann 1992: 52). Das kulturelle Gedächtnis ist zwar auch in Riten, Musik, Tänzen, Bildern usw. objektiviert (bzw. institutionalisiert), aber überwiegend schriftlich gespeichert. Damit ist es notwendig, eine spezialisierte Trägerschicht für die Sinnpflege und Interpretation von Texten und *Traditionen* auszubilden (J. Assmann 1992: 54). Ich verstehe diese Trägerschicht als Kulturelite. Der im kulturellen Gedächtnis gepflegte Wissensvorrat verweist auf eine entweder positive oder negative identifikatorische Figur: *Das sind wir* oder *das ist unser Gegenteil*. Er markiert die Grenze der Trägergruppe scharf und trägt dazu bei, das Eigene vom Fremden zu scheiden. Darin liegt das Problem der Fremdrepräsentation.

Um die Bedeutung von Literatur als Medium des kollektiven Gedächtnisses zu klären, werde ich einen wichtigen Begriff Aleida Assmanns verwenden: *kultureller Text*. Kulturelle Texte fungieren als Speichermedium des kulturellen Gedächtnisses. Repräsentative Beispiele europäischer kultureller Texte sind die Bibel, aber auch literarische Werke etwa von Dante, Shakespeare, Goethe etc. Dem kulturellen Text wird die Funktion zugesprochen, kulturelle Identität und gesellschaftliche Kohärenz zu stiften. Der kulturelle Text bestimmt die Reichweite seines Horizonts und gibt ihm durch die weltmodellierende Funktion seiner Semantik die identitätsfundierende

---

[1] In der vorliegenden Arbeit wird bei japanischen Namen die originale Reihenfolge beibehalten, d. h. auf den Familiennamen folgt der Vorname.

Prägnanz (A. Assmann 1995: 243). Jenes kollektiv geteilte Wissen des kulturellen Gedächtnisses, das von kulturellen Texten vermittelt und aufbewahrt wird, liefert darüber hinaus nicht (nur) faktisches Wissen, sondern *eine klare Wertperspektive und eine Relevanzstruktur*, die es der jeweiligen Gruppe ermöglicht, auf der Symbolebene Wichtiges von Unwichtigem, Zentrales von Peripherem usw. zu unterscheiden.

Die ausgewählten und verbindlich gewordenen Texte sollen Kanon heißen. Kulturelle Texte gehören zum Kanon in diesem Sinne. Der Vorgang der Auswahl und Zusammenstellung von zu erinnernden Texten sowie der Sicherung ihrer Überlieferung soll *Kanonisierung* heißen. Die professionelle Ausdifferenzierung von Spezialisten der Überlieferung kultureller Texte beginnt erst mit der Kanonisierung (A. Assmann 1995: 242). Die Kanonisierung sichert die Geformtheit und Organisiertheit des kulturellen Gedächtnisses. Kanonbildung und Literaturgeschichte sind zentrale Mechanismen und Medien, mit deren Hilfe in Gesellschaften (an Literatur) erinnert wird. Der Kanon hat hohe gesellschaftliche und kulturelle Relevanz. Um kanonisiert zu werden, ist es für einen Text nicht ausreichend, ästhetische Kriterien zu erfüllen. Denn Kanonisierung ist kein rein literarischer Vorgang, sondern auch ein sozialer Prozess. Im Kanon manifestieren sich Werte und Interessen bestimmter Gruppen stärker und anderer Gruppen schwächer (Hahn 1998: 461). Er übernimmt die repräsentative Funktion in dem Sinne, dass der ausgewählte Teil als Symbol für das Ganze steht. In diesem Sinne erfüllt der kanonisierte Text eine Vertretungsfunktion für das Ganze. Seine Herstellung ist Aufgabe jener repräsentativen Schicht eines Kollektivs, die üblicherweise als Kulturelite bzw. kulturelle Stellvertreter (wie von Weiß (1998) entwickelt) bezeichnet wird. Zu den Funktionen des kanonisierten Texts gehören die Stiftung kollektiver Identität, die Legitimierung gesellschaftlicher und politischer Verhältnisse sowie die Aufrechthaltung oder Unterwanderung von Wertesystemen. Mit ihrem Korpus an Wiedergebrauchs-Texten beschreiben sich Kulturen selbst. Und so wie sich die Identitätskonzepte und Wertstrukturen von Kulturen wandeln, verändert sich auch ihr Kanon. Der Kanon ist in gewisser Weise als Form der Selbstthematisierung einer Kultur oder eines ihrer Teilsysteme aufzufassen (Hahn 1987: 29). Selbstthematisierungen sind aber niemals einfache Spiegelungen der Identität der thematisierten Gruppen. Vielmehr ist es so, als ob man den Aufmerksamkeitsstrahl auf einen bestimmten Brennpunkt richtete (Hahn 1987: 29). Im Kanon spiegelt sich nicht das Faktische und Durchschnittliche der Gruppe wider, sondern es kommen normative Repräsentation, Wertperspektive und Relevanzstruktur zum Ausdruck.[2]

> »In allen Fällen geht es bei Kanonisierung um ein Reflexivwerden der Traditionen. Diese verlieren den Charakter selbstverständlicher Gewohnheiten, Lebensformen, Sitten, Rechtsauffassungen, Kulturformen, Frömmigkeitsweisen oder Weltbilder [...] er wählt bestimmte Teile aus, die als Symbol für das Ganze stehen. Es geht also nicht notwendig um Sinnverknappung, sondern um explizite Thematisierung, um Heraushebung.« (Hahn 1987: 28)

Neben der repräsentativen Funktion (Selbstthematisierung) ist auf die Gedächtnisfunktion des Kanons hinzuweisen, denn die literarische *Welterzeugung* und Bedeutungsstiftung ähnelt Prozessen des kollektiven Gedächtnisses (Erll 2005: 147). Literatur, insbesondere die kanonisierte, eignet sich hervorragend als Gedächtnisme-

---

[2] Man erinnere sich an die Parallelität der Schaffung des Kanons mit der Erfindung der Tradition.

dium, da sie aus diesem Vorgang von Selektion, Gewichtung und Tilgung hervorgeht. Der Kanon wird nicht alt und transzendiert die Zeit. Er entkommt dem Druck des Markts, sich dem wandelnden Bedarf und Geschmack des Lesers anzupassen und sich zu erneuern. Allerdings verändert sich auch der Kanon, wenn sich die Identitätskonzepte und Wertstrukturen von Kulturen wandeln. In diesem Fall können alte, kanonisierte Texte entweder eine neue Interpretation erhalten oder völlig in Vergessenheit geraten, wenn sich andere, zeitgemäßere Texte als Kanon etablieren können.

Unter dieser theoretischen Voraussetzung beschreibe ich in einem ersten Schritt kurz die Biographie Mori Ōgais (1). Daran anschließend präsentiere ich die Kanonisierungstendenz seiner Schriften in den Schullehrbüchern (2). Das Anschlussproblem ist, wie dieses kulturelle Gedächtnis codiert worden ist. Zu diesem Zweck analysiere ich seine bekannteste Novelle *Maihime* [*Die Tänzerin*] (3).[3] Denn diese Novelle ist als seine repräsentativste Schrift anzusehen und am häufigsten in Schulbüchern besprochen worden. Für die Vorbereitung der Analyse führe ich den Code des Okzidentalismus als Beobachtungsform ein. Zum Schluss möchte ich den oben genannten Begriff des kulturellen Texts im Sinne Aleida Assmanns auf *Maihime* [*Die Tänzerin*] anwenden, um die identitätsschaffende Kraft der Schriften Ōgais für die literarische Präsentation von Vergangenheit zu bewerten. Darüber hinaus wird das Selbstbeobachtungsproblem der nichtwestlichen Moderne Erwähnung finden (4). Damit möchte ich behaupten, dass die Kanonisierung der Schriften Mori Ōgais als kulturelles Gedächtnis und wiederholte Lektüre in der Schule und der Öffentlichkeit zur Aneignung und Reproduktion eines primordialen Codes im Sinne Bernhard Giesen (1993; 1999) beiträgt und, dass dieser Code nach meiner Einschätzung keinen kleinen Beitrag zur kulturellen Identität der modernen, japanischen Nation leistet.

1. Die Kanonisierung Mori Ōgais

Mori Ōgai gilt als einer der wichtigsten Schriftsteller der jüngeren Literaturgeschichte und als ein Mitbegründer der modernen Literatur und Literaturkritik Japans. Hauptberuflich war er Militärarzt. Als solcher wurde er von der japanischen Regierung nach Deutschland geschickt mit dem Auftrag, das öffentliche Gesundheitswesen und das Militärsanitätswesen zu studieren. Von 1884 bis 1888 hielt er sich in Leipzig, München und Berlin auf. Neben seiner hauptberuflichen Arbeit als Militärarzt beschäftigte er sich sowohl während seines Aufenthaltes in Deutschland als auch nach seiner Heimkehr damit, dem japanischen Publikum die damalige europäische Literatur (Romane, Novellen, Gedichte und Theaterstücke vor allem), aber auch Opern und andere Musikwerke vorzustellen. Dies setzte er auch fort, nachdem er als Schriftsteller selbst zu schreiben begonnen hatte.[4] Ōgai wird das Verdienst zugerechnet, Goethes *Faust*

---

[3] Erstveröffentlichung 1890.

[4] Zu den von ihm übersetzten Autoren zählen Wedekind, Tolstoi, Rousseau, Lessing, Hofmannsthal, Hauptmann, Schnitzler, Wilde, Rilke, D'Annunzio, Flaubert, Poe, Shaw, Ibsen, Dostojewskij, Goethe, Shakespeare u. a. Ōgais Übersetzungen basieren auf der deutschen Fassung der Schriften dieser

zum ersten Mal ins Japanische übersetzt zu haben.[5] Bis in seine späteren Lebensjahre übersetzte er vorzugsweise (neo-)romantisch geprägte zeitgenössische europäische Literatur ins Japanische.[6]

1889 veröffentlichte er mit seinen Freunden eine Sammlung europäischer Gedichte. Mit der Gedichtsammlung *Omokage* wurde erstmals demonstriert, dass eine Übersetzung von europäischen Gedichten ins Japanische (bzw. Chinesische) in einer in Inhalt und Form angemessenen Qualität möglich war und das sowohl mit traditionellen als auch mit neuen Techniken (Schöchte 1987: 74). Von dieser Sammlung europäischer Lyrik gingen wesentliche Impulse für eine *japanische Romantik* aus. Zentrale Themenkomplexe für diese japanische *romantische Strömung* (*roman-ha*), der auch Ôgais Erzählungen zugerechnet werden, sind somit auch »Heimat« (*furusato, kokyô*) und »Natur« (*shizen*).[7] Und auch die Modernisierung Japans begleitete Ôgai mit zunehmender Skepsis: In späten Jahren erfüllte ihn, wie er selbst sagte, gar »Resignation«.[8] Als im Jahre 1912 Kaiser Meiji starb und sich am Tag des Begräbnisses General Nogi und seine Frau das Leben nahmen, war Ôgai davon so beeindruckt, dass er am Tag als Nogi begraben wurde, eine größere Zahl historischer Erzählungen zu schreiben begann. Diese handeln von den Lebensverhältnissen und dem Sittenkodex der japanischen »Vormoderne«. So lautet das »offizielle« und kulturell reproduzierte Narrativ über Mori Ôgai.

Vor diesem Hintergrund soll nun vorerst die Kanonisierung Ôgais anhand von Schulbüchern von der Meiji-Zeit bis in die Gegenwart gezeigt werden, um deren Bedeutung für das kulturelle Gedächnis im modernen Japan im Anschluss unter Punkt 2 auch inhaltlich zu deuten.[9]

Autoren. Zu Erläuterungen und Kommentaren zu Ôgais Übersetzungen siehe vor allem Kobori 1982.

[5] Zum Beitrag Ôgais zur Goethe-Rezeption in Japan siehe Weber 1999.

[6] Exakter gesagt, beendete Ôgai seine Tätigkeit als Übersetzer 1915 nahezu, worauf Kobori hinweist (Kobori 1982b: 140 f.). Dies ist aber vermutlich nicht auf persönliche Gründe, sondern auf den Ausbruch des Ersten Weltkrieg zurückzuführen, da der Bücherimport aus Deutschland damit gestoppt wurde.

[7] Dazu Morikawa 2012, insbesondere Kap. 2. Heimat wurde ein wichtiges Motiv z. B. auch für den japanischen Ethnologen Yanagita Kunio (1875–1962), der unter dem Einfluss Ôgai intellektuell aufwuchs. Siehe dazu Morikawa 2008.

[8] Allerdings bleibt ein Rätsel, warum er resignierte; dies ist ein häufig behandeltes Thema der Ôgai-Forschung geworden, wie es sich in der Forschungszeitschrift *Ôgai* zeigt.

[9] Als empirische Basis für die Untersuchung japanischer Schulbücher vor dem Zweiten Weltkrieg dient Tasaka, Fumio (Hg.) (1984): *Kyûsei chûtô kyôiku kokugoku kyôkusho nuiyô sakuin* [*Inhaltverzeichnis der Schulbücher der japanischen Sprache für die Mittelschule*]. In diesem Verzeichnis finden sich die Titel von nahezu 2000 Schulbüchern, die zwischen 1895–1943 ausgegeben wurden. Als empirische Basis der Untersuchung von Schulbüchern für die High School nach dem Zweiten Weltkrieg benutze ich die Daten, die Abe Izumi von 1992 bis 2004 erstellte. In dieser Sammlung sind sämtliche 1829 in den Jahren von 1950 bis 2002 ausgegebenen Schulbücher aufgelistet. Für Schulbücher für die Junior High School benutze ich Kokuritsu kyôiku kenkyûjo fuzoku kyôiku toshokan [Die pädagogische Bibliothek des staatlichen Forschungszentrums für Pädagogik] und Kyôkasho kyôiku senta [Zentrum für Erziehung mit Lehrbüchern] (Hg.) (1986): *Chûgakkô kokugo kyôkasho sakuin* [*Inhaltsverzeichnis der Lehrbücher für die japanische Sprache und Literatur in der Junior High School*]. 2 Bde. Tôkyô. In diesem Verzeichnis sind alle Titel der von 1949 bis 1986 in der Junior High School benutzten 610 Lehrbücher aufgelistet.

Aus der Meiji-Zeit (1868–1912), die mit dem Tod Kaiser Meijis endet, existieren 39 Schulbuch-Einträge aus Schriften Ôgais.[10] In der Taishô-Zeit (1912–1926) ist die Anzahl an Einträgen um das beinahe doppelte auf 86 gestiegen. In den in der Shôwa-Zeit vor dem Ende des Zweiten Weltkriegs ausgegebenen Schulbüchern (1926–1943) finden sich insgesamt 154 Einträge aus Ôgais Schriften. Die gesamte Zahl der in Schulbücher aufgenommenen Titel Ôgais explodiert aber förmlich nach dem Zweiten Weltkrieg: Sie steigt auf 307 in den Schulbüchern für die *Highschool* und 92[11] in Schulbüchern für die *Junior High School*. Bemerkenswert ist, dass Ôgais Novelle *Maihime* [Die Tänzerin] erst nach dem Zweiten Weltkrieg in den Kanon aufgenommen wird – in 128 Schulbüchern. Das entspricht bereits 49,2 % aller Einträge.

Wenn man die Schulbücher für die *Highschool* (10. bis 12. Klasse) betrachtet, erkennt man sofort, wie umfassend und schnell Ôgai hier kanonisiert wurde. Insgesamt 300 Auszüge aus seinen Schriften finden sich in den von 1950 bis 2002 ausgegebenen 1829 Schulbüchern. Außerdem wurde die romantische Novelle *Die Tänzerin* am häufigsten erwähnt: in 128 Schulbüchern. Das entspricht einem Anteil von 49,2 % aller in dieser Zeit in Schulbücher aufgenommenen Texte Ôgais. In der Folge soll deshalb kurz auf seine bekannteste Schrift eingegangen werden.

2. Die Novelle Die Tänzerin *und die Romantische Codierung*

Kabe Yoshitaka zufolge sind bereits bis 1987 mehr als siebenhundert Abhandlungen über *Maihime* [*Die Tänzerin*] verfasst worden und jedes Jahr kommen dutzende weitere hinzu (Kabe 1987: 102). Ohne auf die fast uferlose Anzahl literaturwissenschaftlicher Texte über *Die Tänzerin* und seine Interpretationsgeschichte hier eingehen zu können, sollen die Bezüge zu Romantik und Okzidentalismus in den Vordergrund gerückt werden, die mir gerade im Kontext der Schaffung eines kulturellen Gedächtnisses des Modernen Japan als relevant erscheinen.

Im Folgenden definiere ich im Anschluss an Buruma/Margalit (2005) den *Okzidentalismus* zunächst vorerst als umgekehrte Form des Orientalismus. Der Okzidentalismus bezeichnet folglich ein Kommunikationssystem, welches die Identität der »Nichtwestler« produziert, indem es die »Westler« und das Westliche ausgrenzt. In diesem System spielt der Westen aus der Perspektive der »Nichtwestler« eine negative Rolle. Der »Westler« zeigt all das, was man als »Nichtwestler« nicht sein soll – z. B. individualistisch, materialistisch usw. Der Okzidentalismus in diesem Sinne ist überall auf der Welt verbreitet.

Im Okzidentalismus wird der Westen oft durch die Lebensweisen in Großstädten repräsentiert: Die bloße Größe der Städte ist bereits eine Herausforderung Gottes durch die Menschheit. In diesem Sinne gilt die Großstadt als Ort der Hybris. Hier sind *Religiosität* und *Spiritualität* verloren gegangen. Die Menschen entfremden sich zunehmend von sich selbst, von der Natur und von Gott. Zweitens wird im

---

[10] Mit »Eintrag« ist in der Folge gemeint, dass ein Titel – unabhängig von Genre und Umfang, sei es eine ganze Novelle, ein Teil eines Romans, ein Gedicht o. a. – in ein Schulbuch aufgenommen wurde.

[11] Darunter fünf Übersetzungen.

Okzidentalismus der Westen durch das Ansehen der Frau repräsentiert. So wie im Orientalismus die Frau als Verführerin negativ kodiert ist, werden westliche Frauen im Okzidentalismus als verführerische Huren dargestellt.

Die dritte wichtige Unterscheidung ist die von Händlern und Kriegern: Die Händler haben ihren Wohnsitz in einer Großstadt und verfolgen ihre Interessen aus Kalkül wie bspw. Londoner Börsianer. Im Gegensatz dazu sind Krieger bereit, sich für ihre Herren und für ein höheres Ideal zu opfern. Daran schließt sich die Unterscheidung von Verstand und Gefühl bzw. Geist und Seele an. Ein Händler verfolgt sein Interesse mit kaltem Verstand, und eine Hure geht nur für Geld mit einem Fremden ins Bett. Der Händler kann nur den Preis einer Ware erwägen, und die Hure kennt keine wahre Liebe. Die Städter sind nicht in der Lage zu unterscheiden, was im Leben wirklich wichtig ist und was nicht. Ihnen fehlt das Wichtigste im Leben, mit anderen Worten: Sie haben keine Seele, und ihr Leben kennt keine Authentizität. Daran lässt sich die Unterscheidung zwischen Masse und – in einem spirituellen Sinn – Elite anschließen. Die Masse führt ein von der Großindustrie manipuliertes Leben, die einzelnen Menschen ähneln sich somit untereinander, während nur die Elite begreift, was im *echten* Leben wichtig ist.

Zusammengefasst sollen folgende Unterscheidungen und Merkmale als dem Okzidentalismus zugehörig gelten:

1. Unterscheidungen wie Stadt/Land, Frau/Mann, Massen/Elite, Händler/Krieger, Verstand/Seele bzw. Gefühl. Die ersten Teile dieser Begriffspaare tragen in der Regel immer die negative Bedeutung und beziehen sich auf den Westen. Hingegen sind die zweiten Teile immer positiv besetzt und beziehen sich auf den Osten.
2. Todeskult und Selbstopferung für das höhere Ideal.
3. Aus der negativen Codierung der Frau kann sich auch die Rechtfertigung für die Unterdrückung der Sexualität bzw. Erotik ergeben.
4. Die Sehnsucht nach der Heimat, die verloren zu gehen droht.

Dennoch hat der Okzidentalismus seine Wurzeln in Europa, und zwar in der deutschen Romantik (Buruma/Margalit 2005). Ich gehe hierauf nicht im Einzelnen ein, es liegt aber auf der Hand, dass die von Carl Schmitt (1925/1998) zusammengefassten Hauptunterscheidungen der Romantik eine konstruktive Rolle für den Orientalismus und Okzidentalismus spielen.

Der romantische binäre Code verdoppelt die Realität, indem in vorhandenen Fragmenten nach der Spur der nichtvorhandenen, verschwundenen Totalität gesucht wird. Der konkreten Wirklichkeit mangelt die lebendige Totalität. Die Operation des Romantisierens führt den Orient als qualitativ differenten Raum ein. Der Orient wird somit in der Imagination der Romantiker gerade zum Ort, wo verlorene Totalität, verlorene Einheit mit der Natur und der verlorenen authentischen Gemeinschaft und das verlorene richtige Verhältnis zu Gott bzw. zu den Göttern zu finden ist. Denn all dies scheint im verdorbenen und verfallenen Westen vermeintlich nicht mehr vorhanden. Der Orient stellt die von den Romantikern privilegierte Kindheit in der Geschichte der Menschheit dar und trägt somit die (im Westen) verlorene Unschuld und den (im Westen) verfehlten Ursprung in sich. Infolgedessen drängten

z. B. Friedrich Schlegel und Novalis »ihren Landsleuten und den Europäern im allgemeinen eine genaue Studie Indiens auf, da es, wie sie sagten, die indische Kultur und Religion war, die den Materialismus und Mechanismus (und Republikanismus) der okzidentalen Kultur besiegen konnte« (Said 1981: 132). Dem Romantiker ist aber »die Vorstellung vom primitiv guten Menschen, vom Urvolk, den Söhnen des Lichts, dem reinen Priestertum, der ersten Menschheit und der hohen Naturweisheit des Altertums« geläufig (Schmitt 1925: 81). Aber

> »das zeitlich oder räumlich entfernte romantische Objekt – was es auch immer sein mag, die Herrlichkeit der Antike, die edle Ritterlichkeit des Mittelalters, die gewaltige Großartigkeit Asiens [...] ist ein Trumpf, der gegen die gewöhnliche, real gegenwärtige Wirklichkeit ausgespielt wird und die Gegenwart widerlegen soll. [...] Seine romantische Funktion liegt in der Negation des Heute und Hier« (Schmitt 1925: 81).

In diesem Sinne stellt der Okzidentalismus wie auch der Orientalismus den Orient als das Andere des »Westens« dar, bewertet ihn jedoch umgekehrt.[12]

Mit diesen ideenhistorischen Vorbemerkungen wende ich mich nun der Novelle *Die Tänzerin* zu. Ich möchte zuerst die Handlung darin zusammenfassend darstellen: Ein junger Japaner, Ôta Toyotarô, reist im Auftrag eines japanischen Ministeriums nach Berlin und hält sich dort zu Studienzwecken auf. Er lernt die sechzehnjährige Tänzerin Elise kennen. Durch seine Liebe zu ihr entwickelte sich sein gefühlvolles Ich. Als er zu ihr zieht, wird ihm das Stipendium entzogen. Er führt mit ihr ein Leben in »glücklicher Armut« und verdient seinen Lebensunterhalt, indem er Berichte für eine japanische Zeitung schreibt. Doch ein verlockendes Angebot, in den japanischen Dienst zurückzukehren, lässt ihn schwanken. Am Ende verlässt er Elise zugunsten seiner Karriere und seiner Heimat. Sie wird mit dem Verlust der Liebe wahnsinnig.

Die Tänzerin beginnt mit der Szene, in der Ôta in Berlin eintrifft und von der Ansicht der Stadt und der Macht des aufstrebenden Deutschen Reiches überwältigt ist. Deutschland bzw. der Westen wird hier vor allem als Großstadt, als materielle Zivilisation mit technischen Errungenschaften geschildert.[13] Ôta lernt die weinende, sechzehnjährige Ballett-Tänzerin Elise kennen. Ein japanischer Mann trifft in einem fremden Land eine fremde Frau. Die Frau repräsentiert Deutschland (bzw. Europa), für ihn das Fremde. Der Westen wird zuerst als Großstadt und dann als Frau kodiert. Dies ist umso interessanter, als sich Europäer bei ihrem Konstrukt des Orientalismus fremde Kulturen üblicherweise (einschließlich Japan als »Geisha«) als weibliche Gestalt vorstellen, auf die sie als ein zu eroberndes Objekt zu blicken pflegen.

Ôta war in der Ausbildung und im Studium ein Streber und Primus gewesen. Es wird von ihm erwartet, ein führender Staatsdiener zu werden. Dies bedeutet, dass er zur Elite gehört. Darüber hinaus stammt er aus dem Kriegerstand, so wie Ôgai selbst. Interessant ist auch, dass Ôta die Tänzerin Elise am Ende der Erzählung verlässt und als führender Beamter im Staatsdienst rehabilitiert wird. Dies lässt sich so interpretieren, dass eine Grenze zwischen Eigenem und Fremdem gezogen und postuliert wird, was bevorzugt und was abgelehnt werden soll.

---

[12] Daraus lässt sich schlussfolgern, dass es für die vom Okzidentalismus erfassten Nichtwestler keinen anderen Ausweg gibt als radikale Negation des Heute und Hier, also Terrorismus, Ehrenmord u. dgl., weil ihre Identität, was sie auch immer sein mag, nicht hier und jetzt zu finden sei.

[13] Obwohl Berlin von vielen Deutschen als »undeutsch« wahrgenommen wird.

In der Erzählung verlässt Ôta die festgelegten Karrierebahnen als Beamter und bricht aus seinem Alltag aus, d. h. er gerät in eine außeralltägliche Situation: dem Glück in der Armut mit einer schönen Tänzerin. Ôta verändert sich in seinem Leben mit Elise. Bevor er sie kennen lernte, orientierte er sich ausschließlich an der Karriere und an den sozialen Normen, vor allem den Erwartungen seiner Familie. Im Leben mit Elise entdeckt er seinen eigenen Willen und die damit einhergehenden Vorstellungen.

Indem Ôgai die Geschichte tragisch enden lässt, versucht er die Grenze zwischen Japan und Europa (hier: Deutschland) zu ziehen und zu zeigen, dass Japan nicht vollständig europäisiert werden kann und soll (dazu vgl. Nagashima 2005: 36 f.). Japan und der Westen können sich nicht für ewig verbinden, sondern Japan soll zu sich selbst, zur eigenen Tradition zurückkehren, wobei hier noch unklar ist, *was* als Tradition gelten soll.

Diese Botschaft wird in seinen beiden anderen *Deutschlanderzählungen* wiederholt. Die Anknüpfung an die damalige Diskussion über die kulturelle bzw. nationale Identität Japans (vgl. Pyle 1969) ist unverkennbar. Erst seit den neunziger Jahren des neunzehnten Jahrhunderts wurde eine öffentliche Diskussion über die kulturelle und nationale japanische Identität geführt.[14]

Dass Ôta seine Liebe am Ende aufgibt und zum Dienst für den japanischen Staat zurückkehrt, lässt sich als eine Art Selbstopfer für das höhere Ideal auslegen.Dieses typische Motiv des Okzidentalismus wird auch bei der Verfilmung der Novelle (1989) stark betont. Kinoshita Mokutarô (1885–1945) – einem Poet und Anhänger des Ôgais – zufolge hat dieser schließlich gegenüber der europäischen »Erkenntnis der Freiheit und Schönheit« die »Loyalität und Pietät gegenüber der Obrigkeit und den Älteren als Grundlage der *asiatischen Moral* vorgezogen« (Kinoshita 1982: 54–67). So gesehen ist die Protagonistin Elise auch als eine Verführerin zu deuten, die Ôta nicht nur von der Karriere, dem Dienst und der Heimat, sondern auch von der »*japanischen*« Moral ablenkt und fernhält. Sie ist zwar keine Prostituierte, stammt aber aus einer niederen sozialen Schicht, im Gegensatz zu Ôta, der zur Elite gehört. Und schlussendlich wird in der Erzählung die Priorität auf den Dienst am Staat gesetzt und nicht auf die Liebe zu einer Frau.

3. Zum nationalen kulturellen Gedächtnis

Ich habe die Kanonisierung von *Maihime* [*Die Tänzerin*] in den Schullehrbüchern nach dem Zweiten Weltkrieg gezeigt. Im Phänomen der Kanonisierung des Mori Ôgais sind zwei Probleme zu sehen: Erstens die Durchsetzung der Beobachtungsform »Nation« und zweitens die Schaffung der nationalen, kulturellen Gedächtnisse durch die literarische Erzählung und ihre Kanonisierung als kulturelle Texte.

---

[14] Zu repräsentativen Nationalisten, die in der damaligen Öffentlichkeit Diskussionen anstießen, sind Kuga Katsunan, Miyake Setsurei, Shiga Shigetaka zu zählen. Auch zu diesem Thema siehe Pyle 1969: 53–75.

Man braucht heutzutage nicht viele Worte darüber zu verlieren, dass die Nation und der Nationalismus keine Überbleibsel der Vormoderne, sondern durch und durch moderne Phänomene sind, zuerst um die gesamte Bevölkerung in den modernen Staat zu integrieren (und mobilisierbar zu machen). Um die – wenn auch nur fiktive – (politische) Einheit einer Nation zu stärken, soll die kulturelle und sprachliche Einheit in diesem Wandel der Gesellschaftsdifferenzierung neu geschaffen werden. Der Erfolg des Nationsbegriffs als Selbstbeschreibungskategorie der Moderne hängt damit zusammen, dass er die Einheit verschiedener funktionaler Subsysteme hinsichtlich ihrer segmentären Geltungsgrenzen postuliert (Hahn 1993: 198; Hahn 2006: 83, siehe auch Stichweh 2005: 41 ff.). Die Beobachtungsform der Nation invisibilisiert schließlich jene »allgemeine Fremdheit aller«, die durch die funktionalen Differenzierung hervorgebracht wird, und kompensiert somit den damit verbundenen, allgemeinen Entfremdungsprozess (Hahn 2006: 85).

Jede Identität, einschließlich der nationalen, beansprucht die Alterität (das Bild des Fremden). »Die ›Fremden‹ müssten eventuell erfunden werden, wenn es sie nicht gäbe« (Hahn 2006: 77). Insbesondere geeignet als Code der Selbstbeobachtung als Nation ist der primordiale Code im Sinne Bernhard Giesens (1993; 1999). Anders als der traditionelle und der universalistische Code unterscheidet der primordiale Code eigen/fremd aufgrund »natürlicher« Merkmale, die vom Akteur anscheinend nicht änderbar sind und als gegeben betrachtet werden müssen. Verflüssigte, an Funktionen orientierte, moderne, soziale Beziehungen werden nach diesem Code als oberflächlich beobachtet, und man unterstellt etwas Wesentliches, Unveränderbares, Ewiges – *Natur, Wesen, Seele* u. dgl. dahinter. Zu solchen unveränderbaren Merkmalen gehören die Unterscheidung des Geschlechts (Mann/Frau), Herkunft, Verwandtschaft, Region, Volk, Rasse u. dgl. (Giesen 1993: 48). Primordiale Grenzen scheinen schwierig zu überschreiten (Giesen 1993: 52) und dem Wandel und der Verflüssigung moderner Sozialbeziehungen entzogen zu sein (Giesen 1993: 52; auch Hahn 2006: 84). Somit liefert der primordiale Code eine stabile Basis für die kollektive Identität in der Moderne.

Es erstaunt dabei nicht weiter, dass Primordialität im neunzehnten Jahrhundert als eine besonders moderne Begründung des *demokratischen Nationalstaats* auftreten konnte: Die politische Gleichheit der Bürger wurde mit ihrer natürlichen Homogenität begründet. Alle seien gleichrangig und gleichberechtigt, soweit sie derselben natürlichen Gemeinschaft, der Nation, angehören (Giesen 1999: 39).

Das Fremde wird durch den primordialen Code als rätselhaft und schwerverständlich dargestellt. Das Fremde können wir uns nicht assimilieren, d. h. uns angleichen und uns ähnlich machen. Somit entsteht eine Ambivalenz des Fremden durch diesen Code. Das Fremde erscheint als etwas Bedrohliches und Beunruhigendes und wird zugleich als faszinierend und erregend dargestellt.

Im Fall des vorliegenden Beitrags wird die Beobachtung als Nation mit dem Code des Okzidentalismus zusammengeführt. Die Position des konstruierten Anderen (Alterität) wird im modernen Japan vorwiegend vom »Westen« belegt. Ich gehe hier zwar nicht darauf ein, wie die Repräsentation von anderen asiatischen Ländern wie Korea, China, Indien u. dgl. dazu beigetragen hat. Jedoch bin ich mir sicher, dass der Blick des Anderen zur Konstruktion der modernen, japanischen, nationalen Identität nur durch den »fiktiven Westen« getragen wurde (und wird). Anders gesagt: Für die meisten Japaner war es gleichgültig – zumindest bis zum Ende des Asien-Pazifischen Kriegs –, wie sie durch die Bevölkerung in Korea und China beobachtet wurden. Darin lässt sich die Paradoxie des Re-Entry der Selbstbeobachtung als nichtwestliche Moderne erkennen. Denn die Beobachtung und Unterscheidung von »Wir« und »Anderen« wird von diesem fiktiven »Wir« vollzogen, was erst durch diese Beobachtung selbst *performativ* erzeugt werden muss.[15]

Bernhard Giesen zufolge haben die romantischen Intellektuellen zur Verbreitung des oben genannten primordialen Codes beigetragen. Die Rolle der nichtwissenschaftlichen Narrative und der literarischen Erzählung insbesondere als Deutungsmuster betont Wolfgang Hardtwig in der Gedächtnisforschung:

> »Die Schriftsteller erzählen Geschichten von einer Komplexität und inneren Spannung, die der Historiker mit seinen expliziten, analytischen und insofern immer höchst reduktionistischen Erklärungsansprüchen nicht erreichen kann.« (Hardtwig 2002: 121)

Es gibt viele Instrumente, Techniken und Rituale, um das Gedächtnis der Nation zu generieren und zu regenerieren. Auch kulturelle Texte gehören dazu. Sie können kulturelle Identität und gesellschaftliche Kohärenz stiften (Erll 2005: 156), wie ich bereits in der Einleitung erwähnt habe. Sie sind erinnerndes Medium und erinnerter Gegenstand des kulturellen Gedächtnisses zugleich. Aleida Assmann zufolge ist ein kultureller Text durch eine besondere Rezeption und Lektüre von Seiten des Lesers gekennzeichnet: Leser lesen einen kulturellen Text weder zum Vergnügen noch mit ästhetisch-kritischer Distanz, sondern »Verehrung, wiederholtes Studium und Ergriffenheit« (A. Assmann 1995: 242) zeichnen die Rezeption eines kulturellen Textes aus. Nach dieser Definition ist *Die Tänzerin* in Japan ein solch etablierter kultureller Text. Der wiederholte Gebrauch des Texts *Die Tänzerin* – in Form des Zitats, des Kommentars usw., in der Literaturwissenschaft, in der Öffentlichkeit, in den Reiseführern aber vor allem im Schulunterricht – ist zuerst ein Erinnerungsakt und zweitens ein Akt zur Bestätigung und Befestigung der primordialen Codierung der kollektiven Identität der modernen, japanischen Nation.

Indem Ôgai in *Die Tänzerin* Japan als Mann und Europa als Frau symbolisierte, zog er eine ontologisch unüberbrückbare, primordiale Grenze zwischen Japan und dem Westen. Gewiss ist die Novelle *Die Tänzerin* erst nach dem Zweiten Weltkrieg im literarischen und schulischen Kanon etabliert worden. Aber auch die historischen Erzählungen Ôgais wie *Sakai jiken* [*Der Zwischenfall in Sakai*], die vor dem Krieg oft in Schulbücher aufgenommen wurden, lassen sich als Versuch auslegen, die Vergangenheit zu erinnern und somit die gemeinsame Vergangenheit zu schaffen, sowie schließlich Japaner durch das Moment der Todesverachtung vom Westen abzusetzen. Seine schriftstellerische Tätigkeit lässt sich als literarische Präsentation von Vergangenheit in der Öffentlichkeit beobachten (vgl. Hardtwig 2002: 103). Bei seinen Texten geht es nicht ausschließlich um historische bzw. fiktionale Erzählungen, sondern auch um die Erinnerung an die Vergangenheit. In den historischen Erzählungen wird

---

[15] Aber wer ist dieses »Wir«, das die Bevölkerung in auf den japanischen Inseln beobachtete, zur Suche nach der kulturellen Identität trieb und zum Schluss aus ihnen »Japaner« machte? Dazu siehe auch Morikawa 2008.

an die verlorengegangenen Sitten, Gewohnheiten, Normen und Tugenden und in den romantischen Erzählungen wie *Die Tänzerin* an die Begegnung Japans mit dem Westen erinnert.

Die meisten in den Schulbüchern vor dem Zweiten Weltkrieg kanonisierten Texte beziehen sich auf die japanische Vormoderne. Geschichten wie *Der Zwischenfall in Sakai* (OZ, Bd. 15: 169–199), *Ôshio Heihachirô* (OZ, Bd. 15: 1–79), *Okitsu Yagoemon no isho* [Das Testament Okitsu Yagoemons] (OZ, Bd. 10: 571–583), *Soga kyôdai* [Die Brüder Soga] (OZ, Bd. 15: 201–235), *Abe ichizoku* [Die Sippe Abe] (OZ, Bd. 11: 309–351) wurden dadurch, dass Ôgai sie niederschrieb, (erneut) ins kollektive Gedächtnis der Japaner eingespeichert. Diese Texte zeigen nicht nur, wie die Japaner lebten, sondern auch wie sie leben sollen. Wohl gemerkt: Die Japaner sind zugleich ein postuliertes und erzählerisch konstruiertes kollektives Subjekt, das immer diskursiv erzeugt werden muss. Aber zu dieser Konstruktion wird der Blick des Westens als des konstitutiv Anderen vorausgesetzt.

Diese Konstellation wird in der Erzählung *Der Zwischenfall in Sakai* am deutlichsten gezeigt. Am 8. März 1868 liegt die französische Korvette Dupleix vor dem Hafen von Sakai, der zu diesem Zeitpunkt für fremde Schiffe geschlossen ist und von Truppen des Daimyôs von Tosa kontrolliert wird.[16] Ohne eine Erlaubnis von der japanischen Behörde zum Anlegen will eine Mannschaft von zwanzig Matrosen mit einem Beiboot in den Hafen übersetzen und an Land gehen, dabei kommt es zu einem Zwischenfall mit den Samurais, welche das Anlegen verhindern wollen. Elf französische Matrosen werden von diesen getötet. Angesichts des Protests des französischen Gesandten Léon Roche erkannte die kaiserliche Regierung den Zwischenfall als ein ernstes diplomatisches Problem und nimmt die französische Forderung nach der Entschädigung mit 150.000 Dollar an. Darüber hinaus fordert Roche die beteiligten zwanzig Samurai hinzurichten, welchen allerdings standesgemäß der rituelle Selbstmord (*seppuku*) zugebilligt wird. Auf die Franzosen, welche bei dem Selbstmord als Zeugen anwesend sind, machen Stil und Ablauf des Rituals einen so fremdartigen, brutalen und erschreckenden Eindruck, dass der französische Gesandte Roche nach dem Tod von elf Samurai für die restlichen neun um Gnade bittet, die ihnen gewährt wird. Somit erkennen die Franzosen die Japaner als andersartig an, als irrational, ihr Verhalten als unvereinbar mit westlicher Vernunft. In diesem Text sagt ein Samurai: »Wir sterben nicht für die Franzosen, sondern für Japan«. Todesverachtung zugunsten der japanischen Nation wurde in der staatlichen Propaganda während des Asiatisch-Pazifischen Krieg wiederholt forciert: Die Figur im *Zwischenfall Sakai* stellt später genau die der Kamikaze-Flieger dar.[17]

---

[16] *Daimyô* ist die historische Bezeichnung des Lehensherrn im japanischen Spätmittelalter und in der Frühen Neuzeit. Zwar galt der Shôgun als der Oberste Lehensherr *de jure* bis zur Meiji-Restauration von 1868, aber Große Daimyôs wie *Satsuma* (Lehengebiet: die heutige Kagoshima-Präfektur), *Chôshû* (die heutige Yamaguchi-Präfektur) und *Tosa* (die heutige Kôchi-Präfektur) beherrschten *de facto* ihre Territorien wie einen unabhängigen Staat. Darin sehe ich einen weiteren Grund, Japan bis in die Frühe Neuzeit nicht als Einheit zu sehen, sondern die Einheit Japans wurde durch den Blick des Westens generiert.

[17] Dies erklärt womöglich, warum diese Novelle in der Ôgai-Forschung viele Erörterung findet.

Nach dem Zweiten Weltkrieg nimmt *Die Tänzerin* Platz Eins der kanonisierten Schriften Ôgais ein, wie ich gezeigt habe. Anscheinend hat sich der Schwerpunkt der Erinnerung der Vormoderne und deren Moral auf die Begegnung mit dem Westen im weitesten Sinne, d. h. einschließlich der *Verfremdung* zwischen Japan und dem Westen verschoben. Sowohl *Der Zwischenfall in Sakai* als auch *Die Tänzerin* kodieren aber die Grenzziehung zwischen Japan und dem Westen primordial. Außerdem bedeutet die Kanonisierung von *Die Tänzerin*, dass die Erfahrungen eines Japaners im letzten Viertel des 19. Jahrhunderts nun zur Vergangenheit gehören und Gegenstand des Erinnerns geworden sind.

Im Schulunterricht findet die Biographie Ôgais bei jeder Behandlung seines Texts Erwähnung. Folgende biographischen Fakten werden immer wieder genannt: 1. dass er in einer niederen Samurai-Familie geboren war (diese Schicht spielte die Hauptrolle bei der Meiji-Restauration), 2. dass er mit der japanischen und der ostasiatischen Kultur und Tradition wie der konfuzianistischen Ethik und den konfuzianischen Texten vertraut war, 3. dass er sich dank seines vierjährigen Aufenthalts in Deutschland in der modernen europäischen Wissenschaft, vor allem seinem Fach Hygiene auskannte, 4. wird oft hinzugefügt, dass er mit scharfem Verstand und hoher Intelligenz der Masse gegenüberstand.[18] In diesem Zusammenhang wird oft erwähnt, dass seine Eltern bei der Aufnahmeprüfung zur Universität sein Geburtsdatum absichtlich falsch angaben, um ihm einen früheren Studienanfang zu ermöglichen. Dies ist alles zwar historisch richtig, aber zu beachten ist, dass historische Fakten ausgewählt und zu Narrativen geformt werden: Unverkennbar ist auch hier die Wirkung des romantisch-okzidentalischen Codes.[19]

Das Narrativ, das bis heute mit der Person Mori Ôgai und seinen Werken verbunden ist und mit ihnen erzählt wird, entspricht dem *master narrative*[20] der japanischen Moderne. Dieses *master narrative* besagt, Japan habe viel vom Westen gelernt, vor allem moderne Technologie und Wissenschaft, mit großen Anstrengungen und Mühen, um sich zu industrialisieren und sich in der Welt zu behaupten. Trotzdem habe Japan seine kulturelle Identität – von den Japanern selbst als oft als *tamashii* [Seele] bezeichnet – nicht verloren.

Diese Untersuchung hat gezeigt, welche entscheidende Rolle literarische Präsentationen von Vergangenheit und Fremdem bei der Schaffung eines nationalen, kulturellen Gedächtnisses spielen kann. Literarische Werke haben einen festen Platz im Kanon der Schullehrbücher und haben eine größere Reichweite als Arbeiten von

---

[18] Zur Beschreibung der Persönlichkeit Ôgais wird der Begriff des Genies weniger verwendet als *taika* bzw. *kyoshô* [Großer Meister]. Trotzdem lässt sich hier die romantische Unterscheidung von Genie/Masse erkennen. Ein repräsentatives Beispiel dafür ist Kinoshitas viel zitierte Metapher der Thebei Metropole mit hunderten von Toren. Der Literaturwissenschaftler Tanizawa Ei'ichi weist darauf hin, dass der Ôgai-Mythos sich nach seinem Tod in den zwanziger Jahren des 20. Jahrhundert durchzusetzen begann und dass Kojima Masajirô, Kinoshita Mokutarô und Ishikawa Jun und später Kohori Kei'ichirô viel dazu beigetragen haben (Tanizawa, zit. nach, Tanizawa/Yamazaki/Yamazaki 1997: 6-7).

[19] Weiter siehe Morikawa 2012.

[20] Zur Begriffskarriere von *master narrative* bzw. Meistererzählung siehe zunächst Jarausch/Sabrow 2002. Ferner zum Überblick über die postmoderne Narrativitätsdebatte siehe Stone 1979, Burke 1991, Lorenz 1997, Megill 1998. Siehe auch Rüsen 1998, Müller-Funk 2008.

Fachhistorikern. Sie eignen sich auch deshalb als Gedächtnismedien, da Geschichten adäquate Träger von Geschichte sind. Die Geschichten werden – indem sie kanonisiert werden – in ein nationales *master narrative* integriert, womit dieses wiederum stabilisiert und immer wieder neu konstruiert und reproduziert wird. Zum einen stützen literarische Werke ein bestimmtes Verständnis von Geschichte. Zum anderen werden auch deren Entstehungszusammenhänge und das Leben der Autoren zu Geschichten verwoben, um kulturelles Gedächtnis weiter- und festzuschreiben.

Literaturverzeichnis

Abe, Izumi (Bear.) (2004): Kyôkasho kyôzai mokuroku [Inhaltsverzeichnis von Lehrmaterialien in den Schulbüchern für Highschool]. CD-Rom-Ausgabe. Tôkyô: Interne Veröffentlichung.
Assmann, Aleida (1995): »Was sind kulturelle Texte?« In: Poltermann, Andreas, *Literaturkanon – Medienereignis – kultureller Text. Formen interkultureller Kommunikation und Übersetzung*. Berlin: Schmidt, 232–244.
Assmann, Jan (1992): *Das kulturelle Gedächtnis. Schrift, Erinnerung und politische Identität in frühen Hochkulturen*. München: Beck.
Bloom, Harold (1994): *The Western Canon. The Books and School of the Ages*. New York: Editorial Anagrama.
Burke, Peter (1991): »History of Events and the Revival of Narrative«. In: *New Perspective on Historical Writing*. Cambridge: Polity Press, 233–248.
Buruma, Ian und Margalit, Avishai (2005): *Okzidentalismus. Der Westen in den Augen seiner Feinde*. München/Wien: Hanser.
Erll, Astrid (2005): *Kollektive Gedächtnis und Erinnerungskulturen. Eine Einführung*. Stuttgart/Weimar: Metzler.
Frey, Hans Jost (1990): *Der unendliche Text*. Frankfurt/M.: Suhrkamp.
Fukuzawa, Yukichi (1962): *Bunmei ron no gairyaku [Abriß einer Theorie der Zivilisation]*. Tôkyô: Iwanami shoten. Erstveröff. 1875.
Giesen, Bernhard (1993): *Die Intellektuelle und die Nation. Eine deutsche Achsenzeit*. Frankfurt/M.: Suhrkamp.
Giesen, Bernhard (1999): *Die kollektive Identität. Die Intellektuelle und die Nation 2*. Frankfurt/M.: Suhrkamp.
Hahn, Alois (1987): »Kanonisierungsstile«. In: Assmann, Jan und Assmann, Aleida, *Kanon und Zensur. Archäologie der literarischen Kommunikation II*. München: Fink, 28–37.
– (1993): »Identität und Nation in Europa«. In: *Berliner Journal für Soziologie*, 2, 193–203.
– (1998): »Einführung«. In: Heydebrand, Renate von, *Kanon macht Kultur. Theoretische, historische und soziale Aspekte ästhetischer Kanonbildungen*. Stuttgart/Weimar: Metzler, 459–466.
– (2006): »Theoretische Ansätze zu Inklusion und Exklusion«. In: Bohn, Cornelia und Hahn, Alois, *Processi di inclusione ed esclusione: Identità ed emarginazione = Prozesse der Inklusion und Exklusion: Identität und Ausgrenzung. Annali di Sociologia/Soziologisches Jahrbuch*. Milano/Berlin: Angeli/Duncker & Humblot, 67–88.
Hardtwig, Wolfgang (2002): »Fiktive Zeitgeschichte? Literarische Erzählung, Geschichtswissenschaft und Erinnerungskultur in Deutschland«. In: Jarausch, Konrad H. und Sabrow, Martin, *Verletztes Gedächtnis. Erinnerungskultur und Zeitgeschichte im Konflikt*. Frankfurt/M.: Campus Verlag, 99–123.
Hirakawa, Sukehiro (1987): *Wakon yôsai no keifu. Uchi to soto karano Meiji Nippon [Die Genealogie der japanischen Seele und des westlichen Geists. Meiji-Japan von außen und innen betrachtet]*. Tôkyô: Kawaide shobô shinsha.
Ishikawa, Jun (1978): *Mori Ôgai*. Tôkyô: Iwanami shoten.

Jarausch, Konrad H. und Sabrow, Martin (2002): *Verletztes Gedächtnis. Erinnerungskultur und Zeitgeschichte im Konflikt.* Frankfurt/M.: Campus Verlag.

Kinoshita, Mokutarô (1982): *Kinoshita Mokutarô Zenshû [Gesamtausgabe]*, Bd. 16. Tôkyô: Iwanami Shoten.

Kobori, Kei'ichirô (1982): *Mori Ôgai. Bungyô kaidai. Honyaku hen [Über Mori Ôgais schriftstellerische Leistungen. Übersetzungen].* Tôkyô: Iwanami shoten.

Kokuritsu kyôiku kenkyûjo fuzoku kyôiku toshokan [Die pädagogische Bibliothek des staatlichen Forschungszentrums für die Pädagogik] und kyôkasho kyôiku senta [Zentrum für Erziehung mit Lehrbüchern] (1986): *Chûgakkô kokugo kyôkasho sakuin [Inhaltverzeichnis der Lehrbücher für die japanische Sprache und Literatur in Junior High School]*, 2 Bde. Tôkyô: Kyôkasho kyôiku senta.

Lorenz, Chris (1997): *Konstruktion der Vergangenheit. Eine Einführung in die Geschichtstheorie.* Köln: Böhlau.

Megill, Alan (1998): »Does Narrative have a Cognitive Value of its Own?« In: Blanke, Horst Walter, Jaeger, Friedrich und Sandkühler, Thomas, *Dimension der Historik. Geschichtstheorie, Wissenschaftsgeschichte und Geschichtskultur heute. Jörn Rüsen zum 60. Geburtstag.* Köln: Böhlau, 41–52.

Mori, Junzaburô (1942): *Ôgai. Mori Rintarô [Ôgai alias Mori Rintarô].* Tôkyô: Morikita shuppan.

Mori, Rintarô (1971–1975): *Ôgai Zenshû [Gesamtausgabe]. 38 Bde.* Tôkyô: Iwanami Shoten. [=OZ].

Mori, Ôgai (1989): *Im Umbau.* Frankfurt/M.: Suhrkamp. übersetzt v. Wolfgang Schamoni.

Morikawa, Takemitsu (2008): »Yanagita Kunio – Die Geburt der japanischen Volkskunde aus dem Geist der europäischen Romantik. Selbstbeschreibungsprobleme der japanischen Moderne«. In: *Japanische Intellektuelle im Spannungsfeld von Okzidentalismus und Orientalismus (Intervalle 11).* Kassel: Kassel University Press, 45–73.

Morikawa, Takemitsu (2012): *Japanizität aus dem Geist der Romantik. Der Schriftsteller Mori Ôgai und die Reorganisierung des japanischen »Selbstbildes« in der Weltgesellschaft um 1900.* Bielefeld: transcript.

Müller-Funk, Wolfgang (2008): *Die Kultur und ihre Narrative. Eine Einführung.* Wien/New York: Springer.

Nagashima, Yôichi (2005): *Mori Ôgai. Bunka no honyakusha [Mori Ôgai. Übersetzer der Kulturen].* Tôkyô: Iwanami shoten.

Pyle, Kenneth B. (1969): *The New Generation in Meiji Japan. Problems of Cultural Identity 1885–1895.* Stanford: Stanford University Press.

Rüsen, Jörn (1998): »Einleitung: Für eine interkulturelle Kommunikation in der Geschichte. Die Herausforderungen des Ethnozentrismus in der Moderne und die Antwort der Kulturwissenschaften«. In: Rüsen, Jörn; Gottlob, Michael und Mittag, Achim, *Die Vielfalt der Kulturen. Erinnerung, Geschichte, Identität 4.* Frankfurt/M.: Suhrkamp, 12–36.

Said, Edward W. (1981): *Orientalismus.* Frankfurt/Berlin/Wien: Ullstein.

Schamoni, Wolfgang (1987): *Mori Ôgai: Vom Münchener Medizinstudenten zum klassischen Autor der modernen japanischen Literatur. Ausstellungs-Katalog.* München: Bayerische Staatsbibliothek.

Schamoni, Wolfgang (1989): »Nachwort«. In: Mori (1989), 211–228. übersetzt v. Wolfgang Schamoni.

Schmitt, Carl (1998 [1925]): *Politische Romantik.* Berlin: Dunker & Humblot.

Schöchte, Heike (1987): *Persönlichkeit und Frühwerk des japanischen Schriftstellers Mori Ôgai (1862–1922) unter dem Gesichtspunkt des Einflusses seines Deutschlandaufenthaltes 1884–1888 auf sein literarisches Schaffen.* 3 Bde. Dissertation, Freie Universität Berlin.

Stichweh, Rudolf (2005): *Inklusion und Exklusion. Studien zur Gesellschaftstheorie.* Bielefeld: transcript.

Stone, Lawrence (1979): »The Revival of Narrative«. In: *Past and Present*, 85, 3–27.

Tanizawa, Ei'ichi, Kuninori, Yamazaki und Masakazu, Yamazaki (1997): »Teidan. Shinshikaku de semaru Ôgai zô [Gespräch: Ôgai unter einer neuen Forschungsperspektive]«. In: *Mori Ôgai Kenkyû*, 7, 1–29.

Tasaka, Fumio (1984): *Kyûsei chûtô kyôiku kokugoka kyôkasho naiyô sakuin [Inhaltverzeichnis der Schulbücher der japanischen Sprache für die Mittelschule].* Tôkyô: Kyôkasho kyôiku sentâ.

Weber, Beate (1999): *Mori Ôgai als Wegbereiter der Goethe-Rezeption in Japan.* Berlin: Mori Ôgai-Gedenkstätte.

Weiß, Johannes (1998): *Handeln und Handeln lassen. Über Stellvertretung*. Wiesbaden: Westdeutscher Verlag.

Yoshitaka, Kabe (1987): »Maihime ni tsuiteno shomondai 1 [Probleme in Maihime (Die Tänzerin)]«. In: *Mori Ôgai Kenkyû*, 1, 102–120.

Das Konzept der Generationendifferenz aus Akteursperspektive und seine Funktionen für das familiale Erinnern

René Lehmann

Die geistes- und sozialwissenschaftliche Diskussion um eine adäquate Analyse von generational begründeten Identitäts- und Differenzkonstruktionen hat sich in den vergangenen Jahrzehnten an dem von Karl Mannheim (1926) so bezeichneten »Problem der Generation« aus diversen Theorierichtungen und mit unterschiedlichen kritischen Implikationen immer wieder neu entfacht. Aus diesen Auseinandersetzungen ist eine Vielzahl theoretischer Konzepte zur Konstitution von Generationenphänomenen hervorgegangen. Sie wenden sich den Beschaffenheiten soziokulturell-historischer, genealogisch-familialer, oder pädagogischer Verhältnisse von Generationen zu, um drei zentrale Generationenkonzepte zu nennen (Lüscher 2005: 54 f.). In der Verwendung des Generationenbegriffs besteht die Gefahr eines ontologischen bzw. essentialistischen Verständnisses, da er sich an einem grundlegend gruppenhaften Charakter von Generationenphänomenen orientiert. Um dieses Problem zu umgehen, soll im vorliegenden Beitrag der analytische Blick vorwiegend auf den kommunikativ konstituierten Prozesscharakter von generationalen Differenzen und Identitäten gerichtet werden.

Für eine Analyse kommunikativer Konstitution und Reproduktion generationaler Differenzen sind sowohl die Genese, als auch die Reproduktion von Generationenphänomenen als Prozesse zu denken, in denen das Problem »lebenszeitlicher Abständigkeit« von den Akteuren in ihren alltagsweltlichen Lebensvollzügen auf eine bestimmte Weise identifiziert und bearbeitet wird (Matthes 1985: 369). Hiervon zu unterscheiden ist der auf wissenschaftlicher Ebene generierte Generationenbegriff und das dazugehörige szientistische Verständnis von Generationenphänomenen, so etwa der Versuch, historische Generationen aus wissenschaftlicher Perspektive zu identifizieren und bestimmten Trägergruppen zuzuschreiben. Joachim Matthes (1985) richtet seine Kritik auf die theorieimmanente Ambivalenz Mannheims: Dessen Ansprüche an eine »Denksoziologie«, die sich an den empirischen Phänomenen orientieren und die eigene Herangehensweise kritisch reflektieren müsse (Ideologiekritik), würden bei der Entwicklung seiner Generationentheorie bzw. -soziologie nicht erfüllt.

Der Einwand richtet sich hierbei darauf, dass Mannheim in seinem Aufsatz zum Problem der Generation nicht bei der Analyse der Konstitution von Generationenphänomenen auf der konkreten, lebensweltlichen Ebene ansetzt, sondern auf der Ebene der Auseinandersetzung mit der wissenschaftlichen Begriffs- und Konzeptbildung. Als »Denksoziologe« fordere er die stete Anbindung soziologischer Theoriebildung an soziale Tatbestände, als »Generationssoziologe« wendet er sich jedoch, bereits abgelöst von der Ebene der Konstitution gesellschaftlicher Wirklichkeit, ausschließlich der Auseinandersetzung mit unterschiedlichen bereits bestehenden und in der scientific community problematisch gewordenen theoretischen Generationenkonzepten zu. Ein weiteres Problem in der Mannheimschen Konzeption besteht darin, dass er sein Generationenkonzept an das Konzept der Gruppe bindet und »zur Verräumlichung gesellschaftlicher Phänomene im soziologischen Denken« (Matthes 1985: 363) neige.

Generationenphänomene lassen sich zwar, wie im Generationenkonzept von Mannheim angelegt, durchaus auch als Gruppenphänomene identifizieren, jedoch sind die kommunikativ konstituierten generationalen Verhältnisse den generationalen Gruppierungsprozessen als vorgängig zu betrachten. Es kann im Nachhinein zur Herausbildung von an reale (d. h. nicht nur imaginierte) Gruppen gebundenen Gemeinsamkeiten und Differenzen kommen, dies ist jedoch keine zwingende Folge. In anderen Worten: Auch wenn bestimmte Vorstellungen von generationalen Differenzen und Identitäten auf der Akteursebene in der Alltagskommunikation durchaus ihre Wirkungen entfalten können, müssen sich deswegen noch keine Entsprechungen in Form von sozialen Gruppierungen finden lassen.

Auch Rogers Brubaker hat in seinen Überlegungen zum Problem der Konstruktion ethnischer Differenz als Gruppenphänomen (Brubaker 2007) das Verhaftetbleiben soziologischen Denkens in der Kategorie der Gruppe kritisiert. Ähnlich dem von Brubaker vorgeschlagenen Vorgehen in der Analyse der Konstruktion von als »ethnisch« begründeten Differenzen und Konflikten »Jenseits des Gruppismus« (Brubaker 2007: 21 ff.), soll auch in der vorliegenden Untersuchung das Konzept der generationalen Differenz als ein primär gruppenunabhängig konstituiertes Phänomen analysiert werden. Mit dem so vollzogenen Perspektivwechsel weg vom Generationenkonzept als Gruppenphänomen, hin zu einer Analyse der Genese und Reproduktion von generationalen Verhältnissen auf der lebensweltlichen Ebene aus Akteursperspektive, wird nicht mehr das Merkmal der Gruppenhaftigkeit für die Konstitution generationaler Differenzen als primär gesetzt, sondern die kommunikative Konstitution generationaler Differenz im Alltagshandeln.

Im vorliegenden Beitrag wird somit danach gefragt, inwiefern die Interviewpartner/innen auf bestimmte, mit gesellschaftlichen Transformationsprozessen einhergehende Problemkonstellationen mit einem als »generationale Differenz« deklarierten Problembewusstsein reagieren. Dabei soll untersucht werden, in welcher Weise Konzepte und Vorstellungen von genealogisch-familialer und/oder historischer generationaler Grenzziehung in alltagsweltlicher Kommunikation generiert bzw. reproduziert werden und welche Funktionen diese von den Interviewpartner/innen verwendeten Deutungsmuster der generationalen Differenz für die biografische Narration und für die Kommunikationssituation erfüllen.[1]

---

[1] Somit geht es im vorliegenden Beitrag um die Analyse der Formen und Funktionen von Vorstellungen von Generationen bzw. der kommunikativen Konstitution von Generationenverhältnissen

Der methodische Ansatz der rekonstruktiven Sozialforschung erlaubt die inhaltliche Rekonstruktion der jeweiligen Rekurse und der dahinterstehenden Generationenkonzepte in ihren Funktionen. Jedoch ist ein sozialwissenschaftlich-methodologisches Problem bei diesem Vorgehen darin zu sehen, dass mit der Erhebung und Analyse von Interviews und Gruppendiskussionen einerseits der Anspruch auf die Rekonstruierbarkeit alltagsweltlicher Kommunikation erhoben wird, andererseits dieser Anspruch aufgrund der unumgänglichen Künstlichkeit der Interviewsituation nie gänzlich erfüllt oder überprüft werden kann. Auch in der hier durchgeführten Untersuchung muss davon ausgegangen werden, dass durch die Formulierung der Eingangsfragestellungen in den narrativen Interviews und Familiengesprächen (es wurde nach den Erinnerungen an die Zeit des Nationalsozialismus und die DDR-Vergangenheit gefragt) die Rekurse auf Generationengrenzen artifiziell aufgerufen wurden. Es kann nicht nachgeprüft werden, ob die aus dem Interviewmaterial rekonstruierten Konzepte generationaler Differenzen in der »natürlichen« Alltagskommunikation in derselben Form ihre Anwendung finden, wie in der »artifiziellen« Interviewsituation. Dieses Problem kann zwar nicht ausgeräumt, sollte jedoch reflektiert und soweit wie möglich methodisch kontrolliert werden. So wurden für das Forschungsprojekt neben den Einzelinterviews auch Gruppendiskussionen im Familienkreis und Nachgespräche mit den Interviewpartner/innen durchgeführt. Außerdem wurden an alle Teilnehmer/innen die jeweiligen Interviewtranskripte zur Durchsicht, mit der Möglichkeit für Rückmeldungen, gegeben.

Das Konzept der generationalen Differenz soll im vorliegenden Beitrag als ein intersubjektiv geteiltes Deutungsmuster verstanden werden, welches eine Antwort auf alltagsweltliche, den Umgang mit Familienerinnerungen bzw. die Auseinandersetzung mit der persönlichen oder familialen Vergangenheit betreffende Problemstellungen darstellt. Auf dieser Ebene der kommunikativen Konstitution und Reproduktion von Generationengrenzen in Interview- und Gruppengesprächssituationen werden sowohl intra- und intergenerationale Identitäten und Kontinuitäten (im Sinne familialer Traditionen) postuliert, jedoch vor allem auch generationale Differenzen hergestellt. Diese Prozesse der Konstitution generationaler Differenz sind dabei durch ein dynamisches Wechselspiel von Praxis und Semantik gekennzeichnet. Die kommunikative Konstitution und Reproduktion generationaler Differenzen erfolgt entlang – von den Akteuren als solche wahrgenommenen – lebensweltlicher Differenzen: Spezifische lebensweltliche Erfahrungszusammenhänge erweisen sich als zentrale Bezugspunkte für die auf der alltagsweltlichen Ebene stattfindenden Konstitutionsprozesse von Generationendifferenzen.

Im Folgenden werden die aus dem Interview-Material rekonstruierten Deutungsmuster der generationalen Differenz in ihren spezifischen Verwendungsweisen näher bestimmt und zu einer Typologie zusammengefasst. Daran schließt eine Analyse der Funktionen der von den Interviewpartner/innen reproduzierten Deutungsmuster für die jeweiligen narrativen biografischen Präsentationen bzw. die Interaktionssituation an. Die Konstatierung einer generationellen Differenz bildet das grundlegende Kriterium für die Aufnahme in die Typologie.

---

und nicht um die Identifizierung von Generationenphänomenen in Form von Gruppen oder Gruppenidentitäten, z. B. die Generation der 68er, oder die der 89er, etc.

Darüber hinaus werden diese grundsätzlichen Feststellungen von Generationendifferenzen nach folgenden Kriterien typologisiert: zum einen hinsichtlich ihrer inhaltlichen Füllungen und unterschiedlichster Bezugnahmen auf zeitliche Differenzen und zum zweiten hinsichtlich ihrer jeweiligen Funktionen für die Selbstdarstellung (bzw. für die Präsentation der Familie) und für die Interviewsituation. Untersucht wurden 21 narrative Einzelinterviews und sieben Gruppendiskussionen, die in sechs Zwei-bis-Drei-Generationen-Familien zum Thema »Erinnerung an die Zeit des Nationalsozialismus und an die DDR-Vergangenheit« erhoben und sequenzanalytisch ausgewertet wurden.[2]

1.) Erklärung von Wissensdifferenzen

1 a) Perspektive der »Älteren«

In den Interviews wird das Konzept der generationellen Differenz am häufigsten mit Wissensunterschieden verknüpft, die auf die gesellschaftliche und familiale Vergangenheit und die entsprechenden unterschiedlichen Interessenlagen bezogen sind. Hierbei werden generationenabhängige Wissens- und Relevanz-Differenzen analog zu den Differenzen in lebensweltlichen Erfahrungszusammenhängen generiert.

So greifen im folgenden Interviewausschnitt die Sprecherinnen auf das Deutungsmuster der generationalen Differenz mit dem Verweis auf die Sozialisationserfahrungen in unterschiedlichen lebensweltlichen Zusammenhängen zurück, wenn sie sich das abnehmende oder gänzlich fehlende Interesse der Angehörigen der jüngsten Generation für die Vergangenheit der älteren Familienangehörigen zu erklären versuchen.[3]

S1: »Naja, würdest du mehr wissen wollen oder ist dir das eigentlich relativ egal, oder? Würd ich auch verstehn, weil, das ist ja nun *schon lange her*..«
S2: »Naja, es interessiert mich jetzt nicht so brennend...«
[...]
S1: »Und würdest du danach fragen?«
S3: »Naja, da weiß sie sicher gar nicht, wonach sie fragen soll...«
S1: »Na da gibt's ne ganz einfache Frage: Und wie war das *damals*?«
S3: »Ja [lacht].« [...] »Na, weil ich muss sagen, in meiner Kindheit, meine Mutter hat immer mal so aus ihrem Leben erzählt. Ich kenne da noch viele Geschichten aus ihrer jüngeren Zeit, wo sie, die hat zum Beispiel bezahlen müssen, um ihre Lehre zu machen, die hat Hauswirtschaft gelernt und dass sie, die hat ja dann, die ist '05 geboren, also hat den Zweiten,

---

[2] Zum Kontext des DFG-Forschungsprojekts siehe: Sebald, Gerd/Lehmann, René/Malinowska, Monika/Öchsner, Florian/Brunnert, Christian/Frohnhöfer, Johanna (2011): *Soziale Gedächtnisse Selektivitäten in Erinnerungen an die Zeit des Nationalsozialismus*. Bielefeld: transcript.
[3] Die Nummerierung der Sprecherinnen wurde vorerst losgelöst von der familialen Generationenabfolge, allein in der Reihenfolge ihres Einsatzes mit S1 bis S3 vergeben, um dadurch die Rekonstruktion der von ihnen vollzogenen Grenzziehungen einzig aus der erfolgten Kommunikation in der Interaktionssituation zu ermöglichen.

äh den Ersten Weltkrieg und auch die Nachkriegszeit erlebt. Da hab ich, da hamm wir wirklich *mit glühenden Wangen* gesessen und hamm uns das angehört, dass sie Kohlrüben gebraten haben, weil's nichts zu essen gab, dass sie nur in Holzpantinen gegangen sind.. auch im Winter!«

S1: »Aber ihr hattet ja *ihr hattet ja nichts außer eurem Erzählen.* [...].. es gab kein Fernsehen«

[...]

S3: »Wir hatten kein Fernsehen, wir hatten zwar ein Radio, aber meine Mutter hatte Heimarbeit, und dann mussten wir abends Strümpfe vernähen und legen und bündeln und da wurde natürlich erzählt dabei. Diese Situation ist *heute anders.* Es gibt ja kaum noch Gelegenheit, wenn Ella mal zu mir kommt, da da hamm wir was anderes zu erzählen als über meine Vergangenheit, *das interessiert sie heute wirklich nicht mehr so* ..«

S1 [an S2 gerichtet]: »Ne, würdest du das auch so sehen?«

S3 [wendet sich an die Interviewer, deutet dabei auf S1]: »Wenn ihre Vergangenheit, also die Vergangenheit der Mutter, die wird vielleicht noch Interesse erwecken, aber *die Oma nicht mehr*«[4] (O28-Fam, Z. 183 ff.)

Die familiale Generationendifferenz wird dadurch hergestellt und markiert, dass die Sprecherin 3 von Sprecherin 1 als »die Oma« benannt wird und sich selbst ebenfalls so bezeichnet. Als die Großmutter in der Familie stellt sie gleichzeitig auch eine Vertreterin einer historischen Generation dar, die noch durch die Erfahrungen eines Lebens unter, nach ihrer Deutung heute nicht mehr vorstellbaren, einfachsten Lebensbedingungen geprägt ist.

Aus der Perspektive der Großmutter zeigt sich die Grenze, an der die Tradierung des Wissens über die Familienvergangenheit scheitert (oder zumindest ins Stocken gerät), am Übergang zur Generation ihrer Enkelin am deutlichsten. Wo die Wissensvermittlung zwischen erster und zweiter Generation (noch) gelingt, bleibt sie an der Grenze zur dritten Generation stecken. Das Interesse an der Vergangenheit und den Erzählungen verliert sich seitens der Enkelgeneration angesichts der erfahrungsweltlichen Distanz. Diese als familial-generationale (Oma-Mutter-(Enkel)Tochter) Differenz codierte Entfernung zeigt sich vor allem in den Sozialisationserfahrungen in differenten lebensweltlichen Erfahrungszusammenhängen. Die alltäglichen Lebensvollzüge der heutigen Kinder- und Jugendgeneration sind nach den Aussagen der Großmutter mit denen der Großelterngeneration nicht mehr vergleichbar. Die Sozialisation der Kinder und Jugendlichen erfolgt mittlerweile unter völlig anderen lebensweltlichen Bedingungen. Das Bild der »glühenden Wangen« in den Ausführungen der Großmutter über ihre eigene Kindheit impliziert die Annahme eines damals hochgradigen Interesses an den (und einer ungeteilten Aufmerksamkeit für die) Erzählungen der eigenen Mutter, im Unterschied der Angehörigen der Generation der heutigen Kinder und Jugendlichen. Diese wachsen unter massenmedialen Einflüssen auf, die es zur Zeit der Kindheit der Großmutter noch nicht gab und die heute das Interesse an Erzählungen über die Familiengeschichte in den Hintergrund treten lassen.

Die kennzeichnende Differenz zwischen den Generationen wird als eine *familiale*, vor allem aber als eine *zeitliche* Differenz markiert. Aufgrund dessen, dass etwas

---

[4] Kursivsetzungen in den Interviewzitaten dienen hier und im weiteren der Hervorhebung der für die Konstitution und Reproduktion von Generationendifferenzen relevanten Aussagen.

schon »lange her« ist, werden von den Sprecherinnen Differenzen in lebensweltlichen Erfahrungszusammenhängen konstatiert, die sich wiederum als konstitutiv für die Herausbildung generationaler Differenzen erweisen. Jedoch erfolgt diese Grenzziehung nicht im Sinne des Konzepts historischer Generationen, sondern die genealogisch-familiale Generationenabfolge bleibt dafür bestimmend.

In der folgenden kurzen Sequenz, in der es um die Frage nach der Erinnerung an einen Gegenstand aus dem Familienbesitz geht, erfährt die Bedeutung der Generationendifferenz in Bezug auf Wissens- und Interessensunterschiede noch einmal eine besondere Betonung:

> S2: »Ich weiß es nicht.«
> S1: »Irgendwann hattest du doch mal...«
> S3: »Da siehste mal wie interessiert *die jungen Leute* sind! Na das ist nicht so schlimm. Das interessiert auch nicht.«
> [...]
> S2: »Ich weiß es nicht.«
> S1: »Du weißt es nicht mehr, ist nicht so schlimm. ..«
> S3: »*Das Beste ist man sagt: ‚Ich weiß es nicht.', dann muss ich mir keinen Kopp machen.* ....«
> (O28-Fam, Z. 979 ff.)

Die Großmutter bekräftigt an dieser Stelle die im weiteren Interview mehrfach von ihr konstatierten maßgeblichen Differenzen zur Generation ihrer Enkelin. Mit einer Mischung aus Verständnis und Vorwurf kommentiert sie abschließend die Aussagen ihrer Enkelin: Indem die Angehörigen der heutigen Jugendgeneration zu ihrem fehlenden Wissen und mangelndem Interesse an der Vergangenheit stehen, ersparen sie sich auch unbequemes Nachdenken (»dann muss ich mir keinen Kopf machen«).

Nicht nur die Generationengrenze zwischen Großmutter und Enkelin (der Generation der »jungen Leute«) wird im hier analysierten Familiengespräch stark betont. Ebenso konstatiert die Tochter eine generationale Grenze zwischen der Generation ihrer Tochter (der Enkeltochter im Fall O28) und ihrer eigenen Generation. Somit erfährt die generationale Differenz zwischen der Tochter und Enkeltochter eine stärkere Ausprägung, als die zwischen den älteren Generationen.

> S3: [wendet sich an die Interviewer, deutet dabei auf S1]: »Wenn ihre Vergangenheit, also die Vergangenheit der Mutter, die wird vielleicht noch Interesse erwecken, *aber die Oma nicht mehr*«
> S1: »Nee, auch nicht. Also das ist ganz spannend und das find ich ein bisschen schade, aber weil sie, *weil das heute, weil das hier so ganz anders ist*. Also wir erzähln dann zwar immer mal, aber die Ella erlebt eine *ganz andere* Umwelt, eine *ganz andere*, die lebt in ner *ganz anderen* Geschichte, deswegen interessiert die das überhaupt nicht. . Also wenn sie jetzt vielleicht selber Jungpionier wäre, dann könnte man da Parallelen ziehn. Aber . ich find immer, du führst *ein ganz anderes Leben*, dann ja«
> [...]
> S3: »Na, die hamm also *die Erinnerungen sind ganz andere als unsere*.«
> S1: »Na, ich find des Ich find das insofern auch gut, .. weil ich hab 'ne Zeitlang immer gedacht, dass so die zwei, *also nicht, die Generation, die so wir jetzt zeugen*, also diese Generation, so schon diese, diese normalen BRD-Kinder werden, sprich nicht mehr mit Ost und West denken, sondern ‚das ist mein Land', weil wir ja Einfluss auf sie haben. Das hab ich immer

gedacht, *aber das ist jetzt schon die Generation*, weil für die ist das alles ganz normal, wir reisen überall hin, also von wegen hier kein Pass und Grenze und des, des gibt's gar nicht und auch der gesamte Konsum, dieses, dieses globale Denken, das ist einfach schon da und damit ist natürlich auch die Chance da, dass diese Mauer in den Köpfen, die logischerweise, da will ich gar nicht von, wie nennt man das immer, wenn man so sein Ostdasein so verherrlicht? Das mach ich eigentlich nicht.«

S3: »Ostalgie?«

S1: »Diese Ostalgie. Das ist einfach, das hat was mit den eigenen Wurzeln zu tun, die liegen in der Kindheit und .. oder in der Jugend.« (O28-Fam, Z. 221 ff.)

Die zeitliche Phase, in der es zu einer Herausbildung einer besonders deutlichen Generationengrenze kommt, wird hier von den Sprecherinnen für den gesellschaftlich-historischen Umbruch um 1989 konstatiert. Die Angehörige der Generation der um die Wendezeit und Nachwendezeit Geborenen lebt demnach bereits in einer »anderen Geschichte«, als die Angehörigen der vorhergehenden Generationen. Sie führe ein völlig anderes Leben, welches mit der Kinder und Jugendzeit ihrer Mutter und Großmutter keine Vergleichshorizonte mehr aufweise. Durch den gesellschaftlichen Umbruch entstand in dieser Deutung ein gravierender Bruch zwischen den Generationen: zwischen den zur DDR-Zeit Geborenen und denjenigen, die das Ende der DDR und die Wendezeit selbst nicht miterlebt hatten. Insofern wird hier eine noch stärkere Generationendifferenz konstatiert, als zwischen den vorangegangenen Generationen. Erwartbar gewesen wäre nach Ansicht der Tochter, dass die Generation der Enkelin noch stärker unter den Einflüssen der Erwachsenen stehe, die die DDR-Zeit noch selbst erlebt hatten, und eine gewisse Verklärung der DDR-Zeit im Sinne einer »Ostalgie« an ihre Kinder weitergäben. Dies sei jedoch offensichtlich nicht der Fall: Die heutige Generation der Wende- und Nachwendezeitgeborenen zeige bereits keine Probleme und Berührungsängste mehr in Bezug auf das wiedervereinigte Deutschland im Sinne von Konsum und Globalisierungsdenken, sowie auch kein Interesse mehr an der DDR-Vergangenheit. In dieser Generation spiele die Konstruktion der »Mauer in den Köpfen« bereits keine Rolle mehr und sei somit überwunden. An dieser Stelle wird dem Generationswechsel ein positives (im Gegensatz zu den sonst eher negativ ausfallenden Konnotationen) gesellschaftlich relevantes Potenzial im Sinne der Chance eines Neubeginns oder Aufbruchs in eine unbelastete Zukunft (vor dem Hintergrund eines negativ konnotierten Systemwechsels) zugesprochen.

Der Rekurs auf das Thema »Jungpioniere« zu Beginn dieser Sequenz zielt auf eine potenziell vergleichbare Erfahrung ab, mittels derer die entstandene Kluft zwischen den Generationen hypothetisch überwunden werden könne. Die Sprecherin verweist in diesem Zusammenhang auf miteinander vergleichbare alltägliche Erfahrungszusammenhänge, die als Voraussetzung für gegenseitiges Verstehen und Interesse notwendig wären. Sie selbst nimmt eine solche Vergleichbarkeit von Erfahrungen in zwei unterschiedlichen Gesellschaftssystemen in Anspruch, indem sie ihre Erfahrungen in der DDR mit denen ihrer Mutter im Nationalsozialismus zueinander in Beziehung setzt:

S1: »Da habe ich Parallelen zu mir selber gezogen: Ich fand das *auch* toll in der Pionier-Organisation zu sein, ich war *auch* Jung- und Thälmann-Pionier und wir haben *auch* Fahrten unternommen und wir hatten ein Gruppenleben.. Wir sind mit Sicherheit ideologisch beeinflusst worden .. aber... aber ich habe hier gelebt und das war so und das war für mich ok..« (O28-2, Z. 90 ff.)

S1: »Und so wurde natürlich auch über den Nationalsozialismus gesprochen, also in meiner Jugend vor allem. Ich war auch in der Pionierorganisation, ich war in der FDJ und ich fand das toll und ich find das heute noch toll. Wir mussten richtig was leisten, um ein blaues Halstuch zu kriegen und um ein rotes Halstuch zu kriegen. Da entsteht so 'ne gewisse Gruppendynamik auch, man macht zusammen was, man hat gewisse Pflichten, die man da innerhalb dieser Gruppe auch« (O28-Fam, Z. 125 ff.)

Die von der Tochter konstatierten Ähnlichkeiten hinsichtlich der eigenen Erfahrungen mit denen ihrer Mutter, beziehen sich hier vor allem auf positive Gefühle im Kindes- und Jugendalter. Die Mitgliedschaft in den Kinder- und Jugendorganisationen der DDR werden mit der in, aus der Sicht der Sprecherin vergleichbaren, Organisationen im Nationalsozialismus gleichgesetzt. Die positiven Konnotationen bündeln sich in Verweisen auf die Durchführung von Freizeitaktivitäten sowie die damit verknüpften, als positiv empfundenen Zugehörigkeits- und Gruppengefühle. Ebenso positiv hebt hier die Sprecherin vergleichend den Wettkampf- und Leistungsgedanken hervor.

Die Generationengrenzen konstituieren sich im vorliegenden Fall entlang lebensweltlicher Erfahrungszusammenhänge. Das Fehlen eines solchen gemeinsamen bzw. ähnlichen Erfahrungszusammenhanges erschwert nach Ansicht der Sprecherinnen eine Verständigung über die persönlichen Erfahrungen im jeweils anderen Gesellschaftssystem, sowie das Entstehen eines Interesses der Angehörigen der jüngsten Generation an den Erfahrungen der älteren Generationen überhaupt.

S1: »Ich seh das halt auch bei Ella, die hat *ganz andere Probleme heute.. Die lebt jetzt und hier und..*«
S3: »Ist richtig so. .. *Genieße deine Jugend*, das Alter wird furchtbar.«
[...]
S1: »Der Einfluss, die Vielfalt ist ja jetzt enorm, also das muss man auch erstmal fassen. Sich selber finden, na das ist nicht ganz einfach, stimmt's?.. So mit sich selbst zurechtkommen.«
S3: »Ja, das hat, wir hatten nicht so viel Auswahl *wie heute*. Das war ein bisschen weniger.«
S1: »Man muss sich ja *heute erstmal zurechtfinden*, um Interesse an Geschichte zu zu zu haben. ... Für mich ist das schon schon interessant, dass selbst die jüngste Geschichte, so die letzten 50 Jahre, die Ella gar nicht interessieren. . *Jetzt und heute ist wichtig, heute klar zu kommen*. ... Und das hat für mich, ist auch so'n Ding, dass viel in Vergessenheit gerät. Und das können natürlich wieder irgendwelche Leute für sich ausnutzen, oder Bilder erzeugen, die dann von beeinflussbaren Menschen einfach so übernommen werden wie sie erzählt werden ohne mal nach zu hinter zu hinterfragen.« (O28-Fam, Z. 499 ff.)

Die zeitliche Differenz spielt auch hier die zentrale Rolle in der Konstitution generationaler Grenzen. In dieser Sequenz wird erneut auf den gesellschaftlichen Wandel mit einer Zunahme an Komplexität, mit der sich die jungen Heranwachsenden auseinanderzusetzen hätten, verwiesen. Andererseits besteht nach der Ansicht der Interviewpartnerinnen auch in der heutigen Gesellschaft eine ähnliche Gefahr der Manipulation der Menschen, wie in den vorangegangenen Gesellschaftssystemen, vor allem wenn sie sich nicht in angemessenem Maße für Gesellschaftsgeschichte interessierten. Deutlich wird hier die Annahme einer Kausalbeziehung zwischen unzureichendem Geschichtswissen auf der einen und einer potenziellen Empfänglichkeit für manipulative politische Ideologien und den damit verbundenen Gefahren auf der anderen Seite, welche auch in anderen Interviews zu finden ist.

In den bisher dargestellten Interviewausschnitten erklären die Sprecherinnen Unterschiede hinsichtlich des Interesses und Wissens über die gesellschaftliche und familiale Vergangenheit mit dem Verweis auf generationale Differenzen. Die Konstitution dieser Grenzen erfolgt dabei entlang von genealogisch-biologisch begründeten familialen Generationenabfolgen (Großmutter, Mutter, (Enkel)Tochter) und gleichzeitig entlang entsprechender Unterschiede in lebensweltlichen Erfahrungszusammenhängen.

Hierbei wird von der Großmutter die Generationengrenze zur Enkeltochter als gravierender bzw. auffälliger definiert, als die zur eigenen Tochter. Auch die Tochter bestärkt den Eindruck einer stärker ausgeprägten Grenze zur Generation der Enkeltochter: Sie hegt im Laufe des Familiengesprächs wiederholt Zweifel an der Hoffnung der Großmutter, das Interesse an der Geschichte im Allgemeinen und an der Familiengeschichte im Besonderen könne mit zunehmenden Alter der Enkeltochter noch zunehmen (bzw. entstehen). Aus ihrer Perspektive ist die generationale Grenze kaum noch zu überbrücken, sondern nur zu akzeptieren.

Die gesellschaftliche Ebene der Konstitution von generationalen Differenzen rückt hier stärker ins Blickfeld: Insbesondere bezieht sich die Sprecherin auf den Generationendifferenzen konstituierenden Faktor der gesellschaftlichen Transformation (Zusammenbruch der DDR), welcher für die Betroffenen einen gravierenden Bruch in ihrer alltäglichen Erfahrungswelt bedeutete. Der gesellschaftliche Wandel spiegelt sich wider in der beschriebenen Differenz zwischen der Lebenswelt der Angehörigen der Generationen, die die DDR-Zeit selbst noch erlebt haben und jenen zu einem späteren Zeitpunkt Geborenen.

Die Funktionen der Rekurse auf generationale Differenzen richten sich in den hier vorgestellten Interviewsequenzen nicht allein auf eine Erklärung von Wissens- und Interessensunterschieden: Gleichzeitig wird oft eine Aufforderung an die Angehörigen der nachfolgenden Generationen erkennbar, sich für die Vergangenheit der älteren Familienangehörigen und für Geschichtswissen im Allgemeinen zu interessieren. Ohne das Wissen über und die Auseinandersetzung mit der Vergangenheit erhöhe sich die Gefahr, Manipulationsmechanismen auch in der gegenwärtigen Gesellschaft zu erliegen.

Das Konzept der generationalen Differenz und der damit einhergehenden Wissensdifferenzen findet in den Interviews und Gruppendiskussionen jedoch nicht allein in Bezug auf Erfahrungen mit der genealogische Generationenfolge innerhalb der eigenen Familie Verwendung. In einem Fall äußert sich beispielsweise ein Dreißigjähriger zu von ihm beobachteten Wissensdefiziten unter den Angehörigen jüngerer Generationen:

»Und was ich seh, dann sa sagen wollte, ist... was mich stört ist, das die die äh ich sag jetzt mal, was ich hab.. *die nächste Generation die da kommt oder so was, die jetzt vielleicht so 18 oder 20 sind*, dass es da.. teilweise... oder ich hab's äh viel gemerkt bei bei Azubis bei uns, ... äh ..... dass da halt die wirklich die einfachsten Sachen, äh nicht mehr nicht mehr da sind, nicht mehr stimmen und das ging ja wirklich so weit, da hab ich dann.. mal einen gefragt... so, jetzt hier, oder im Radio war irgendwas mit Erich Honecker, .. 'Erich Honecker – Weißt ja Bescheid?' sag ich zu ihm, na? Sagt er: ‚Ne! .. Kenn ich nicht!' .. ... Ich sag so: ...... ‚Wwwwie,

wie... du kennst den nicht?' .. Na, dann hab ich ihm das äh alles gesagt, und so was, wer Erich Honecker war...... Und dann hab ich noch weitergefragt: ‚Sag mal, wann war die Wende?' ...... Mhm.... mhm... Das konnt ich dann alles weiter gar nicht glauben, denn dann hab ich gefragt: ‚Von wann bis wann war der Zweite Weltkrieg?' .... Konnt er nicht sagen weil in Geschichte ging es, da war die Lehrerin wohl lange krank, und in Geschichte ging's nur bis zum I. Weltkrieg... Dann hab ich gesagt: ‚Das ist keine Entschuldigung! ... Das geht so nicht!' *Und ich glaube, dass da ne ganz äh .... komische Generation, obwohl das kann man, du kannst das ja wieder nicht.. über einen Kamm scheren, aber man sagt ja immer: ‚Die Jugend von heute, wo führt das hin' und so was... Und: ‚was haben die im Kopf?', aber ich ich glaub das ist teilweise [...] haben die ganz andere Interessen.«* (O37-3, Z. 730 ff.)

Auch in diesem Fall beschreibt und erklärt der Sprecher die Ursachen für Wissens- und Interessensdifferenzen, genauer mangelndes Interesse an Geschichtswissen unter den jungen Auszubildenden, mit einer generationalen Differenz. Mangelndes Geschichtswissen und Interesse für die jüngere deutsche Vergangenheit bildet hier ein Gegenpol zu eigenem Wissen und Interesse. Dabei wird das Konzept der Generation im Sinne einer Selbststilisierung verwendet und die Grenzziehung zu den nachfolgenden Generationen entlang von Wissensdifferenzen vollzogen. Abgesehen wird hierbei von der üblichen Vorstellung eines Generationenabstands von ca. 40, mindestens jedoch 20 Lebensjahren: Aus dieser Perspektive kommt es bereits im Abstand von ca. zehn bis 15 Jahren zu einem Generationswechsel. Dieser würde sich insbesondere entlang von lebensweltlichen Differenzen sowie in Form von Wissens- und Interessensunterschieden manifestieren.

1 b) Perspektive der »Jüngeren«

Nicht nur die älteren Familienangehörigen begründen die Wissens- und Interessensunterschiede zur jüngeren Generationen mit dem Rückgriff auf das Konzept der generationalen Differenz. Auch Angehörige der jüngeren Generation verweisen auf generationale Differenzen zur Eltern- und Großelterngeneration: beispielsweise bei der Begründung und Rechtfertigung des Nichtartikulierens von brisanten Fragen hinsichtlich des Verhaltens der Familienangehörigen während der Zeit des Nationalsozialismus. Hierbei wird das Zögern und die eigene Zurückhaltung, solche Fragen zu stellen, jedoch nicht mit fehlendem Interesse an der Familiengeschichte begründet, sondern durch die Konstatierung einer Scheu, älteren Menschen im allgemeinen mit solchen Nachfragen zu nahe zu treten.
Im folgenden Interviewausschnitt bringt ein Angehöriger der Enkelgeneration seinen Gewissenskonflikt in Bezug auf seinen Großvater zum Ausdruck:

»Und ich hab mich selber dabei ertappt.. wie ich meinem Opa... nicht unbedingt so so richtig brennende Fragen gestellt habe.. So, also ich hab jetzt nicht gefragt: ›Seid ihr da in Gefechte gekommen? Hast du da auf jemanden geschossen?‹ ... Also ich hab, ich weiß, dass ich mal gefragt hab, ob er das mitbekommen hat mit den Juden und so weiter, aber ... da.. also da kam keine wirkliche Antwort, und ich muss auch sagen, da.. da war ich sehr verdutzt, weil er da relativ schnell auch abgeblockt hat.. so.. Also, ich glaub als *junger Mensch* ist es auch ziemlich schwierig da den Mut zu fassen.. an *ältere Menschen* ranzugehen und da über Dinge zu reden, die sie zum Heulen bringen könnten, oder .. da wirklich emotionale Reaktionen hervorrufen können, so... Da hat man glaub ich Angst vor, und hatte ich auch Angst vor. ..

Das Konzept der Generationendifferenz

> Was ich jetzt so ein bisschen anders sehe und eigentlich auch selber vorhabe.. da meinem Opa da ein bisschen mehr auf den Zahn zu fühlen ...« (O23-3, Z. 171 ff.)

Der Verweis auf Unterschiede zwischen »alten« und »jungen« Menschen – und die daraus abgeleiteten spezifischen Schwierigkeiten im Umgang miteinander – rechtfertigt an dieser Stelle einerseits das eigene Unwissen zu bestimmten Ereignissen in der Biografie des Familienangehörigen. Gleichzeitig artikuliert der Sprecher an dieser Stelle dennoch seinen Anspruch, das Vorhaben des Nachfragens noch in die Tat umzusetzen. Somit tritt in dieser Interviewsequenz ein Ambivalenzkonflikt zutage, welcher daraus entsteht, dass die gesellschaftlich-normative Erwartung »Frage deine Großeltern/Familienangehörigen nach ihrer Vergangenheit während der Zeit des Nationalsozialismus« der gesellschaftlichen Norm »achte und Respektiere ältere Menschen« gegenüber steht.

Auch andere Interviewpartner/innen postulieren eine potenzielle Normverletzung, wenn Angehörige der Kinder- oder Enkelgenerationen ihre Eltern oder Großeltern mit unbequemen Fragen emotional verunsichern und somit nicht den angemessenen Respekt (»vor dem Alter«) zeigen. So begründet nicht nur der Angehörige der heutigen Enkelgeneration seine Zurückhaltung mit dem Verweis auf das Alter des Großvaters. Auch eine Vertreterin der Großelterngeneration greift auf eine ähnliche Begründung zurück, als sie über das von ihr unterlassene Nachfragen gegenüber ihrem eigenen Vater spricht. Dieser sei aus einem ihr unbekannten Grund aus der Wehrmacht entlassen worden, was in irgendeiner Weise mit einem Einsatz bei Massenerschießungen[5] zu tun gehabt habe.

> »Ich hab nie gefragt, hätt ich mich auch nie getraut ... nee dann als ich als ich dann diese Erkenntnis hatte, dass das hätte so sein können, da war mein Vater dann *schon in dem Alter*, wo ich wo ich mich das nicht mehr getraut hab, da war der *Respekt zu groß*... Und äh vielleicht wär's ihm auch peinlich gewesen. .... Der war sowieso immer stolz darauf unpolitisch zu sein, ... was ich nicht verstanden habe. Ich habe gesagt: ›Du musst doch irgendeine Meinung haben!‹ Das kann ich nicht verstehen, dass ihm alles egal sein soll.« (O28-Fam, Z. 896 ff.)

Auch hier deutet der Verweis auf den »zu großen Respekt« gegenüber dem Alter des Vaters auf die oben erwähnte gesellschaftliche Norm hin, älteren Menschen respektvoll zu begegnen und diese nicht durch unbequeme Nachfragen zu irritieren oder zu verunsichern. Damit wird wiederum Nichtwissen über die Vergangenheit des älteren Familienangehörigen begründet. Demgegenüber formuliert die Sprecherin hier (ähnlich dem vorher beschriebenen Fall) ihren Anspruch, sich mit den älteren Familienangehörigen auseinanderzusetzen und sie gegebenenfalls auch mit ihrer Vergangenheit und ihren politischen Einstellungen zu konfrontieren.

---

[5] »Und ich vermute, mein Vater war in Lemberg, ... in dem Jahr, in dem ersten Jahr in dem er.. eingezogen war. Und da gab's doch dieses Massaker mit Juden und Polen. Und ich vermute, er war dabei... Zumindestens gab's Gespräche, die das.... zulassen, zu glauben... Und äh... der ist dann auch schnell... entlassen worden, von der.... [Wehrmacht]« (O28-1, Z. 326 ff.)

1 c) Differenzen von Einstellung und Einschätzung

Nicht zuletzt erfüllt das Konzept der Generationendifferenz in einigen Interviews eine Abgrenzungsfunktion seitens der Angehörigen der jüngeren Generation gegenüber den Angehörigen der familialen Eltern- und Großelterngeneration. Hierbei wird das Deutungsmuster der generationalen Differenz zur Begründung von Einstellungs- und Einschätzungsdifferenzen zwischen den Familienangehörigen herangezogen. Generationale Differenzen werden durch Sozialisationsprozesse in unterschiedlichen Gesellschaftssystemen und damit verbundenen differenten Erfahrungszusammenhängen erklärt.

> »So, da hab ich das ... immer sehr kritisch in Frage gestellt, das hat aber auch schon begonnen, als ich selber den den Wehrdienst verweigert hab..... wo sowohl meine Mama als auch mein Papa äh.. voll unterschiedliche Vorstellungen hatten, so: ‚Das hat noch niemandem geschadet!'. Und äh .... auch sich zum zum zum Staat Deutschland .. anders in Beziehung setzen, als ich es tue, .. so. *Und da halt auch ..... tja, für meine Begriffe, also.. ich weiß nicht, völlig anders sozialisiert sind als ich,.. so.* Also während ich das halt ablehne, muss ich sagen, und unter.. auch die Institution Staat selber kritisch in Frage stellen will,.... red ich da mit meinen Eltern darüber, ob man stolz auf Deutschland sein kann...« (O23-3, Z. 696 ff.)

An einer späteren Stelle im Interview thematisiert der Sprecher noch einmal speziellere Differenzen hinsichtlich der Vorstellungen über geschichtswissenschaftliche Fragen:

> »Allgemein hatten wir auch so so so geschichtstheoretische Sachen, wie man an Geschichte rangeht... Weil ich halt aus dem Studium sehr viel neues so.. und so kennengelernt hab, und erzählt hab auch.. was meine Eindrücke sind, so wie das bewertet wird,.. was natürlich schon sehr sehr viel anders ist, als sowohl die Ausbildung meiner Mutter, als auch die Vorstellung von meinem Opa. *Hab ich bei der Hausarbeit auch gemerkt, also dass er da doch.. eine völlig andere Generation als man selbst......ist.*« (O23-3, Z. 648 ff.)

Bei der benannten Hausarbeit handelt es sich um eine, die der Großvater im Einzelinterview als ein Beleg für die außergewöhnlich gute Übereinstimmung und Zusammenarbeit zwischen den Generationen in der Familie über Generationengrenzen hinweg anführt. An dieser Stelle werden die unterschiedlichen Sichtweisen hinsichtlich des transgenerationalen Austausches sowie der Tradierung von politischen Einstellungen innerhalb der Familie erkennbar. In der Perspektive des Enkels erfährt die vom Großvater im Einzelinterview stark hervorgehobene familienbezogene Kontinuitätskonstruktion eine deutliche Brechung. Aber auch was die Perspektiven auf die DDR betrifft, stellt der Enkel generationale Differenzen, vor allem gegenüber seiner Mutter fest.

> S1: »Was meine Mutter da teilweise, hab ich das Gefühl, sehr emotional dabei, und *und .. hat in dem Staat wahrscheinlich.. die Lebensphase verbracht, die ähm.. die, die für einen wichtig ist,* und in der man natürlich auch sich wohl gefühlt hat, aber, ist halt mir teilweise schon zu unkritisch, muss ich sagen! Und da geh ich dann auch anders ran! Also,.. *da haben wir natürlich auch als Generation einen ganz anderen Zugang zu dem Thema.. .. Ja........*« (O23-3, Z. 269 ff.)

Der Enkel konstatiert für seine Generation, die nicht mehr in der DDR aufgewachsen ist, einen distanzierteren Umgang mit der DDR-Geschichte, als dies für die Generation seiner Eltern (sowie auch seiner Großeltern) möglich sei, die eine ausgeprägte

Identifikation mit der DDR aufweise. Sein Großvater habe es dabei geschafft, auch in der neuen Gesellschaft Wege zu finden, seiner politischen, kapitalismuskritischen Einstellung Ausdruck zu verleihen. Für seine Mutter hingegen sei es schwierig, sich mit dem Ende des sozialistischen Gesellschaftsprojekts abzufinden. Sie sehe sich auch nicht in der Lage, sich mit dem Gesellschaftssystem der DDR kritisch auseinanderzusetzen und von diesem in angemessener Weise zu distanzieren. Ebenso sei es ihr nicht möglich, sich in der neuen Gesellschaftsordnung gesellschaftspolitisch zu engagieren. Sie reagiere mit einem Rückzug ins Private.

Der Verweis des Enkels auf generationale Differenzen erfüllt hier eine Erklärungsfunktion für Einstellungs- und Bewertungsdifferenzen zwischen den Angehörigen der Enkel-, Eltern- und Großelterngeneration innerhalb einer Familie. Begründet wird diese Differenz wiederum, ähnlich wie in den anderen bisher vorgestellten Interviewsequenzen, durch unterschiedliche Sozialisations- und Lebenswelterfahrungen in unterschiedlichen Gesellschaftssystemen. Aus der Perspektive eines Angehörigen der jüngeren Generation erfolgt hier jedoch keine Re-Legitimierung der Vergangenheit, sondern vielmehr kritisiert dieser eine mangelnde Distanzierung zum ehemaligen DDR-System seitens der Angehörigen der älteren Generation. Des Weiteren ermöglichen die Bezugnahmen auf Generationendifferenzen auch die Begründung der Abgrenzung der eigenen Einstellung gegenüber jenen der Eltern oder Großeltern, die als Angehörige jeweils anderer Generationen auch entsprechend andere Einstellungen und Ansichten entwickelt hätten und vertreten.

2.) Typ 2: Abgrenzung von der belasteten Vergangenheit

2 a) Begründung einer Urteilsenthaltung

Neben der bisher aufgezeigten Funktion der Legitimation von Wissensdifferenzen konnten aus dem Interviewmaterial weitere Funktionen des Rekurses auf das Deutungsmuster der generationalen Differenz rekonstruiert werden. Im folgenden Interviewausschnitt ermöglicht der Verweis auf die lebenszeitliche Abständigkeit die Begründung, das Verhalten der älteren Familienangehörigen zur Zeit des Nationalsozialismus nicht bewerten oder verurteilen zu können.

> »Und.. wir können uns ja da zum Beispiel gar kein Urteil drüber bilden. Wir wissen ja nur vom Hören-Sagen wie es war, dass das alles heftig war. Deswegen, man kann sich das so gar nicht vorstellen.« (O2-To2, Z. 117 ff.)

Mit stark verallgemeinernden und nahezu inhaltsleeren Aussagen, wie der, dass »alles heftig« gewesen und für die heutige Generation unvorstellbar sei, begründet die Sprecherin die Enthaltung jeglichen Urteils für die Angehörigen aller nachfolgenden Generationen und somit den Rückzug auf eine wertneutrale Position der Angehörigen der Generationen, die nicht selbst die Zeit des NS miterlebt hatten. Von zentraler Bedeutung erweist sich auch hier der zeitliche Abstand: Er mache eine Vorstellung von den damaligen Geschehnissen unmöglich. Wegen der zeitlichen Differenz und der Vermitteltheit der Informationen über damalige Geschehnisse seien die Angehörigen der nachfolgenden Generationen nicht in der Lage, die Einstellungen und das Handeln der Angehörigen der Generation zu bewerten, welche die Zeit des Nationalsozialismus selbst noch erlebt hatten. Dabei wird mit der Konstruktion einer »Wir«-Identität in Form eines generational abgegrenzten »Wir«-Kollektivs die eigene Zugehörigkeit zu der »sich eines Urteils enthaltenden Generation« konstatiert, einer Generation, die alles nur noch »vom Hören-Sagen« kennt, sich also kein objektives Bild mehr über die damaligen Geschehnisse verschaffen könne. Diese Konstruktion von Differenz und Zugehörigkeit schafft eine Entlastung in Bezug auf eine in der heutigen Gesellschaft angeblich nicht mehr notwendigen Positionierung zum Nationalsozialismus und den daraus resultierenden Schuld- und Verantwortungsfragen. Ebenso kann damit die Frage nach der Integrität der eigenen Familie zur Zeit des Nationalsozialismus als für die Nachfolgegenerationen irrelevant erklärt werden. Diese Vorstellung von generationaler Differenz kennt nur eine Unterteilung in zwei Gruppen: die »Ihr«-Gruppe der Zeitzeugengeneration und die »Wir«-Gruppe aller nachfolgenden Generationen.

In umgekehrter Weise bezieht sich in einem anderen Interview die Sprecherin ebenfalls auf die generationale Differenz. In dieser Argumentation erleichtert eigentlich geradezu der zeitliche und generationale Abstand die Bewertung des Verhaltens der Angehörigen der älteren Generationen; im konkreten Fall erschwere jedoch gerade die Vergleichbarkeit der Erfahrungen in unterschiedlichen Gesellschaftssystemen eine solche Beurteilung oder mache sie gar unmöglich:

> O37-Mutter: »Ja wie gesagt also man kann gut reden, *weil man ja 'ne andere Generation ist jetzt*. Aber selber ... weiß ich nicht, ob ich anders gehandelt hätte. . Und das hatte ich ja schon gesagt, ich hab ja nicht mal den Mut gehabt zu DDR-Zeiten nicht wählen zu gehen. Also deswegen .. kann man eigentlich jetzt, .. kann ich jetzt eigentlich meinen Eltern keinen Vorwurf machen.« (O37-Fam.2, Z. 1293 ff.)

In der vorher dargestellten Interviewsequenz zieht die Sprecherin die Nicht-Vergleichbarkeit bzw. die Unmöglichkeit unterschiedliche Erfahrungen nachvollziehen zu können, als Begründung für eine Bewertungsenthaltung heran. Im nun zitierten Interviewausschnitt hingegen verweist die Interviewpartnerin gerade auf die Vergleichbarkeit des eigenen Verhaltens zur DDR-Zeit mit jenem der Eltern während der Zeit des Nationalsozialismus. Allerdings begründet sie damit ebenfalls ihre Enthaltung einer Bewertung des Verhaltens der Angehörigen der Elterngeneration. Also gerade deshalb, weil man die Erfahrungen in den beiden unterschiedlichen Gesellschaftssystemen vergleichen könne, hätte man kein Recht, zu urteilen. Denn, weil sie sich selbst auch im Gesellschaftssystem der DDR nicht oppositionell verhalten habe, verlöre sie dadurch auch die Legitimation der anfangs postulierten Erleichterung, aus dem generationalen Abstand heraus das Verhalten der Angehörigen der anderen Generationen beurteilen zu können. Zusätzlich bringt die Sprecherin an dieser Stelle ein weiteres, sehr geläufiges Argument für eine Urteilsenthaltung zum Ausdruck: Da sie gar nicht wissen könne, wie sie sich selbst unter den Umständen des NS-Systems verhalten hätte, dürfe sie auch das Verhalten der Angehörigen ihrer Elterngeneration im nationalsozialistischen Gesellschaftssystem nicht bewerten.

In beiden Argumentationen wird somit die Enthaltung einer Bewertung des Verhaltens der Angehörigen der älteren Generationen seitens der Angehörigen der nachfolgenden Generationen legitimiert. Im ersten Fall geschieht dies unter dem Verweis auf eine generationale Differenz und der damit verbundenen differenten Erfahrungen, woraus die Forderung nach einer Enthaltung jeglicher Bewertung abgeleitet wird. Im zweiten Fall spricht dagegen aus der Sicht der Sprecherin eine durch ähnliche Erfahrungen geschaffene Verbindung über die Generationengrenzen hinweg für eine solche Urteilsenthaltung.[6]

Gerechtfertigt wird in diesem Untertypus jedoch nicht nur die Enthaltung eines jeglichen Urteils, auch die Handlungen oder das Verhalten der Eltern oder Großeltern selbst werden mit der generationalen Differenz und der daraus abgeleiteten Unmöglichkeit der Bewertung legitimiert.

2 b) Begründung oder Ablehnung von Schlussstrichforderungen

Eine weitere Funktion der Verwendung des Deutungsmusters der generationalen Differenz bildet die Rechtfertigung oder Ablehnung einer Schlussstrichforderung. In einigen Interviews wird der Verweis auf Generationengrenzen entweder als Begründung für einen Schlussstrich bezüglich der Auseinandersetzung mit der nationalsozialistischen Vergangenheit herangezogen, oder auch entgegengesetzt gerade als Begründung der Notwendigkeit einer fortlaufenden und kontinuierlichen Auseinandersetzung mit der Zeit des Nationalsozialismus und auch der DDR-Vergangenheit.

Die Forderung nach einem Schlussstrich wird in den folgenden Interviewsequenzen durch den Verweis auf den zeitlichen Abstand zu den damaligen Geschehnissen begründet:

> S1: »*Irgendwann muss auch mal gut sein.* Ah also äh ich finde, man muss irgendwo auch sagen können: OK das ist gewesen und es gibt Mahnmale und es gibt Erinnerungen in Form von Dokumentationen von Büchern und sonstigem aber nicht immer wieder dieses darauf Rumreiten so. Das ist das, wo ich halt so merke oder gemerkt hab', wenn das so im Gespräch war, dass ich dann irgendwo abschalte, dass ich denke: So bis hierhin und das reicht eigentlich, ne? Wir äh, wir wissen das oder wir konfrontieren uns damit, *aber bis zum gewissen Punkt. Irgendwann.. muss auch mal Schluss sein!*« (O2-To1, Z. 239 ff.)

Und im Familiengespräch:

> S2: »Also ich denke schon auch es sollte Thema in der Schule sein. Es sollte aber jetzt auch nicht unbedingt alles nur an den Juden festgemacht werden, an der Judenverfolgung, weil ich so aus vielen Gesprächen auch raushöre äh, .. der Krieg der ist jetzt *60 Jahre oder 50 Jahre vorbei* und ich soll jetzt noch für die Judenverfolgung, ich soll für die jetzt noch Geld bezahlen, *wie komm ich denn dazu, ich hab damit gar nichts zu tun gehabt.* [...]«
>
> S1: »Naja gut, ich denke, es sollte nicht übertrieben werden und es muss auch nicht ausgeschlachtet werden. Also ich denke auch *bestimmte Dinge sind einfach vorbei* ne. Also man

---

[6] Ähnliche Zusammenhänge zwischen eigener DDR-Erfahrung und einer Zurückhaltung oder eher wohlwollenden Beurteilung bezüglich des Verhaltens der Angehörigen der Elterngeneration während der Zeit des Nationalsozialismus sind bereits in mehreren Studien festgestellt worden (vgl. Welzer et al. 2002: 162 ff.; Moller 2006: 196; Leonhard 2002: 326).

muss jetzt nicht *nach 60 Jahren oder wie lange auch immer* sagen, jetzt muss da noch .. Vergeltung geübt werden durch materielle Dinge oder was anderes, ich denk einfach, *da muss man einfach auch mal sagen: Das ist jetzt vorbei.* (...) *Es muss irgendwo so'n gesundes Maß da sein.«* (O2-Fam-To1, Z. 667 ff.)

Abgelehnt werden in diesen Aussagen eine fortdauernde, »übertriebene« Auseinandersetzung mit der Zeit des Nationalsozialismus sowie eine ideelle und materielle Verantwortung für die verübten Verbrechen. Begründet wird diese Ablehnung wiederum mit der Aussage, dass man selbst mit all diesen Dingen »nichts zu tun gehabt« habe, was wiederum mit dem Verweis auf den zeitlichen Abstand von 50 bis 60 Jahren bekräftigt wird. Die ausschlaggebende Differenz, die hier zwischen den Generationen gezogen wird, bezieht sich auf die zwischen der »Ihr-Gruppe« der Generation derjenigen, die die Zeit des Nationalsozialismus selbst erlebt haben auf der einen Seite, und aller nachfolgenden Generationen, im Sinne einer »Wir-Gruppen-Konstruktion«, auf der anderen.

Aber auch umgekehrt werden in anderen Interviews Argumentationen gerade gegen die Forderungen nach einem Schlussstrich mit dem Konzept der Generationalität begründet. Im folgenden Interviewausschnitt rekonstruiert der Sprecher die Argumentation, die Andere zur Begründung ihrer Schlussstrichforderung anführen. Diese argumentieren mit dem generationalen Abstand und verweisen damit auf die dem Konzept der Generationendifferenz zugrundeliegende Annahme einer Diskontinuität. In seiner Gegenargumentation bezieht er sich jedoch auf die gegenteilige Konzeption generationaler Differenz, indem er wiederum auf eine Kontinuität in der transgenerationalen Weitergabe von Schuld und Verantwortung verweist. Bezugnehmend auf eine im Freundeskreis entfachte Diskussion über einen Songtext der deutschen Band »Mia« zum Thema Nationalbewusstsein der Deutschen verdeutlicht er seinen Standpunkt: Er versuche dem Geschichts-Vergessen konsequent entgegenzutreten.

»›*Wir sind jetzt eine andere Generation*‹, oder .... [...] ›*Wir können nichts mehr dafür!*‹ .. Wird vertreten. [...] ›*Man muss das jetzt auch mal.. äh.. ruhen lassen, weil das ist jetzt 60 Jahre her, wir können ja nichts mehr dafür!*‹... Ich sach: ›*Wir sind aber die äh.. Nachfahren von .. der Generation die es, die es gemacht hat!*‹ Natürlich können, äh kannst du nichts dafür! Und deine Eltern, die waren da noch garnicht auf der Welt, und so weiter... aber .. die Generation, .. die hat .... das miterlebt und .... teilweise auch zu verantworten gehabt. Und es kann nicht... [...] man sollte nicht da n Strich ziehen und jetzt .... das: ›*das war damals und jetzt ist jetzt ist gut*‹... meine ich,... das ist verkehrt. [...] Dafür war das zu schlimm, die Schuld zu groß.. [...] Man sollte die Vergangenheit ständig weiter aufarbeiten..... [...] Man sollte auch nicht aufhören damit, noch rauszufinden: Wer war damals Nazi und wer hat was verbrochen? Man sollte.. nie damit aufhören! ... Und immer weiterforschen, das Thema halbwegs in den Medien halten....... um eben da dem Vergessen vorzubeugen!« (O37-3, Z. 148 ff.)

Der Sprecher greift das von den Schlussstrich-Befürwortern angeführte Argument einer generationalen Differenz (»*Unsere Generation hat damit nichts mehr zu tun!*«) auf, um eine Verpflichtung der Auseinandersetzung mit der Vergangenheit gerade über Generationengrenzen hinweg (»*Wir sind aber die Nachfahren von der Generation, die es gemacht hat!*«) einzufordern.

Das Konzept der Generationengrenze fungiert hier nicht nur als etwas Trennendes, sondern auch als etwas Verbindendes – im Sinne der Vorstellung einer

Das Konzept der Generationendifferenz

transgenerationalen Weitergabe von Vergangenem. Damit wird dem Konzept der sowohl genealogischen, als auch der historischen Generationenfolge auch ein Potenzial der Tradierung von Schuld und Verantwortung zugeschrieben. Die Betonung der Verbindung der unterschiedlichen Generationen zueinander, stellt – im Vergleich zu den sonst stark herausgestellten Generationendifferenzen als Begründung der Abgrenzung zur Vergangenheit – eine spezifische Betrachtungsweise dar.

Das Motiv der »unvermeidlichen Verantwortungstradierung« über Generationengrenzen hinweg greift der Sprecher auch im Gespräch mit seiner Mutter wieder auf, indem er auf eine Vorstellung der Weitergabe von Genen innerhalb der familialen Generationenabfolge verweist.

> S2: »Naja für uns ist es ja auch einfacher, weil wir ja .. jetzt in der Richtung ja gar nicht diese dieses Schuldbewusstsein ja haben. ... *Das ist ja für .. für die Generation der Eltern- meiner Eltern ja nen bisschen anders ne.*«
> S1: »*Wir tragen ja aber alle die Gene der Eltern in uns*«
> S2: »Ja.«
> S1: »…….. Das ist so unsagbar schlimm gewesen, dass man das nicht …« (O37-Fam.2, Z. 511 ff.)

Aus Sicht von Sprecher 1 werden die Gene von einer Generation zur nächsten übertragen und transportieren dabei auch etwas von der Vergangenheit, vom Handeln und Erleben der Angehörigen der jeweils älteren Generation. Auch wenn das Bild der gemeinsamen »Gene« im metaphorischen Sinne verwendet wird, verweist die Verwendung dieses Begriffs auf die Vorstellung der genealogischen Generationenfolge als einen verbindenden und kontinuitätsstiftenden Faktor innerhalb einer Familie. Mit Schuld und Verantwortung verknüpfte Kontexte der Erfahrungen der Eltern oder Großeltern werden so unausweichlich über Generationengrenzen hinweg auf die nachfolgenden Generationen übertragen. Da jedoch im Interview keine konkrete Handlung der älteren Familienmitglieder angesprochen wird, sondern die Aussagen eher allgemein auf die »*Generation der Eltern*« bezogen bleiben, geht es hier weniger um die Weitergabe von Schuldbewusstsein innerhalb einer (der eigenen) Familie, sondern um die intergenerationale Tradierung von Schuld und Verantwortung innerhalb einer Gesellschaft (Nation). Da sich die ältere Generation schuldig gemacht habe, werde die Verantwortung und das Schuldbewusstsein an die nachfolgenden Generationen übertragen. Die Begründung dieser Weitergabe ergibt sich dabei vor allem angesichts der Tragweite der Taten: Die Unermesslichkeit des verursachten Leids lässt kein Leugnen oder Ignorieren der Schuld sowie keinen Schlussstrich zu.

Aber nicht nur Schuld und Verantwortung in Bezug auf die Taten der Eltern und Großeltern, sondern auch Traumata und die Neigung zur Ablehnung oder Leugnung von Schuld und Verantwortung könne von einer Generation zur anderen weitergegeben werden, wie die Sprecherin im Einzelgespräch anmerkt:

> »Die sind so traumatisiert, dass das.. also gar nicht wegzudenken ist mehr aus ihrem Leben. Und da .. hab ich auch gelesen, *dass dann die nächste Generation ..ähm .. genauso traumatisiert ist!* .. Die geben das unbewusst weiter! ... Also, ich meine, genauso ... wird's wahrscheinlich auch sein, wer jetzt äh.. die Nazizeit so.... in bestimmten Positionen erlebt hat,.. und vielleicht gar nicht mit dem ganzen Elend in Berührung gekommen ist,... oder oder gar nicht so eine Situation .. mitgekriegt hat, ... *der gibt vielleicht auch bloß das weiter! An an seine Kinder! Also*

das ... wird ja immer so sein ... Und will vielleicht auch das andere gar nicht wissen!« (O37-2, Z. 333 ff.)

Auch in diesem Interviewausschnitt erfüllt der Verweis auf generationale Differenzen eine Erklärungsfunktion. Erklärt wird hier das Unwissen (bzw. das Nicht-Wissen-Wollen) von negativen Seiten des Nationalsozialismus, woraus wiederum die daraus folgende Forderung nach einem Schlussstrich verständlich werden kann. In dieser Argumentation unterliegen, ebenso wie Traumata an spätere Generationen übertragen werden können, auch spezifische vergangenheitsbezogene Perspektiven und die damit verbundenen Ausblendungen, transgenerational wirksamen Tradierungsmechanismen. Das Subjekt bekommt auch in diesem Fall eine passiv rezipierende Rolle (im Gegensatz zu einer ebenfalls vorstellbaren Fähigkeit, sich auch aktiv für bestimmte Sichtweisen entscheiden zu können) zugesprochen.[7]

3.) Typ 3: Verfallsgeschichten und generationale Differenz

Einen thematischen Bereich, der zwar nicht explizit auf das Konzept der historischen oder genealogisch-familialen Generation rekurriert, jedoch durch die Einführung einer Dichotomie zwischen »Wir« und »Die Jugend« implizit ebenfalls auf das Problem der generationalen Differenz verweist, bilden die in einer Familie besonders hervorgehobenen »Verfallsgeschichten«. In den folgenden Zitaten rekurrieren die beiden Interviewpartnerinnen auf eine grundsätzliche Differenz hinsichtlich der Einstellungen zwischen heutigen Kindern und Jugendlichen auf der einen und den Erwachsenen auf der anderen Seite, um über die durchweg negativ zu bewertenden gesellschaftlichen Entwicklungsprozesse zu räsonieren.

S1: »*Früher* hätt ich mich vielleicht och mit soner Puppe zufrieden gegeben und *heute* muss es en Computer sein..«
(O11-1, Z. 1612 f.)

S2: »Was ich noch kenne und so,.. also was ma jetzt ja och überhaupt nicht mehr, niemand mehr kennt! Na? Das sind so Sachen wo ich mir sag: *Und es war eigentlich keine schlechte Zeit!«* (O11-Fam, Z. 70 ff.)

S2: »Ich meine, die hatten zwar nichts, aber die haben eben alle geholfen und haben alle mitgemacht. Und alle haben dazu beigetragen und es hat keenem geschadet! .. Na? Oder *die ganzen Jugendlichen*, ich meine was was machen se denn jetzt? (...) Und ich meine und der Arbeitgeber verlangt, das ich 12 Stunden arbeiten geh, ja und mein Kind soll ich jetzt aber bloß 6 Stunden in Kindergarten schaffen! Also was machst für die restlichen sechs Stunden! Find ich jetzt ne Oma oder irgendeinen? Oder steh ich auf der Straße.. wegen der Kinder.. Und das sind die Dinge wo ich mir sag.. Da haben wir *eigentlich drei Generationen, muss ma sagen, also ich kenns noch besser..* Und wies jetzt ist ist es eigentlich.. Man kann nur jedem Kind abraten, irgendein Kind zu kriegen. Na? So das so gesehen. Also ich meine, ich bin ja nun selber Leidtragende! Ich sag, die drüben im Westen, die sind mit 45, wann haben die aufgehört, mit arbeiten? Ich mit meinen parundfuffzig Jahren.. racker ich noch mehr wie *die Jugend* eigentlich, na? *Die Jugend* stellt sich hin: ,Ne, des schaff ich nicht, ich geh nach Hause!'

---

[7] Vgl. zum Aspekt der Gefahr der potenziellen Manipulation oben S. 226 f.

(...) Das sind so Sachen, also sag mer mal, uns fällt das nie so nie so schwer was aufzuheben, oder sag mer, mir tut's leid, überhaupt Essen wegzuwerfen! Na? Weil man's so gewohnt ist, und *heutzutage die Jugend*, die haut weg alles und so.. *Wegwerfgesellschaft*, na? Die die lernen's garnicht anders.« (O11-Fam, Z. 626 ff.)

In diesen Interviewsequenzen erfüllt die Verwendung des Deutungsmusters der generationalen Differenz die Funktion einer Aufwertung einer mittlerweile entwerteten biografischen Lebenszeit, sowie des vergangenen (DDR-)Gesellschaftssystems, indem dieses in Relation zu den lebensweltlichen Erfahrungen im gegenwärtigen Gesellschaftssystem gesetzt wird. Beide Sprecherinnen (Mutter und Tochter) stellen eine durchweg negative gesellschaftliche Entwicklung fest, mit den Aspekten eines Moral- und Werteverfalls, sowie der Verschlechterung der Arbeits- und Lebensbedingungen in der gegenwärtigen Gesellschaft, vorwiegend für die Angehörigen der älteren Generationen. Die Ansprüche und Unzufriedenheiten der heutigen Kinder und Jugendlichen hingegen nähmen zu, unter einer stetigen Abnahme ihrer Leistungsbereitschaft. Neben der Differenz zwischen einem »Wir«-Kollektiv auf der einen, und dem Kollektiv der »heutigen Jugend« auf der anderen Seite, wird dabei auch eine Ost-West-Differenz eingeführt.

Die hier erkennbare Verwendung des Deutungsmusters der generationalen Differenz stellt eine Antwort dar auf das Problem der Beschreibung von als defizitär wahrgenommenen gesellschaftlichen Entwicklungsprozessen. Dies geschieht unter Bezugnahme auf die Erinnerungen an eine, aus heutiger Perspektive positiv erscheinende, verklärte Vergangenheit. Die Aussagen beziehen sich dabei vor allem auf die alltäglichen, negativ konnotierten Erfahrungen im gegenwärtigen Gesellschaftssystem. Darüber hinaus enthalten sie aber auch eine Kritik am kapitalistischen Gesellschaftssystem (prekäre Arbeitsverhältnisse, Konsumgesellschaft), jeweils im Vergleich und im Gegensatz zur vergangenen DDR-Gesellschaft. Das Problem wird hier einerseits in den Lebensbedingungen in einem kapitalistischen Gesellschaftssystem erkannt (und in Form von alltagsweltlichen Sorgen zum Ausdruck gebracht), andererseits aber auch am Unvermögen der jüngeren Generationen festgemacht.

Die Grenzziehung zwischen (positiv konnotierter) Vergangenheit und (negativ konnotierter) Gegenwart sowie zwischen älteren und jüngeren Generationen ermöglicht die Aufwertung der entwerteten Vergangenheit und die Re-Legitimierung eines delegitimierten Gesellschaftssystems. Lebensweltlich alltäglich erfahrene gesellschaftliche Problemlagen werden mithilfe der Vorstellung von generationalen Differenzen eingeordnet und beschrieben. In diesen Deutungen beeinflussen nicht die Angehörigen der jüngeren Generationen den gesellschaftlichen Wandel, sondern die veränderten gesellschaftlichen Bedingungen prägen die Herausbildung neuer Generationen, deren Charakteristika durch (Werte-)Verfallserscheinungen gekennzeichnet sind. Sie fügen sich widerspruchslos in die neuen gesellschaftlichen Verhältnisse ein und affirmieren und stabilisieren durch ihr angepasstes Verhalten wiederum diese – negativen – gesellschaftlichen Wandlungsprozesse.

Insofern entspricht das hier gezeichnete Bild durchaus der Vorstellung einer historischen Generation im Mannheimschen Sinne, welche den durch den gesellschaftlichen Wandel generierten neuen »Zeitgeist« aufnimmt, mitträgt und weiterführt. Charakterisiert wird die neue Generation im vorliegenden Fall mit veränderten oder völlig fehlenden Wertvorstellungen sowie mit gesteigerten Ansprüchen bei gleichzeitig allgemein sinkender Leistungsbereitschaft im Unterschied zu den Angehörigen der älteren Generationen.

In den in diesem Abschnitt dargestellten Interviewsequenzen wird eine deutliche Distanzierung zur gegenwärtigen Gesellschaft zum Ausdruck gebracht, welche durch das Konzept der Generationengrenze, verknüpft mit der Beschreibung konkreter lebensweltlicher Differenzen, seine spezifische inhaltliche Füllung erfährt. Funktional damit verbunden erfolgt eine Aufwertung und Re-Legitimierung der in der gegenwärtigen Gesellschaft delegitimierten DDR.

In diesem Typus wird die ausschlaggebende Generationengrenze zwischen einer Wir-Gruppe aller älteren Generationen auf der einen Seite und der Gruppe der jüngeren Generation der »Jugend« auf der anderen Seite gezogen.

4. Zusammenfassung

Generationendifferenzen konstituieren sich entlang kommunikativ (re-)produzierter und pluralisierter generationaler Verhältnisse vor allem in Bezug auf und in Verbindung mit lebensweltlichen Differenzen. Das Problem erfahrungsräumlicher Abständigkeit und damit verbundener unterschiedlicher Sichtweisen auf Vergangenheit, Gegenwart und Zukunft wird auf Akteursebene mittels des Deutungsmusters der generationalen Differenz handhabbar und verhandelbar gemacht. Der dafür vollzogene analytische Perspektivwechsel auf die Verbindung zwischen familial-genealogischer Generationenabfolge und der kommunikativen Konstituiertheit generationaler Differenz konnte die Problematik einer im Mannheimschen Generationenansatz ontologisierenden bzw. essentialisierenden Konzeptualisierung von Generationenphänomenen entschärfen. Die Untersuchung der Konstitutions- und Reproduktionsprozesse generationaler Differenz auf der Akteursebene ermöglichte dabei nicht allein die Rekonstruktion generationaler Differenzkonstrukte, sondern es konnten auch deren Verwendungsweisen und Funktionen für die biografische Narration und für die Interaktionssituation analysiert und typologisiert werden.

Im untersuchten Interviewmaterial stellt das Deutungsmuster der generationalen Differenz eine Antwort auf spezifische Problemkonstellationen hinsichtlich der familialen Erinnerung und der Auseinandersetzung mit der nationalsozialistischen und der DDR-Vergangenheit dar. An zentraler Stelle steht im *Typ 1* das Problem der Wissensunterschiede und der Weitergabe des Wissens über die Vergangenheit von der Zeitzeugengeneration zu den nachfolgenden Generationen. Denn, so wird es von einigen Sprecher/innen problematisiert, mit zunehmendem Alter der Zeitzeugen droht dieses Wissen verlorenzugehen. Aus der Perspektive der Zeitzeugengeneration werden im *Typ 1a* die von den Interviewpartner/innen konstatierten Interessens- und Wissensdefizite mit dem Phänomen der generationalen Differenz erklärt (als nachlassendes Interesse mit ansteigender Zahl an nachfolgenden Generationen oder als generationale Unterschiede in der Fähigkeit, sich einzufühlen, sich etwas vorzustellen, nachzufragen etc.). Einerseits konnte beobachtet werden, dass ein impliziter

Auftrag oder eine implizite Erwartungshaltung an die nachfolgenden Generationen formuliert wird. Zum anderen wird jedoch das Deutungsmuster der Generation auch dafür genutzt, die Nichterfüllung oder sogar Nichterfüllbarkeit dieses Anspruchs zu erklären. Hier werden Generationengrenzen konstatiert, die nahezu undurchlässig sind für Prozesse des Verstehens oder des Einfühlens, die eine Barriere darstellen für die Weitergabe des Geschichtswissens und des Zeitzeugenwissens: Die Interessen der übernächsten Generationen lägen demnach dann ganz woanders, die Angehörigen dieser Generationen seien mit ganz anderen Problemen beschäftigt und wüchsen in einer völlig anderen, nicht vergleichbaren lebensweltlichen Umgebung auf.

Aus der Perspektive der Angehörigen der nachfolgenden Generationen erfüllt im *Typ 1b* der Rekurs auf das Deutungsmuster der generationalen Differenz die Funktion der Begründung des Unwissens und Nicht-Nachfragens bezüglich des Verhaltens der Familienangehörigen während der Zeit des Nationalsozialismus. Unbequeme Fragen werden von den Angehörigen der Nachfolgegenerationen zwar thematisiert, jedoch nicht gegenüber denjenigen, die diese Fragen beantworten könnten. Dies geschieht wiederum mit dem Verweis auf den großen lebenszeitlichen Abstand und der damit verbundenen gebotenen Achtung vor dem Alter. Des Weiteren werden aus der Perspektive der jüngeren Generation intrafamiliäre Unterschiede in den Einstellungen und Ansichten der Familienmitglieder im *Typ 1c* durch generationale Differenzen erklärt.

Im *Typ 2a* erfüllt der Verweis auf die generationale Abständigkeit die Funktion einer Legitimierung, sich jeglichen Urteils hinsichtlich der Verhaltensweisen der älteren Familienangehörigen zu enthalten. Die Begründung erfolgt hier in zweierlei Richtungen. Einmal wird die Urteilsenthaltung aufgrund der Nicht-Nachvollziehbarkeit bzw. Unvorstellbarkeit der damaligen Umstände seitens der nachfolgenden Generationen eingefordert. In einem anderen Fall wird genau umgekehrt argumentiert: Hier sind es gerade die Ähnlichkeiten bzw. die Parallelen zwischen den lebensweltlichen Erfahrungen in zwei unterschiedlichen Gesellschaftssystemen (NS und DDR), welche die Sprecherin dazu veranlassen, sich einer Beurteilung des Verhaltens der Angehörigen der älteren Generation zu enthalten.

Ebenfalls funktional wurde das Konzept der generationalen Differenz im *Typ 2b* für die Legitimierung oder Ablehnung einer Schlussstrichforderung verwendet. Einerseits argumentieren einige der Interviewpartner/innen für ein Ende der Auseinandersetzung mit der nationalsozialistischen Vergangenheit aufgrund des zeitlichen Abstandes zu den Geschehnissen zur Zeit des Nationalsozialismus. Dabei wird der »Ihr-Gruppe« der Zeitzeugengeneration die »Wir-Gruppe« aller nachfolgenden Generationen gegenübergestellt, die für die Taten der Angehörigen der Zeitzeugengeneration keine Verantwortung mehr trügen.

Auf der anderen Seite vollziehen die gegen einen Schlussstrich argumentierenden Interviewpartner/innen die Argumentationsstrategien derjenigen nach, die für ein Ende der Auseinandersetzung mit der deutschen Vergangenheit plädieren: Aufgrund dessen, dass diese als Angehörige der nachfolgenden Generationen keine Verantwortung für die Taten und das Verhalten der Angehörigen früherer Generationen tragen müssten, sähen sie sich in ihrer Forderung nach einem Schlussstrich bestärkt. In der Gegenargumentation beziehen sich die Sprecher/innen ebenfalls auf das Konzept generationaler Differenz: hier jedoch im Sinne einer Vorstellung von einer die Generationendifferenzen *überschreitenden* Pflicht zur Auseinandersetzung mit der Vergangenheit und einer transgenerationalen Weitergabe von Schuld und Verantwortung.

Begründet wird in diesem Zusammenhang wiederum von einer weiteren Sprecherin der fehlende Wille zu dieser eingeforderten Auseinandersetzung mit der Vergangenheit mit dem Verweis auf den Mechanismus einer transgenerationalen Tradierung von Ablehnung und Leugnung von Schuld und Verantwortung.

Schließlich erfolgt im *Typ 3* mittels der Konstruktion von Verfallsgeschichten eine Re-Legitimierung einer delegitimierten Vergangenheit. Hier sind auf der einen Seite die Angehörigen der jüngeren Generation Träger und Leidtragende eines gesellschaftlichen Werteverfalls, welcher mit einer stetigen Verschlechterung der alltäglichen Lebens- und Arbeitsbedingungen einhergeht. Die Angehörigen aller anderen (älteren) Generationen werden auf der anderen Seite als überwiegend Leidtragende der gesellschaftlichen Entwicklungs- und Verfallsprozesse dargestellt.

Untersucht wurden im vorliegenden Beitrag nicht historische Generationen bzw. Generationeneinheiten im Mannheimschen Verständnis, sondern die Vorstellungen von solchen Generationendifferenzen aus der Sicht der Akteure, in ihren Funktionen für die Repräsentation eines sozialen Gedächtnisses in Form von familialen Erinnerungen mit den damit zusammenhängenden Deutungen von Vergangenheit, Gegenwart und Zukunft. Der Fokus der durchgeführten Untersuchung wurde auf die kommunikative Konstituiertheit generationaler Differenzen gerichtet, also auf die Genese generationaler Differenzen auf Akteursebene im Vollzug alltagsweltlicher Interaktion.

Die zeitliche Differenz stellt die im untersuchten Interviewmaterial gebräuchlichste generationendifferenzierende Kategorie dar. Das Phänomen der sozialen Zeit (Elias 1984) bildet für das Verständnis und die Konstitution von generationaler Differenz ein grundlegendes Differenzkriterium. Dabei bietet die familial-genealogische Generationenfolge in der eigenen Familie den Anknüpfungspunkt zur jeweiligen Konstitution oder Vorstellung generationaler Differenz, welche sich auf die gesellschaftliche Ebene bezieht. Die Generationengrenzen werden hier entsprechend der familialen Generationenzuordnung der Familienangehörigen zu Eltern (bzw. Großeltern), Kindern und Kindeskindern gezogen und mit den entsprechend differierenden Erfahrungen in unterschiedlichen lebensweltlichen Erfahrungszusammenhängen in Verbindung gebracht.

Neben der zeitlichen Differenz ließen sich in den Interviews jedoch auch andere generationale Differenzierungsformen finden. So erfolgt in einem Fall (im *Typ 1a*) die Konstruktion einer Generationengrenze zwischen der eigenen Generation auf der einen und den nur wenige Jahre jüngeren Arbeitskolleg/innen im Auszubildendenstatus, welche als Angehörige einer Generation der »heutigen Jugend« massive Wissensdefizite aufwiesen, auf der anderen Seite. Die Kategorie der zeitlichen Differenz erscheint hier den Wissens- und Interessensunterschieden untergeordnet, anders als in den meisten Fällen, in denen der große zeitliche Abstand und die Differenz in den lebensweltlichen Erfahrungen als Ursachen für die Etablierung von Generationengrenzen benannt und zur Legitimation von Wissensdifferenzen herangezogen werden. Im Fall der Schlussstrichargumentation (*Typ 2b*) erfolgt wiederum die alleinige Grenzziehung zwischen einer »Ihr«-Generation der Zeitzeugen und allen anderen nachfolgenden Generationen.

Generationengrenzen, so die am Anfang des Beitrages entwickelte These, konstituieren sich nicht primär aufgrund von Gruppenphänomenen und entlang von Gruppengrenzen, sondern werden, wie gezeigt wurde, kommunikativ generiert und reproduziert. Wo bzw. zwischen welchen Alterskohorten die generationale Grenze dann jeweils gesetzt wird, kann je nach Anwenderperspektive und den jeweiligen inhaltlichen Interessen unterschiedlich ausfallen. Entsprechend unterschiedlich gestalten sich dann auch die kommunikativen Funktionen der jeweiligen generationalen Identitäts- und Differenzkonstruktionen für die biografische Erzählung bzw. für die Interviewsituation.

Literaturverzeichnis

Brubaker, Rogers (2007): *Ethnizität ohne Gruppen*. Hamburg: Hamburger Edition.
Elias, Norbert (1984): *Über die Zeit*. Frankfurt/M.: Suhrkamp.
Leonhard, Nina (2002): *Politik- und Geschichtsbewusstsein im Wandel. Die politische Bedeutung der nationalsozialistischen Vergangenheit im Verlauf von drei Generationen in Ost- und Westdeutschland*. Münster: Lit.
Lüscher, Kurt (2005): »Ambivalenz – Eine Annäherung an das Problem der Generation«. In: Ulrike, Jureit und Wildt, Michael, *Generationen. Zur Relevanz eines wissenschaftlichen Grundbegriffs*. Hamburg: Hamburger Edition, 53–79.
Mannheim, Karl (1964): »Das Problem der Generation«. In: Wolff, Kurt H., *Karl Mannheim: Wissenssoziologie*. Darmstadt: Luchterhand, 509–565.
Matthes, Joachim (1985): »Karl Mannheims ›Das Problem der Generationen‹, neu gelesen. Generationen-›Gruppen‹ oder ›gesellschaftliche Regelungen von Zeitlichkeiten‹«. In: *Zeitschrift für Soziologie*, 14(5), 363–372.
Moller, Sabine (2003): *Vielfache Vergangenheit. Öffentliche Erinnerungskulturen und Familienerinnerungen an die NS-Zeit in Ostdeutschland*. Tübingen: edition diskord.
Welzer, Harald, Moller, Sabine und Tschuggnall, Karoline (2002): »*Opa war kein Nazi*«. *Nationalsozialismus und Holocaust im Familiengedächtnis*. Frankfurt/M.: Fischer Taschenbuch Verlag.

Weibliches Erinnern? Über das Verhältnis von Gesellschaftstransformation und sozialer Erinnerung am Beispiel erwerbsloser Frauen aus Ostdeutschland

Hanna Haag

Einleitung

Gesellschaftliche Transformationsprozesse stellen als historische Zäsuren auch biographische Kontinuitätsbrüche dar. Im Fall der DDR-Transformation erfolgte der Wandel des Gesellschaftssystems in einem knapp bemessenen Zeitfenster, was die Menschen in Ostdeutschland zu massiven Umstellungen nötigte. Nicht zuletzt aufgrund des radikalen sozialen Wandels kam für die ehemalige DDR-Bevölkerung neben dem allgemeinen Problemen bei der Umorientierung auf ein anderes Gesellschaftssystem ein bis 1990 nahezu unbekanntes Phänomen hinzu: die Arbeitslosigkeit. Betroffen sind neben älteren Menschen vor allem Frauen. Sie erleben den gesellschaftlichen Umbruch somit auf besonders einschneidende Art und Weise. Gesellschaftstransformationen implizieren immer auch eine Auseinandersetzung mit der Vergangenheit. Kommt es zudem zu erhöhter sozialer Unsicherheit – wie beispielsweise durch den Verlust der Arbeit – erfüllt das Zurückblicken unter Umständen eine zentrale Funktion im Bewältigungsprozess der gegenwärtigen Lebenssituation. Erinnerungen dienen dann als Identitätsstütze und verleihen den Betroffenen Stabilität und Sicherheit.

Der folgende Beitrag geht der Frage nach, welche Bedeutung die Erinnerung an die DDR für erwerbslose ostdeutsche Frauen aktuell hat. Zunächst rückt das spezifisch weibliche Erinnern als Besonderheit der Fragestellung in den Fokus. Um das spezifische Setting des Forschungsgegenstandes näher zu erschließen werde ich im Anschluss daran auf Aspekte des Erinnerns im Umbruch als genereller Erfahrung in Ostdeutschland eingehen und mich dabei vor allem auf Arbeiten von Maurice Halbwachs (1967) und Jan Assmann (1995; 2007) bzw. Aleida Assmann (2001) konzentrieren. Abschließend erfolgt ein Bezug zwischen diesen zunächst überwiegend theoretischen Annahmen und empirischen Ergebnissen aus einer Studie[1], die an der Universität Hamburg zur DDR-Erinnerung im Kontext weiblicher Erwerbslosigkeit durchgeführt wurde.

---

[1] Die Untersuchung wurde im Rahmen einer Diplomarbeit an der Universität Hamburg durchgeführt. Vgl. dazu auch Haag 2010.

Geschlechterrepräsentation im Erinnerungsprozess

Das Thema »Geschlecht und Erinnerung« erlangte in der Geschlechterforschung im Zuge der allgemeinen Popularität des Erinnerungsdiskurses in den Nachbardisziplinen zunehmend an Bedeutung, wie die Publikationen zu diesem Gegenstand belegen.[2] In der sozialwissenschaftlichen Erinnerungsforschung hingegen blieb die Verbindung aus Erinnerung und Geschlecht weitgehend unbehandelt (vgl. etwa Penkwitt 2006: 2). Um einen Anstoß zu geben, diesen blinden Fleck zu erhellen, möchte dieser Beitrag zur sozialen Erinnerung erwerbsloser ostdeutscher Frauen an die DDR, neben dem Blick auf das generelle Erinnern in Zeiten des Umbruchs, auch auf Spezifika einer theoretischen Auseinandersetzung mit dem weiblichen Moment im Erinnerungsprozess eingehen.

In der Genderforschung lassen sich im Wesentlichen zwei Perspektiven der Diskussion unterscheiden. Zum einen geht es um die Frage, wie an Frauen erinnert wird. In diesem Kontext treten sie als Objekt der Erinnerung auf. Im Gegensatz dazu taucht immer wieder die Frage auf, wie sich speziell Frauen an die Vergangenheit erinnern. Hier sind sie nicht mehr Objekt der Geschichtsschreibung, sondern greifen aktiv in das Geschichtenerzählen ein.

In der ersten Perspektive wird eine Unterrepräsentation von Frauen in der Geschichtsschreibung und damit einhergehend eine männlich-national dominierte Erinnerungskultur festgestellt (vgl. u. a. Paletschek/Schraut 2006). Gerade im 19. und 20. Jahrhundert ist die Erinnerung an Frauen eng mit ihrer Bedeutung für politische und nationale Ereignisse, Bewegungen oder Wandlungsprozesse verbunden.

> »Typisch ist darüber hinaus die Orientierung des kulturellen Gedächtnisses am bürgerlichen Geschlechtermodell, mithin eine männlich konnotierte Ausrichtung des so genannten ›allgemeinen‹ kulturellen Gedächtnisses. Frauen, als agierende Subjekte, ihre Handlungsspielräume und ihre Selbstentwürfe werden häufig marginalisiert oder vergessen.« (Paletschek/Schraut 2006: 16)

Dies führt dazu, dass ein Umweg zur Thematisierung von Alltagserfahrungen in Form biographischer Narrationen nur über die gesellschaftliche Bedeutsamkeit möglich ist.

> »The opportunity to inscribe female experience(s) into the culture of memory is closely linked to women's status in politics and academia. Inscribing women into cultural memory remains quite difficult even today, since both the family and society do not – or are only slowly beginning to – acknowledge women as authorities in interpreting history.« (Paletschek 2009: 167)

Erst wenn Frauen einen entsprechenden Status in der sozialen Interpretation von Vergangenem haben, werden weibliche Erfahrungen gedächtnisfähig. Was deshalb auch heute noch weitgehend fehlt, sind Erzählungen über so genannte »ordinary women« (Paletschek 2009: 170). Frauen können daher den Eindruck gewinnen, nicht bedeutend genug zu sein, um für überwiegend national konnotierte Erinnerungen einen Beitrag leisten zu können. Die angeführten Gründe für die Unterrepräsentation

---

[2] Als Auswahl vgl. dazu etwa Bergmann 2006; Eschebach/ Jacobeit/ Wenk (Hrsg.) 2002; Leydesdorff/ Passerini/ Thompson (Hrsg.) 1996; Paletschek/ Schraut (Hrsg.) 2006; Paletschek 2009; Penkwitt 2006, Voß 2009.

von Frauen in der Erinnerungskultur veranlassen Meike Penkwitt schließlich dazu, die Frage »Warum werden Frauen vergessen?« (Penkwitt 2006: 4) zu stellen. Damit begreift sie das weibliche Geschlecht als Objekt des Vergessens.

Im Hinblick auf die zweite Dimension – Frauen als Subjekte der Erinnerung – zeichnen sich drei Tendenzen der Forschung in Bezug auf die Frage nach einem geschlechtsspezifischen Erinnern ab. So stellen Leydesdorff, Passerini und Thompson (1996) zunächst eine stärkere Individualisierung weiblicher Erinnerungen fest. »Frauen sagen ›ich‹, wenn Männer sich auf ›man‹ zurückziehen« (Paletschek/ Schraut 2006: 21). Petö und Szapor (2004) stellen außerdem eine stärkere Thematisierung innerfamiliärer sowie privater Aspekte in Erzählungen von Frauen fest und sprechen in diesem Zusammenhang von der »private sphere« (Petö/ Szapor 2004: 178), die in weiblichen Erinnerungen eine große Rolle spiele.[3] Anders als männliche Erinnerungen, die sich überwiegend auf die öffentlich-politische Sphäre fokussieren, eröffne »weibliche Erinnerung [...] vielmehr auch einen Einblick in die Familie als Ort der Gegenüberlieferung, als Ort der staatsfernen Traditionsstiftung jenseits des öffentlich bzw. politisch Erwünschten« (Paletschek/ Schraut 2006: 22f.). Paletschek und Schraut folgern daraus eine Gegenüberstellung eines vom politischen System geförderten und erwünschten Gedächtnisses auf der einen und seiner weiblichen, sich der öffentlichen Kontrolle entziehenden Entsprechung auf der anderen Seite.

> »Letztlich bedeutet dies, das tendenziell ›weibliche‹ kommunikative Gedächtnis in das dominant ›männliche‹ kulturelle Gedächtnis verstärkt oder neu einzubinden. Diese Überlegungen eröffnen auch eine Neuperspektivierung der Debatten um kollektives, kommunikatives und kulturelles Gedächtnis unter Genderaspekten.« (Paletschek/ Schraut 2006: 23)

Eine dritte Perspektive der Debatte um Frauen als Subjekte der Erinnerung beobachtet eine spezifisch weibliche Art der Kriegs-Erinnerungen, vor allem im Kontext des Zweiten Weltkriegs. So sei eine Abwendung von nationalen Fragen hin zu Kollaboration und Fraternisierung in weiblichen Erzählungen deutlich erkennbar (vgl. Paletschek/ Schraut 2006: 23).

Lassen sich Frauen vielleicht sogar als die besseren Geschichtenerzähler darstellen? In Jansen (1997) geht zumindest davon aus, dass das Erinnern als Prozess etwas per se Weibliches ist, dass Frauen also die »storykeeper of memory« sind.

> »Not because of their genetic structure or some other innate quality, but as the result of a lifelong transgenerational training in caring and nurturing others and a lifetime of unequal power status.« (Jansen 1997: 35)

Aleida Assmann entwickelt ausgehend von dieser Annahme eine Art Kreuzmodell, in dem sie Frauen als »Subjekte des Erinnerns« und zugleich »Objekte des Vergessens« darstellt. Männer seien hingegen »Subjekte des Vergessens«, aber zugleich »Objekt des Erinnerns« (vgl. Assmann 2006).

---

[3] In ihrem Aufsatz beziehen sich die beiden Autorinnen vor allem auf Entwicklungen im postkommunistischen Zentraleuropa am Beispiel Ungarns und gehen dabei auch auf die ungarische Geschichte im Kontext feministischer Aktivitäten ein.

Erinnern in Zeiten gesellschaftlicher Umbrüche – eine theoretische Annäherung

Ausgehend von der Betrachtung einer Gesellschaftstransformation als biographischem Einschnitt stellen Erinnerungspraktiken einen Austauschprozess zwischen gegenwärtigen und vergangenen Erfahrungen dar. Sowohl Halbwachs (1967) als auch Jan Assmann (1995) betonen in diesem Zusammenhang die Prozesshaftigkeit des Erinnerns, die sich von der Vorstellung abgrenzt, vergangene Erlebnisse seien im Gedächtnis abgespeichert und deshalb beliebig abrufbar. Die Vergangenheit erscheint vielmehr als vage Größe, die erst aus der gegenwärtigen Situation heraus (re-)konstruiert wird. Es kommt also zu einem wechselseitigen Anpassungsprozess zwischen Gegenwart und Vergangenheit während des Erinnerns. »Wenn das, was wir heute sehen«, so Halbwachs, »sich in den Rahmen unserer alten Erinnerungen einfügt, so passen sich umgekehrt diese Erinnerungen der Gesamtheit unserer gegenwärtigen Wahrnehmungen an.« (Halbwachs 1967: 1) Erinnern bedeutet demnach keinesfalls ein Abspulen von Ereignissen, Handlungen und Emotionen. Es drückt vielmehr das momentane Verhältnis zum Vergangenen aus und verweist darüber hinaus zugleich auf die Akzeptanz der gegenwärtigen Lebenssituation. »Sie [die Vergangenheit, H.H.] erhält sich nicht als solche, sondern muss immer neu rekonstruiert werden, nach Maßgabe ihrer Funktion für eine jeweilige Gegenwart.« (Assmann 1995: 59). Die Wandelbarkeit von Narrationen über die Zeit macht Bodo von Borries mit folgenden Worten deutlich und rückt damit die Gegenwartsperspektive ins Zentrum:

> »Alle geschichtlichen Narrationen sind konstitutiv retrospektiv und verknüpfen die Vergangenheit mit der Gegenwart; deswegen ändern sie sich mit dem Wandel der Zeit, das heißt mit der Gegenwart« (Borries 2009: 671).

Bertaux und Bertaux-Wiame (1985) gehen sogar noch einen Schritt weiter, indem sie nicht den Akt des Erinnerns, sondern die Rekonstruktion ins Zentrum der Betrachtung rücken. »Wir haben es mit wenig Erinnerung und viel Rekonstruktion zu tun – aber letztere ist selbst Ausdruck des Sprechers.« (Bertaux/Bertaux-Wiame 1985: 152)

Sowohl individuelle als auch kollektive Erinnerungen sind in Zeiten gesellschaftlicher Umbrüche einem starken Wandlungsprozess aufgrund der sich verändernden Umwelt ausgesetzt. Durch die oben beschriebene Verschränkung von Gegenwarts- und Vergangenheitsperspektive im Erinnerungsprozess wirken sich tiefgreifende gesellschaftliche Veränderungen vor allem auch auf kollektiv geteilte Erinnerungen aus. Es bilden sich neue Erinnerungskollektive, die aus dem Blickwinkel ihrer momentanen Lebenssituation die Vergangenheit wahrnehmen und zugleich der Gegenwart aus spezifischen vergangenen Erfahrungen heraus beggenen.

Kommt es im Zuge des Systemwandels zu Diskontinuitätserfahrungen, also einer wahrgenommenen und die momentane Situation beeinflussenden Bruchsituation, die einen nahtlosen Anschluss an das bisherige Leben nicht erlaubt, führt dies zu biographischer Reflexion. So geht etwa Fischer-Rosenthal davon aus, dass vor allem dann ein Grund für eine Lebensrückschau besteht, wenn lebenszeitliche Kontinuität in Frage steht, wie dies beispielsweise für die Menschen nach dem Systemumbruch 1989 der Fall war (vgl. Fischer-Rosenthal 1995: 72). Auch Assmann ist der Ansicht, dass »jeder tiefere Kontinuitäts- und Traditionsbruch zur Entstehung von Vergangenheit führen« (Assmann 2007: 32) kann. Diskontinuität, so lässt sich folgern, wirkt demnach biographiegenerierend und verstärkt den Drang nach Erinnerung und Selbstreflexion. Je stärker eine Person diesen Bruch in ihrem Leben wahrnimmt, desto größer ist auch der biographische Thematisierungsbedarf. Die Gegenwart bestimmt somit die Entscheidung zu biographischer Arbeit.

> »Die Perspektivität der biographischen Eigendarstellung ist wesentlich geprägt durch die gegenwärtige Situationswahrnehmung, denn man kann nur jetzt erzählen, wie man nur in der Gegenwart wirklich handeln kann.« (Fischer-Rosenthal 1995: 53)

Welche Funktionen erfüllt nun das Zurückblicken, die Selbstnarration, für das sich erinnernde Subjekt in Zeiten lebenszeitlicher Diskontinuität? Zunächst kann sie dazu beitragen, die eigene Identität, die möglicherweise durch die Umbrucherfahrung in Frage steht, neu zu gestalten. Denn die Erinnerung ist der Stoff, »aus dem Erfahrungen, Beziehungen und vor allem das Bild der eignen Identität gemacht ist« (Assmann 2001: 103f.).

Erinnerungen geben darüber hinaus Halt und wirken stabilisierend, wenn es etwa darum geht, Verlusterfahrungen über das Gedenken an Vergangenes zu kompensieren. Gerade aus diesem Zusammenhang lassen sich Phänomene wie Verdrängung, Verklärung oder Vergessen erklären, die im Erinnerungsprozess häufig auftreten. Das bewusste Verdrängen oder Vergessen bestimmter Ereignisse interpretiert Fischer-Rosenthal im Hinblick auf die Ereignisse um 1989 als Resultat der individuellen Überforderung des Transformationspotenzials. Sieht sich eine Person nicht mehr in der Lage, ihr Leben zu meistern und die Veränderungen in den Alltag zu integrieren, so geraten zunehmend affirmative Thematisierungen in den Vordergrund. Dann, so Fischer-Rosenthal, »besteht die biographische Arbeit vorwiegend im Ausklammern oder argumentativen Rechtfertigen« (Fischer-Rosenthal 1995: 72).

Das Zurückblicken kann aber auch dazu dienen, sich abzugrenzen. Entweder von einer bestimmten Gruppe im Kontrast zur eigenen Wir-Gruppe bzw. Person oder aber in zeitlicher Hinsicht von Gegenwart oder Vergangenheit. Eng damit verbunden ist Jan Assmanns Darstellung der fundierenden und kontrapräsentischen Narration (vgl. Assmann 2007). Im Zusammenhang mit seinem Begriff der Mythomotorik unterscheidet Assmann zwischen zwei Funktionen und Typen von Erzählungen, wobei er dabei stark auf den Begriff des Mythos eingeht als »eine Geschichte, die man sich erzählt, um sich über sich selbst und die Welt zu orientieren« (Assmann 2007: 76). Während fundierende Narrationen eine sinnvolle und notwendige Verbindung zwischen Vergangenheit und Gegenwart hervorheben, nehmen kontrapräsentische Erzählungen ihren Ausgangspunkt in einer defizitären Erfahrung der Gegenwart, was ein Verlustgefühl erzeugt.

> »Von diesen Erzählungen her fällt ein ganz anderes Licht auf die Gegenwart: Es hebt das Fehlende, Verschwundene, Verlorene, an den Rand Gedrängte hervor und macht den Bruch bewusst zwischen ›einst‹ und ›jetzt‹. Hier wird die Gegenwart weniger fundiert als vielmehr aus den Angeln gehoben oder zumindest gegenüber einer größeren und schöneren Vergangenheit relativiert.« (Assmann 2007: 79)

Aufgrund des Ineinandergreifens von Gegenwartsperspektive und Vergangenheits- sowie Zukunftsbezug im Erinnerungsprozess kann eine Erzählung somit einmal unangreifbar, also fundierend, oder aber bedrohlich und diskontinuierlich erscheinen. Betrachtet man nun die DDR-Transformation als Beispiel eines Gesellschaftswandels, stellt sich auch hier die Frage nach der Art und Funktion von Erinnerungen. In den Jahren nach der Wiedervereinigung spaltete sich die DDR-Erinnerungsdebatte zwischen öffentlichen Diskursen auf der einen Seite, die eine starke Politisierung der Vergangenheit zur Folge hatten und das Leben unter diktatorischen Verhältnissen ins Zentrum rückten. Auf der anderen Seite entwickelte sich in den 90ern zunehmend ein privater Gegendiskurs, den Thomas Ahbe als »Ostalgie« oder ostdeutsche »Laien-Diskurse« (Ahbe 1999) beschreibt. Denn eine große Gruppe, so argumentiert Ahbe, habe sich mit ihren Erfahrungen durch die öffentliche Vergangenheitsbewältigung zunehmend stigmatisiert gefühlt.

> »Für diese Gruppe der Bevölkerung war Ostalgie eine laienhafte Bewältigungs- und Abschiedspraxis. Es war eine zeitgemäße Vergewisserung der eigenen Vergangenheit, des Stücks in der DDR erbrachten Lebens, vor allem aber der DDR selbst« (Ahbe 2004: 133).

Was hier zum Ausdruck kommt sind Alltagserfahrungen und ein Stück Selbstbemächtigung, man könnte sogar sagen eine Art Selbstbehauptung gegen die einseitige öffentlich-politische Auseinandersetzung über die DDR als Unrechtsstaat. Wie jede Form der biographischen Erinnerung, so ist auch die DDR-Erinnerung in erster Linie von persönlichen Erfahrungen – vor und nach dem Zusammenbruch – bestimmt und daher von in der Öffentlichkeit vorherrschenden Wissensbeständen über die DDR nur geringfügig beeinflussbar (vgl. Ahbe 2004: 130). Insgesamt zeigt sich ein sehr vielfältiges Spektrum an Erinnerungsformen, das über die Dichotomie Nostalgie und Ablehnung hinausreicht.

Um die vorangegangenen Ausführungen miteinander zu verbinden, sollen nun im Folgenden Ergebnisse aus der eingangs erwähnten Studie zur DDR-Erinnerung ostdeutscher arbeitsloser Frauen skizziert werden. Das geschieht in einem ersten Schritt mit einer Typologisierung des Verhältnisses von Vergangenem und Gegenwärtigem und in einem zweiten Schritt in einer Analyse der spezifisch weiblichen Erinnerungsanteile.

Ostdeutsches Erinnern am Beispiel erwerbsloser Frauen

Die Untersuchung geht von der Annahme aus, dass sich die spezielle Transformationserfahrung des weiblichen Arbeitsplatzverlustes auf das Erinnern an die DDR-Vergangenheit auswirkt und fragt danach, wie sich Gegenwärtiges und Vergangenes im Erinnerungsprozess zueinander verhalten. Geführt wurden insgesamt fünf narrative Interviews (vgl. Schütze 1987) mit erwerbslosen ostdeutschen Frauen im Alter zwischen 50 und 60 Jahren.

Durch welche Besonderheiten zeichnet sich die Untersuchungsgruppe aus? Aufgrund der starken Einbindung von Frauen in das DDR-Erwerbsleben ergab sich für diejenigen, die im Zuge des Systemumbruchs ihren Arbeitsplatz verloren, in mindestens zweifacher Hinsicht ein gravierender biographischer Einschnitt: Neben den allgemeinen Transformationserfahrungen sahen sich arbeitslose Frauen mit der Entwertung ihrer bis dato selbstverständlichen und gesellschaftlich anerkannten Selbständigkeit als Erwerbstätige konfrontiert. Allein in den Jahren 1991 und 1992 stieg die Frauenarbeitslosenquote von 9,6 auf 20,1 Prozent (vgl. Hülser 1996: 67). Gleichzeitig bestand für Frauen die geringste Aussicht auf eine Neueinstellung sowie ein erhöhtes Risiko der Langzeitarbeitslosigkeit (vgl. Wittenberg 1999: 270; Hülser 1996: 70; Brinkmann/ Schwengler/ Wiedemann (Hrsg.) 2002: 93 f.). Während sie in der DDR-Gesellschaft eine finanzielle und soziale Absicherung genossen, brachte der Arbeitsplatzverlust für die Betroffenen große Unsicherheiten mit sich. Für die Untersuchungsgruppe ergibt sich demnach ein besonderer Blick auf die DDR-Vergangenheit aus ihrer prekären Lebenssituation heraus.

Die beiden Blickwinkel der Fragestellung, nämlich das Erinnern im Umbruch als genereller Erfahrung in Ostdeutschland und das spezifisch weibliche Erinnern führen dementsprechend auch zu unterschiedlichen Ergebnissen.

Unter dem Gesichtspunkt des allgemeinen Erinnerns im Umbruch konnten aus dem Datenmaterial mit Hilfe der Prozessstrukturananalyse (vgl. dazu Gerhardt 1991; Kluge 1999) drei Erinnerungstypen gebildet werden, die sich hinsichtlich des Zusammenspiels von Vergangenem und Gegenwärtigem im Erinnerungsprozess sowie der Funktion des Erinnerns für die eigene Identität unterscheiden. Im Anschluss an eine kurze Beschreibung der Typologie soll diese anhand der zu Beginn eingeführten theoretischen Annahmen zum kollektiven Gedächtnis interpretiert werden. [4]

Typ 1 »Das Schöne, das unwiederbringlich verloren ist!«

Der erste ermittelte Erinnerungstyp lässt sich mit den Eigenschaften nostalgisch und frustriert beschreiben. Charakteristisch ist zunächst die enge Bindung an die DDR-Vergangenheit. Dieser Typ lebt förmlich in Gedanken noch immer in der DDR und hat den Neubeginn noch nicht vollzogen. Auffällig ist das häufige Vergleichen zwischen Gegenwart und Vergangenheit während des Erzählens. Diese Frauen stellen das Leben in der DDR als schöner, gemütlicher und angenehmer dar. »Wir haben unsere Kohleheizung gehabt, wir hatten eben Wärme« (Interview 1: 134), äußert sich eine Interviewte und versinnbildlicht damit auch den sozialen Zusammenhalt der DDR-Gesellschaft, in der die Menschen trotz prekärer Lebenssituationen zufrieden waren. Dementsprechend häufig neigen die »Frustrierten« dazu, die Vergangenheit zu rechtfertigen, zu beschönigen oder zu verklären. Sie stellen alle Bereiche des damaligen Alltags überwiegend positiv dar. »DDR war besser. Da finden Sie viele, die das sagen« (Interview 1: 136). Als Kontrast zur heilen DDR-Welt erscheint die Gegenwart in eher trübem Licht. Für Frauen dieses Typs gestaltet sich das Leben heute als mangelhaft, einschränkend und tendenziell als Verlust des Gewohnten, Schönen sowie der garantierten Sicherheiten des DDR-Alltags. »Das war schon gerechter,

---

[4] Die nachfolgenden Interviewzitate sind der genannten Studie entnommen, vgl. dazu Anmerkung 1.

unser System« (Interview 1: 144), findet eine Befragte. Immer wieder grenzen sich die Frauen in ihren Erzählungen mit Worten wie »Wir wolln den Westen nicht!« (Interview 1: 143) von Westdeutschland ab, überwiegend in Bezug auf das Leben in der DDR, aber auch hinsichtlich der Nachwendezeit. An den Umbrüchen selbst waren sie nicht aktiv beteiligt, denn »es war nicht notwendig, gegen den Staat zu demonstrieren« (Interview 2: 157).

Typ 2 »Die Mauer muss nicht mehr hochgezogen werden, aber es gibt Vieles, das besser sein könnte.«

Im Gegensatz zu den »Frustrierten« kann der zweite Typ mit den Eigenschaften pragmatisch akzeptierend und vergangenheitsorientiert beschrieben werden. Zwar hängen auch diese Frauen der Vergangenheit nach, doch zugleich haben sie sich auch mit der heutigen Situation abgefunden und akzeptieren das Leben, wie es ist. Vieles könnte schöner sein, aber man hat sich arrangiert. Die Vergleichsperspektive nehmen auch die »pragmatisch Angepassten« häufig ein, allerdings bewerten sie die Vergangenheit nicht durchgehend positiv oder stellen sie in der Erinnerung einer mangelhaften Gegenwart gegenüber. Zwar zeigen sich die Frauen mit vielen Aspekten der DDR sehr zufrieden, vor allem hinsichtlich der Arbeit und der Sicherheit, aber auch des sozialen Netzwerks. Gleichzeitig kritisieren sie jedoch andere Bereiche, wie etwa Aspekte der Sozialleistungen, die fehlende politische Partizipation sowie den mangelhaften Lebensstandard. »Es war viel Rennerei oder Anstehen, wenn's was gab« (Interview 4: 177), schildert eine Gesprächspartnerin ihre Erfahrungen. Wie die Vergangenheit betrachten sie auch die heutige Lebenssituation sehr sachlich: So habe sich manches verbessert, vor allem gäbe es heute Freiheiten, die den Menschen früher verwehrt geblieben seien. Auf der anderen Seite sei man aber auch finanziell sehr stark eingeschränkt und könne viele dieser Möglichkeiten daher gar nicht nutzen. Denn, so beklagt sich eine Interviewte: »was nützt das, wenn man reisen darf, wenn man dazu kein Geld hat?« (Interview 5: 185). Sie sahen für sich keinen Grund, sich an der politischen Wende zu beteiligen. Allerdings fallen die Erinnerungen an jene Zeit sehr lebhaft aus. »Deutschland wieder Eins, das war schon ein tolles Gefühl« (Interview 4: 179), erinnert sich eine Befragte.

Typ 3 »Die Welt bewegt sich eben vorwärts.«

Der dritte Erinnerungstyp lässt sich mit den Eigenschaften gegenwartsorientiert, abwartend und zufrieden charakterisieren. Anders als die beiden ersten Typen leben die »Zufriedenen« überwiegend in der Gegenwart und sind mit ihrer momentanen Lebenssituation weitgehend zufrieden. Mit den Worten »ich denke nicht negativ« (Interview 3: 168) beschreiben sie ihre Haltung, die sie ihrem Leben früher und heute entgegenbringen. Auffällig ist an ihren Erzählungen die kritische Betrachtung fast aller Lebensbereiche des DDR-Alltags. Die Perspektive auf die DDR scheint in hohem Maße objektiv zu sein, da auch heikle Themen wie die verdeckte Arbeitslosigkeit oder die politische Verfolgung angesprochen werden. »Es gab damals schon Arbeitslose, nur die wurden nicht so tituliert« (Interview 3: 162), erklärt eine Betroffene. Da diese Frauen unter den staatlichen Repressionen gelitten haben, stellt der Systemumbruch für sie eine Erlösung dar: »Lange hätten wir uns das nicht mehr angeschaut« (Interview 3: 165).

Beim Erinnerungsvorgang besteht stets eine Verbindung zwischen der momentanen Lage, in der sich eine Person zum Zeitpunkt des Erinnerns befindet – die gesamte aktuelle Lebenssituation – und der Perspektive, die sie der Vergangenheit gegenüber einnimmt. Im Hinblick auf das abgrenzende Element der Typologie wurde die Befindlichkeit der Frauen in der gegenwärtigen Lebenssituation gewählt, da nur aus der Gegenwart heraus erinnert wird und dieser Zeitabschnitt somit maßgeblich für das Wie der Erinnerung ist.

Die »Frustrierten« erleben im Erinnern an die DDR eine Ersatzheimat, in die sie sich vor der bedrohlichen Gegenwart flüchten. Ihre Erzählungen gestalten sich daher eindeutig kontrapräsentisch: Sie fungieren als kollektive Abgrenzungsidentität, sowohl in zeitlicher Hinsicht von der gegenwärtigen Lebenssituation, als auch räumlich als Abgrenzung von Westdeutschland. Darüber drückt sich zum einen eine starke Frustration über das momentane Leben aus, aber zugleich auch eine klare Identifikation mit der DDR-Vergangenheit. Die sprachliche Kollektivierung (»Wir« / »Unser«) ist dabei Ausdruck einer Schicksalsgemeinschaft, an der die Frauen teilhaben und darüber eine Wir-Identität aufbauen, um nicht alleine mit der zu bewältigenden Situation dazustehen. Hinsichtlich der eingangs erwähnten Funktionen des Erinnerns kann diesem Erinnerungstyp folglich die identitätssichernde Funktion zugeordnet werden.

Für die »pragmatisch Angepassten« stellt die Vergangenheit in erster Linie eine Zeit dar, an die sie sich gerne zurückerinnern. Aber auch die Gegenwart nehmen sie als Tatsache hin und finden sich mit ihrer Situation ab, kommen in der neuen Gesellschaft auch zurecht. Sie identifizieren sich weder ausschließlich über die Vergangenheit noch ausschließlich über das heutige Leben, sondern setzen sich vielmehr mit den Vor- und Nachteilen des Wandlungsprozesses auseinander. Betont wird dabei immer wieder das gemeinsame Erleben, weshalb hier von einer Erlebnisidentität gesprochen werden kann. Hinsichtlich der Funktionen des Erinnerns kann hier keine eindeutige Zuordnung erfolgen. Vielmehr finden sich alle drei Erinnerungsfunktionen – Identität, Stabilität und Abgrenzung – in den Erzählungen der Frauen wieder.

Am Kontrastreichsten sind die Erzählungen zwischen den »Frustrierten« auf der einen und den »Zufriedenen« auf der anderen Seite, was bereits in der Umschreibung der Typen zum Ausdruck kommt. Letztere sehen in der Vergangenheit auch retrospektiv eine klare Einschränkung ihrer persönlichen Entfaltungsmöglichkeiten, weshalb sie den Zusammenbruch der DDR, aber auch die gegenwärtige Lebenssituation trotz des Arbeitsverlustes als Befreiung beschreiben. Ihre Narrationen sind fundierend, die historische Entwicklung war in ihren Augen notwendig. Sie identifizieren sich daher auch ausschließlich mit der Gegenwart und grenzen sich von der DDR ab, aber auch von denjenigen Ostdeutschen, die der Vergangenheit wehmütig nachblicken. Ihre Abgrenzungsidentität ist jedoch im Gegensatz zu den »Frustrierten« kein Ausdruck für die Zugehörigkeit zu einer bestimmten Wir-Gruppe. Vielmehr zeigt sich in ihren Erzählungen eine individualistische Perspektive, was eine Befragte mit den Worten »Ich war keine typische DDR-Frau« (Interview 3: 158) zum Ausdruck bringt. Auch dieser Typ lässt sich mit einer Funktion des Erinnerns in Verbindung bringen. Anders als für die »Frustrierten« fungiert die Erinnerung an die Vergangenheit jedoch nicht als Mittel, die verloren gegangene Identität zurück zu gewinnen. Im Gegenteil, über das Erinnern grenzen sich die »Zufriedenen« von all dem ab, was hinter ihnen liegt. Somit ermöglicht die Erinnerung ihnen eine Abgrenzung vom Alten und zugleich eine Hinwendung zur Gegenwart.

Die Interpretation der Typologie zeigt, dass sich sowohl durch spezifische DDR-Erfahrungen und durch die Systemtransformation, als auch aufgrund der aktuellen Lebenslage unterschiedliche Erinnerungsformen herausbilden, in denen eine charakteristische Positionierung in zeitlicher und räumlicher Hinsicht zum Ausdruck kommt. Ferner weisen die Unterschiede in der Darstellung von Gegenwart und Vergangenheit darauf hin, dass gesellschaftliche Diskontinuität nicht automatisch zu biographischer Diskontinuität führen muss. Eine Gesellschaftstransformation bedeutet nicht für jeden Menschen zwangsläufig einen gravierenden Einschnitt in die eigene Identität und Wahrnehmung. Dieser Umstand wird vielmehr von der Interpretation vergangener Erfahrungen beeinflusst. Zusammenfassend lässt sich feststellen, dass sich die Erinnerungstypen mit Hilfe der Theorien kollektiver Erinnerung interpretieren lassen und auf diese Weise Aufschluss über das Zusammenspiel zwischen Gegenwarts- und Vergangenheitsdeutungen im Erinnerungsprozess und die Funktion des Erinnerns für die Identität der Betroffenen geben. Die Frage hingegen, wie sich geschlechtsspezifisches Erinnern am konkreten Fall erwerbsloser Frauen aus Ostdeutschland gestaltet, lässt sich über Theorien des kollektiven Gedächtnisses nicht hinreichend beantworten. Dafür ist erneut der Blick auf mögliche Antworten der Geschlechterforschung notwendig.

Weibliches Erinnern am Beispiel erwerbsloser ostdeutscher Frauen

Mit der Entscheidung, arbeitslose Frauen als Untersuchungsgruppe auszuwählen, wurden sie zum Subjekt und Objekt von DDR-Erinnerung. Es sind gerade jene Frauen, die unter den Kriterien gesellschaftspolitischer Bedeutsamkeit zunächst keine Beachtung und Anerkennung finden. Sie zählen also zu den »ordinary women«, von denen im Diskurs um weibliches Erinnern die Rede ist (Paletschek 2009: 170). Gleichzeitig liefern aber gerade diese Frauen aus ihrer prekären Lebenssituation und aufgrund ihrer spezifischen Transformationserfahrungen einen wichtigen Beitrag zur DDR-Erinnerungsdebatte, wodurch ihre Geschichten durchaus eine gesellschaftliche Bedeutung erlangen können. Der Gesellschaftswandel hat sich für sie als besondere Herausforderung erwiesen: Der Arbeitsplatzverlust brachte nicht nur finanzielle Verunsicherungen mit sich, sondern zwang sie zugleich dazu, ihre Rolle als Frau in der heutigen Gesellschaft und in der DDR zu hinterfragen. Daher sprechen die

Betroffenen in ihren Erzählungen Themen an, die einen spezifisch weiblichen Blick auf Vergangenheit und Gegenwart deutlich machen.

Als Akteure von DDR-Erinnerungen sprechen die Interviewten im Wesentlichen drei Themengebiete an, die weitgehend mit den zuvor dargestellten Charakteristika des weiblichen Erinnerns übereinstimmen. Zunächst äußern sich die Frauen zu Aspekten des DDR-Alltags, die sich mit dem Titel Frauenrolle bzw. Geschlechterverhältnisse zusammenfassen lassen. In diesem Punkt überschneidet sich jedoch die in der Theorie hergeleitete Trennung zwischen privater (als typisch weiblicher Erinnerung) und öffentlicher (als typische männlicher Erinnerung) Sphäre. Dies ist ein Resultat der in der DDR-Gesellschaft vorhandenen starken Verflechtung zwischen privatem und öffentlich-politischem Leben, vor allem, wenn es um Fragen der Reproduktionsarbeit oder Geschlechterverhältnisse geht. Darüber hinaus gehen die Befragten auf Gesichtspunkte des Alltagslebens ein, womit zum Beispiel die Versorgungslage oder der Kontakt zu Westverwandten gemeint ist. Ein dritter Aspekt ist der Umgang mit dem Arbeitsplatzverlust.

Hinsichtlich der Geschlechterverhältnisse erzählen alle Frauen von der Doppelrolle, die sie als – teilweise allein erziehende – Mutter und Berufstätige in der DDR-Gesellschaft innehatten. Immer wieder taucht in diesem Zusammenhang die Versorgung mit Krippenplätzen auf. »Da hab ich im selben Ort einen Krippenplatz gehabt und das hat alles super geklappt« (Interview 1: 115), schildert eine der Frauen ihre positiven Erfahrungen. Doch nicht alle teilen diese Ansicht.

> »Wie meine Tochter kam, hatte ich nicht das Glück, gleich einen Krippenplatz zu bekommen. Wenn man verheiratet war, war das nicht so dringend, man hatte dann ja jemanden und auch damals hieß es schon: ›Man muss Beziehungen haben.‹« (Interview 3: 159)

Auch das schlechte Gewissen der fürsorglichen, zugleich aber berufstätigen Mutter kommt in den Interviews zum Ausdruck. »Jetzt muss sie natürlich dort warten und sitzen. Wartet auf die Mutti« (Interview 5: 189). Obwohl sich alle Frauen zunächst darüber einig sind, dass das Sozialsystem der DDR gerade auch im Vergleich zur heutigen Zeit sehr gut ausgearbeitet war, zum Beispiel hinsichtlich der Möglichkeiten zur ganztägigen Kinderbetreuung, erscheint bei näherem Hinsehen genau dieser Punkt unter dem Blickwinkel der Mutter durchaus ambivalent.

Während die Erinnerung an das wartende Kind Unbehagen hervorruft, rückt der Vergleich mit der heutigen Lebenssituation das Kinderbetreuungssystem wieder in ein durchweg positives Licht. Denn der Wiedereinstieg ins Berufsleben gestaltet sich für viele von ihnen gerade aufgrund veränderter Rahmenbedingungen äußerst schwierig.

> »Naja, so richtig mit Arbeit hat's halt nicht wieder geklappt, weil zum einen damals das Kind zu klein war und allein erziehend mit Kind, das war ja immer son Handicap gewesen und dann war man zu lange raus aus der ganzen Sache, und da war das auch wieder ne Schwierigkeit.« (Interview 5: 184)

In diesem Zitat kommt eine besondere Herausforderung zum Ausdruck: Beruf und Familie als Alleinerziehende zu vereinbaren, was in der DDR-Gesellschaft durchaus üblich war, denn die Frauen waren gerade durch die berufliche Einbindung selbstständig und unabhängig. »Da war ich schon von meinem Mann getrennt, konnte ich mir eigentlich gar nicht leisten, kurz zu treten« (Interview 4: 170), schildert eine Befragte den Konflikt zwischen Berufsalltag und Mutterrolle. In einem anderen Gespräch taucht der Widerspruch des DDR-Sozialsystems im Hinblick auf die Unterstützung alleinerziehender im Vergleich zu verheirateten Frauen auf.

> »Die Verheirateten, die waren eigentlich besser dran. Die [...] brauchten auch nicht so lange arbeiten, das stand mir alles nicht zu komischer Weise. Hab ich immer gedacht: ›Warum [...] wirst du nicht so behandelt wie jemand, der verheiratet ist?‹ Man ist ja trotzdem Frau mit Kind und hatte auch einen Haushalt und trotzdem hat man keine, also Vorteile hatte ich nicht gehabt. Ja [...] das war dann negativ an der Sache. Aber ansonsten war es okay.« (Interview 5: 189)

Ein anderer Aspekt des DDR-Alltags, an den sich alle Frauen erinnern, ist der so genannte Haushaltstag, den sich jede berufstätige Frau einmal im Monat für Erledigungen oder beispielsweise Arzttermine nehmen konnte.

Aber auch an den Arbeitsplätzen selbst habe es einige positiven Zuwendungen für die weibliche Belegschaft gegeben:

> »Und dann hatten wir auch eine Kosmetikerin, die auf Arbeit gekommen ist. Und an dem Tag konnte man sich kosmetisch im Frauenruheraum – das war auch so was – im Frauenruheraum ausruhen und bisschen kosmetisch betreuen lassen.« (Interview 1: 140)

Eine der Befragten begründet diese Vergünstigungen mit ihrer Rolle als Frau, denn »als Frau, sag ich mal, hat man ja mehr Aufgaben durch die Wohnung, einkaufsmäßig und so« (Interview 4: 181). Die Arbeitsteilung in der Reproduktionsarbeit ging auch in der DDR zu Lasten der Frauen. Wohl deshalb werden in den Erinnerungen gar nicht so sehr innerfamiliäre und private Aspekte thematisiert (Petö/Szapor 2004: 178), sondern vor allem die Unterstützung in der Reproduktionsarbeit durch soziale Institutionen. Diese institutionelle Unterstützung wird von allen fünf Interviewpartnerinnen ebenso positiv konnotiert wie die Solidarität und Nachbarschaftshilfe, die die Bewältigung des Alltags ebenfalls enorm erleichterte.

Unter dem Aspekt des Alltagslebens gehen fast alle Frauen auf ein Thema ein, das durchaus als überwiegend weiblich interpretiert werden kann: die DDR-Mode. Gerade aufgrund der Entbehrungen und Mangelwirtschaft war Kleidung ein knappes und zugleich begehrtes Gut.

> »Meine Oma, die hat geschneidert, ja, da wurden dann unter einander mit Freundinnen Modezeitschriften ausgetauscht und: ›Das sieht schick aus!‹, und Schnitt dazu und die Oma hat das dann genäht« (Interview 4: 177),

erinnert sich eine der Frauen. Besonders begehrt war Westkleidung, die Verwandte mitgebracht oder geschickt haben.

> »Die Oma, wenn die nach Westen gefahren ist, die hat ja hier immer aus den Müllcontainern die schönsten Pullover rausgefischt. Sag ich: ›Mensch Oma, das ist doch gerade schick!‹« (Interview 1: 137),

so die Schilderung einer Befragten. »Der King, mit der Oma ihrem abgelegten Zeug aus dem Westen« (Interview 1: 137) sei sie gewesen. Auffällig ist, dass in beiden Erzählungen der Großmutter in Bezug auf das Beschaffen neuer Kleidung eine zentrale Bedeutung zukommt.

Interessant ist auch die Beschreibung der »typischen DDR-Frau«, die jedoch nur eine Interviewte explizit in ihre Geschichte integriert. Sie nimmt in ihrer Erinnerung insgesamt eine sehr kritische Haltung zur DDR-Vergangenheit ein (in der Typologie entspricht sie den »Zufriedenen«) und findet für sich als einzige eine Definition der typischen DDR-Frau, von der sie sich in ihrer Erzählung jedoch immer wieder abgrenzt. »Ich bin aber in diesem Sinne dann kene typische DDR-Frau, denn ich hatte von Anfang an Westbeziehungen, [...] ich hatte Devisen.« (Interview 3: 158) Aus dieser Aussage lässt sich ein Bild der DDR-Frau ableiten, die ihrem Staat treu ergeben ist, keine Kontakte zum westlichen Ausland pflegt und mit dem zurechtkommt, was ihr die DDR-Gesellschaft bieten kann.

> »Ich konnte nicht verstehen, wenn andere Leute sagten: ›Wir hatten keine Bananen, wir hatten keine Apfelsinen.‹ Das hatte ich gehabt, ich musste da nicht rumlaufen. Ich hatte meine Schokolade, kene ostdeutsche Schokolade, das war westdeutsche Schokolade- in dem Sinne, das meinte ich jetzt mit typische DDR-Frau« (Interview 3: 158)

Die typische DDR-Frau, die im obigen Zitat als Abgrenzungsschablone dient, ist sicher keine feststehende Kategorie. Dennoch lassen sich bestimmte Merkmale identifizieren, die eine Charakterisierung ermöglichen. Üblicherweise waren Frauen in der DDR diejenigen, die sich neben dem Berufsalltag um Haushalt und Kinder kümmerten. Sie waren dabei auf die Versorgungslage in den DDR-typischen Kaufhallen angewiesen und verfügten anders als die Interviewte in den seltensten Fällen über Devisen oder Westkontakte. Auch Kleidung war in der DDR Mangelware, westliche Mode war zwar sehr begehrt, doch gab es sie allenfalls in den so genannten Intershops zu kaufen. Aber es zeigt sich auch Improvisationstalent:

> »Die Angela Davis kannten wir früher. Heimkaltwelle [...] So kleine Wickel, dann einer hinter den anderen – das stank richtig wie Ammoniak. Dann hatten wir so einen Wuschelkopf. [...] Nen langen Rock mal über Nacht genäht, damit Du am nächsten Tag mal was Besonderes hattest. Und so große Ohrringe. Blaue Fingernägel.« (Interview 1, 23)

Es finden sich in den Erinnerungen immer wieder solche Hinweise auf eine Ästhetisierung des Alltäglichen, wie hier durch Mode, aber auch durch kulturelle Veranstaltungen aller Art.

Eine weitere Dimension stellt der Berufsalltag dar, denn ein Großteil der DDR-Frauen war berufstätig, was von der Parteiführung aufgrund der benötigten Arbeitskraft auch erwünscht war. »Frauen, die sich auf die häusliche Sphäre beschränken wollten, wurden von offizieller Seite als kleinbürgerlich und engstirnig bezeichnet.« (Kröplin 1999: 189) Die Frauen selbst genossen neben den sozialen Kontakten durch den Arbeitsalltag vor allem die finanzielle Unabhängigkeit. Allerdings hatten sie trotz hohem Bildungsniveau selten leitende Positionen inne (vgl. Müller 1993: 156f.). In Bezug auf den Arbeitsplatzverlust und die Schwierigkeit, eine Neuanstellung zu erhalten, schildern die Frauen zunächst ihre generellen Erlebnisse, die sich weniger auf ihre Zugehörigkeit zum weiblichen Geschlecht, sondern vielmehr auf die Transformation an sich beziehen. Nur an manchen Stellen gehen sie explizit auf den Zusammenhang zwischen Geschlechterzugehörigkeit und fehlender beruflicher Perspektive ein. Eine Frau erzählt beispielsweise von Arbeitsangeboten, die sie als Frau nicht annehmen konnte. »[...] da wurden nur Männer angefordert – Baumhäuser bauen für Kinder und Jugendliche. Äh, so ein Kinderbetreuungsverein, lauter Männer gesucht« (Interview 4: 172). Eine andere Befragte bringt die fortwährende Arbeitslosigkeit nicht nur mit ihrem Geschlecht, sondern zudem mit ihrem Alter in Verbindung.

»Als ich arbeitslos wurde, 1991, da war ich 36, da war bei der Hypovereinsbank bewerbungsmäßig ne Präsentation, und da war ne Dame, die war so um die 50, also so in meinem Alter heute, die erzählte und erzählte, und dann sagte sie: ›Ja, die Bewerberinnen, die wir brauchen, die Höchstgrenze ist 35.‹ Und da meldet sich eine Frau, die war 37, da meinte diese Dame: ›Nein, tut mir leid!‹ Und bei mir, ich war 36. ›Ach, das tut mir aber leid!‹« (Interview 1: 121)

Ähnliche Erfahrungen hat auch eine andere Betroffene gemacht. »da musste ich mir von einem jungen Mann sagen lassen, der war so Anfang 30 – ›Ne, also vom Alter her auf dem Arbeitsmarkt, das können Sie weit von sich schieben.‹« (Interview 4: 172)

Die genannten Perspektiven der Frauen spiegeln zugleich auch die Spezifika des weiblichen Erinnerns wider, nämlich die Fokussierung auf die sozialen Bedingungen des Privaten, wobei im Hinblick auf die Arbeitsteilung in der Reproduktionsarbeit ein Ineinandergreifen zwischen öffentlich-politischer und privater Sphäre beobachtet werden kann. Die Interviewten erzählen von ihren individuellen Erfahrungen vor dem Hintergrund der Gesellschaftstransformation, die jedoch nur als Rahmenhandlung auftaucht. Entgegen der politischen, vornehmlich in Westdeutschland geführten Auseinandersetzung mit der DDR vor dem Hintergrund diktatorischer Lebensverhältnisse präsentieren die Frauen in ihren Erzählungen einen anderen DDR-Alltag. Die Erzählungen fokussieren vor allem auf die Bewältigung des Alltags und die Unterstützung durch staatliche Institutionen und Nachbarschaft. Aber auch die Ästhetisierung des Alltäglichen wird immer wieder thematisiert. Und schließlich wird auch die Sphäre der Berufsarbeit vor dem weiblichen Erfahrungshintergrund in zwei patriarchal organisierten Gesellschaften in den Blick genommen: Das Gebrauchtwerden als Arbeitskraft hatte in der DDR für Frauen keineswegs einen adäquaten Anteil an Führungspositionen zur Folge. Insofern finden sich durchaus Momente der weiblichen »Gegenüberlieferung«, der Herausbildung von sozialer Erinnerung jenseits der öffentlichen Erinnerungsdiskurse.

Fazit

Werfen wir noch einmal einen Blick auf die Ausgangsfrage, welche Möglichkeiten und Grenzen Theorien kollektiver Erinnerung zur Beschreibung des sozialen DDR-Gedächtnisses erwerbsloser Frauen in Ostdeutschland aufweisen. Die Analyse des Datenmaterials hat gezeigt, dass diese Theorien vor allem auf einen Teilaspekt der Frage angewandt werden können, nämlich für die Beschreibung und Einordnung von Erinnerungsprozessen in Zeiten gesellschaftlicher Umbrüche. So konnte unter Berücksichtigung theoretischer Annahmen eine differenzierte Typisierung erstellt werden, in der sich vor allem das Wechselspiel zwischen Vergangenheit und der gegenwärtigen Lebenssituation während des Erinnerns niederschlägt. Somit ergibt sich eine Verschränkung zwischen gesellschaftlichen Ereignissen mit der individuellen Lebensgeschichte und Bewältigung der Systemtransformation. Das Erinnern an die DDR und der Vergleich mit der Gegenwart führen über Individualisierungs-, Kollektivierungs- und Abgrenzungsmechanismen zur Herausbildung neuer Identitäten. Für die interviewten Frauen bieten sich unterschiedliche Identifikationsmöglichkeiten, je nach Positionierung zur DDR- und Gegenwartsgesellschaft. Während fundierende Narrationen auf eine Identifikation mit der Gegenwart hinweisen, zeugen kontrapräsentische Erzählungen von einer affirmativen Bindung an die DDR-Vergangenheit. Die Typologie lässt auf ein differenziertes und vielseitiges DDR-Gedächtnis arbeitsloser Frauen in Ostdeutschland schließen, das von verklärender Nostalgie über eine pragmatische Auseinandersetzung mit der Vergangenheit bis hin zur distanzierten Kritik der DDR-Gesellschaft reicht.

Ein zweiter Teilaspekt der Ausgangsfrage, nämlich das spezifisch weibliche Erinnern, lässt sich hingegen nur mit Hilfe der Genderforschung und der darin vorgenommenen Verbindung von Geschlecht und Erinnerung hinreichend darstellen. Erst unter dieser Perspektive verdeutlichen sich die Besonderheiten weiblicher Erfahrungen in der DDR-Gesellschaft sowie während des Systemumbruchs. Gerade die prekäre Lebenslage, in der sich die Frauen durch den Verlust der Arbeit heute wiederfinden, ermöglicht eine grundlegende Auseinandersetzung mit dem Wandlungsprozess. Diese besondere Ausgangslage ist maßgeblich durch ihre Rolle als Frau beeinflusst, sodass davon ausgegangen werden kann, dass eine männliche Vergleichsgruppe andere Schwerpunkte in der Erzählung wählen würde. Es sind die Erzählungen der *ordinary women*, die den DDR-Alltag aus ihren spezifisch weiblichen Erfahrungen heraus interpretieren und hinterfragen. Die Genderperspektive eröffnet demnach neue Blickwinkel und Anschlussfragen und leistet somit einen wichtigen Beitrag für die Erinnerungsdebatte.

Literaturverzeichnis

Ahbe, Thomas (1999): »Ostalgie als Laienpraxis: Einordnung, Bedingungen, Funktion«. In: *Berliner Debatte Initial*, 3, 87–97.
– (2004): »Die DDR im Alltagsbewusstsein ihrer ehemaligen Bürger: Die Ostdeutschen als Produkt der DDR und als Produzenten von DDR-Erinnerungen«. In: Hüttmann, Jens, Mählert, Ulrich und Pasternack, Peer, *DDR-Geschichte vermitteln: Ansätze und Erfahrungen in Unterricht, Hochschule und politischer Bildung*. Berlin: Metropol, 113–138.
Assmann, Aleida (2001): »Wie wahr sind Erinnerungen?« In: Welzer, Harald, *Das soziale Gedächtnis: Geschichte, Erinnerung, Tradierung*. Hamburg: Hamburger Edition, 103–122.
– (2006): »Geschlecht und kulturelles Gedächtnis«. In: Bergmann, Franziska, *Erinnern und Geschlecht, Band I*. Freiburg: Fritz, 29–46.
Assmann, Jan (1995): »Erinnern, um dazuzugehören. Kulturelles Gedächtnis, Zugehörigkeitsstruktur und normative Vergangenheit«. In: Platt, Kristin und Dabag, Mirhran, *Generation und Gedächtnis: Erinnerungen und kollektive Identität*. Opladen: Leske + Budrich, 51–74.
Assmann, Jan (2007): *Das kulturelle Gedächtnis: Schrift, Erinnerung und politische Identität in früheren Hochkulturen*. 6. Aufl. München: Beck.
Bergmann, Franziska (2006): *Erinnern und Geschlecht, Band I*. Freiburg: Fritz.
Bertaux, Daniel und Bertaux-Wiame, Isabelle (1985): »Autobiographische Erinnerung und kollektives Gedächtnis«. In: Niethammer, Lutz, *Lebenserfahrung und kollektives Gedächtnis: Die Praxis der ›Oral History‹*. Frankfurt/M.: Suhrkamp, 146–165.

Borries, Bodo von (2009): »Zwischen ›Katastrophenmeldungen‹ und ›Alltagsernüchterungen‹. Empirische Studien und pragmatische Überlegungen zur Verarbeitung der DDR-(BRD-)Geschichte«. In: *Deutschland Archiv*, 4, 665–677.

Brinkmann, Christian, Schwengler, Barbara und Wiedemann, Eberhard (2002): »Der Arbeitsmarkt-Monitor Ostdeutschland 1989–1994«. In: Vonderach, Gerd, *Arbeitslose im Blick der Sozialforschung: Ausgewählte Studien aus der Geschichte der empirischen Arbeitslosenforschung im deutschsprachigen Raum*. Münster: Lit, 91–101.

Eschebach, Insa, Jacobeit, Sigrid und Wenk, Silke (2002): *Gedächtnis und Geschlecht: Deutungsmuster in Darstellungen des nationalsozialistischen Genozids*. Frankfurt/M.: Campus.

Fischer-Rosenthal, Wolfram (1995): »Schweigen – Rechtfertigen – Umschreiben: Biographische Arbeit im Umgang mit deutschen Vergangenheiten«. In: Fischer-Rosenthal, Wolfram und Alheit, Peter, *Biographien in Deutschland: Soziologische Rekonstruktionen gelebter Gesellschaftsgeschichte*. Opladen: Leske + Budrich, 43–86.

Gerhardt, Uta (1991): *Gesellschaft und Gesundheit: Begründung der Medizinsoziologie*. Frankfurt/M.: Suhrkamp.

Haag, Hanna (2010): *Erinnerungen ostdeutscher arbeitsloser Frauen an die DDR-Vergangenheit: »Jeder hat seine Zeit anders erlebt«*. Bibliotheca Academica Soziologie, Band 7, Würzburg: Ergon.

Halbwachs, Maurice (1967): *Das kollektive Gedächtnis*. Stuttgart: Enke.

Hülser, Oliver (1996): Frauenerwerbslosigkeit im Transformationsprozess der deutschen Vereinigung: Ein Ost-West-Vergleich zu den Bedingungen der Erwerbstätigkeit von Frauen im geteilten und vereinten Deutschland. Beiträge zur Arbeitsmarktforschung.

Jansen, Odile (1997): »Women as Storekeepers of memory. Christa Wolf's Cassandra project«. In: *gendered memories*, 4, 35–43.

Kluge, Susanne (1999): *Empirisch begründete Typenbildung: Zur Konstruktion von Typen und Typologien in der qualitativen Sozialforschung*. Opladen: Leske + Budrich.

Kröplin, Regina (1999): »Das Selbstbild ostdeutscher Frauen«. In: Zoll, Rainer, *Ostdeutsche Biographien: Lebenswelt im Umbruch*. Frankfurt/M.: Suhrkamp, 189–198.

Leydesdorff, Selma, Passerini, Luisa und Thompson, Paul (1996): *Gender and memory*. Oxford: Oxford University Press.

Müller, Gisela (1993): »Sozialisation und Identität von Frauen in der DDR: Voraussetzungen für die Bewältigung von Arbeitslosigkeit«. In: Kieselbach, Thomas und Voigt, Peter, *Systemumbruch, Arbeitslosigkeit und individuelle Bewältigung in der Ex-DDR*. Weinheim: Beltz, 152–169.

Paletschek, Sylvia (2009): »Opening up Narrow Boundaries: Memory Culture, Historiography and Excluded Histories from a Gendered Perspective«. In: Epple, Angelika und Schaser, Angelika, *Gendering Historiography: Beyond National Canons*. Frankfurt/M.: Campus, 163–177.

Paletschek, Sylvia und Schraut, Sylvia (2006): »Erinnerung und Geschlecht. Auf der Suche nach einer transnationalen Erinnerungskultur in Europa«. In: *Historische Mitteilungen*, 19, 15–28.

Penkwitt, Meike (2006): »Erinnerung und Geschlecht«. In: Bergmann, Franziska, *Erinnern und Geschlecht, Band I*. Freiburg: Fritz, 1–26.

Petö, Andrea und Szapor, Judith (2004): »›Women and ›the alternative public sphere‹‹: Toward a new definition of women's activism and the separate spheres in East-Central Europe«. In: *Nordic Journal Of Women's Studies*, 12, 172–181.

Schwan, Gesine (2007): »Demokratische Identität: Die Konstitution demokratischer politischer Identität in nachdiktatorischen Gesellschaften«. In: *Zeitschrift für Politikwissenschaft*, 17, 5–20.

Schütze, Fritz (1987): Das narrative Interview in Interaktionsfeldstudien: erzähltheoretische Grundlagen. Studienbrief der Fernuniversität Hagen.

Stephan, Inge (2000): »Gender, Geschlecht und Theorie«. In: Stephan, Inge und von Braun, Christina, *Gender Studies: Eine Einführung*. Stuttgart: Metzler, 58–96.

Voß, Britta (2009): *Erinnerung und Geschlecht: Geschlechtliche Vergangenheitskonstruktionen der weiblichen Resistenza am Beispiel Roms*. Berlin: Lit.

Wittenberg, Hannelore (1999): »Aus Enttäuschung und Verunsicherung: DDR-Nostalgie«. In: Zoll, Rainer, *Ostdeutsche Biographien: Lebenswelt im Umbruch*. Frankfurt/M.: Suhrkamp, 269–276.

Geschichte als Gemeinbesitz. Vom Umgang mit der Historie in korporativen Milieus

Daniel Schläppi

Dieser Beitrag befasst sich mit dem sozialen Gedächtnis eines spezifischen Sozialmilieus in Bern, einer mittelgroßen Stadt in der Schweiz. Ausgehend von grundsätzlichen Überlegungen zur Begrifflichkeit (Kap. 1), wird dieses Milieu als Soziotop, als »sozialer Ort«, als Trägerschaft eines sozialen Gedächtnisses historisch verortet und näher beschrieben (Kap. 2). Dabei zeigt sich, dass Geschichte in Belangen sozialer Distinktion und Integration eine wichtige Rolle spielte (Kap. 3). Auf dieser Folie können die wichtigsten Entwicklungslinien des sozialen Gedächtnisses der besagten Gruppierung und der dahinter stehenden Erinnerungspolitik nachgezeichnet werden (Kap. 4). Schließlich werden zwei Theorieangebote zur Diskussion gestellt, die als Analysehilfen an das empirische Material angelegt werden können (Kap. 5).

1) Begrifflichkeit und grundsätzliche Überlegungen

Die beiden Leitbegriffe im Titel dieses Beitrags, »Geschichte« und »Gemeinbesitz« bedürfen einleitender Bemerkungen. So ist zunächst zu fragen, was wir meinen, wenn wir von »Geschichte« reden. Diese Begriffsklärung ist insofern notwendig, als der Begriff »soziale Gedächtnisse« implizieren könnte, kollektive Erinnerung an Vergangenes sei von den Bedürfnissen benenn- und beschreibbarer Gruppen nach Identität und Gemeinsinn motiviert. Aus diesem Grund pflege kollektive Gedächtnisarbeit – so der naheliegende nächste Gedankenschritt – einen selektiven, willkürlichen Umgang mit historischen Fakten und Erkenntnissen, weshalb »soziale Erinnerung« hinsichtlich ihrer Faktizität fragwürdig und mit wissenschaftlicher Geschichtsforschung grundsätzlich nicht vergleichbar sei.[1]

---

[1] Die empirische Basis für der in diesem Aufsatz ausgeführten Thesen rührt von umfangreichen Quellenrecherchen her, die unter anderen Gesichtspunkten und Akzentsetzungen bereits in früher erschienene Publikationen eingeflossen sind (vgl. Schläppi 2001, 2006). In einigen kleineren Buchbeiträgen und Aufsätzen habe ich mich mehrfach mit historiographischen Themen befasst. Das »soziale Gedächtnis« im engeren Sinn diente bis jetzt aber noch nie als heuristischer Leitbegriff und

Obwohl diese Zweiteilung in den Köpfen professioneller Historiker fest verankert ist, scheint es mir verfehlt und erkenntnistheoretisch irreführend, zwischen »subjektiver Erinnerung« und »objektiver historischer Wahrheit« kategorial zu unterscheiden. Populäre Erinnerungskulturen wie auch die akademische Geschichtsschreibung sind Produkte reflektierter Erinnerungsarbeit und transportieren kollektive Mentalitäten. Weder populäre Erinnerung noch die wissenschaftliche Forschung sind vor politischer Instrumentalisierung gefeit (vgl. Marchal 2006: 87, 89–95, 102 f.; Schläppi 2010b: 255).[2] Insofern sind beide, wenn auch hinsichtlich ihrer Überzeugungskraft manchmal unterschiedlich plausibel, zunächst weder falsch noch richtig. Denn ungeachtet des Erklärungsanspruchs sowie des Deutungs- bzw. Interpretationspotenzials hinsichtlich des Vergangenen greift jede Erinnerungskultur auf spezifische Narrative, Symbole und Praktiken zurück. Ob »wissenschaftlich« oder »sozial«, jede Erinnerungsarbeit stellt auf komplexe Kulturtechniken ab. Die Wahl der Medien und der Inhalte, sprich: was wo in welcher Form zwecks kollektiver Erinnerung erzählt wird, unterliegt bewussten Entscheidungen, die stets erhebliche Investitionen an Arbeit, Geld und Geist nach sich ziehen (Schläppi 2009: 33–35, 2010b: 254–265).

Diesen Konnex verstanden zu haben, sollte der intellektuellen Beschäftigung mit sozialen Gedächtnissen unbedingt vorangehen. Kollektive Erinnerung muss als Produkt von Intentionen, Entscheidungen und Handlungen gesehen werden, will man Formen, Inhalte und Akteure unterscheiden, benennen und miteinander korrelieren können. Erst wenn eindeutig bestimmt ist, welche Personenkreise hinter einem konkreten Geschichtsmodus stehen und welche Bausteine diese »Geschichte« als »soziales Gedächtnis« einer unverwechselbaren Gruppe auszeichnen, sind Rückschlüsse auf die über Erinnerung transportierten Mentalitäten, Identitäten und Zielsetzungen der involvierten Akteure möglich. Dabei wird deutlich, dass Geschichte für unterschiedliche Bevölkerungsgruppen einen ungleichen Stellenwert hat – dies völlig unabhängig davon, ob sie von Akademikern oder von ambitionierten Amateuren generiert wird und welche Medien bei ihrer performativen Umsetzung bzw. Inszenierung zur Anwendung kommen (Schläppi 2001: 198–204, 274–276, 303 f., 453–460, 472–474, 2005, 2007b; Bächtiger 1987).

Der Leitbegriff des vorliegenden Sammelbandes verweist einerseits auf den überindividuellen Charakter menschlichen Erinnerns. Jede Erinnerung ist in soziale Kontexte eingebettet, orientiert sich an als erinnerungswürdig taxierten Narrativen und bereitet Vergangenheit zuhanden einer für bestimmte Motive empfänglichen Adressatenschaft auf. Ein soziales Gedächtnis entsteht nicht aus sich heraus. Es zu generieren und zu vermitteln, bedarf einer kontinuierlichen Kommunikationsleistung. Georg Elwert (2004: 134) versteht »spontane Kommunikation« (Small Talk) als »Schönen und Verschweigen«. Sollen Informationen hingegen nachhaltig transferiert werden, müsse zwischen Sender und Empfänger »ein Austausch bestehen, der die Informationswei-

---

wurde deshalb auch noch nie theoretisch kontextualisiert (vgl. Schläppi 2005, 2007/2, 2008, 2009, 2010).

[2] Nach Marchal (2006: 106) »verbindet sich das Erzählen der eigenen Geschichte mit Wertvorstellungen, die als ureigen erfahren werden und die nationale Existenz erklären und deuten. Diese Wertvorstellungen sind nicht objektiv oder historisch, sondern gründen im jeweils lebendigen Selbstverständnis einer Gemeinschaft.«

tergabe belohnt und Lüge, Irrtum oder Verschweigen bestraft«. Gruppenerzählungen leisten genau dies, obwohl sie zum aktiven bzw. selektiven Vergessen neigen: Sie blenden Nebensächliches und Peinliches aus und schenken positiv konnotierten Ereignissen und schmeichelhaften Deutungen überproportional viel Aufmerksamkeit.

Andererseits macht die Charakterisierung von Gedächtnissen als »sozial« klar, dass kollektive Erinnerungen immer einen »sozialen Ort« haben, sprich: konkret definierbaren Gruppen oder Sozialmilieus zugeordnet werden können.[3] An diesem Punkt setzen die Herausgeber an, wenn sie darauf hinweisen, eine Theorie sozialer Gedächtnisse müsse »Interaktionszusammenhänge wie Familien oder gesellschaftlicheMilieus« identifizieren und in die Analyse integrieren (oben S. 17). Das sei deshalb von Bedeutung, weil aktuelle Analysen entweder auf sich »interaktionistisch konstituierende Gruppengedächtnisse« oder aber auf »höherstufige Gedächtnisformen« fokussierten, ohne aber die »unterschiedlichen Ebenen genauer zu bestimmen« und »die Übergänge und Wechselwirkungen zwischen den jeweiligen Formen ausreichend zu klären« (ebd.). Anhand des diesem Beitrag zu Grunde liegenden Fallbeispiels ist es möglich, die monierten Desiderata einzulösen und »gesellschaftliche Dynamik, kulturelle Pluralisierung und Differenzierungsprozesse in die Beschreibung und Analyse sozialer Gedächtnisse« (ebd.) mit einzubeziehen.

Die Wahl von »Gemeinbesitz« als zweitem Leitbegriff dieses Beitrags erklärt sich dann auch in enger Verbindung mit dem Fokus auf die sozialen Gedächtnisse klar umrissener Personengruppen. Es geht hier also nicht bloß um parteiisch modellierte Varianten schwach konturierten Allgemeinwissens über Geschichte. Das »soziale Gedächtnis« wird vielmehr als spezifischer Modus aktiven Erinnerns verstanden, der von einer klar identifizierbaren und beschreibbaren Trägerschaft vorsätzlich kultiviert wird.[4] »Geschichte« präsentiert sich als Gegenstand intentionalen Handelns konkret

---

[3] Insofern könnte die Untersuchung von Georg Kunz (2000) als Milieustudie gelesen werden, auch wenn er mit seinem theoretischen Ansatz räumliche Aspekte ins Zentrum rückt. – In seinem Roman *Die geheimnisvolle Flamme der Königin Loana* befasst sich Umberto Eco mit der Thematik des Gedächtnisverlustes. Sämtliche biographischen Erinnerungen des Romanhelden, Giambattista Bodoni, sind gelöscht. Eco lässt in den ersten Abschnitten mehrere Romanfiguren sagen, die Episodengedächtnis sei mit Emotionen, mit prägenden Gefühlserlebnissen verbunden (Eco 2004: 15, 21). Der Konnex zwischen Erinnerung und Emotion ist für mich evident. Auch die Forschung zu Erinnerungskulturen macht immer wieder auf den Zusammenhang aufmerksam. Insofern ist von besonderem Interesse, dass nach Ute Frevert (2010: 309 f.) auch Emotionen einen »sozialen Ort« haben. Gefühlsregimes und emotionale Codes werden in Sozialisationsprozessen gelernt und gelten jeweils für bestimmte Milieus. Es erscheint sinnvoll, diese Erkenntnis der historischen Emotionsforschung ins Nachdenken über »soziale Gedächtnisse« einzubeziehen, zumal viele Untersuchungen etwa zur Mobilisierung der Massen im Geiste des Nationalismus auf den Stellenwert von Emotionen und den engen Konnex von Geschichtspolitik und Masseneuphorie hingewiesen haben (Altermatt/Bosshart-Pfluger/Tanner 1998; François/Siegrist/Vogel 1995: 23; Hettling 1998; Kaschuba 1995; Marchal/Mattioli 1992; Schläppi 2007). In analoge Richtung lassen sich die Konzepte der Pioniere Maurice Halbwachs und Pierre Nora weiterdenken (vgl. Grosse-Kracht 1996).

[4] Im weiteren Verlauf des Beitrags wird deutlich werden, dass die zur Diskussion stehenden Gruppen als Trägerschaften sozialer Gedächtnisse viel enger gefasst werden können, als es Marchal (1990: 310) mit Blick auf die Schweizer Verhältnisse getan hat. Marchal zufolge gibt es zwar »verschiedene sich überdeckende und konkurrierende Identitätserfahrungen«. Gleichzeitig differenziert er nur in »lokale, kantonale und nationale« Kulturen. Im Vergleich zu den hier angesprochenen korporativen Milieus, die sich bis auf die Ebene der Individuen herunter exakt definieren lassen, ist Marchals

fassbarer Akteure, die »ihre Vergangenheit« als wertvolles Besitztum, als ureigenes, historisches Erbe ansehen. Und weil dieses Erbe nicht von Familien oder Individuen sondern ausschließlich durch die Gruppenzugehörigkeit vermittelt wird und nur im Gruppenverband beansprucht bzw. bewirtschaftet werden kann, ist es sinnvoll, von »Gemeinbesitz« zu reden.[5]

Gruppen können Geschichte kontextabhängig als politisches Argument, als sozialstratifizierendes Instrument oder als distinktiven Statusmarker nach innen und/oder außen einsetzen. Das ist an sich trivial und schon länger bekannt (vgl. Marchal/Mattioli 1992: 14). Allerdings ist zu bedenken: Geschichte ist im eigentlichen Sinn eine »Ressource«. Insofern nämlich, als sie nicht per se existiert, sondern nur in Potenz vorhanden ist (vgl. Penrose 1959), was hier im philosophischen Wortsinn zu verstehen ist, sprich: als (noch) nicht realisierte Möglichkeit.[6] Jede Transformation von Potenz in Aktion bedarf sozialer und kultureller Techniken sowie der Investition materieller Ressourcen. Der »Wert« einer Ressource konstituiert sich in Relation zu den Interessen, Ideen und zum Handlungsvermögen der potenziellen Nutznießenden. Man muss den Wert einer Ressource überhaupt erst erkennen, um sie nutzen zu können. Der tatsächlich realisierte Nutzen hängt dann vom Einfallsreichtum der Akteure ab. Ressourcen sind fluide, sprich: sie verflüchtigen sich, wenn sie nicht gepflegt werden. Selbst objektiv vorhandene Werte können durch Nichtgebrauch oder unsachgemässe Nutzung zum völligen Verschwinden gebracht werden. Werden Ressourcen in sozialen Interaktionen eingesetzt, gehen sie in einen anderen Aggregatszustand über.

In Bezug auf Geschichte bedeutet dies, dass prallvolle Magazine mit den wertvollsten Schätzen wertlos sind, wenn sie nicht erschlossen und erforscht werden. Der Hinweis auf alte Tradition und Herkommen wird auf Dauer unglaubwürdig, wenn kollektives Bewusstsein nicht über kollektive Praktiken verstetigt wird. Narrative und Deutungen müssen in komplizierten Gruppenprozessen generiert, verhandelt, verbreitet, verankert und gegen fremde Zugriffe oder unbefugte Deutungsansprüche von Insidern verteidigt werden. Denn der Besitzerbefindlichkeit zuwiderlaufend gedeutet oder vergessen, verliert die Ressource Vergangenheit ihren Wert. Dies gilt selbst für angeborene bzw. geerbte Geschichte, wie sie eindrückliche Ahnengalerien verkörpern. Wer seine Deszendenz unter den gestrengen Blicken der porträtierten Vorfahren nicht faktisch korrekt herunterbeten oder kreativ karikieren kann, kann den verstaubten Bilderschatz auch gleich auf dem Flohmarkt verhökern. Aus diesem Grund müssen

---

Analyseraster anhand der territorialen und politischen Gegebenheiten der Schweiz gebildet und vermag die soziale und kulturelle Prägung einzelner gedächtnispolitischer Akteure nicht zu fassen.

[5] In Anlehnung an die Arbeiten von Elinor Ostrom (1999) eröffnen sich interessante analytische Fluchtpunkte, wenn man verstehen will, warum sich im angesprochenen Milieu bestimmte Sichtweisen auf Geschichte etablieren, während sich andere Interpretamente nicht durchsetzen. Zum methodischen Potenzial von Ostroms Konzepten im Hinblick auf die ältere Schweizergeschichte vgl. Schläppi (2007a).

[6] Die folgenden Überlegungen zum Begriff »Ressourcen« stellen Ergebnisse der Vorbereitungen und Diskussionen im Rahmen eines von Daniel Schläppi im September 2010 gemeinsam mit Gabriele Jancke an der FU-Berlin veranstalteten Workshops unter dem Titel »Die Ökonomie sozialer Beziehungen – Ressourcenbewirtschaftung als Geben, Nehmen, Investieren, Verschwenden, Haushalten, Horten, Vererben, Schulden« dar.

sich Gruppen – besonders wenn sie sich hinsichtlich ihrer sozialen Struktur wandeln – über die zentralen Inhalte ihrer Geschichte verständigen und diese stetig aufbereiten.

Neben der Selbstvergewisserung nach innen dient Erinnerungsarbeit aber stets auch der Imagepflege nach außen. Selbstbilder werden dann besonders wertvoll, wenn es gelingt, sie durch einleuchtende Erzählungen und glaubhafte Selbstdarstellungen an die Außenwelt zu kommunizieren und für »die Andern« zu Fremdbildern werden zu lassen. Auf welche Medien und Inhalte Gruppen zur äußerlichen Inszenierung und publizistischen Verbreitung ihres »sozialen Gedächtnisses« abstellen, ist abhängig von den zeitüblichen Codes und den technischen Möglichkeiten. Wie ein soziales Gedächtnis formal aufbereitet und vermittelt wird, ergibt sich aus den finanziellen Möglichkeiten, den kollektiven Bedürfnissen bzw. Erwartungen sowie dem historischem Bildungsanspruch des Zielpublikums, wobei seit dem ausgehenden Historismus in den hier thematisierten Erinnerungskulturen »authentisches Erfahren« einen zentralen Stellenwert einnimmt (Schläppi 2010b).

2) *Das korporative Milieu als Fallbeispiel*

Die genannten Zusammenhänge lassen sich idealtypisch am hier behandelten Fallbeispiel nachzeichnen und analysieren. Es geht um die burgerlichen Korporationen der Stadt Bern, auch »Gesellschaften« oder »Zünfte« genannt. Als Institutionen mit (berufs-)ständischen Ursprüngen im Spätmittelalter haben sie bis in die Gegenwart überdauert und genießen auch im 21. Jahrhundert noch den Status öffentlich-rechtlicher Organisationen.[7] Insgesamt gibt es dreizehn Korporationen, die rechtlich gleich gestellt und unabhängig sind, wie gewöhnliche politische Gemeinden, die gleichzeitig aber Teile der sog. »Burgergemeinde« bilden. Die Burgergemeinde ihrerseits fungiert wie eine Dachorganisation, ist politisch ebenfalls unabhängig, den Korporationen gegenüber aber nicht weisungsbefugt (Rieder 1998: 114 f.; Schläppi 2001: 340 f.).

Wer einer Korporation angehört, gehört zwingend auch zur Burgergemeinde. Die Summe der Korporationsmitglieder bildet die sog. »Burgerschaft«. Diese wiederum stellt eine ständisch exklusive Elite innerhalb der Stadtbevölkerung dar. Die Zugehörigkeit wird in der Patrilinie vererbt. Als logische Folge davon verstehen sich die Korporationen als Generationen überspannende Traditionsverbände. Darüber hinaus verfügen einige von ihnen über eine vielfältige und in gewissen Bereichen lückenlose Überlieferung seit dem 16. bzw. 17. Jahrhundert. Entsprechend messen die verantwortlichen Akteure dem sozialen Gedächtnis der Gruppe große Bedeutung zu (Schläppi 2008).

Im Rahmen eines größeren Forschungsprojektes bot sich mir Gelegenheit, detaillierte Personendaten von annähernd 8000 Individuen zu sammeln. Bei diesen Menschen handelte es sich um den Mitgliederstamm sowie um die eingeheirateten bzw. nicht zu einer Korporation gehörenden männlichen Partner von weiblichen Kor-

---

[7] Umfassende bibliographische Angaben in den Ausführungen über den Forschungsstand sowie im Literaturverzeichnis bei Schläppi (2001: 18–22, 527–539). Zuletzt erschienen Schläppi (2011).

porationsangehörigen im Zeitraum von 1800 bis 2000. Dank einer dichten Datenlage wurden einerseits Individuen in familiären und verwandtschaftlichen Zusammenhängen sichtbar. Andererseits kristallisierte sich das korporative Milieu als einzigartiges nach sozialhierarchischen, ständischen und kulturellen Kriterien strukturiertes Soziotop, als klar gerahmter »sozialer Ort« im engeren Sinn heraus. Weiß man über die Milieukonsistenz bestimmter Familien und Individuen Bescheid, nehmen plötzlich charakteristische Wertehaltungen und Mentalitäten konkrete Konturen an, die aus der Makroperspektive nur schemenhaft zu erahnen waren. Die Mikroperspektive macht das Handeln, Fühlen und Denken im Kollektivzusammenhang nachvollziehbar. Und so wird schließlich verständlich, welche Rolle Geschichte im Selbstverständnis der Akteure einnahm und in welcher Weise historische Fakten und Fiktionen zu einem sozialen Gedächtnis zusammengebaut werden konnten.

In der Terminologie der Herausgeber werden dabei »spezifische Selektivitäten« erkennbar, »die sich an den Schnittstellen (zwischen Personen, Gruppen, Generationen, Diskursen etc.) ausbilden und das je spezifische Verhältnis von Erinnerung und Vergessen konstituieren« (vgl. oben S. 17). Und es wird deutlich, welche Funktionalität soziale Gedächtnisse »für die Prozesse der sozialen und individuellen Sinnbildung« (ebd.) und auch in politischen bzw. ideologischen Auseinandersetzungen haben. Über Figurationen des Erinnerns in institutionalisiertem Rahmen kann gezeigt werden, welche Funktionen gewissen Versatzstücken sozial geprägter Gedächtnisse in Abhängigkeit des jeweiligen Kontextes zukommen.

Zur Pflege der kollektiven Rückerinnerung wurden im korporativen Milieu seit dem beginnenden 19. Jahrhundert erhebliche Mittel investiert, was den Wert der Ressource Vergangenheit verdeutlicht. Um zu erklären, warum so viel Aufwand für kollektive Retrospektion betrieben wurde, muss man sich die Zeitumstände vergegenwärtigen: Obwohl die burgerlichen Körperschaften nach außen das Bild konsistenter und homogener Personenverbände abgaben, waren die Korporationen keineswegs erratische Blöcke. Bei näherer Betrachtung zeigt sich, dass sich ihr Mitgliederstamm aus ganz unterschiedlichen Sozialgruppen zusammensetzte (Schläppi 2010a). So gehörten ihnen einerseits die Nachfahren der im Ancien Régime regierenden Aristokratengeschlechter an, andererseits aber auch die Deszendenten der einfachen Stadtbürger aus handwerklich-gewerblichem Milieu. Dieses ständische Gefälle und politisch turbulente Zeiten – allein im 19. Jahrhundert fegten drei Revolutionen über die Burgerschaft hinweg – führten zu inneren Auseinandersetzungen, die im letzten Drittel des 19. Jahrhunderts sogar selbstzerstörerische Dimensionen annahmen (Arn 1999; Rieder 1998; Schläppi 2001: 62–76).

Zeitgleich zu diesen Prozessen begannen die Korporationen im ausgehenden 19. Jahrhundert, gegen Bezahlung erheblicher Einkaufssummen vermehrt neue Mitglieder aufzunehmen. Die Zuzügler entstammten mehrheitlich den lokalen Leistungs-, Besitz- und Kultureliten. Zu den Spannungen, welche mit den geschilderten politischen Transformationsprozessen einhergingen, rief der durch diese Entwicklungen in Gang gebrachte Wandel der Sozial- bzw. Mitgliederstruktur innere Differenzierungsprozesse hervor. Das bedeutete – in den Worten der Herausgeber – mehr »gesellschaftliche Dynamik« und »kulturelle Pluralisierung« (vgl. wiederum oben S. 17). Vor diesem Hintergrund mutierte Geschichte zum Katalysator in unterschiedlichen

Konfliktfeldern, wobei ein Gemeinschaftsgedächtnis erst gefunden – oder besser: geschaffen werden musste (Schläppi 2001: 453–460, 2005, 2007, 2010b, 2011).

Die Problematik liegt auf der Hand: Eingekaufte Neulinge standen gegenüber dem Nimbus des altbernischen historischen Herkommens auf verlorenem Posten, hatten sie doch weder nennenswerte Stammbäume noch Ahnen mit benennbaren Verdiensten um die glorreiche bernische Geschichte vorzuweisen. In Analogie zum amorphen Sozialprofil der Korporationen waren die Vergangenheitsbezüge aller Mitglieder familiär-verwandtschaftlich bzw. milieuspezifisch gefärbt. Die Nachkommen der ehemals mächtigen Aristokratie pflegten ein vollkommen anderes Selbstverständnis als es sich assimilationsbeflissene Novizen, die erst »kürzlich« und nur dank ihres Geldes dazugekommen waren, je anmaßen dürften.

3) Geschichte als Medium sozialer Distinktion und Integration

Entscheidendes ständisches Distinktionskriterium ist in den geschilderten Vorgängen und Beziehungen das »Familienalter«, welches das Jahr bezeichnet, in dem sich eine Familie ins »Burgerrecht« eingekauft hat. »Alt« wird unterschwellig mit »historisch bedeutsam« gleichgesetzt. Obwohl alle Menschen Vorfahren und somit eine Ahnenreihe haben, die in die Anfänge der Menschheit und somit eindeutig vor den Eintritt ins Burgerrecht zurückreicht, wird das Kontinuum der Zeit, an dem alle Menschen gleichermaßen teilhaben, zum »ständischen« Marker modelliert. Fehlendes »Herkommen« kann nicht kompensiert werden (Schläppi 2010a: 30 f., 348–351). Sinnbildlich für die innere Stratifizierung nach dem unumstößlichen Maßstab des Familienalters steht eine Begebenheit, deren Zeuge ich 1998 im Rahmen eines gesellschaftlichen Anlasses wurde. Anlässlich des Festes »Üses Huus« [unser Haus] sagte Herr O. (anonymisiert, Eintritt ins Burgerrecht 1980) zu Herrn M. (anonymisiert, Eintritt ins Burgerrecht 1910): »Ihr seid halt eine alte Familie.« Darauf erwiderte M.: »Alt ist nur, wer schon in Laupen dabei war.« Die Chiffre »Laupen« meint einen für die Berner und Schweizer Geschichte entscheidenden Schlachterfolg im Jahr 1339. Beide Gesprächspartner haben also die Kategorie Familienalter verinnerlicht. Sie orientieren ihre Vorstellungen von »alt« jedoch an unterschiedlichen Maßstäben. Für Familien, die seit 1990 zur Korporation gehören, mag schon eine Einburgerung aus dem frühen 20. Jahrhundert beeindruckend wirken. Geschlechter, die um 1900 eingetreten sind, beziehen ihre Vorbilder aus dem Ancien Régime. Ironisch an der besagten Episode ist, dass auf der fraglichen Korporation schon 1998 keine einzige Familie mehr vertreten war, die einen Schlachtgänger von »Laupen« hätte vorweisen können (Schläppi 2001: 79–81, hier 81).[8] Ein ausgeprägter Hang zur Selbsthistorisierung wird besonders augenscheinlich bei Familien, die über eine Heirat den Anschluss an eine Familie aus höherem Ständemilieu geschafft haben. Heiratet jemand in eine Familie aristokratischen Herkommens und tritt später sogar ins Korporationsrecht ein, so gräbt sich dieser Umstand als erinnerungswürdiges Mysterium in die Familiennarratio ein.

---

[8] Vgl. den Artikel »Laupenkrieg« im Historischen Lexikon der Schweiz unter: http://www.hls-dhs-dss.ch/textes/d/D8728.php, Version 04.12.2007).

Ein anschauliches Beispiel dafür bietet der pathetisch-schicksalsergebene Duktus, in dem ein Korporationsmitglied in der Vereinspostille die Umstände schildert, unter denen seine Ahnen im 19. Jahrhundert die – unzweifelhaft als großes Privileg angesehene – Korporationszugehörigkeit erlangten:[9] »Unsere Vorfahren dürften ursprünglich vertriebene Täufer sein«, so der erste Satz der Erzählung. Mit dieser für unwissende Außenstehende nebensächlich erscheinenden Vermutung verleiht der Autor seiner Geschichte bereits einige Spannung, denn vor diesem Hintergrund müssen die im Folgenden erzählten Umstände der Einbürgerung seiner Familie für die in bernischer Historie selbstredend bewanderte Leserschaft des »Zunftbriefes« geradezu unglaublich anmuten: Tatsächlich verfolgte die bernische Obrigkeit die Täufer von der Reformation bis ins 18. Jahrhundert unerbittlich. Die harmlose Glaubensgemeinschaft galt dem Regiment als gefährlichster Staatsfeind. Dass nun der Stammvater der besagten Familie, ein junger Bauernsohn und Schulmeister aus dem Emmental – einem ehemaligen Untertanengebiet Berns –, bereits nach kurzem Dienstverhältnis als Lehrer an einer öffentlichen Berner Schule von einer für die Kinder von Korporationsangehörigen gegründeten Privatschule eingestellt wurde, war wundersam. Dass er sich daraufhin erfolgreich in die Tochter eines bedeutenden Bernburgers verliebte, war für das 19. Jahrhundert ein außerordentliches Ereignis. Wenig überrascht hingegen, dass der spätere Schwiegervater dem eifrigen Aufsteiger zunächst den Umgang mit seiner Tochter verbot. Begründung: In seinen Kreisen werde »nur innerhalb der Burgerschaft geheiratet«. Doch noch war das letzte Wort in dieser Sache nicht gesprochen. Die zuerst durch höhere Gewalt unterdrückte Liebe erreichte »ihre Erfüllung« nämlich doch noch, denn nach Jahren durfte sich der verliebte Aspirant aufgrund »seiner Verdienste um die Jugend der Stadt Bern« für teures Geld ins Armengut der Metzgerzunft einkaufen. Die Geschichte dieser Einbürgerung schließt mit der hochtrabenden Feststellung, die Liebe des Vorfahren habe für die Nachkommen »buchstäblich Berge« versetzt, verdankten sie ihr doch »bis auf den heutigen Tag das Burgerrecht von Bern«.

Solche Emphase kündet vom hohen Stellenwert, den integrationseifrige Sozialaufsteiger dem Besitz des Burgerrechts zuschrieben. Umgekehrt wussten aber auch die Gesellschaften um das Potenzial und die Bedeutung der unterschiedlichen Ressourcen, die dank der Zuzügler neuerdings zu Korporationsbesitz kondensierten. Dabei spielten nebst Geld zeitgemäßes Know-how, modernes technisches und kulturelles Wissen, neue Netzwerke und Beziehungen eine entscheidende Rolle. Um die sich darin bietenden Möglichkeiten für die Gesellschaften tatsächlich nutzbar werden zu lassen, bedurfte es der aktiven Integration und der Vergemeinschaftung der Neulinge mit den alteingesessenen Mitgliedern. Als ideales Handlungsfeld zu vordergründig ideologiefreier Annäherung erwies sich Geschichte.[10]

---

[9] Die folgenden Ausführungen und Zitate nach Zunftarchiv Metzgern Nr. 836(8), Zunftbrief der Zunft zu Metzgern in Bern, Nr. 3, April 1988, 5 f.

[10] Vgl. hierzu ein exemplarischer Fall bei Schläppi (2001: 198–200).

4) Wichtigste Entwicklungslinien in der kollektiven Erinnerung seit 1800

Seit 1800 lassen sich in der kollektiven Erinnerung der burgerlichen Korporationen folgende Handlungsstränge und inhaltlichen Verschiebungen beobachten:

a) Von segregierter zu uniformer Erinnerung

Im 19. Jahrhundert verteidigten die Nachkommen der alten Aristokratie unter dem Eindruck politischer Anfeindungen von liberaler Seite lange Zeit ein konservatives Geschichtsbild und beanspruchten die Deutungshoheit über die Geschichte des alten Bern. Bei jedem Schlachtenjubiläum wurde erbittert darüber gestritten, wer historische Feierlichkeiten organisieren und überhaupt daran mitwirken dürfe, oder auch, wer in den zeittypischen Umzügen die historischen Helden darstellen dürfe. Wichtige Jubiläen feierten die politischen Antipoden damals getrennt, und die Festredner polemisierten in ihren Ansprachen unverblümt gegen die Konkurrenz. Mit zunehmender politischer Bedeutung der Arbeiterschaft fanden die zuvor zerstrittenen bürgerlichen Eliten im ausgehenden 19. Jahrhundert zu einer gemeinsamen Sicht auf die bernische Geschichte. Dieser Prozess, den die bürgerlichen Schichten auf dem Weg zu einem gemeinsamen sozialen Gedächtnis durchmachten, kulminierte im Jubiläum zur 700jährigen Stadtgründung bzw. zum 600jährigen Jubiläum der Eidgenossenschaft (Schläppi 2001: 453–460).[11] Dieses Ereignis veranschaulicht, dass es der kreativen Verflechtung von lokaler und nationaler Geschichte bedurfte, um zuvor dominante Feindseligkeiten und Friktionen zu vergessen und gesellschaftliche Gräben zu überbrücken. Der Konnex zur »Nationalgeschichte« – selbst in ihrer rudimentären helvetischen Ausprägung – ermöglichte es konkurrierenden Eliten, neue Gemeinsamkeiten zu finden, diese zu benennen und alte Animositäten zu vergessen oder in gemeinsamer performativer Praxis mindestens zu überspielen.

Die bernische Heldenhistorie bot ein ideales Terrain für diese historische Vergemeinschaftung, denn die epochalen Siege in Laupen und in den Burgunderkriegen hatten Bern im Spätmittelalter zur größten Stadtrepublik nördlich der Alpen gemacht. Der Stellenwert des Krieges im sozialen Gedächtnis der Korporationen war anders geartet als die in Europa synchron aufgekommene, nationalistische Totenverehrung. Hettling (1998a: 99) bemerkt: »die gefallenen Soldaten des modernen Totenkults waren real«, sie waren auf Schlachtfeldern gefallen und hatten Angehörige hinterlassen. Die mittelalterlichen Helden hingegen boten ein imposantes Arsenal an Symbolgestalten, die den Bürgern des 19. Jahrhunderts wenigstens eine dumpfe Ahnung davon gaben, was Kriegsbrüderlichkeit hätte sein können.

---

[11] Marchal (2003: 528 f., 532 f.) hat im Hinblick auf die besagte Jahrhundertfeier festgestellt, solche Jubiläumsfeierlichkeiten seien »keine spontanen Äußerungen eines Selbstbewusstseins«, sondern widerspiegelten, »was in der politischen und in der Bildungselite als staats- und gemeinschaftsfördernd erkannt wird und vermittelt werden will«. Ungeachtet der politischen Gegensätze in und um Bern, die während und nach den Feierlichkeiten weiter bestanden, erschien »unter dem Eindruck des festlichen Augenblicks [...] das Ganze als überwältigender Erfolg«.

b) »Invented Traditions« als Integrationsinstrumente[12]

Den Neulingen in den Korporationen fehlte es an historischem Herkommen in Form vorzeigbarer Familiengeschichte. Deshalb fokussierten die Korporationen in ihrer Rückerinnerung seit dem ausgehenden 19. Jahrhundert vermehrt auf ihre handwerklich-gewerblichen Ursprünge im Spätmittelalter. Zwar hatte die zünftische Handwerkstradition, die in der frühen Neuzeit andernorts erheblichen Einfluss auf Politik und Kultur zu entfalten vermochte, in Bern fast keine Rolle gespielt (Schläppi 2006: 18 f.). Indem sich der Akzent im sozialen Gedächtnis der Korporationen im Zeitalter des Historismus in Richtung republikanisch-genossenschaftlicher Elemente verschob, rückte die herrschaftlich-sozialhierarchische Prägung der Aristokratenzeit erinnerungstechnisch in den Hintergrund. Dies erlaubte es, die nach wie vor bestehenden Standesunterschiede zwischen »alten« und »neuen« Familien über historisch gesättigte Symbolik zu nivellieren und dank egalitärerer Identifikationsangebote mehr Menschen unterschiedlichen Herkommens in kollektive Erinnerungspraktiken einzubinden.

Im Zuge der fraglichen Kampagnen wurden »alte« Traditionen reanimiert oder bei Bedarf auch gleich neu erfunden sowie neue Erinnerungsorte (historische Schlachtfelder) kolonisiert. Es entstanden an als besonders historisch deklarierten Stellen in der Altstadt neue »Zunfthäuser«. Umgekehrt wurden rudimentäre Einrichtungen in Altbauten als historisches Erbe musealisiert und über Generationen weiter verwendet. Das Handwerk rückte ins Zentrum der korporativen Gedächtnisse. Die Handwerkstradition behauptet ihre Bedeutung als Inkunabel einer gemeinsamen Erinnerung bis in jüngste Vergangenheit ungebrochen (Schläppi 2001: 23, 325–330, 390–392, 449–453, 472 f., 492 f., 498 f., 2006: 132–134, 212).

Die genannten Themen und Techniken aktiv zelebrierter Erinnerung bauen auf spezifische Formen der Performanz:

1) Als zentrales Medium zur Umsetzung kollektiver Erinnerung dienen vergemeinschaftende Rituale unter Anwesenden. Es wird also nicht trockenes Bücherwissen gelernt. Vielmehr wird im erweiterten Freundeskreis gefeiert.[13]
2) Von Sinneseindrücken gesättigte Gruppenerlebnisse zielen in Verbindung mit den Teilnehmenden vielfach abverlangten physischen Entbehrungen darauf ab, kollektive Emotionen zu wecken, wobei Gefühle das soziale Gedächtnis über lebensweltliche Erinnerung besser rahmen, als dies abstraktes Vergangenheitswissen

---

[12] Grundlegend für jedes Nachdenken über »erfundene Traditionen« ist immer noch Eric Hobsbawm (1983).

[13] Zu den Phänomenen einer »Anwesenheitskultur«, welche die jüngere Kulturgeschichte als Charakteristikum der Vormoderne ermittelt hat, vgl. zuletzt Schlögl (2008). Für die Sozialwissenschaft nützliche Einstiege in Ritualforschung und -theorien haben Bellinger/Krieger (2003) sowie Dücker (2007) vorgelegt. Nach François/Siegrist/Vogel (1995: 25) sollen Rituale »nachweisen, in Erinnerung rufen und emotional fassbar machen, dass die Nation in vielen Ahnengenerationen verwurzelt ist und ihr Leben denen verdankt, die für sie gestorben sind, da dass die ganze Nation so wertvoll ist, dass es sich im Extremfall lohnt, für sie das Leben zu opfern, dass sie dem Tod einen Sinn gibt und ihn dadurch letztlich aufhebt.«

vermag (Frevert 2010: 317 f.; Hettling 1998b: 23, 25; Kaschuba 1995: 296; Schläppi 2007b: 118–123).
3) Die Akteure orientieren sich dabei an Sinnbezügen, die sich – wie die Beteiligten glauben – auf die Vergangenheit bzw. auf die gemeinsame Geschichte rückführen lassen, selbst wenn es sich um Erfindungen handelt.
4) Fiktionale Momente werden durch aufwändig hergestellte Authentizität des Erlebnisses überblendet. Authentizität ist der charakteristische Aggregatszustand des besagten Geschichtsbewusstseins. Zu ihrer Steigerung dienen Antikdekor und die Verwendung von historischen Objekten mit quasi kultischem Charakter. Authentizität ergibt sich aus der nahezu unumstößlichen Aura des Materiellen (Schläppi 2001: 325–328, 2010b: 253–259).[14]

c) Publizistische Offensive und authentisches Erzählen

Gleichlaufend zu den geschilderten Entwicklungen erschienen seit Mitte des 19. Jahrhunderts vielfältige Publikationen in historisch-narrativem Stil zu unterschiedlichen Belangen der Korporationshistorie. Verfasst wurden sie in der Regel von altgedienten Doyens aus aristokratischen oder sonst traditionsreichen Geschlechtern. Für die Rolle des »authentischen Erzählers« qualifizierte allein die Autorität der richtigen Ahnen (Schläppi 2001: 18–20, 87 f., 2010b: 262–265).

Die Angehörigen neuer Familien sollten sich zwar für Geschichte interessieren und mit den kursierenden Deutungsangeboten identifizieren, wenn sie sich integrieren wollten. Gleichzeitig waren sie nicht unbedingt zu eigenen Forschungen und Erzählungen über das Kollektiv legitimiert. Diesen Mangel an Deutungshoheit kompensierten sie mit ausgeprägtem Engagement und Sammeltätigkeit für die eigene Familiengeschichte, wobei sie es primär darauf anlegten, ihr Geschlecht in möglichst alten historischen Quellen erwähnt zu finden (Arn 1999: 62, 64; Schläppi 2001: 89 f.).

d) Hinwendung zu wissenschaftlicher Geschichte

Seit dem ausgehenden 20. Jahrhundert hat sich ein neuer Umgang mit Vergangenheit zu etablieren begonnen. Namentlich auf Initiative von Exponenten »neuer Familien«, die aufgrund ihrer Integrationsleistung neuerdings bereits in erster Generation in wichtige Korporationsämter vorstoßen, wurde vermehrt in die wissenschaftliche Aufarbeitung der Geschichte im Rahmen von Auftragsarbeiten investiert.[15] Profund

---

[14] In Anlehnung an Claude Lévi-Strauss bezeichnet Guy P. Marchal (1992: 38, 44) derartige Phänomene als »imagologische Bastelei«. In Betracht dessen, dass wesentliche Teile über inszeniertes Gruppengedächtnis in Gang gesetzter Identitätsbildungsprozesse mehr oder weniger unreflektiert ablaufen. Allerdings unterstellt die Vorstellung einer »Bricolage« von Bildern, Begriffen und Symbolen, die nicht auf historischen Fakten beruhen, den federführenden Akteuren möglicherweise zu viel an intendierter Geschichtsklitterung.

[15] Insofern markieren die Initiativen von Angehörigen neuer Korporationsangehöriger, welche die Auftragsforschungen des Autors ermöglichten (vgl. Schläppi 2001, 2006), den Anfang der Abkehr

aufgearbeitete Vergangenheit wird mehr und mehr zum kulturellen Marker und zum Stratifikationsfaktor unter den Korporationen.[16]

Eine wissenschaftlich aufgearbeitete Geschichte dient den Korporationen auch dazu, nach außen ihre »Modernität«, ihre Aufgeschlossenheit zu dokumentieren. Allerdings setzen sich Forschungserkenntnisse nur schwer im Gruppengedächtnis fest. Aus Strukturbefunden lassen sich kaum identitätsstiftende Narrative generieren, die sich zur Inszenierung über integratives Gemeinschaftshandeln eignen würden. Weil soziales Gedächtnis im korporativen Milieu aber performativ umgesetzt werden muss, übernimmt die Wissenschaft bestenfalls die Rolle der Steigbügelhalterin. Theoretisch fundiertes, statistisch erhärtetes Bücherwissen eignet sich schlecht als Amalgam für Gemeinschaften, die dem Geisteswissenschaftlichen generell gelangweilt gegenüberstehen.

5) Theorieangebote

a) Soziales Gedächtnis als »kollektive Ressource«

In der Terminologie Pierre Bourdieus würde man die angesprochenen Figurationen von Geschichte aufgrund ihrer Bedeutung für die involvierten Akteure vielleicht als »kulturelles Kapital« bezeichnen. Die angesprochenen Erscheinungen wollen aber nicht so recht in das semantische Feld des Begriffs »Kapital« passen. Der Begriff ist zu

---

von der unbestrittenen Deutungs- und Definitionshoheit durch Angehörige »alter Familien«. Zuletzt hat die »Gesellschaft zu Zimmerleuten« studentische Forschungen zu ihrer Geschichte in Auftrag gegeben. Dabei sind die Darstellungen von Bieri (2009), Reinert (2009) und Schnyder (2009) entstanden. Überhaupt flossen in den vergangenen Jahren zunehmend Mittel aus korporativen Kassen in die professionelle Geschichtsforschung. Ein Eindruck von zwei Forschungsprojekten und einer ambitionierten Publikationsreihe, die zu namhaften Teilen mit Geldern korporativer Provenienz vorangetrieben wurden, ist im Internet zu gewinnen (vgl. http://www.haller.unibe.ch, http://www.oeg.hist.unibe.ch, http://www.hist.unibe.ch/content/publikationen/berner_zeiten/index_ger.html, Zugriff: 27.12.2011).

[16] Dass wissenschaftliche Zugänge zur Geschichte für das burgerliche Milieu zuletzt an Bedeutung gewonnen haben, verdeutlicht der Internetauftritt der »Burgergemeinde«, einer Art Dachorganisation der bernischen Korporationen. Unter der Rubrik »Aktuell/Media« waren dort am 16.03.2011 folgende Themen zu finden: Ein Hinweis auf das Angebot für Familienberatung für Korporationsmitglieder vom 17.11.2009 sowie ein (selbst)historisierendes Fotoarchiv vom »Gurtentreff«, einem gesellschaftlichen Anlass der Burgerschaft, vom 16.07.2010. Die anderen Einträge stammten vom 04.03.2009 sowie vom 11.11.2009 und verwiesen auf intern verfasste Darstellungen zu brisanten Themen der jüngeren burgerlichen Geschichte (Frontismus, Besitzrechte), die aufgrund der Dissertation von Katrin Rieder (2008) unfreiwillig viel mediale Aufmerksamkeit und negative Schlagzeilen gebracht hatten (http://www.burgergemeinde.ch/index.cfm?4CAE16A737254D2C8C3767DD02149B53, Zugriff: 16.03.2011). Zwecks Rückeroberung der Deutungshoheit über die eigene Geschichte, hat die Burgergemeinde unlängst eine »Gesamtsicht auf das 19. und 20. Jahrhundert« in Auftrag gegeben, die von professionellen Historikern verfasst werden soll (vgl. die Medienmitteilung vom 23.12.2010: »Burger erforschen die eigene Geschichte« unter: http://www.burgergemeinde.ch/doc/doc_download.cfm?uuid=12A170E6D38838C47C7C9C140DB027F4&&IRACER_AUTOLINK&&, Zugriff: 27.12.2011, sowie Werdt 2009a, 2009b; Werdt/Engler/Martig/Stämpfli 2009).

statisch, zu fassbar, und manche würden sogar meinen: messbar. Im Licht der obigen Ausführungen könnte Geschichte in Form der skizzierten sozialen Gedächtnisse als »kollektive Ressource« bezeichnet werden.

Vom Wesen von »Ressourcen« war in Kapitel 1 bereits ausführlich die Rede. Wenn jetzt von »kollektiven« Ressourcen die Rede ist, so meint dies, dass die fraglichen Ressourcen (die historischen Fakten sowie deren Deutung und Verarbeitung zu einem sozialen Gedächtnis) nur im Gruppenverband bewirtschaftet werden können, nicht jedoch von Individuen, die zwar einzeln am Gemeingut partizipieren und davon profitieren, aber keinesfalls über eine persönliche Definitionsmacht verfügen. Es können nicht einzelne Teile daraus herausgelöst und privatisiert werden. Das soziale Gedächtnis gewinnt seinen Wert für die Gruppe nur, wenn es inhaltlich und praxeologisch das Kollektiv als Referenzsystem hat.

Als »kollektive Ressourcen« gesehen, können soziale Gedächtnisse, namentlich aber ihre Genese und die Veränderungsprozesse, die sie durchlaufen, anhand der Modelle der Nobelpreisträgerin Elinor Ostrom untersucht werden. Im Zentrum der von Ostrom skizzierten Steuerungsmodi, dank derer Gruppen sich über existenzielle Fragen verständigen können, steht das Aushandeln unter partizipativen Vorzeichen (Ostrom 1999). Es kann hier nicht im Detail auf Ostroms Regelwerk eingegangen werden.[17] Mit Blick auf die beschriebenen Phänomene darf aber als Quintessenz festgehalten werden, dass in den Korporationen nicht amorphe, nur unklar umschriebene Sozialschichten ein unfassbares soziales Gedächtnis kultivierten. Vielmehr rangen klar erkenn- und benennbare Akteure um Geschichtsdeutungen. Dabei agierten sie in überschaubaren Gruppenzusammenhängen und verfolgten ein gemeinsames Ziel: die Einigung über eine gemeinsame Sicht auf das Vergangene und über die praxeologische Umsetzung dieser Perspektive.

In den Verwaltungsakten wird wiederholt sichtbar, wie die Deutung von Geschichte und der Umgang mit dem historischen Erbe ausgehandelt werden mussten. So wurde darüber gestritten, ob und wie man den Namen einer historischen Korporation ändern könne bzw. dürfe. Bei Abbruch-, Bau- oder Renovationsarbeiten an Gesellschaftshäusern entstanden regelmäßig Grundsatzdiskussionen, die sich vordergründig um ästhetische Fragen, in Tat und Wahrheit aber um den Umgang mit der und das Verhältnis zur Historie drehten. Besonders die Debatten darüber, wie historisches Herkommen baulich oder über die innere Ausstattung und Möblierung von Gebäuden visualisiert werden solle, rissen Gräben zwischen »Traditionalisten« und »Modernisten« auf. In diesen Diskussionen einen Mittelweg zwischen wirtschaftlichen und symbolpolitischen Zielsetzungen zu finden, war nicht immer einfach, und es wird deutlich, dass finanziellen Interessen gegenüber der Wahrung und Mehrung der Symbolressourcen nicht per se Vorrang eingeräumt wurde (Burgerbibliothek Bern, Zunftarchiv Schmieden Bd. 60, 358, Bd. 77, 268; Schläppi 2001: 3, 17, 308–311, 327 f., 381–392).

Solche Konfrontationen waren immer auch Ausdruck des langfristigen kulturellen, sozialen und politischen Wandels, der die Korporationen wiederkehrend zu

---

[17] Eine komprimierte Darstellung von Ostroms Regelwerk sowie einen Abriss über die praktische Operationalisierbarkeit und den heuristischen Nutzen Ostroms Konzepte aus sozialgeschichtlicher Perspektive bringt Schläppi (2007a: 184–196).

neuer Sinnfindung nötigte. Wenn sich das äußere Umfeld und die innere Zusammensetzung der Korporationen veränderten, mussten sich die Mitglieder über ihr soziales Gedächtnis verständigen. Dabei musste Dissens ausgeräumt werden, weil ansonsten die kollektive Erinnerung als kulturelle und sinnstiftende Ressource auf dem Spiel stand.

b) Soziales Gedächtnis als hegemoniales »Wirklichkeitsmodell«

Nach Siegfried Schmidt (2003: 34 f.) systematisieren »Wirklichkeitsmodelle« den »Umgang mit allen für lebenspraktisch wichtig gehaltenen Handlungs- bzw. Bezugnahmebereichen in gesellschaftlichen Interaktionen«. Diese Modelle verfestigen sich »als symbolisch-semantische Ordnung« und stabilisieren unter Einbezug »semiotischer Materialitäten (Zeichen)« Wertehaltungen von Gruppen. Ein solches Zeichensystem stellt zum sozialen Gedächtnis aufbereitete Geschichte dar. Es wird aus einer Innen- bzw. Außenperspektive je unterschiedlich interpretiert und befindet sich in permanentem Wandel. Nur stetige Einbindung aller Beteiligten in die Welt historischer Bezüge gibt die Gewissheit, dass die Mitglieder der Gruppe die gleichen Gewissheiten teilen. Für Günter Oesterle (1994: 80) hängt die Entfaltungsfähigkeit mythischer Gebilde – in unserem Zusammenhang könnte man sagen geschichtlicher Erzählungen – von der »Amalgamierungsleistung und Vieldeutigkeit« und vom Potenzial »Affektives und Rationales in gleicher Weise anzusprechen« ab.

Welche Erinnerung gepflegt wird, leitet sich nicht primär aus historischen Fakten her, sondern ist vielmehr Ergebnis bestimmter Strategien und Techniken. Nochmals Schmidt (2003: 112) zufolge orientieren sich Menschen an »Sinnoptionen«, wenn sie »eigene und fremde Handlungen mit einem gesellschaftlich kommunizierbaren Sinn belegen«. Dabei konstruieren sie über »narrative Strategien der Selbstvergewisserung und Geschichtsschreibung« Differenz zu Außenstehenden. Als wirkungsvolle Strategie dient dabei aktive »Gedächtnispolitik«, die Vergangenheit »als Agent gegenwärtigen Selbstbewusstseins« zurichtet. Eine konsistente und konsequente Identitätsdarstellung unter Einbezug der Vergangenheit verleiht Macht, denn sie erlaubt, Themen zu diktieren oder solche zu verweigern, missliebigen Diskutanten Missverstehen zuzuschreiben, Stereotype durchzusetzen, in gedächtnispolitischen Diskursen als Stichwortgeber aufzutreten, Themen zu lancieren und nach außen ein spezifisches Image zu vermitteln.

Schindler (2003: 6) weist darauf hin, dass etablierte Geschichtsdeutungen ihre Akzeptanz »der politischen, kulturellen und ökonomischen Dominanz von Eliten verdanken«. Vor dem Hintergrund der bisherigen Ausführungen würde der Umkehrschluss naheliegen, dass Eliten ihre Sonderstellung über eine historisch unterfütterte Selbstdarstellung begründen können. Tatsächlich bildet der innere Kern der beschriebenen Korporationen bis zum heutigen Tag eine konservative Elite innerhalb der städtischen Bevölkerung. Geschichte dient dieser Gruppe zur Legitimation ihrer Position im politischen Arrangement. Voraussetzung dafür ist natürlich, dass es ihr gelingt, ihr soziales Gedächtnis als Eckstein eines hegemonialen »Wirklichkeitsmodells« in breiten Kreisen der Bevölkerung zu verankern.

Literaturverzeichnis

Altermatt, Urs, Bosshart-Pfluger, Catherine und Tanner, Albert (1998): *Die Konstruktion einer Nation. Nation und Nationalisierung in der Schweiz 18.–20. Jahrhundert.* Zürich: Chronos.

Althoff, Gerd (2000): »Gefühle in der öffentlichen Kommunikation des Mittelalters«. In: Benthien, Claudia, Fleig, Anne und Kasten, Ingrid, *Emotionalität. Zur Geschichte der Gefühle.* Köln: Böhlau, 82–99.

Arn, Karoline (1999): ›Mehr Sein als Scheinen‹. Die Burgerschaft der Stadt Bern im 19. und 20. Jahrhundert. Eine städtische Elite in ständischer Exklusivität. Lizentiatsarbeit Universität Bern.

Bächtiger, Franz (1987): »Konturen schweizerischer Selbstdarstellung im Ausstellungswesen des 19. Jahrhunderts«. In: de Capitani, François und Germann, Georg, *Auf dem Weg zu einer schweizerischen Identität 1848–1914. Probleme – Errungenschaften – Misserfolge.* Freiburg: Universitätsverlag, 207–243.

Bellinger, Andréa und Krieger, David J. (2003): *Ritualtheorien. Ein einführendes Handbuch.* Wiesbaden: VS Verlag für Sozialwissenschaften.

Bieri, Leonidas (2009): *Auf dem Boden geblieben. Die Vermögensbewirtschaftung der Zunft zu Zimmerleuten in Bern vom Ende des Ancien Régime bis zum Vorabend des Konsumzeitalters.* Lizentiatsarbeit Universität Bern.

Danelzik, Mathis (2005): »Zum Verhältnis von Sprache und Emotionen. Was wir tun, wenn wir Emotionen zu einem kommunikationswissenschaftlichen Thema machen«. In: Schmidt, Siegfried J., *Medien und Emotionen.* Münster: Lit Verlag, 40–65.

Dücker, Burckhard (2007): *Rituale. Formen – Funktionen – Geschichte. Eine Einführung in die Ritualwissenschaft.* Stuttgart: Metzler.

Eco, Umberto (2006): *Die geheimnisvolle Flamme der Königin Loana.* München/Wien: Hanser. Roman.

Elwert, Georg (2004): »Sanktionen, Ehre und Gabenökonomie. Kulturelle Einbettung von Märkten«. In: Berghoff, Hartmut und Vogel, Jakob, *Wirtschaftsgeschichte als Kulturgeschichte. Dimensionen eines Perspektivenwechsels.* Frankfurt/Main: Campus Verlag, 117–142.

François, Etienne, Siegrist, Hannes und Vogel, Jakob (1995): »Einleitung«. In: François, Etienne, Siegrist, Hannes und Vogel, Jakob, *Nation und Emotion. Deutschland und Frankreich im Vergleich 19. und 20. Jahrhundert.* Göttingen: Vandenhoeck & Ruprecht, 13–35.

Frevert, Ute (2010): »Gefühlvolle Männlichkeiten. Eine historische Skizze«. In: Borutta, Manuel und Verheyen, Nina, *Die Präsenz der Gefühle. Männlichkeit und Emotion in der Moderne.* Bielefeld: transcript, 305–330.

Grosse-Kracht, Klaus (1996): »Gedächtnis und Erinnerung. Maurice Halbwachs – Pierre Nora«. In: *Geschichte in Wissenschaft und Unterricht*, 47, 21–31.

Hettling, Manfred (1998a): »Die Schweiz als Erlebnis«. In: Altermatt, Urs, Bosshart-Pfluger, Catherine und Tanner, Albert, *Die Konstruktion einer Nation. Nation und Nationalisierung in der Schweiz, 18.–20. Jahrhundert.* Zürich: Chronos, 19–31.

– (1998b): »Geschichtlichkeit. Zwerge auf den Schultern von Riesen«. In: Hettling, Manfred et al., *Eine kleine Geschichte der Schweiz.* Frankfurt/Main: Suhrkamp, 91–132.

Hobsbawm, Eric (1983): »Inventing Traditions«. In: Hobsbawm, Eric und Ranger, Terence, *The Invention of Tradition.* Cambridge: Cambridge Univ. Press, 1–14.

Kaschuba, Wolfgang (1995): »Die Nation als Körper. Zur symbolischen Konstruktion ›nationaler‹ Alltagswelt«. In: François, Etienne, Siegrist, Hannes und Vogel, Jakob, *Nation und Emotion. Deutschland und Frankreich im Vergleich, 10. und 20. Jahrhundert.* Göttingen: Vandenhoeck & Ruprecht, 291–299.

Kunz, Georg (2000): *Verortete Geschichte. Regionales Geschichtsbewusstsein in den deutschen Historischen Vereinen des 19. Jahrhunderts.* Göttingen: Vandenhoeck & Ruprecht.

Marchal, Guy P. (1990): »Die ›Alten Eidgenossen‹ im Wandel der Zeiten. Das Bild der frühen Eidgenossen im Traditionsbewusstsein und in der Identitätsvorstellung der Schweizer vom 15. bis ins 20. Jahrhundert«. In: Historischer Verein der Fünf Orte, *Innerschwyz und frühe Eidgenossenschaft 2.* Olten: Walter-Verlag, 309–403.

- (1992): »Das ›Schweizeralpenland‹: eine imagologische Bastelei«. In: Marchal, Guy P. und Mattioli, Aram, *Erfundene Schweiz. Konstruktionen nationaler Identität*. Zürich: Chronos, 37–49.
- (2003): »Ohne Bern keine Schweizerische Eidgenossenschaft«. In: Schwinges, Rainer C, *Berns mutige Zeit. Das 13. und 14. Jahrhundert neu entdeckt*. Bern: Schulverlag blmv, 528–534.
- (2006): *Schweizer Gebrauchsgeschichte. Geschichtsbilder, Mythenbildung und nationale Identität*. Basel: Schwabe.

Marchal, Guy P. und Mattioli, Aram (1992): »Nationale Identität – allzu Bekanntes in neuem Licht«. In: Marchal, Guy P. und Mattioli, Aram, *Erfundene Schweiz. Konstruktionen nationaler Identität*. Zürich: Chronos, 11–20.

Martig, Peter (2008): Die Vermietung von Räumlichkeiten im Gesellschaftshaus zum Distelzwang an die Ortsgruppe Bern der Nationalen Front, 1936/37. http://www.burgergemeindebern.ch/doc/doc_download.cfm?uuid=D134C52E1185B8C4BA9BB2D35BFD139D&&IRACER_AUTOLINK&&, Zugriff: 27.12.2011.

Oesterle, Günter (1994): »Die Schweiz – Mythos und Kritik. Deutsche Reisebeschreibungen im letzten Drittel des 18. Jahrhunderts«. In: Thomke, Hellmut, Bircher, Martin und Proß, Wolfgang, *Helvetien und Deutschland. Kulturelle Beziehungen zwischen der Schweiz und Deutschland in der Zeit von 1770–1830*. Amsterdam: Editions Rodopi, 79–100.

Ostrom, Elinor (1999): *Die Verfassung der Allmende, jenseits von Staat und Markt*. Tübingen: Mohr Siebeck. Übersetzt von Ekkehard Schöller.

Penrose, Edith Tilton (1959): *The Theory of the Growth of the Firm*. Oxford: Basil Blackwell.

Reinert, Lucia (2009): Vom Küfer zum Fürsprecher. Eine Analyse der Berufsstruktur der Angehörigen der Zunft zu Zimmerleuten im 19. Jahrhundert. Lizentiatsarbeit Universität Bern.

Rieder, Katrin (1998): ›Hüterin der bernischen Tradition‹. Burgergemeinde der Stadt Bern. Eine Institutionenanalyse aus kulturgeschichtlicher Perspektive. Lizentiatsarbeit Universität Bern.

Rieder, Katrin (2008): *Netzwerke des Konservatismus. Berner Burgergemeinde und Patriziat im 19. und 20. Jahrhundert*. Zürich: Chronos.

Schindler, Sabine (2003): *Authentizität und Inszenierung. Die Vermittlung von Geschichte in amerikanischen ›historic sites‹*. Heidelberg: Winter.

Schläppi, Daniel (2001): *Die Zunftgesellschaft zu Schmieden zwischen Tradition und Moderne. Sozial-, struktur- und kulturgeschichtliche Aspekte von der Helvetik bis ins ausgehende 20. Jahrhundert*. Bern: Stämpfli.
- (2005): »Orientierung und Distinktion – Zur Bedeutung von Geschichte für bürgerliche Eliten am Beispiel der Burgergemeinde Bern«. In: »Rückkehr der Bürgerlichkeit«. Vorgänge 170, *Zeitschrift für Bürgerrechte und Gesellschaftspolitik*, 44(2), 71–79.
- (2006): »Der Lauf der Geschichte der Zunftgesellschaft zu Metzgern seit der Gründung«. In: Zunftgesellschaft zu Metzgern Bern, *Der volle Zunftbecher. Menschen, Bräuche und Geschichten aus der Zunftgesellschaft zu Metzgern*. Bern: Lanius-Verlag, 15–199, 302–304.
- (2007a): »Das Staatswesen als kollektives Gut. Gemeinbesitz als Grundlage der politischen Kultur in der frühneuzeitlichen Eidgenossenschaft«. In: Marx, Johannes und Frings, Andreas, *Neue politische Ökonomie in der Geschichte*. Köln: Zentrum für Historische Sozialforschung, 169–202.
- (2007b): »Die Emotionalisierung bürgerlicher Eliten. Zum Umgang mit der schweizerischen Helden- und Befreiungsgeschichte am Ende des 19. Jahrhunderts«. In: Mitterbauer, Helga und Scherke, Katharina, *Moderne. Kulturwissenschaftliches Jahrbuch 3, Themenschwerpunkt: Emotionen*. Innsbruck/Wien/Bozen: Studienverlag, 112–127.
- (2008): »Zum Stellenwert von Vereins- und Verbandsarchiven als Quellen für die Kultur- und Sozialgeschichte«. In: Ilbrig, Cornelian, Kortländer, Bernd und Stahl, Enno, *Kulturelle Überlieferung. Bürgertum, Literatur und Vereinswesen im Rheinland 1800–1950*. Düsseldorf: Grupello Verlag, 47–65.
- (2009): »Angewandte und wissenschaftliche Geschichte – keine Gegensätze«. In: Hardtwig, Wolfgang und Schug, Alexander, *History Sells! Angewandte Geschichte als Wissenschaft und Markt*. Stuttgart: Franz SteinerVerlag, 31–41.
- (2010a): »Differenzmaschinen – Kommunen und Korporationen der Vormoderne als Instanzen postmoderner Ungleichheit«. In: David, Thomas, Groebner, Valentin, Schaufelbuehl, Janick Marina et al., *Die Produktion von Ungleichheiten*. Zürich: Chronos, 23–33.

- (2010b): »Schweiss, neue Traditionen, ehrwürdige Erzähler. Authentisches Erinnern als symbolisches Kapital«. In: Pirker, Eva Ulrike et al., *Echte Geschichte. Authentizitätsfiktionen in populären Geschichtskulturen.* Bielefeld: transcript, 251–267.
- (2011): »Erbe aus ständischer Zeit. Die burgerlichen Korporationen der Stadt Bern im 19. und 20. Jahrhundert«. In: Martig, Peter et al., *Berns moderne Zeit. Das 19. und 20. Jahrhundert neu entdeckt.* Bern: Stämpfli, 97–99.

Schlögl, Rudolf (2008): »Kommunikation und Vergesellschaftung unter Anwesenden. Formen des Sozialen und ihre Transformation in der Frühen Neuzeit«. In: *Geschichte und Gesellschaft*, 34, 155–224.

Schmidt, Siegfried J. (2003): *Geschichten & Diskurse. Abschied vom Konstruktivismus.* Reinbeck bei Hamburg: Rowohlt.

Schnyder, Isabel (2009): »Danke wie wir sind. München, Wien auch bestens für alles was Ihr letztes Jahr für mich getan habt.« Die Fürsorge der Zunft zu Zimmerleuten aus Bern zwischen 1850 und 1950. Lizentiatsarbeit Universität Bern.

Waal, Frans de (2005): *Der Affe in uns. Warum wir sind, wie wir sind.* München/Wien: Hanser.

Werdt, Christophe von (2009a): »Der Ausscheidungsvertrag zwischen Bürger- und Einwohnergemeinde Bern von 1852. Quellenanalyse statt Verschwörungstheorie«. In: *Berner Zeitschrift für Geschichte*, 71(3), 57–97.
- (2009b): Schlussfolgerungen aus dem Quellenbericht zur Burgergemeinde 1930–1945. http://www.burgergemeindebern.ch/doc/doc_download.cfm?uuid=D135C99E1185B8C4BA075B91D506AC88&&IRACER_AUTOLINK&&, Zugriff: 27.12.2011.

Werdt, Christophe von, Engler, Claudia, Martig, Peter et al. (2009): Quellenbericht zur Burgergemeinde Bern 1930–1945. http://www.burgergemeindebern.ch/doc/doc_download.cfm?uuid=D1352B1C1185B8C4BABBBC5F2F98EC6D&&IRACER_AUTOLINK&&, Zugriff: 27.12.2011.

Autorinnen- und Autorenverzeichnis

Thorsten Benkel, J. W. Goethe-Universität Frankfurt. Forschungsinteressen: Empirische Sozialforschung, Soziologie der Sexualität und des Rechts, Wissens- und Mikrosoziologie. Jüngste Veröffentlichung: *Die Verwaltung des Todes. Annäherungen an eine Soziologie des Friedhofs*, Berlin: Logos 2012.

Oliver Dimbath, Lehrstuhl für Soziologie der Universität Augsburg. Forschungsinteressen: Wissenssoziologie, Soziologie sozialer Gedächtnisse/Memory Studies, Soziologische Theorie, Qualitative Methoden. Jüngste Veröffentlichung (mit Peter Wehling): *Soziologie des Vergessens. Theoretische Zugänge und empirische Forschungsfelder*. Konstanz: UVK 2011.

Elena Esposito, Facoltà di Scienze della Comunicazione e dell'Economia, Università Reggio Emilia. Aktuelle Forschungsschwerpunkte: soziologische Medientheorie, Gedächtnisforschung, Soziologie der Finanzmärkte. Zu den neuesten Monographien zählt *Die Zukunft der Futures: Die Zeit des Geldes in Finanzwelt und Gesellschaft*, Heidelberg: Carl Auer 2010.

Hanna Haag, Institut für Soziologie, Universität Hamburg. Forschungsinteressen: Biographieforschung, Erinnerungskultur, Wissenssoziologie. Jüngste Veröffentlichung: Freundschaft. Ein neuer Blick auf Albert Salomons Soziologie einer Lebensform, in: Gostmann, Peter/Härpfer, Claudius (Hg.): *Verlassene Stufen der Reflexion. Albert Salomon und die Aufklärung der Soziologie*. Wiesbaden: VS Verlag für Sozialwissenschaften 2011.

Carsten Heinze, Fachgebiet Soziologie, Fachbereich Sozialökonomie, Universität Hamburg. Forschungsinteressen: Film- und Mediensoziologie, Auto/Biographieforschung, Gedächtnis und Erinnerungskulturen, Jugend- und Musikkulturen. Jüngste Veröffentlichung: (mit Stephan Moebius und Dieter Reicher): *Perspektiven der Filmsoziologie*, Konstanz: UVK 2012.

René Lehmann, Institut für Soziologie, Universität Erlangen. Forschungsinteressen: Soziale Gedächtnisse, Transformationsforschung, qualitative Methoden. Jüngste Veröffentlichung: (mit Gerd Sebald, Florian Öchsner u. a.): *Soziale Gedächtnisse. Selektivitäten in Erinnerungen an den Nationalsozialismus*. Bielefeld: transcript 2011.

Takemitsu Morikawa, Soziologisches Seminar, Universität Luzern. Forschungsinteressen: Soziologische Theorie, Wissenssoziologie, Kultursoziologie, Ideengeschichte. Jüngste Veröffentlichung: *Japanizität aus dem Geist der Romantik. Der Schriftsteller Mori Ōgai und die Reorganisierung des japanischen »Selbstbildes« in der Weltgesellschaft um 1900*. Bielefeld: transcript 2012.

Stefan Nicolae, Fachbereich Soziologie, Universität Trier. Forschungsinteressen: Wissenssoziologie, Theoretische Soziologie. Jüngste Veröffentlichung:»Der Witz – eine Grenzsituation? Eine Analyse witziger Konstruktion der Wirklichkeit in Anlegung an Alfred Schütz«, in: Jochen Dreher (Hg.): Angewandte Phänomenologie. Zum Spannungsverhältnis von Konstruktion und Konstitution, Wiesbaden: VS 2012, 255–276.

Florian Öchsner, Institut für Soziologie, Universität Erlangen. Forschungsinteressen: Antisemitismus, Subjektivierung der Arbeit, soziale Gedächtnisse. Jüngste Veröffentlichung (mit Michael Gubo et al.): *Kritische Perspektiven: »Turns«, Trends und Theorien*. Berlin: Lit 2011.

Štěpánka Pfeiferová, Institut für Soziologie der Tschechischen Akademie der Wissenschaften und Forschungsinstitut für Arbeit und soziale Angelegenheiten in Prag. Forschungsinteressen: Gedächtnisforschung, Generationsforschung, Biographieforschung, qualitative Methoden. Jüngste Veröffentlichung: (mit Jiří Šubrt) »Kolektivní paměť jako předmět historicko-sociologického bádání« [»Kollektives Gedächtnis als Gegenstand historisch-soziologischer Forschung«] *Historická sociologie* 1, 2010: 9–29.

Yvonne Robel, Institut für Geschichte, Carl von Ossietzky Universität Oldenburg. Forschungsinteressen: Geschichtspolitik, Vergleichende Genozidforschung, Antiziganismus Jüngste Veröffentlichung: »Vergessen sichtbar machen? Dokumentarfilme zum Genozid an Roma und Sinti«. In: Claudia Bruns/ Asal Dardan/ Annette Dietrich (Hg.): *Welchen der Steine du hebst – Filmische Erinnerung an den Holocaust*, Berlin: Bertz+Fischer 2011, S. 170–179.

Daniel Schläppi, Historisches Institut der Universität Bern. Forschungsinteressen: Gemeinbesitz, kollektive Ressourcen, Ständische Gesellschaft, frühneuzeitliche Diplomatie und Aussenpolitik, Rituale, Erinnerungskulturen, Emotionen. Jüngste Veröffentlichung: »Zwischen Familiensinn und Kriegsrausch. Institutionen aus ständischer Zeit als Generatoren moderner männlicher Gefühlslagen«, in: *Zeitschrift für Historische Forschung* 1 (2012), S. 37–63.

Gerd Sebald, Institut für Soziologie, Universität Erlangen. Forschungsinteressen: Wissenssoziologie, Mediensoziologie, soziale Gedächtnisse. Jüngste Veröffentlichung (mit Jan Weyand): »Zur Formierung sozialer Gedächtnisse«. In: *Zeitschrift für Soziologie*, 40 (2011), Nr. 3, S. 174–189.

Cornelia Siebeck, Lehrstuhl für Sozialpsychologie/Sozialtheorie, Ruhr Universität Bochum. Forschungsinteressen: Öffentliches Gedächtnis als soziale Praxis, Gedächtnis und Raumproduktion, Ideologie- und Hegemonietheorie. Jüngste Veröffentlichung: »Im Raume lesen wir die Zeit?« Zum komplexen Verhältnis von Geschichte, Ort und Gedächtnis (nicht nur) in KZ-Gedenkstätten. In: Klei, Alexandra, Stoll, Kathrin und Wienert, Annika, Die Transformation der Lager. Annäherungen an die Orte nationalsozialistischer Verbrechen. Bielefeld: transcript 2011, 69–97.

Jiří Šubrt, Lehrstuhl für Historische Soziologie, Karls-Universität in Prag. Forschungsinteressen: Soziologische Theorie, Geschichte der Soziologie, Historische Soziologie, Gedächtnis und Historisches Bewusstsein. Jüngste Veröffentlichung: (mit Johann Pall Arnason u. a.): *Kultury, civilizace a světový systém (Kulturen, Zivilisationen und Weltsystem)* Prag: Karolinum 2011.

Stephen Welch, School of Government and International Affairs, Durham University, UK. Forschungsinteressen: Politische Kultur, Demokratietheorie, US-Politik, politische Skandale. Jüngste Veröffentlichung: *The Theory of Political Culture*, Oxford University Press, 2013.

Ruth Wittlinger, School of Government and International Affairs, Durham University, UK. Forschungsinteressen: Deutsche Politik, kollektive Erinnerung in Deutschland und Europa, Deutsche in Osteuropa. Jüngste Veröffentlichung: (mit Eric Langenbacher und Bill Niven, Hrsg.) *Dynamics of Memory and Identity in Contemporary Europe*, Berghahn 2013.

Das Grundlagenwerk für alle Soziologie-Interessierten

> in überarbeiteter Neuauflage

Werner Fuchs-Heinritz /
Daniela Klimke /
Rüdiger Lautmann /
Otthein Rammstedt /
Urs Stäheli / Christoph Weischer /
Hanns Wienold (Hrsg.)
Lexikon zur Soziologie
5., grundl. überarb. Aufl. 2010.
776 S. Geb. EUR 49,95
ISBN 978-3-531-16602-5

Das *Lexikon zur Soziologie* ist das umfassendste Nachschlagewerk für die sozialwissenschaftliche Fachsprache. Für die 5. Auflage wurde das Werk neu bearbeitet und durch Aufnahme neuer Stichwortartikel erweitert.

Das *Lexikon zur Soziologie* bietet aktuelle, zuverlässige Erklärungen von Begriffen aus der Soziologie sowie aus Sozialphilosophie, Politikwissenschaft und Politischer Ökonomie, Sozialpsychologie, Psychoanalyse und allgemeiner Psychologie, Anthropologie und Verhaltensforschung, Wissenschaftstheorie und Statistik.

„[...] das schnelle Nachschlagen prägnanter Fachbegriffe hilft dem erfahrenen Sozialwissenschaftler ebenso weiter wie dem Neuling, der hier eine Kurzbeschreibung eines Begriffs findet, für den er sich sonst mühsam in Primär- und Sekundärliteratur einlesen müsste."
www.radioq.de, 13.12.2007

Erhältlich im Buchhandel oder beim Verlag.
Änderungen vorbehalten. Stand: Januar 2012.

Einfach bestellen:
SpringerDE-service@springer.com
tel +49 (0)6221 / 345 – 4301
springer-vs.de

The manufacturer's authorised representative in the EU is Springer Nature Customer Service Centre GmbH, Europaplatz 3, 69115 Heidelberg, Germany. If you have any concerns regarding our products, please contact ProductSafety@springernature.com

Printed and bound by CPI Group (UK) Ltd, Croydon, CR0 4YY
25/03/2026
02078192-0004